U0561337

龙彦宗王
航海记

涩泽龙彦传

〔日〕礒崎纯一 = 著

刘佳宁 = 译

GUANGXI NORMAL UNIVERSITY PRESS
广西师范大学出版社
·桂林·

LONGYAN QINWANG HANGHAI JI: SEZE LONGYAN ZHUAN
龙彦亲王航海记：涩泽龙彦传

TATSUHIKO SHINNO KOKAIKI: SHIBUSAWA TATSUHIKO DEN
by Junichi Isozaki
Copyright © Junichi Isozaki, 2019
All rights reserved.
First published in Japan by Hakusuisha Publishing Co., Ltd., Tokyo.

This Simplified Chinese edition is published by arrangement with
Hakusuisha Publishing Co., Ltd., Tokyo in care of Tuttle-Mori Agency,
Inc., Tokyo
through Pace Agency Ltd., Jiangsu Province.

著作权合同登记号桂图登字：20-2023-232 号

图书在版编目（CIP）数据

龙彦亲王航海记：涩泽龙彦传 /（日）礒崎纯一著 ；
刘佳宁译. -- 桂林：广西师范大学出版社，2024.10
ISBN 978-7-5598-6789-6

Ⅰ. ①龙… Ⅱ. ①礒… ②刘… Ⅲ. ①涩泽龙彦－
传记 Ⅳ. ①K833.135.6

中国国家版本馆 CIP 数据核字（2024）第 030551 号

广西师范大学出版社出版发行

（广西桂林市五里店路 9 号　邮政编码：541004）

（网址：http://www.bbtpress.com）

出版人：黄轩庄
全国新华书店经销
北京盛通印刷股份有限公司印刷
（北京经济技术开发区经海三路 18 号　邮政编码：100176）
开本：787 mm × 1 092 mm　1/32
印张：17.625　　字数：366 千
2024 年 10 月第 1 版　　2024 年 10 月第 1 次印刷
定价：108.00 元

如发现印装质量问题，影响阅读，请与出版社发行部门联系调换。

中文版序

　　本书由涩泽龙彦的优秀研究者刘佳宁女士翻译并介绍给中国读者，我感到非常高兴。

　　就如同到某一代为止的大多数日本读书人，对我而言，中国的古典文学也是尊崇的对象，绝非缘悭分浅。我可以说是《水浒传》和《史记》的"狂热"读者，《水浒传》已经通读过三遍以上（当然是译本），鲁智深、武松和燕青就像我的老友。学生时代起耽读的《史记》，也很难说没有为这本涩泽传的记述带来某些影响。

　　而作为编者，我有幸编辑过两种中国古典的日文译本，这对我来说是宝贵的经验。一种是司马迁《史记·列传》的抄译本，那是在世界享有盛名的东洋史学家宫崎市定博士的遗稿；另一种是蒲松龄《聊斋志异》的抄译本，由《西游记》足译本的译者中野美代子翻译，是 J. L. 博尔赫斯编纂的幻想文学丛书《巴别塔图书馆》中的一卷。

那么，涩泽龙彦与中国文学又有着怎样的联系呢？

涩泽龙彦起初是以法语文学研究家的身份登上文坛的文人，所以在他的大量工作当中——晚年的小说作品集除外——以法国为中心的西洋文物的随笔占据了很大比重。因此，说到与中国相关的涩泽作品，便只有《世界恶女物语》中的《则天武后》和《胡桃中的世界》里有关圆明园的《东西庭园谭》，以及《德拉科尼亚绮谭集》里收录的《镜与影》。以中国为舞台的《镜与影》的仙人分身故事，取材自意大利乔万尼·帕皮尼的一篇短篇小说。这么说来，我想起了以《聊斋志异》中《陆判》为蓝本的《虚舟》中的短篇《护法》。

独辟蹊径的印度文学研究家、曾向三岛由纪夫讲授阿赖耶识一事且同样远近闻名的松山俊太郎曾说，倘若涩泽可以多活几年，那么，"东西文学的知识比率将会实现逆转……会成为史上稀有的'世界文学通达之士'"。

我对此完全持相同意见。如果涩泽的生命可以再长一些，我们想必可以读到更多涩泽探囊取物般变幻自如地料理中国风物的独特的文学作品。在镰仓的涩泽家里，维持着涩泽生前原貌的书库中，也一定静静地收藏着不少与中国相关的书籍。从那片丰饶之海中采得几颗瑰丽的珍珠，不过是时间的问题。

这样来看，如今涩泽龙彦的文学在中国收获了许多读者，让我感到非常有趣。

礒崎纯一

目 录

第一章　狐狸的布袋（1928—1945）

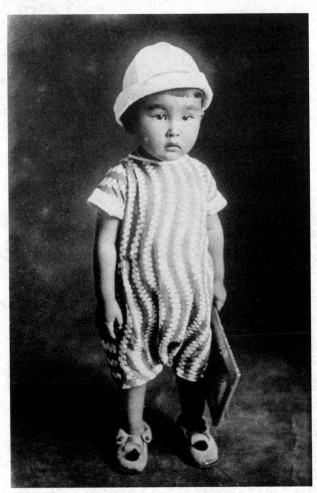

1930 年 7 月 20 日，攥着书（两岁）

1 | 诞生

出生时便遭遇难产。

因为出生时没有呱呱哭喊，接生婆拼了命想让他苏醒过来，又是拿毛巾使劲地搓他的胸口，又是把他倒吊过来用力拍打，他仍旧没有啼哭。大家无计可施，但总归要给新生儿洗次澡。接生婆刚把他放到盆里浸热水，他才头一回"哇"地哭了出来。

哭声实在微弱。

我被从母亲的腹中抱出时，之所以没有轻易啼哭，说不定，是因为我不愿出现在这个世界上。说不定是在怄气，存心想为难大家。也说不定是从隧道深处温暖惬意的单人房，去往外面的世界太过令我愁闷。

不管怎样，只因为有接生婆这种好管闲事的生意人在，我才会在这个世上出生、成长，落入被快感原则和现实原则蹂躏的困境当中。

（《猿的胎儿》）

涩泽龙彦本名涩泽龙雄。1928 年，即昭和三年，在 5 月 8 日出生。因是长子，又出生在龙年，遂给取了这个名字。

其父涩泽武出生于 1895 年（明治二十八年）9 月 10 日，当时三十三岁。母亲节子出生于 1906 年（明治三十九年）9 月 3 日，当时二十二岁。二人在长子出生前一年的 2 月结婚。

涩泽出生在母亲的娘家，东京市芝区（位于现在的东京都港区）高轮车町 35 号，位于因赤穗浪士之墓而远近闻名的泉岳寺附近。

虽然当时涩泽的双亲住在离其父亲的工作地点很近的川越市，但还是决定在其母亲的娘家生下长子。

2 | 先祖 / 双亲和亲族

1973 年（昭和四十八年），涩泽龙彦在《别册新评》筹划个人特集时，写下了《涩泽龙彦自作年谱》。这份年谱仅从他出生的 1928 年（昭和三年）记录至他作为作家出道的 1954 年（昭和二十九年）。本章与下一章均以这份《涩泽龙彦自作年谱》(以下简称《自作年谱》)中记录的事件为主轴,再穿插些涩泽自己的文章,以及妹妹涩泽幸子的珍贵回忆录《涩泽龙彦的少年世界》(1997)等著作中的记述。

涩泽龙彦在《自作年谱》的开篇写道:

父亲是埼玉县的所谓涩泽一族出身。

将埼玉县的榛泽郡八基村大字①血洗岛作为根据地的涩泽一族,以被誉为"日本资本主义之父"的涩泽荣一为首,随笔家、田园调布②的开发者涩泽秀雄,曾任日本银行总裁、家喻户晓的民俗学家涩泽敬三等人亦出自同族,是人才辈出的名门。

关于这一族的源流,幸田露伴③著有如下文章:

相传在天正年间,有一名叫涩泽隼人的人在血洗岛拓荒并务农桑,占据此地。此人便是涩泽家族的先祖。然而隼人的出身不明,有足利氏的分支一说,但尚无确证。另,甲斐源氏的逸见一族也有人姓涩泽,隼人应是其后代,但这也不过是有据可依的推想。而隼人之名确乎出自士流。

---

① 市镇内划分区域的名称之一,范围相当于今天的"丁目"。1889年颁布的市制和町村制施行时,一些聚落保留了原来的村名和町名,被称为"大字"。
② 东京都大田区和世田谷区的一个广域地名,是东京市内的一个高级住宅区。
③ 幸田露伴(1867—1947),本名幸田成行,日本小说家。

［……］在血洗岛的初创期，相传只有五户人家，而后终于繁衍生息形成部落，仅是自称涩泽氏的人家，就有十余户之多。

（《涩泽荣一传》）

血洗岛这个躁动不安的名字，据说是源自八幡太郎义家①的臣下曾在此地的小河里清洗刀上的血的故事。也有传说称，赤城的山灵在与他山山灵战斗时挫伤了单臂，在这里清洗汩汩鲜血。

现已被编入深谷市的这片土地，位于埼玉县北部与群马县接壤处的利根川附近的村落。秋冬两季，当地著名的下山风劲吹。涩泽一族在江户末期大约有十七户人家，根据家宅位置被称作"中之家""西之家""前之家"等。涩泽龙彦的父亲涩泽武出生在其中的"东之家"，自江户时代后期起，这个"东之家"因养蚕和出产蓝玉繁盛一时，甚至被称为"大涩泽"。稍作一提，涩泽荣一是"中之家"出身。

涩泽龙彦曾在题为《家》的随笔里，对自己父系血统的祖先作了素描，他在开篇处写道："实不相瞒，城山三郎②氏的涩泽荣一传记《雄气堂堂》里出现的那位赭面高鼻梁、涩泽一族本家的名叫宗助的男子，正是我的曾祖父。"

然而，这个记述多半有误。正如幸子在回忆录中所言，

---

① 八幡太郎义家（源义家），平安时代后期的武将，为后来建立镰仓幕府的源赖朝，以及建立室町幕府的足利尊氏的祖先。
② 城山三郎（1927—2007），本名杉浦英一，日本小说家。

城山三郎的小说中出现的赭面高鼻梁的宗助，确切来讲是更早一代的人，即涩泽龙彦的高祖父。"东之家"的当家代代自称"宗助"，或许因此产生混淆。

涩泽龙彦还在同一篇文章里，介绍了"曾祖父"宗助曾从京都唤来公卿在血洗岛举办蹴鞠会，令周边百姓瞠目结舌的逸事，并这样补充道："这则轶闻不禁令人想到富豪乡绅的名利熏心，然而蹴鞠的景象过于陈腐，充斥着时代错误，让我直接越过了厌恶之情，不如说感到滑稽又愚笨。对于论天下忧国事、暗地里谈论着攘夷讨幕计划的年轻志士们——涩泽荣一和喜作而言，这无疑是蠢笨得让人无话可说。可对我来说，这些蠢笨之处才有趣。"

比起忧国之士，在浪荡子身上更易生出亲近感，这样的意见符合涩泽龙彦的特质，但这件蹴鞠的逸事其实也有偏差。这件事同样与曾祖父无关。确切来讲，这似乎是发生在"东之家"文政年间的先祖之一，涩泽仁山（字龙辅）身上的逸事。

不过，这位仁山是嗜好诗文俳谐、垂钓饮酒的风流雅士，曾开设名号为"王长屋"的私塾，与江户一流的文人学者交流往来，是培养了涩泽一族在学问和艺术上深厚感受能力的人物。考虑到其后的涩泽龙彦的人生，仁山或许是先祖中不容忽视的一位。仁山虽贵为藩内御用学者，却厌恶这种地位，终生贯彻在野精神。通常被称为"龙助"的这位远祖，与涩泽龙彦之间有着诸多耐人寻味的相通之处。

赭面高鼻梁的高祖父"宗助"（德厚），是位善观风色的

血洗岛的大涩泽家正门和北侧房屋

机敏之人，幕末在横滨开蚕丝批发店，为"东之家"留下丰厚的财产。同时，这位高祖父另有雅号"诚室"，著有《养蚕门路抄》，甚至极尽书法、剑道的奥义，似乎是位第一流的文化人。当时行商一年的收入为一万两，约等于今天的十亿日元。

　　然而，将这样庞大的财产在"一代之内荡尽"的，是两代之后的"宗助"，也就是龙雄的祖父。

　　祖父在东京和横滨建了别邸，极少回血洗岛的本宅，终日沉溺于女色和相扑，极乐逍遥。为此，我的祖母似乎吃尽了苦头。据闻，家财倾尽后，她曾在执达吏贴上扣押封条的衣橱背面拆下板子，取出里面的衣物。就这样养大了五个孩子，把他们送去东京念大学，在此期间，无论是土地和宅邸，还是书画古董和刀剑，都尽数落入他人手中。

（《家》）

祖父涩泽长忠

据称，人力车载着相扑力士、艺妓和帮闲等一众随从，随祖父浩浩荡荡地回到了血洗岛。祖父长忠（1856年生）这位纵情声色的大地主，早在龙雄出生以前的1913年（大正二年）便因胃癌长逝。光从照片上看，长忠颇有贵公子风度，涩泽龙彦的容貌像这位祖父。

前面的引文讲到了"五个孩子"，祖父长忠与妻子涩泽德（トク）（龙雄的祖母）育有四儿一女。据传祖母德的头发是棕褐色，肤白如褪色，五官轮廓清晰，容貌端正。

长女雅（まさ）是家中最小的孩子，从府立第三高等女学校毕业后取得教职。雅的丈夫浦野敬曾任佐贺商业高中的校长，还是有名的歌人。这位姑夫的故事，出现在涩泽龙彦的随笔《往年的夏天，往年的棒球》之中。

长子长康毕业于早稻田大学商科。他进入了毛织品相关的公司，曾被派遣到欧美，娶了日法混血的妻子，一度生活奢靡，却因职场的晋升竞争患上精神疾病，曾在血洗岛上幽僻的独栋日式别馆静养了一段时日。关于这位本应继承"宗助"名号的大伯父，涩泽曾写道：

> 这位罹患精神分裂症的伯父，曾由祖母照看饮食，有时候，他会只套一件和服，把手揣在袖口，摇摇晃晃地从别馆出来走到我们住的地方，垂着头在榻榻米上踱步，开始他不明所以的演说。最初我感到害怕，渐渐习惯后，我和妹妹都对这位在家中徘徊演说的狂人漠然了。

（《家》）

次子虎雄从东京帝国大学工学部毕业后，成为贵族院议员横山久太郎的养子，后来在三陆汽船任要职。

三子是龙雄的父亲武。他先后就读于埼玉的八基小学校、东京的开成中学、金泽的旧制第四高等学校，而后毕业于东京帝国大学法学部政治学科。他并未走上仕途，而是一度进入商社，很快又辞去了工作，随后进入与涩泽一族颇有渊源的地方银行武州银行（后来的埼玉银行）。结婚时，他正担任入间川分行的行长。

四子茂是个有着局外人气质的怪人。他踏上从一高①到东大的精英路线，却不知为何中途退学，重新进入明治大学读书。他因擅作主张，与商人家庭的小镇姑娘结婚，触怒了双亲，甚至被逐出过家门。就业亦然，面试时被人提

① 第一高等学校，也称"旧制一高"，是现在的东京大学教养学部、千叶大学医学部、药学部的前身。一高的毕业生多进入东京大学，相当于帝国大学的预科。这一学制在"二战"后的学制改革中被废除。

醒进公司后要收敛打猎、垂钓的嗜好，他就轻易放弃了工作。他回到深谷市，冬天打猎，其余季节则开着一间渔具店，除了钓鱼什么事都不做。借用种村季弘的话，他"与利根悠悠的河水为伴，太公垂钓般茫然而无为地度日"。关于这位有"些许异端"的叔父，在幸子的书中也有记述：

> 爱钓鱼的叔父在深谷的城里经营渔具店。他似乎也爱狩猎，我们一回到血洗岛的家，叔父便提着自己猎获的野鸡前来。看见背着猎枪、携着猎犬的叔父，我稚幼的心里觉得他潇洒极了。

对于涩泽家这样的血脉，种村效仿托马斯·曼的小说作出如下的分析：

> 这似乎是个饱食终日、碌碌无为的游乐之士与勤勉的银行职员交替出现的家系。关东平原上的布登勃洛克家族。借利根的水运转瞬之间累积起庞大的家产，却在放荡与无为中缓缓没落，涩泽龙彦参与了这个家系的末路，这样说来未免太过合乎事理。但想来涩泽的死，多少也和在牙医处拔牙时流血丧命的少年汉诺·布登勃洛克的死相近。
>
> （《深谷的布登勃洛克家族》）

岩谷国士写道，在涩泽家系里，交替出现的不单是勤勉之士与游乐之人。"更引人揣测，其中是否多少混入了具

有创造性的癫狂的血种。"(《关于家族》)

另一方面，母亲节子是矶部家的养女，离开高轮小学后，从位于白金的圣心女子学院毕业。

节子的父亲，即龙雄的外祖父矶部保次，出生于1868年（庆应四年），出生地是如今的茨城县笠间市。保次是常陆国笠间藩士矶部吉次的长子，毕业于庆应义塾，是开设了东京煤气的前身千代田瓦斯的实业家，同时也是连任数届政友会代议员的政治家。

高轮的宅邸不仅住了数位女佣，还常有十位书生留宿。保次有着在一代便累积起财产的实业家们当中常见的豪放磊落的性格，还养了好几名小妾。从事银行职员这类稳定工作的武之所以选择节子作为相亲结婚的对象，既是因为她是"地道的日本桥儿女"，也包含了因丈夫找女人寻欢作乐而吃尽苦头的母亲（龙雄的外祖母）的意愿。外祖父保次在龙雄出生那年的12月倒在妾宅，溘然长逝。

矶部一族在保次死后，由节子的兄长、涩泽龙彦的舅舅英一郎继承家业，一家从高轮迁至从前便建有矶部家别墅的镰仓。涩泽龙彦后来度过了大半人生的镰仓，对母亲节子而言也是熟悉的土地。

3 | 幼年与少年时期

在龙雄四岁以前，龙雄一家都居住在埼玉县川越市。

他们在市内搬过三次家，最初住在黑门町，其后是志多町，第三次搬家时迁往御岳下曲轮町。

在志多町租住的房屋宽敞，立着花岗岩大门，庭院内有草莓田，院落一隅还供奉着稻荷神。

那时家中有位来自高崎、活泼开朗的女佣，名叫朔夜（さくや），龙雄唤她"亚细夜"（アジヤ），与她很是亲近，曾被她边抱在怀里，边听她唱的"找到了狐狸的布袋／山间骤雨乍歇／火红的日头照耀着树林／寒蝉栖在枝头"的歌谣。

龙雄肤色白皙，经常被误认作女孩。他浸在澡堂的儿童专用浴池里，正从浴池里起身准备离开时，一旁的老婆婆突然激动地说："哎呀，本来以为是个小姑娘，却长了小弟弟……"

与志多町的家宅相隔两三户人家的地方，有位老爷爷叫"箱屋的小龙"，大家都把他称为"箱小龙"。"箱屋"是指带着三味线收纳箱，陪同艺妓在客席奔走的男人。虽都叫"小龙"，这位小龙却是在街头击鼓帮商家打广告的人的头目。

有关这位老爷爷的事情是龙雄最初的记忆之一。

龙雄还被市里的寺院内的宾头卢尊者（十六罗汉之首）吓哭过。

莲庆寺与喜多院均是川越屈指可数的名刹，在正殿前，安置着一尊涂料斑驳的奇怪的宾头卢尊者像。善男善女用手轻抚它，祈祷病体康复。虽说如此，如今在我的记忆里，莲庆寺围墙内的景象已荡然无存，只记得那时自己没来由地感到害怕。

这是《最初的记忆》这篇随笔中的一节，文中出现的"莲庆寺"实为莲馨寺，此处是涩泽龙彦记错了。

龙雄生来就是左撇子（只是写字时被矫正用右手），每每被问起"长大后想成为什么"时，都回答说"想成为电车司机"。他也有回答"想成为棒球选手"的时期，还会说着"投手宫武，大动作投球了"，模仿广播节目里的播报员。

对于远亲涩泽荣一子爵（1931年卒）是否与龙雄见过面，想必大家都很在意。根据幸子从母亲节子那里听来的故事，二人似乎在涩泽还是婴孩时见过面。镇守祭时，荣一子爵家里举办了狮子舞活动，父亲武和母亲节子都受到招待。节子抱着刚出生不久的龙雄前往"中之家"。"我身旁坐着荣一子爵，观看狮子舞时，你哥哥（龙雄）撒尿了。我慌得手忙脚乱。"

1930年（昭和五年）7月，妹妹幸子出生。幸子多年后从津田塾大学的英文科毕业，先是当了编辑，后来成为自由撰稿人。

作为对涩泽龙彦而言的重要女性之一，关于比自己年长两岁的哥哥的幼年时代，这位长妹曾在《涩泽龙彦的少年世界》里透露了如下逸事：

据父母所言，哥哥很早就会说话了，但学会走路却很迟，令父母忧心忡忡。父母经常讲起哥哥第一次走路时的事。

"喂，小少爷，到这边儿来。一、二……"

父母一这样说，一岁零几个月的小龙雄边说着"枪、细、五、六……"边迈出平生的第一步，扑到父母面前。

也就是说，哥哥似乎在会走路前就先学会了数数。听来像是编造的故事，但它发生在哥哥身上，令我相信它多半是真的。

我还想从同一部著作中，引用另一则趣事。我想这件事发生在龙雄进入小学以后，对了解这对兄妹的关系以及涩泽龙彦这位作家，或许都是不可小觑的逸事。

［……］孩提时代的哥哥想把他获取的知识全部传授予我。从书里读来的、在学校学来的知识，他都得意洋洋地向我展示。总而言之，在他身旁，无论内容如何都钦佩地倾听的我，作为讲故事的对象大概再合适不过了。哥哥摊开笔记本，一边画，一边对我说：

"在很久很久以前，有这样一种动物。这个？这是猛犸象。你不知道猛犸象吗？"

"在月亮上，没有人类和动物，也没有妖怪。可怕吧？你不害怕吗？"

"这是一百年后的世界。房屋都在地底下。这辆汽车在海面上也能跑。这个东西，虽然能在天上飞，但它不是飞机。"

就算他讲些乱七八糟的故事，我也只觉得哥哥好厉害，什么都知道，一味钦佩地听着。我想，龙彦的这种癖性后来不断地变形，一直持续到他死去。

1932 年（昭和七年），身为武州银行川越分行行长的父亲武，作为调查部的检察人员调职到丸之内分行，一家人也迁居至东京市泷野川区（位于现在的东京都北区）中里町一一九号的一间出租屋。

那时的泷野川，同时与文士和艺术家云集栖居的山手[1]以及花柳街接壤，自江户时代以来就是平民住宅区，杂糅了两种要素的土地风俗。在田端车站可以清晰地看到妖怪烟囱[2]。对于这个自己从四岁到十七岁的十三年间居住的游乐场所，涩泽龙彦这样说明道：

> 出了田端车站，山手线转了个大弯，在即将进入驹込车站之前，从左侧车窗，也就是山手线内侧眺望，田端高地下方往神明町方向的街景一览无余。从右侧车窗，也就是山手线外侧眺望，则能够观览从驹込车站往霜降桥方向的街景。被铁轨夹在中间，向南北延伸的这片区域便是中里町吧。
>
> 从前，我曾在某篇文章里夸大其词地写道："北起飞鸟山南至六义园，西起染井墓地东至谷中墓地，都是我们的活动范围。"这不得不说是我夹杂了些许夸张成分的描述，实际上我们的行动范围要比这个狭窄得多，几乎局限在以

---

① 指东京西侧的台地区域。
② 指千住火力发电所的烟囱，因为根据观察方向的不同，烟囱的数量会变化，偶尔冒烟的样子也让人联想到妖怪。

中里町为中心的地域，偶尔出发去远征。

（《泷野川中里附近》）

泷野川的家是宽敞的木制平房，有宽阔的庭院和一位叫丰八（とよや）的女佣。争强好胜、聪慧机敏的她是龙雄的好玩伴。由于龙雄常在家里读书，或是和幸子一起画画，母亲节子几乎每天都要拜托丰八带孩子们去附近的神社玩耍。

1933年（昭和八年），龙雄四岁那年的2月，第二个妹妹道子出生了。她后来与哥哥一样进入了东京大学人文学部法文科，与画家矢野真结婚。

这一年3月，德国的哈根贝克动物马戏团抵达横滨港，以东京为起点，在名古屋、大阪、福冈等地巡演，直到9月。龙雄观看了这个马戏团的表演，有了"最初的欧洲体验"。在那里，少年看到了驯兽师挥舞鞭子，那些斑纹美丽的老虎钻过火圈。

幼年时的回忆，就像昏暗中有一个朦胧地闪烁着的、熙熙攘攘的光的空间，我感到自己像是从遥远的地方望着它。那是一个祭祀的空间，而我本人大概也参加其中。哈根贝克动物马戏团的火圈，对我而言，是在那样的空间的内部如同心圆般漂浮着的、一个更小的光的空间。

（《哈根贝克的回忆》）

五岁时，龙雄误吞下父亲的纯金袖扣，引起轩然大波。

小学一年级的时候。从左起依次为父亲武、龙雄、妹妹幸子和道子、母亲节子

泷野川的家门前。左起为龙雄、妹妹道子、女佣丰八和妹妹幸子

午餐一向吃面包的龙雄，在吃饭时对餐桌上摆放的Merry Milk①的罐子感兴趣得不得了。罐子的商标上，画着一个身着围裙的女孩，单手挎着篮子。篮子里放着一个Merry Milk的罐子，这个罐子的标签上也画着同一个女孩子挎着同一个篮子……眼前的牛奶罐的标签上，小小的Merry无限连续地堆砌折叠，想到这里，少年产生了某种被吸入深渊的感触。

邻家有位叫礼子的娃娃头女孩。擅长唱歌的礼子，曾用清澈的嗓音唱过北原白秋②作词的《郁金香军队》。

涩泽没有上过幼儿园。他在1935年（昭和十年）4月进入泷野川第七寻常小学校③。

离家只有百余米的这所小学有四个班，每班四十五人左右，所有学年合计约二百人。

上小学前就认得平、片假名的龙雄有着过人的记忆力。

从一年级到六年级，小学期间的成绩都是优等，却一次也未被选为年级长。想必是因为我的人格欠缺完满。学科中最擅长图画和音乐，最不擅长的是体操。运动会上的短跑项目，一直都是最后一名。

（《自作年谱》）

---

① 1921年由明治公司发售的罐装炼乳。
② 北原白秋（1885—1942），日本诗人、童谣作家、歌人。
③ 旧制小学的一种，于明治维新时期确立，最初为四年制，1907年起更改为六年制，一直持续到1941年。

二十世纪三四十年代，那是连孩童也重"武"轻"文"的时代。在同一所小学上学、担任过年级长的幸子，这样看待没能当上年级长的哥哥：

对于一看便知其瘦小柔弱的少年龙雄而言，那是一个不幸的时代。事实上，家兄虽然成绩超群，却一次也没能担任年级长。虽只是出自我的想象，这对哥哥而言，我想或许是件很屈辱的事。泷野川第七小学校从没有成绩优异，却一次也没担任过年级长的孩子。

他在家中是唯一的男孩，让这样一年到头都在家里逞威风的孩子，在学校也站在众人之上不太妥当，所以才没让他成为年级长，班主任曾对母亲节子这样说。

龙雄在家里被叫"哥哥"，趾高气扬，自己明明也害怕，却最喜欢吓唬妹妹们。他常常欺负妹妹，幸子等人在沙坑的角落里手握铁锹，甚至有想杀了这位凶暴的少年皇帝的记忆。但龙雄是典型的"窝里横"，在学校里与孩子王相去甚远，是个思虑颇多的孩子。他的绰号是"小龙"或者"少爷"。

1936年（昭和十一年），八岁时，二·二六事件①爆发。龙雄因感冒请假休息，在家一边卧床，一边呆呆地望着隔扇外院落里的雪。

① 日本近代史上最大的一次政变，日本陆军的部分"皇道派"青年军官率领数名士兵袭击政府及军方高级成员中的"统制派"，政变最终受到镇压。

这一年8月，柏林奥运会开幕。日本选手在这届奥运会上大显身手，龙雄也为之痴迷，在避暑地千叶县大原町的旅馆里，用收音机收听"前畑①加油"的深夜实况解说。直到1941年（昭和十六年）为止，大原海岸一直是一家人每逢暑假便会造访的地方。

小学二年级这年，龙雄在学艺会上被任命为《因幡的白兔》的主人公一角，不知是不是出于紧张，此前症状尚轻的梦游病变得严重了。

龙雄尤为喜爱绘制在地底下纵横交错的蚁巢的剖面图。他羡慕蚂蚁的生活，渴望成为一只蚂蚁。

1937年（昭和十二年），九岁的龙雄身高115厘米，体重19公斤。这一年，他在学校和同龄人相扑，被对方从大腿外侧绊住，摔倒在混凝土操场上，右脚骨折，一整个月都绑着石膏。

龙雄在这时候常常患病，多次向学校请长假。他曾患过疫毒痢、结肠炎、白喉、水痘、中耳炎等，此外也常感染风寒和吃坏肚子。前来诊病的医生笑他："你呀，可真是个病秧子。"

龙雄在学校的绰号是"相扑博士"。

当时若不是居住在庶民区，孩子一般不被允许去国技

---

① 指获日本第一块女子奥运金牌的游泳选手前畑秀子（1914—1995）。

馆。不像今天有电视，当时的孩子们对行司和呼出①之间的区别都一知半解，对横纲上场时的仪式、双脚轮流顿地的方法也全然不知。而我呢，因父亲喜爱相扑，受到银行客户招待的机会也多，我便借机常去两国的国技馆，在班级里算得上相扑博士。

（《令人怀念的大铁伞》）

每到被父亲告知今天是要去国技馆的日子，他都喜不自胜，课堂内容也听不进去了。当时无敌的大横纲双叶山的六十九连胜中断的那一天（1939年1月15日），龙雄也坐在国技馆的枡席②上观战。

1938年（昭和十三年），龙雄九岁那年1月，女演员冈田嘉子③和恋人一同跨越库页岛的国境，逃亡到俄罗斯。这则新闻，带给少年龙雄异样的感动。

2月，在帝剧④观看了卓别林的电影《黄金时代》，在稚气的孩子眼里，如此有趣的电影还是第一次看。

一家人常在周日一同外出。到了银座，便在街道上悠闲散步，看新闻电影和漫画电影，上馆子吃饭。一家人也常去上野动物园和小石川的植物园。龙雄大概套着毛衣，

---

① 行司是日本大相扑比赛的裁判员，被视作武士。呼出是相扑比赛中的杂役。
② 位置最靠前，可以容纳四人跪坐的榻榻米包间席。
③ 冈田嘉子（1902—1992），日本电影演员、播音员。
④ 帝国剧场，由日本实业家涩泽荣一、大仓喜八郎等人共同设立，是日本第一座上演西洋式戏剧的剧场。

上小学后则常穿着被称为庆应型的夹克短裤套装。这是出于母亲的喜好。

4月时升上四年级，班主任是讲授音乐的铃木升老师。这位绰号"大猩猩"的奇特老师对龙雄疼爱有加。涩泽与这位老师之间的往来持续了多年，后来还常给他赠送自己的著作。

龙雄固执得近乎倔强，无论被最令人畏惧的老师怎么责骂，依然固守自我。对于自己一度相信的事物固执己见，绝不折节。

8月，德国的希特勒青年团到日访问。龙雄被他们的气质吸引，模仿青年团的举动，横向大幅度挥动双手，不屈膝使得双腿像棍棒般伸直，在学校里行进。"直到多年后，这种走路方式似乎仍会在某些契机的触发下不经意间出现。"（种村季弘《涩泽龙彦·那个时代》）

龙雄尤其喜欢替换歌词和谐音俏皮话这类无意义的游戏。只要对一句话稍有些在意，就会把它变成段子不厌其烦地重复，妹妹们若是笑了，他就神采奕奕。

1939年（昭和十四年），第三个妹妹万知子出生了。她与龙雄相差十一岁，是家中最小的妹妹。她后来进入东京外国语学校的意大利语科，与商社职员坂斋胜男结婚。

一儿三女以及父母，这就是涩泽家的全部成员。长女幸子谈到自己一家时，曾说那是"新式家庭的先锋"。

父亲武是周身弥漫着大正自由主义者气息的人，他称呼妻子为"君"。

［……］父亲不愧是在大正年间（即二十世纪二十年代）度过青春时代的人，如今想来实在是爱好广泛。对歌舞伎、技艺和体育都惊人地精通，擅长赌博，对当时刚刚流行起来的摄影和登山也都有所涉猎。他攀登过枪岳、穗高岳，号称"日本阿尔卑斯"的名岳群山①也几乎都去过，他时常将自己在山中险些遇难的经历讲给孩子们听。

（《赛马场的孤独》）

父亲虽不饮酒，却嗜好美食，打扮也入时。他是通情达理的家长，从不会做出体罚孩子这样的行为。

这位父亲在面对战争时是个旁观者，太平洋战争开战那天，他自言自语般地嘀咕："日本和美国打仗怎么可能会赢。"

下面这则逸事，是从幸子那里听来的。

父亲无论是防空演习还是灯火管制都一概不参与，对母亲老老实实参加的爱国妇人会也感到愚不可及。那时候成立了名叫"邻组"的近邻组织，开始举行以防空演习为名头的传水桶练习。每家每户都必须出一人参加演习，即便如此，父亲也一次都没有参与，母亲无计可施，只得参加。

"实际被轰炸的时候，传水桶练习和灭火竿②又有什么用。"

① 又称中部山岳，是位于日本中部的飞驒山脉（北阿尔卑斯）、木曾山脉（中央阿尔卑斯）、赤石山脉（南阿尔卑斯）三座山脉的统称。
② 指在长竹竿的前端捆上大把稻草，通过拍打来灭火的装置。

这是父亲的口头禅。事实也正是如此。

"孩子他爸，这种事情可不能大声讲。"

母亲总是顾虑重重地说。

和武同样出身优渥的母亲节子，是龙雄的同学众口一词的美丽母亲。涩泽龙彦本人也在后来写道："直到升上小学的高年级，我都觉得自己的母亲是位十足的美人。与母亲一同走在银座等的街道这件事，让我感到骄傲，和甘美的幸福。"(《俄狄浦斯的告白——写给电影〈弗洛伊德传〉》)这位母亲在长子结婚后也一直和儿子住在一起，比儿子还要长寿，在1991年（平成三年）八十五岁时逝世。

多年后，据说涩泽龙彦曾向周围的友人自满地说道："我在小时候被母亲溺爱。"而幸子却说，母亲是个十分冷静且理性的人，绝不是会盲目宠爱家中唯一男孩的类型，将这个溺爱的说法郑重地否定了。

在太平洋战争爆发前一年的1940年（昭和十五年），龙雄升上小学六年级，全班只有他一人不是和尚头，他的发型成为众矢之的。战争气氛剑拔弩张，他的少爷头引起了老师和同学的反感，并因此遭到排挤。

于我而言，原本没有非执着于少爷头不可的理由。但即便如此，不是也没有非剃成和尚头不可的理由吗？面对班上群情鼎沸，我不得不固执己见。用如今的流行语来讲，我专横倔强。

即便如此，在某个夏日，我终于决意奔向理发铺，将自打襁褓起十二年来蓄的长发，都让理发铺的叔叔剪断了。那时的畅快心境我至今难忘。另一方面，左翼作家转向时感受到的那一抹寂寥，我也深有体会。

（《倔强》）

从未质疑过哥哥的少爷头的幸子，看见他从理发铺回来时头皮乌青的光头，"吓了一大跳"。

哥哥完全不适合和尚头。就像从一休哥的漫画里走出来的小和尚，因为我明白他也不是想剃成和尚头才去剃的，就什么也没有说。直到班里的少爷头只剩下他一人为止，哥哥已经很努力了。父母也坚持对此一言不发。事情就发生在"奢侈是敌人"这样奇怪的标语刚刚开始流行的时候。

这一年是皇纪① 两千六百年，举行了各式各样的纪念典礼，在龙雄的班级里，同学们用竹子编织出神武天皇东征的各个场景，如立体的绘卷般将它们排成一列。那时记下来的北原白秋的《海道东征》歌谣，成为涩泽龙彦一生的拿手节目。

*　　　　　*　　　　　*

① 即神武天皇即位纪元，皇纪元年为公元前660年。

幸子将哥哥定义为一生"逍遥自在之人"或"快乐王子"。诚然，涩泽龙彦被比寻常人家更慈蔼、更疼爱自己的温柔的父母，以及仰慕且不断称赞哥哥的妹妹们所包围的幼年时代，似乎不见一片阴云。即便折去"回忆"一类事物伴随的美化作用，与一窝蜂地涌向战争、被暗淡的阴翳所覆盖的世态相反，涩泽的童年时代是如同郁郁葱葱的乐园般幸福的黄金时代。

在小学时代与涩泽龙彦同级的同学武井宏曾提起，"被四位美女服侍的男人"和"小小贵公子"，是小学时代的龙雄留给他的最为深刻的印象。"在同班同学里家庭经济情况属上等，学习成绩也好，装束也是当时被叫作庆应服的半西装，一直都穿得气派十足。"与涩泽龙彦一生交好的友人武井这样说着，回忆起了当时的心境：

从小学那时候起，每次靠近他家，我的心就怦怦直跳。就像方才所说，他家有位美丽的母亲。气质优雅。宅子是战前中间阶级的职工住宅。有一扇门，我一按上面的门铃，就有佣人出来。我说："小龙在家吗？"对方便唤道："少爷，有您的客人哦。"（笑）随后我很快被领到了客厅，虽然那时年纪还小，佣人仍会端出点心和茶对我说"请慢用"，施礼后再返回原位。所以我每次去找他心都怦怦跳。对涩泽的憧憬，对家庭的憧憬，这种心情五十年都没有改变。

（《小学时代的事》）

4 | 幼年和少年时期的读书经历 / 南洋一郎

关于童年、少年时期自己读过的书，涩泽龙彦留下了多篇文章。

残存在涩泽龙彦幼年时期记忆里的第一本绘本是《孩子的国度》。那是 1922 年（大正十一年）创刊的、在当时十分奢侈的儿童杂志，是母亲节子买给他的。

给他留下极深印象的画家是武井武雄[①]与初山滋[②]二人，据说那是生来的倾向——比起现实主义风格的绘画，涩泽更偏爱样式化的、幻想风格的绘画。

在涩泽的童年和少年时代，讲谈社文化风靡一时。他也接触到讲谈社的《幼年俱乐部》和《讲谈社的绘本》等书。在这个领域，他果然也还是喜爱梦幻、有装饰性、浪漫且样式考究的插画，他尤其喜爱作画风格弥漫着异国情调的蕗谷虹儿[③]和田中良[④]等人。

我这种精神倾向，在此后逐渐成长，直到后来我发现了奥伯利·比亚兹莱的《莎乐美》插画和威廉·布莱克《天真之歌》的铜版画插图，无疑是再顺其自然不过的事了。

（《关于绘本》）

---

① 武井武雄（1894—1983），日本儿童画画家、版画家、童话作家、制书家。
② 初山滋（1897—1973），本名初山繁藏，日本儿童画画家。
③ 蕗谷虹儿（1898—1979），日本插画家、诗人、动画监督。
④ 田中良（1884—1974），日本舞台美术家、画家。

少年涩泽也读过许多漫画。当中尤其喜爱田河水泡[①]的那部著名的《野犬黑吉》，以及阪本牙城[②]的《坦克坦克郎》。

有关自己对《野犬黑吉》的热衷程度，涩泽龙彦这样写道：

> 非要说的话，我文章修行的第一步，或许可以说是从终于识字的六七岁时开始的，几乎每天都在熟读玩味那本《野犬黑吉》。我是那般沉迷《野犬黑吉》，说来羞愧，我与手冢治虫氏相仿，到了暗地里自诩"野犬黑吉学权威"的地步。直至今日我能流畅地背诵出来的《野犬黑吉》台词，仍有许多。
>
> （《漫画大游行》）

另外一部他喜爱的漫画——阪本牙城的《坦克坦克郎》是《幼年俱乐部》上的连载作品，涩泽说它是"奇奇怪怪的漫画""荒诞漫画的先驱"，认为它是"一种科幻漫画"。在当时这种漫画还非常少见，阪本牙城的这部作品给少年的涩泽龙彦留下了强烈的印象。

上小学后，他也开始涉猎讲谈社的少年读物。在这当中他更喜爱的是山中峰太郎、南洋一郎、高垣眸、江户川乱步、海野十三等人的浪漫主义和冒险小说一类，远远胜

---

① 田河水泡（1899—1989），本名高见泽仲太郎，日本漫画家、落语作家。
② 阪本牙城（1895—1973），本名坂本雅城，日本漫画家、水墨画家。

过佐藤红绿①和吉川英治②二人代表的现实主义或理想主义作品。

时至今日，我的嗜好基本没有变化。我不喜欢所谓人生派小说。求道者型的文学更是叫我避之不及。现在的我，耽读十八世纪的法国情色小说，嗜好十九世纪和二十世纪的怪奇幻想小说，追本溯源，便会容易地察觉其源头是少年时代热衷的冒险小说。

如此想来，我在精神上一向没有进步，年近半百，也依旧怀着那时阅读南洋一郎和山中峰太郎的心情阅读欧洲的古典作品。我试着自我反省，似乎也无法改变。这实在叫人为难，但事到如今，已经太迟了，也没什么办法。

（《少年冒险小说与我》）

对少年龙雄而言，南洋一郎是特别的存在。在上述这篇文章里，涩泽龙彦接着提及南洋一郎，甚至说他是"给我带来极大的影响，决定了我尔后多年的嗜好"的作家。在南洋一郎的大量作品中，他最喜爱的是1935年（昭和十年）出版的《海洋冒险物语》。

《海洋冒险物语》的主人公是手执鱼叉的少年大助，是有关大助在全世界的海洋上冒险的航海记。在北冰洋遭遇

---

① 佐藤红绿（1874—1949），日本剧作家、小说家、俳人。
② 吉川英治（1892—1962），本名吉川英次，日本小说家。

幽灵船和猛犸象，在南太平洋遇上怪神像和海贼王，在马来群岛遇见魔法师和巨鲸。这部作品充斥着异国情调，是名副其实的海洋冒险物语。

1985年（昭和六十年）年初，我供职的出版社（国书刊行会）开始出版全十册的"热血少年文学馆"系列。这套书集结了十册战前风靡一时的少年小说，其中，与高垣眸和山中峰太郎的小说一同，南洋一郎的这部《海洋冒险物语》也包含在内。

那年1月，我拜访北镰仓的涩泽宅邸时，在报纸上看到丛书广告的涩泽，说起这个系列的书目令他倍感亲切，尤其《海洋冒险物语》是他最喜爱的一部。翌月刚好又有造访涩泽府上的机会，我将自家出版社刊行的一册《海洋冒险物语》作为礼物送给他。这个系列的装帧与插画都还原了首版时的模样，涩泽将这本书捧在手里，摘下眼镜，一脸怀念地凝神细看，"是的是的，你看这一处……"他不胜感慨地认真翻动书页。

三十多年前的当时场景，就如同发生在昨日般历历在目，但重要的事还在后面。作为涩泽遗作的小说《高丘亲王航海记》，是从这一年6月开始执笔的（8月在《文学界》上连载第一回）。涩泽在去世那年在与池内纪①的对谈中讲道："现在我正在写的《高丘亲王航海记》，说它是关于南洋一郎的回忆录也未尝不可。"涩泽究竟有没有重读我捎去的南

---

① 池内纪（1940—2019），日本德语文学研究家、翻译家、散文家。

洋一郎的冒险小说，我在那以后没有问过他本人，但那时亲手递过去的那册书，说不定为涩泽执笔的最后一部小说带去了直接而本质的影响。

＊　　　　　＊　　　　　＊

翻阅妹妹幸子的《涩泽龙彦的少年世界》，可以了解到更多小学生时代的涩泽龙彦喜爱的书籍。

《一千零一夜》《彼得·潘》，讲谈社"世界名作物语"系列的《基督山伯爵》《王子与贫儿》《小公主》《源平盛衰记》等。

幸子愉快地指出，《源平盛衰记》中，义经在连跳八艘船时念出的那句龙雄心爱的台词——"飞罢飞罢，呀，飞起来罢"，多年后，被一字不漏地写进了《唐草物语》中的《空中飞翔的大纳言》。"几十年来，哥哥终于有机会使用脑海中这句心爱的台词，就连他自己一定都忍不住偷笑了吧。"

幸子指出，哥哥绝不是那种从小学生时候起就喜读纯文学的人，而是从幼时起就喜爱书籍本身，对书一向爱惜。

并且，她还证实了从小学五六年级的时候起，哥哥就常伏案孜孜不倦地写作。只是，他似乎不愿给父母和妹妹们看。

5 | 旧制中学时代

　　太平洋战争爆发的1941年（昭和十六年），龙雄年满十三岁。4月时，他进入了东京府立第五中学校（后来的都立小石川高等学校）。从中里町的家到位于驾笼町的中学，涩泽每天要徒步二十分钟上学。

　　我明明是憧憬西服配领带的成熟系制服才选择了这所学校，可从这一年起，全国的中学制服都一律换成了卡其色（当时被称作国防色！）的国民服与战斗帽，令我很是沮丧。

（《自作年谱》）

　　不仅是国防色的制服，上学放学时还以保护腿部为目的强制学生扎上绑腿，这个绑腿也令龙雄感到痛苦。"我痛切地想，只是不需要扎上那么讨厌的东西，现在的年轻人就已经很幸福了。"后来涩泽龙彦在回忆起当时的经历时这样写道。

　　府立第五中学校是以自由开放的校风和培养出许多优秀学生而闻名的学校，1919年（大正八年）在宽广的巢鸭医院一隅落成。因夸大妄想症产生的奇行而风靡全日本的"苇原将军"，即苇原金次郎[①]曾在这家医院住院。五中的学生

[①] 苇原金次郎（1852—1937），精神病患者。又称"苇原将军""苇原天皇""苇原帝"。出生在金泽市，原本是制作梳子的手工业者，二十岁左右发病。1882年他试图向明治天皇发起直诉（日本中世纪和近代，民众和下级武士无视程序直接向将军或幕阁等递交诉状的行为）未遂，被送进了东京疯人院（巢鸭医院）。

们在操场上做体操时，发疯的"将军"摇摇晃晃地从病房里出来，用极具威严的声音向学生们发号施令。于是，体操老师的号令和将军的号令混杂在一起，再也分不清楚……如此愉快的传说，在校内煞有介事似的流传开去。

话说回来，疯人院与中学毗邻而居，患者们与学生们之间可以自由交流，竟也存在如此宽宏豁达的时代，甚至叫我有些羡慕。[……]比起亲炙政治家的馨欬，接受苇原将军的熏陶，想必对将来更有益处吧。

（《学校里的苇原将军》）

龙雄在中学二年级时身高139厘米，体重30公斤。一如既往的娇小。在校成绩也依然优异。二年级时，他在 D 组四十八人中，第一学期排第三名，第二学期排第四名。一个学年有五个班级，他是二百四十五人中的第十三名。

"涩泽很出色，"中学时代的同班同学、其后也密切来往的演员臼井正明做证，"只是，不清楚他究竟在什么时候学习。明明一直在和我们厮混玩耍，但一看他的笔记，却整理得一丝不苟，考试时也一脸若无其事，像'唔，我做好了'这种感觉。他是天生头脑就很好的人吧。总而言之记忆力超群。"（《KIDS ARE ALLRIGHT!——中学时代的涩泽龙彦》）

同学的这句发言，与围绕在成为作家后的涩泽身边的人时常异口同声的那句——"他总是陪客人喝酒，究竟是

第五中学校时代。最左为龙雄，相隔一人的是臼井正明

在什么时候写了那么多书稿”的惊叹有些微妙的相似。也就是说，他虽然是勤勉的人，却不愿让别人看到自己勤勉的样子。妹妹幸子也说哥哥是“努力且有克己心的人”。

臼井还说，文学少年们争相投稿的那类校友会杂志，龙雄一向不放在眼里。

一到8月的暑假，全家人就会去舅舅位于神奈川县镰仓的住所，或是父亲的故乡：埼玉县的血洗岛。

关于血洗岛异常宽敞的宅邸，涩泽龙彦曾写道，父亲武和他的兄弟儿时曾在房子的二楼纵横驰骋地骑着自行车嬉戏，在妹妹幸子的书中也能读到如下记述：

孩提时代的记忆会将一切事物都看得庞大，但这座房屋的巨大并非错觉。更何况那时还是战争期间，那个巨大的屋檐会否成为 B-29^① 的目标一事也令村民们忧心忡忡，因它过于庞大，附近的人都称呼我们家为"大涩泽"。[……]有三站公交车站那么远，八基村皆是我们"东之家"的土地，听说八基小学校就是我们的祖父全额捐赠的。家宅附近有一片梅林，在其盛绽的季节里有从远方特地前来赏梅的客人。

（《涩泽龙彦的少年世界》）

龙雄热衷于采集昆虫和制作标本，动物图鉴是他的枕边书。

这一年暑假刚一开始，龙雄便购入了岩波文库的《安徒生童话集》（大畑末吉译）。这是他自己挑选购买的第一本文库本。

《自作年谱》中提及，1942 年（昭和十七年），东方会的总裁中野正刚，以及一位狂热地宣扬排斥犹太人的神经兮兮的老人来学校演讲，关于这两件事的细节，涩泽龙彦在日后没有留下任何记述。

这一年的学艺祭上，班级表演了名为《火腿与军队》的戏剧。这是以南方的前线为舞台，讲述军队与土著通过火腿互通友谊的荒诞喜剧，龙雄扮演土著的儿子。

---

① 美国轰炸机名。1945 年曾向广岛和长崎投放原子弹。

中学时代，于血洗岛家宅正门前。从左起依次为龙雄、妹妹幸子、祖母德、妹妹万知子和道子、母亲节子

战局愈发凄怆惨烈的 1943 年（昭和十八年）——

后来在同窗间成为话题的"成增间谍嫌疑事件"，大概就发生在这一年年初。

那是野外训练归来的龙雄和数位同学趁机潜入成增机场时，一人偷偷用相机拍摄了陆军战斗机而引发的事件。另一位同学把拍照的事写进了寄给中国东北的友人的信件里，这封信又在审查时被截获，宪兵在期末考试期间蜂拥涌入中学。龙雄和同学们都受到了严厉批评。

"亲眼见证宪兵的恐怖，那时是第一次也是最后一次。与此相较，苇原将军恍若神明。"（《学校里的苇原将军》）关于这起间谍嫌疑事件，涩泽龙彦这样回忆道。

战局急速恶化，学校里连正常的上课时间也无法保证，野外训练和勤工动员与日俱增。对龙雄而言，再没有比军事训练更不擅长的事了。勤工动员则是每天去板桥的凸版印刷和赤羽的兵器补给场工作。

这一年11月，在神宫外苑举行了学生出阵的壮行会。

1944年（昭和十九年），战争呈现晚期颓势，自3月7日起，学生勤工动员令开始全年施行。学校的课程被完全搁置，龙雄与同学们一起在板桥区志村的合金工厂大和合金工作。在这里，龙雄负责操作压铸机，制造陆军的新司令部侦察机的零部件。

三十五年前，我曾在铸造工厂操作压铸机。与之相比，现在的生活方式，简直像是在胡诌。因为自那时起至今的三十五年来，我过着与制造物品相隔甚远的生活。至少在观念的领域之外，可以说我只是过着不断消费的生活。

直至今日，我有时仍会想起，在坩埚中溶解的、铝合金那粉色和银色的滚烫液体。因表面张力而微微隆起的金属液体如镜面般闪烁，好看极了。

（《燃烧的裤子》）

这是涩泽龙彦五十岁时写下的话。

这一年年末，龙雄像五中的多数同班同学那样，参加了海军兵学校的入学考试。他因胸围距标准差了两厘米，在体检的阶段就落榜了。在1970年（昭和四十五年）与野坂昭如 ① 的对谈中，涩泽龙彦说：

> 那个时候，我们晚上睡前总是想到，像那样狠狠地握住操纵杆，突入敌阵然后死去。我若是陷入那种情况该如何是好。不得不干，总之不得不那么干，没有觉悟可不行，我每晚睡前都那样想。
>
> （《情色·死·反乌托邦》）

《自作年谱》中，在1944年的最后有这样的记述——"神田和本乡的旧书店街没有可读的书，我煞费苦心地收集相关书籍，仍在追逐着冒险和魔幻小说的梦。"

1945年（昭和二十年）3月，龙雄从五中毕业。五中原本是五年制的旧制中学，为了尽早募集可以被动员去参加战争的人员，他们是被强制四年毕业的唯一一届。

龙雄的中学时代，被太平洋战争的黑云严密地遮蔽。然而，在记述了绑腿、野外训练和勤工动员时回忆的文章《学校里的苇原将军》临近末尾处，涩泽龙彦这样写道：

> 话虽如此，我却不认为自己的中学生时代多么枯燥。虽然的确是在战争时期，自由受到极大的拘束，但我们依旧尽情地干了孩子气的恶作剧，面对无聊的教师也极力反

---

① 野坂昭如（1930—2015），日本作家、歌手、作词家、演员、政治家。

抗。可以说，我们采用了游击战的战术，竭尽全力地享受了不自由的中学生时代，因此，虽是枯燥的时代，却几乎没有留下灰色的印象。

我虽再不想用绑腿，却不认为绑腿使我的青春变成灰色，事实上，它也不是灰色的。

6 | 东京大空袭 / 战败

到了1945年，B-29对东京的空袭日渐激烈，这一年年初，泷野川的涩泽宅邸也因强制疏散被拆除。强制疏散是战争时期为强化大都市防卫而采取的政策，防止轰炸后火势蔓延，以制造空地为目的遣散居民。全家移居到附近的其他房屋里。

1月，十六岁的龙雄成功通过旧制浦和高等学校理科甲类的入学考试。考试时还经历了"M检"①。志愿填了理科，是因为理工科的学生可以延缓应征。此外，他也不是没有将来从事航空技术方面工作的想法。白线学生帽、斗篷和厚朴木齿的木屐，旧制高中的这三样"神器"也费了一番工夫才凑齐。然而，到了4月却没有举行高中的入学仪式，龙雄像之前那样，去了初中勤工动员的地方工作。

龙雄既不是军国少年，也不激烈反对战争。

---

① 指日本战前在军队、学校、监狱等地实施的男性生殖器检查。

4月13日，继3月造成十余万人死亡的下町大空袭之后，又发生了城北大空袭。在这场大空袭中，数百架B-29展开了猛烈的夜间轰炸，龙雄居住的泷野川区也在轰炸范围之内。

"B-29在晴朗的夜空中跋扈地低飞而过，在探照灯的照射下闪烁着银光，就像令人毛骨悚然的鱼。"涩泽将那时的情景写进晚年的文章里："空袭警报的声响、炸弹的声音、烧夷弹的声音、高射炮的声音、人们的呼喊声。火势不久便蔓延到四面八方，夜空如白昼般明亮。"（《东京大空袭》）

无论走向哪里皆是一片火海，在此状况下，龙雄一家六口东奔西走寻找避难的地方，逃进了驹込站附近的隧道。漆黑的隧道里，似乎也有很多逃到这里的人。"哥哥，幸子，小道，大家都在吗？"父亲武紧紧抱住当时年幼的万知子，每隔五分钟左右就呼唤一次孩子们。在大空袭时，想来不会有火车驶入隧道，但一想到万一真的有车进来，大家都感到惊恐。龙雄时不时走到隧道入口向外眺望，外面尽是红莲般的火焰。

翌日清晨，火势终于减弱，从隧道里出来环顾四周，尽是炭黑的焦土。灰烬和异臭弥漫。

"大事不好了，"十六岁的我在那时想，"这样的事在一生当中，不可能遭遇很多次。"

即便如此，我毕竟年轻，一切事物都化作灰烬也没有让我悲观，不如说脑海里好奇心不自觉地上涌。那一日，我记得自己任凭双腿驱使，在废墟间盲目地行走。从驹达站往霜降桥方向走，从巢鸭一路走到上富士前，四处皆化作一片焦土。

（《东京大空袭》）

铁轨一旁的圆胜寺，成为家宅被烧毁的人们的临时避难所。去查看自家房屋废墟的母亲节子微笑着回来说："饭都煮好了。"原来，是准备早饭时放在釜里的米，在废墟里炊熟了，火候刚好。

包括书本在内，龙雄少年时代的回忆里的物品，通通归于灰烬。

听闻在养老院前有烧死的尸首，龙雄和妹妹幸子二人奔向那里。

下文引自幸子的书：

铁轨附近坐落着养老院的附属医院，门前的侧沟里躺着几位老人的遗体。被火势驱赶着逃出来的老人们在出门后寻不见去路，是为了仅有的水源才钻进了侧沟吧。也有仰面倒在地上，伸出双手像是要擒住虚空的遗体。

想来，我在此前不曾见过遗体。疾病缠身的老人是社会中最弱势的人，他们悲惨的样子，令我受到无言的震撼。

哥哥似乎也受到了很大的冲击，自那以后，一有机会他就说"养老院的爷爷"来吓唬我。

在圆胜寺借住的第二天，住在镰仓那边的舅舅矶部英一郎，骑着自行车远道赶来探望。听从舅舅"留在这里始终不是个办法，总之请先来镰仓吧"的建议，身无一物地从火海中逃生的一家六口决定第二天就出发去镰仓。四岁的万知子搭乘舅舅的自行车先出发，余下的五人徒步前往上野，在那里搭上拥挤的电车，好不容易才抵达镰仓，那里宛然另一片天地。

在东京，茫茫的焦土中黑烟弥漫，烧得焦黑的尸体横陈遍野，而一次也没有遭遇过空袭威胁的镰仓正春色烂漫，大自然流露出蓬勃生机。我听见竹林里树莺啼鸣，看见路旁盛绽的蒲公英的花朵，体会到新鲜的感动。或许是因为我挣脱了战乱，正用全新的目光打量自然。

（《东京大空袭》）

在面朝大海的镰仓当地，流传着假如本土决战，这里会最先受到舰炮射击的流言。一家人于是投奔父亲的故乡埼玉的血洗岛。这里就从当时还是十四岁少女的幸子的著作中，再引用一节：

从深谷站到血洗岛的路程约有六七千米，战争末期，不可能有出租车和公交车，我们缓慢地走在桑田间的小路上。在道路尽头，望见像是"大涩泽"城郭的屋檐时，我们才终于感到如释重负。[……]

即便是听闻东京大半都化作焦土，却也只觉得悉听尊便。到了五月，一大清早蝉就开始鸣叫。

"唉，蝉可真聒噪，我睡不着了。"

哥哥用不像个年轻人的虚无口吻这样说道。我明明只是个孩子，却也体味到了颓废的心境。

在血洗岛过着"郁郁寡欢的无为日子"的龙雄，百无聊赖地去浦和的高中观察情况，看到公告栏上写着入学典礼将在7月举行。

7月1日，旧制浦和高等学校的入学典礼终于举行，十七岁的龙雄入住武原宿舍。同样被分到理科二组，成为他一生挚友的松井健儿和他同居一室。

第二天起，白天是勤工动员，龙雄和同学们每天清晨都从学生宿舍出发，列队前往大宫的铁道机械部。这里提供的制服是一身臃肿的蓝色工作服，完全不适合皮肤白皙又纤细的龙雄，但多亏这身菜叶一样的工作服，他得以免费乘坐国铁①。工厂是铁道的重要设施，因此常有舰载机经过，受到机枪扫射。听到空袭警报鸣笛，龙雄和同学们就停下工作逃进防空壕。从防空壕里看到的天空，浮现出曳着飞机云的B-29那小巧的银色机身。多年以后，涩泽龙彦写道："那时的蓝天，时至今日也烙印在我的心里。不知为何，我感到战争末期的蓝天真是很美。"（《铁路机车与蓝天》）

① 日本国有铁路的简称。

龙雄在这里做协助整理机车的工作。工作内容是钻进蒸汽机车的机身内部，用凿子和锤子敲掉附着在上面的焦黑煤灰。盛夏时节，劳作时的汗水和煤炭让龙雄周身变得漆黑。飞溅的煤渣毫不留情地透过裤子浸入内裤，就连肚脐也变黑了。

高中的课程只在夜间讲授。

龙雄在深谷市迎来了8月15日的终战。

那时，我们一家人就在寄宿的深谷市埼玉银行分行的一角，听宣告终战的广播。我在浦和的学生宿舍里，从消息灵通的友人那里早已听过原子弹和终战的消息，因此毫不惊讶。

（《自作年谱》）

在15日过后几天的某天夜里，龙雄等一众年轻人在浦和高中学生宿舍的一个房间里，集会议论。一位比龙雄稍年长、消息灵通的友人发言道："从今以后，就是民主主义和爵士乐的时代了哟。"

即便听人这样讲，那时十七岁的我，对这些事完全摸不到头脑。脑海里没有浮现出任何影像。即便我像旁人那样抽烟，我也曾是那样无知，只是个小毛孩。我不能不这样想。

然而，从疾风怒涛的那一夜起，我感到我在飞快地成长为大人。就像是挥动着如意小槌的一寸法师[1]，我不禁感到肉体和精神，都在转瞬间成长。

（《水枪与婴儿车》）

四十五岁时，涩泽龙彦写下了《厌恶经历》一文。

"我不喜欢谈论经历，也不喜欢注重经历的思考方式。趾高气昂地，无论别人说起什么都下意识地批评'没有经历'的人，起初就与我无缘。"在以这样的内容开头的文章里，涩泽说，他一向憧憬可以向着"没有经历的空白的世界"，"如天使般身姿轻盈地"飞翔的自己，并"不由得认为"，这样的机会曾一度"眷顾"过自己。他接着写道，那便是终战那一年的8月。

从8月15日开始的一周间，十七岁的涩泽时常信步走到深谷市神社后山，每天躺在草地上。对涩泽而言，这个期间带给他"就连历史也被迫停止般的印象"，"就像马格里特[2]的画，湛蓝的晴空和浮动的白云下面，万象都在转瞬间染上虚妄的色彩般的印象"。

草地上的我像一头野兽般仰卧，那个时候，我在思考些什么，我已无法清晰地想起。

---

① 日本童话故事《一寸法师》中的主角，如拇指姑娘一般，体格极小，经过一系列冒险后得到了一个可以实现任何愿望的锤子，变成身材正常的人。
② 勒内·马格里特（René Magritte，1898—1967），比利时超现实主义画家。

正因为无法想起，才得以成为空白的经历，也说不定，我只是被过剩的自然夺去了视线。那时正是繁茂的盛夏。

与红褐色的废墟之间鲜明的对比使得自然那般耀眼的时代，我想不会再有了。阳光、植物的绿意、雨和风，一切在那个时代似乎都强烈，并且过剩。凄惨的只有人类，滑稽的只有文明一方。

（《厌恶经历》）

终战后，食品物资状况趋于恶化，疏散到血洗岛的母亲节子将和服和腰带都拿去变卖，换成大米和蔬菜。长子龙雄多次和母亲一起背着背包去农村采购食材。

11月24日，他在神田的旧书店购得大川周明的《美英东亚侵略史》，在这部书的衬页上，他写下"于神田购得军国主义时代的遗物 涩泽龙雄"。

第二章　劈叉（1946—1954）

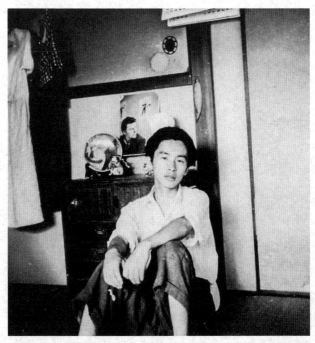

1953 年 7 月 26 日，东大毕业那年，于镰仓小町的家中。身后可见热拉尔·菲利浦的照片（二十五岁）

1 | 旧制浦和高校 / 与野泽协、出口裕弘的相遇 / 超现实主义 / 发现科克托

上一章结尾处引用的《水枪与婴儿车》，是涩泽龙彦在五十四岁时写的随笔，其中，涩泽称自己迄今为止的人生"被昭和二十年以前和以后截然分割为两个部分"。昭和二十年以前是"我的孩提时代、黄金时代"，而昭和二十年以后是"我长大成人的时代，确立自我的时代"。

刚好在十几岁的末尾，我遇上了日本在政治、社会、文化方面发生巨大变动的时代，我的自我也在那时碰上一次转折点，我的人生似乎在那时被清晰地分割成两个部分。随着年龄增长，我的这一自觉愈发痛切。

即便战争时期的生活有诸多不自由和苦痛，但昭和二十年以前，也就是我的黄金时代，对我而言依旧闪着耀眼的光芒。当然，这是因为我那时还是个孩子。[……]

与此相反，昭和二十年以后，是我本人在新生日本发展的同时大肆扩张自我的时代，具体来说，这虽是我过上了文学的生活，恋爱并工作的时代，但那时的色调无论怎么看都黯淡无光。[……]黄金时代早已逝去。

日本天皇宣读《人间宣言》，东京审判开始的1946年（昭和二十一年）——

4月，涩泽的学籍从浦和高校的理科转到文科。战争结束那年的9月，文部省破例提供了仅有的一次机会，承认学生从理科重回文科。就是所谓"波茨坦文科"。"想调去文科的学生请递交申请"的告示在前一年的10月首次张贴，涩泽在那时并没有转学籍，而是在第二次张贴告示的时候申请转到文科甲类。

浦和高校的同学中，有从特攻队复员的年轻人，他们之中还有人穿着飞行服来上学。本应两三年后在战争中死去的涩泽和他的同学们，因为命运奇妙的玩笑而幸存下来。为此他们应感到欣喜，还是感到悲伤，他们自己也不明白。

涩泽多次从位于深谷市的旧陆军兵器厂里偷出望远镜和皮革腰带，卖给新桥的黑市。

涩泽转入的文科甲类的班级中，英语是第一外语，德语是第二外语。涩泽很快就开始每天去东京神田的语言学校 Athénée Français^①，用心学习法语。

昭和二十年九月，与旧制浦和高校的友人们，戴着白线学生帽，身披斗篷。后排左起依次为涩泽、横田俊一，前排为松井健儿

"那时候，我终于开始集中阅读法国文学的相关书籍，暗自决定将来要去读法文科。"《自作年谱》中写道。将法语作为第一外语的班级在战争末期被废止，涩泽的学年没有法语课。因此涩泽特别获准进入低一届的平冈升（后来任东大教授）的课堂。

低一学年的班上，登记在册的学生有野泽协和菅野昭正。两人都和涩泽一样，后来进入东大法文科，与涩泽有诸多交流。曾是海军兵学校第77期生的野泽，后来成为研究法国思想史的东京都立大学教授，菅野则在东大任教，专攻马拉美^②。

关于旧制高中时代的涩泽，这位菅野昭正曾写下一篇令人印象深刻的肖像画式随笔：

刚升上旧制高中二年级不久，我注意到一位娇小又皮

---

① 1913 年由约瑟夫·科特（Joseph Cotte）创设的外国语言学校。佐藤春夫、吉屋信子和中原中也等多位文学家曾在这里学习外语。

② 斯特凡·马拉美（Stéphane Mallarmé，1842—1989），法国诗人。

肤白皙的新生，一直将小说和诗集夹在腋下走动。这位新生的脸庞像位血统纯正的牧羊人，在敝衣破帽、野蛮风行的气氛中多少有些孤立之感，身上却全无想让自己备受瞩目的卑劣作风。他那为了不引人注目，默默与周围形成差异的隐秘的纨绔主义，正愉快而无言地进行着自我主张。

但倘若他手里的是惯例的西田哲学①（或许是其忠实推崇者Y教授的缘故，那时在我们高中，西田哲学异常流行），或是马克思主义的书籍，也许我便不会注意到这位肌肤白皙的牧羊人的存在了。况且文学爱好青（少？）年不在少数，仅是如此倒也不足为奇。我可以清晰忆起的只有让·科克托，他究竟拿着哪本书，这类细微的事虽已经沉入记忆的深渊，但无论是日本还是外国，我看出他似乎只选择大家不会去读的书，这引起了我的注意。不是威风凛凛地伴装偏奇的那种傻里傻气，他似乎在秘密地宣扬着偏奇。

（《玩物的思想》）

菅野曾深信，这位娇小的少年一定是个"新生"，后来涩泽用沙哑的嗓音抗议："我可是三年级。"

然而，不仅局限于法语文学研究家这一同行关系，而且远远跨越这一界限，终生与涩泽维系着深厚情谊的人物，就在浦和高校的同届学生里面。他就是出口裕弘。

---

① 西田几多郎（1870—1945），日本哲学家。试图融合东西方思想，达到内在统一，确立了独特的"西田哲学"体系。

出口裕弘与涩泽的出生年同为1928年（昭和三年），他出生在东京的日暮里町。从府立第十一中学校毕业后进入浦和高校，与涩泽同在文科甲类的班级。后来出口这样记述他对那时的涩泽的印象：

教室里的涩泽并不是八面威风的类型，但的确绽放异彩。明明是男人却白皙得令人不快，鼻梁就像西洋人那般挺拔。遗憾的是眼睛不大，面容瘦削，嘴唇却丰厚得理直气壮。娇小瘦弱（虽说那时候大家都瘦），用嘶哑而高亢的声音讲话。这就是我的同班同学涩泽。然而，即便是厌恶旧制高中蛮风的他，服装也是惯例的白线学生帽、黑色斗篷和厚朴木齿的木屐。

（《涩泽龙彦的书信》）

出口裕弘后来也考入东大法文科，毕业后在北海道大学和一桥大学任教。原本希望成为作家的出口翻译了巴塔耶[1]、布朗肖[2]、于斯曼[3]、齐奥朗[4]等人著作的同时，以《京子变幻》为处女作，写下了数部小说，此外还有论三岛[5]和论

---

[1] 乔治·巴塔耶（Georges Bataille，1897—1962），法国思想家、小说家。
[2] 莫里斯·布朗肖（Maurice Blanchot，1907—2003），法国评论家、小说家。
[3] 若利斯-卡尔·于斯曼（Joris-Karl Huysmans，1848—1907），法国小说家。
[4] 埃米尔·米哈伊·齐奥朗（Emil Mihai Cioran，1911—1995），或译萧沆，罗马尼亚旅法哲学家。
[5] 此处指出口裕弘的评论著作《三岛由纪夫·昭和的迷宫》。

安吾①等诸多评论作品。他与涩泽龙彦是自同人杂志时代起交往最久的文学伙伴，在涩泽死后还担任了《涩泽龙彦全集》《涩泽龙彦翻译全集》(下文省略为《全集》《翻译全集》)的编纂委员，撰写了《绮谭庭园——有涩泽龙彦的风景》《涩泽龙彦的书信》两部著作。

即便如此，在旧制高中时代，两个人之间并没有发生可以称为"交游"的联系。出口和野泽二人加入了文学青年云集的文艺部，涩泽却对此敬而远之。

这一年，房屋被烧毁的涩泽一家从深谷搬到镰仓。东京仍是一望无际的、被烧毁的原野，那是移居都内会受到限制的时代。起初，他们寄居在舅舅矶部英一郎位于雪之下的宅邸的别栋，不久后，附近的小町四一〇号、东胜寺桥桥畔的二层木楼空了出来，一家人就搬了进去。直到1966年（昭和四十一年）8月为止，他们在这里的出租屋居住了二十年。

涩泽离开了高中的学生宿舍，在北浦同友人们过上了合租生活。据说，母亲节子挂念从未做过家务的长子，便前去探望，她发现涩泽让友人揽下炊事洗涤扫除等全部杂务，自己却悠然得像个少爷。

多少令人感到意外的是，高中时代一开始涩泽就加入了棒球部。起初负责外场和投球，但因他是二线选手，低学年优秀的学生入部后，他便无法参加比赛，成了捡球员。

① 此处指出口裕弘的评论著作《坂口安吾 百岁的异端儿》。

他还作为经理筹备布料制作部员队服，在采购球棒等事务上发挥才干。据称涩泽尤其擅长记录比赛得分。

而且，那时候的涩泽在写俳句。幸子证实，哥哥有一本记满了俳句的小笔记本。

从 1942 年（昭和十七年）中学二年级的暑假开始，直到1946 年（昭和二十一年）的某个时期，涩泽每天都在小小的手账里记日记。东京遭遇战火时，他甚至带着日记去避难，但涩泽在这一年的某个时候中止了记日记。日记本也在 20世纪 50 年代中期被全部烧毁。那是为了忠实地遵守"摒弃人类的感情""清空你自己作为人类的内容物"等准则，这是他二十几岁时为自己设下的至高无上的命令。（《不讲述自己》）

《自作年谱》里关于日本国宪法施行的 1947 年（昭和二十二年）的内容，只有如下记述：

我读了纪德[①]，对泛神论风格的快乐主义感到共鸣，还读了科克托，被他杂技演员般危险的生活方式深深吸引。伦理问题和样式问题，在我的脑海里一直是休戚相关的。伦理即样式，样式即伦理。而战后文学愚不可及，我几乎读都不读。

---

① 安德烈·纪德（André Gide，1869—1951），法国作家、诺贝尔文学奖获得者。

关于涩泽旧制高中时代的阅读兴趣，曾在前文中出现的松井健儿证实，自家被烧毁后，手头没有书的涩泽常常借阅松井父亲持有的明治、大正时期的文学全集和新潮社的世界文学全集等书。涩泽还经常去九段下[1]的大桥图书馆，在那里，他以法国文学相关的译著为中心，如饥似渴地涉猎了第一书房、野田书房、厚生阁书店在昭和初期出版的文艺书，以及杂志《诗与诗论》等。

　　涩泽还与三位校友一同创立了现代法国文学的读书会。读书会上选取的尽是两次世界大战之间诞生的文学。菲利普·苏波[2]、布莱兹·桑德拉尔[3]、皮埃尔·麦克奥伦[4]、约瑟夫·德尔泰伊[5]、马塞尔·阿尔朗[6]、马克斯·雅各布[7]，此外还有塞利纳[8]、阿拉贡[9]、布勒东[10]……"那是海外书籍输入尚未实现自由化的时代，我们抽着配给的卷烟，卷起斗篷下摆，在神田的旧书店街逐间漫步，发现了原版书，即便囊中羞

---

① 位于东京都千代区。

② 菲利普·苏波（Philippe Soupault，1897—1990），法国诗人、小说家。曾参与达达主义和超现实主义文学运动。

③ 布莱兹·桑德拉尔（Blaise Cendrars，1887—1961），瑞士裔法国诗人、小说家。

④ 皮埃尔·麦克奥伦（Pierre MacOrlan，1882—1970），法国冒险小说家、香颂作家。

⑤ 约瑟夫·德尔泰伊（Joseph Delteil，1894—1978），法国作家、诗人。

⑥ 马塞尔·阿尔朗（Marcel Arland，1899—1986），法国小说家、文艺评论家。

⑦ 马克斯·雅各布（Max Jacob，1876—1944），法国诗人、小说家、剧作家、画家、美术评论家。与阿波利奈尔同为立体主义的代表性诗人。

⑧ 路易—费迪南·塞利纳（Louis-Ferdinand Céline，1894—1961），法国作家、医生。著有《茫茫黑夜漫游》《死缓》等。

⑨ 路易·阿拉贡（Louis Aragon，1897—1982），法国诗人、小说家、文艺评论家。

⑩ 安德烈·布勒东（André Breton，1896—1966），法国诗人、小说家、批评家。超现实主义创始人。

涩也要强行买下。［……］如今想来，实在荒唐。在字母表都还没学完时，我们就一举涉猎了最新的前卫文学、达达主义和超现实主义。然而无论读懂还是读不懂，我们都如饥似渴地读书。不如说，我们自认为已经通晓了全部。"（《一本书》）

对于在废墟、黑市遍布的混乱时期成长的年轻的他们而言，带来最强烈触动的文学，是"那如同爆发的烟花般，可谓是青春的天才泛滥的超现实主义运动"。对涩泽等人来说，比起太宰治的殉情和光俱乐部①社长的自杀，超现实主义者雅克·瓦谢②和勒内·克勒韦尔③的哲学式自杀更潇洒和高尚；比起特攻队复员后当了强盗或黑市的学生商贩这类犯罪行为，安德烈·纪德的小说《伪币制造者》中出现的"无偿行为"更令他们感同身受。

事实上，我高中时代的朋友中，有三个人成立了自杀俱乐部，几乎没有任何像样的动机，其中两人就相继服下溴戊酰脲自杀了。我记得他们还不到二十岁。其中一人现在还活着，大学时代加入了共产党，因为他最近在翻译保

---

① 1948年，东京大学的学生山崎晃嗣等人因组建地下非法融资企业光俱乐部被警察逮捕，社长山崎服毒自杀。这一事件成为三岛由纪夫的小说《青色时代》和高木彬光小说《白昼的死角》的原型。

② 雅克·瓦谢（Jacques Vaché，1895—1919），法国诗人、作家。超现实主义运动背后的主要灵感来源之一。

③ 勒内·克勒韦尔（René Crevel，1900—1935），法国诗人、作家、超现实主义者。

罗·尼赞[①]，我若是道出名字，想必知道他的人也不在少数。

（《关于〈黑色幽默选集〉》）

成立"自杀俱乐部"的友人们，同时也是涩泽读书会的成员。活下来加入共产党的，就是方才介绍的野泽协。野泽曾两度自杀未遂。从出口裕弘的著作中，可以读到年轻时自杀的两位校友的名字分别是西野升治和白石一郎。涩泽接着这样写道：

而我，不知是幸运还是不幸，未曾受过哲学式自杀的诱惑，也从未被政治运动乘虚而入。

1997年（平成九年），这位野泽协在下面的文章里讲述了他与年少的涩泽之间的回忆。

年少时，我和涩泽经常见面，谈论的尽是"有这么有趣的书""我读了这么古怪的作品"这类话题。我们彼此相谈甚欢，都很喜爱写过海盗小说和世界毁灭故事的作家麦克奥伦。我们两个人，确实都抱有"真正有趣的东西尚未被发现，需要我们通过自己的双手去发现"的壮志。架空的纪行类作品，也常是我们讨论的话题。

（《乌托邦主义在现代的可能性与不可能性》）

---

① 保罗·尼赞（Paul Nizan，1905—1940），法国作家、哲学家。

然而有趣的是，让醉心于超现实主义的涩泽"热爱得不能自已"的作家，却是令超现实主义者们感到万分厌恶的让·科克托。

出生于1889年（明治二十二年）的法国诗人，同时也是小说家、剧作家、批评家、画家、电影作家、导演、演员的科克托，其作品以堀口大学[①]的译诗为中心，自昭和初期起被陆续译介到日本。在日本受到科克托深厚影响的作家，有堀辰雄[②]、坂口安吾、中村真一郎[③]以及三岛由纪夫等人（捎带一提，关于科克托对堀辰雄的影响，后来涩泽在两篇文章里作了详细且意味深长的分析）。涩泽尤为喜爱的堀口大学的科克托译作有《鸦片》《写给雅克·马里坦的信》《我的青春记》《八十天环游世界》[④]《白纸》等。

1947年（昭和二十二年）至1951年（昭和二十六年）间，涩泽陆续把科克托诗作的原文和译文认真地抄入数册笔记中。誊抄的翻译里，堀口大学的译文占了大半，但也包含涩泽自己的改译以及新译的部分段落。

当时的涩泽悄悄在书桌上安置了科克托的照片，孜孜不倦地将科克托的文章译成日文，令他感到无上的欢愉。"又在研究科克托么？"幸子偷看哥哥的书桌，半是调侃地说道。

① 堀口大学（1892—1981），日本歌人、诗人、翻译家。
② 堀辰雄（1904—1953），日本小说家。
③ 中村真一郎（1918—1997），日本小说家、文艺评论家、诗人。
④ 堀口大学的译本名为"僕の初旅世界一周"。此处根据涩泽的记述翻译。

诗人科克托，怎么说好呢，他是我少年时代的"神"。不过，说是恋人，或许更为贴切。

（《啊，天使让，请安息》）

关于旧制高中时期的涩泽，方才提到的挚友松井健儿留有一段意味深长的发言。

据松井所言，涩泽在那时已经对他说过"我就是结婚了也不会登记"，"绝对不要孩子"。除此之外，"看过哈雷彗星再死"这句涩泽龙彦后来的得意套话，自他刚刚步入浦高时就挂在口边。松井说道：

我吧，是为了填饱肚子才忍受着理科，他这人呢，打从一开始，就没想着怎样能够活下去，一点儿也不在意生活。正因如此，他倒是非常坚强的。虽然表面看似柔弱，可我以为他的内在非常强韧。所以，对生的执着云云，都是不存在的，这是他很了不起的地方。

（《旧制浦和高校时代》）

而涩泽本人则在随笔《一无所有——我的青春期》（1968）中提到，他感觉自己"没有称得上是青春的青春"。他说，自己这种青春不存在的感觉，其原因不仅在于战争，个人因素占的比重更大。第一个理由是"那种有些邋遢的粉刺"一次也不曾出现在自己脸上，而关于第二个理由，他这样写道：

第二，我在精神的意义上，完全没有所谓青春烦恼。从未因人生该如何度过而心情沉重，也从未因为失恋产生想要去死的心情。即便说起初恋，也不会涌现出任何实感，也没有在记忆里留下痕迹。

"这不是接近'一无所有'吗？"涩泽亲口说道。接着，他对自己丧失童贞一事作出如下报告：

我失去童贞是在战后，旧制浦和高校二年级，十九岁的夏天。若在过去这大概算是晚的，在伙伴中间却是早的。我记得大概是石川淳[1]的小说里有这样一句话——"只有肺病和偷香要趁早"，而我在十九岁时丧失了童贞，对象是擅长跳舞、英姿飒爽、比我年长的人妻。我是戴着白线学生帽、身披斗篷的高中生。得到对方游刃有余的指导，我不需要费神。不是说跳舞的事。是做爱的事。

与这位"年长的人妻"之间的情事，也出现在他1963年（昭和三十八年）写下的《东京感伤生活——再忆焦土的思想》中。涩泽与那位人妻在浅草田原町的旅馆里，避人耳目共度一夜。那是一个频繁停电的时代。

到了清晨，从廉价旅店的窗户向外张望，旅店的后方

---

① 石川淳（1899—1987），日本小说家、评论家。

叫我吃惊，前一夜我完全没有留意到的茫茫焦土绵延无尽。篝火的炊烟匍匐在焦土特有的赤褐色地面上，窗下三五成群地聚集着流浪者，似乎在准备早饭。不知在烧些什么，洋铁罐中升腾起水雾。流浪狗在那四周打转。棚屋的白铁皮屋顶上秋霜闪烁——就像是象征了战后某一时期的健康、凶暴且清冽的抒情式风景。每当这一风景在我的记忆里重现，我甚至怀有一种错觉，我正混杂在流浪者中间，嘴唇触碰铁罐，啜饮滚烫的杂烩粥。那时我十九岁。

这位人妻后来怀孕，与十九岁的涩泽产生了一场纠纷。

2 | 浪人时代 / 姬田嘉男 / 吉行淳之介 / 久生十兰

在帝银事件①发生的1948年（昭和二十三年）——
涩泽在这一年迎来二十岁。

这年3月，涩泽参加了东京大学法文科的入学考试，结果没有考中。

志愿同样是法文的出口裕弘考中了。自打我热衷文学以来，养成了轻视正规学校课程的习惯，因此并未感到震惊。

（《自作年谱》）

---

① 1948年1月26日发生于日本东京都丰岛区帝国银行的一起银行抢劫杀人案，凶手毒杀了在场十二人，至今仍为疑案。

大学时代，于镰仓海岸。自左起依次为松井健儿、姬田嘉男夫人、涩泽、妹妹幸子和道子

　　对落榜有所觉悟的涩泽，自己没有去公布录取者名单的会场，而是差遣妹妹幸子前去查看。

　　同月，他从浦和高等学校文科甲类毕业，开始了浪人[①]生活。

　　从这一年6月起，他开始在位于东京筑地的新太阳社打

---

① 　这里指升学考试或就职失败，不再是学生，也没有工作的人。

工。涩泽开始协助编辑《摩登日本》和《特集读物》等娱乐杂志，为他介绍这一工作的人是姬田嘉男[1]。1946年（昭和二十一年）涩泽一家借宿在镰仓雪之下的舅舅家的别栋时，姬田嘉男夫妇便是邻居，因着这种缘分，涩泽开始出入与自己年纪相差二十岁的姬田的家。

昭和二十三年，从旧制高中毕业的我在考大学时落榜，沦为所谓白线浪人。那时候，拽上刚满二十岁的我来到银座，浸没在那如同瓦尔普吉斯之夜[2]般可怕的战后气息中的人，是如今已不在人世的姬田嘉男。在东和电影制作字幕的姬田氏，同时也是黑道小说作家，他与高见顺[3]私交甚笃，颇有头目的风范。

那时在电通大楼前有一家名为"n'est-ce-pas"的咖啡店，成为新闻工作者的聚集地，我在那里遇见了当时出版《世界文化》的年轻有为的新闻工作者永岛治男和广西元信。从有乐町迁至筑地，成为文人和编辑们的阵地的"御喜代"，姬田氏也带我去过几次。那时我毕竟年轻，混在谈笑风生的济济才俊当中，穿着学生服，只是默默地咽酒。

（《战前战后，我的银座》）

---

① 姬田嘉男（1908—1967），日本翻译家、小说家。

② 德国民间传说中的五月节的前夜，会举行女巫们的集会。关于它的描写在歌德的《浮士德》中尤为有名。

③ 高见顺（1907—1965），本名高见芳雄，日本小说家，参加无产阶级文学运动，被检举后转向。

外地^①归国者姬田嘉男的笔名是秘田余四郎。他曾就读于东京外国语大学法文科，是独自一人完成了直至昭和四十年代初期在日本上映的几乎所有法国电影字幕制作的著名字幕翻译家，经手的作品有《天堂的孩子们》《禁忌游戏》《望乡》《奥菲斯的遗嘱》《去年在马里昂巴德》等。如上述的引文中涩泽所讲，他也写小说，此外还有乔治·西默农^②的梅格雷探长系列等多部译著。

才华横溢又十分勇猛的姬田和他的妻子雪喜爱与年轻人交游，不单是涩泽，妹妹幸子和道子也时常出入姬田家，玩到深夜。三人都从雪夫人那里学会了交谊舞。涩泽关于法国电影、香颂等法国文化，以及"恋爱游戏"的启蒙，都来自姬田这对夫妻。

涩泽第一次走进被介绍来的新太阳社编辑室时，头发利落地垂下盖住额头的青年主编，穿着工装上衣坐在桌前。那是学籍仍在东大英文科的吉行淳之介。未来的文豪当时二十四岁。

新太阳社是于昭和初期创立的出版社。原名"摩登日本"，由于战争时期无法使用夹杂片假名的名称而更改了社名。涩泽打工期间那里有五十多名社员。虽说名义上是打工，但从编辑工作到编造借钱的口实，涩泽被委派了各式各样的工作，一到编造借钱的口实等工作的时候，涩泽的

---

① "二战"失败以前除本州、四国、九州、北海道外受日本支配的领土，也称属地。
② 乔治·西默农（Georges Simenon，1903—1989），比利时作家、推理小说家。

工作能力就理所当然地极低，吉行回忆说。（《〈摩登日本〉记者涩泽龙雄》）

涩泽与年长四岁的吉行主编似乎意气相投。还有过这样的事：某一日，取完原稿走在回去路上的二人突然出现在涩泽镰仓的家里，在二楼呼呼睡午觉。工作结束后，再加上和涩泽同样年纪的另一位社员（曾是华族的公子哥出身，常发酒疯的竹内惟贞），三人常去新桥和有乐町的酒馆痛饮去渣烧酒。吉行忆起，一次他问涩泽："你是涩泽荣一的族人么？"涩泽答道："并不是。"（据说，就连种村季弘等人在多年以后，也未能从他本人那里探听出他的身世，对此一无所知。）

涩泽向吉行推荐了于勒·苏佩维埃尔[①]和保罗·莫朗[②]的作品，吉行推荐给他的是那一年刚刚出版的岛尾敏雄[③]的《单独旅行者》。

值得注意是，在这一时期，涩泽给吉行看过自己写的小说。

"涩泽龙雄像是放下了戒备，递给我五十几页纸的小说，对我说，读读看。"吉行在涩泽逝世后写道："这是否处女作、题目和内容我虽都记不清了，但读完的印象并不差。虽说只是习作一类，却让我感受到他的才能。有一对男女，男人取下酒樽的盖子。里面密密麻麻地挤满了正在蠕动的小

① 于勒·苏佩维埃尔（Jules Supervielle，1884—1960），法国诗人、小说家。
② 保罗·莫朗（Paul Morand，1888—1976），法国作家、外交官。
③ 岛尾敏雄（1917—1986），日本小说家，以描写战争体验著称。

虫。女人感到害怕……"(《昭和二十三年的涩泽龙彦》)

有人认为,涩泽让吉行读的这份原稿,或许正是《扑灭之赋》的原型。对于这一问题,我将在下一章探讨。

自始至终,涩泽的一生中作为上班族工作,便只有在新太阳社的这段短暂的社会生活,如同他本人所写的那样,"实则是弥足珍贵的经历"。新太阳社由自杀身亡的小说家牧野信一①的弟弟担任社长,在这里的工作让涩泽接触到许多文人与艺术家。小林秀雄②、田中英光③、林房雄④、画家东乡青儿、摄影家林忠彦……其中,给二十岁的涩泽留下"最为强烈的印象"的便是久生十兰⑤。

对于与十兰的初次相遇,涩泽回忆"大约,是在帮久生家搬家的时候","战争时期被疏散到千叶县铫子⑥的十兰,到了二十三年入秋,才终于在镰仓材木座寻得一轩房屋,与妻子一起搬到那里"。(《埃俄罗斯的竖琴》)新太阳社的总编辑长井寿助是十兰的崇拜者,编辑部全员都被召集去帮忙搬家。

"当时还没有瓦楞纸箱,我们扛在肩上从卡车上卸下来的,都是塞满书籍的柑橘箱子。数不胜数的柑橘箱子,被接连不断地堆放在走廊。"涩泽这样记录十兰搬家时的景象。

① 牧野信一(1896—1936),日本小说家,著有《卖父亲的儿子》《心象风景》等。
② 小林秀雄(1902—1983),日本文艺评论家,曾获日本文化勋章。
③ 田中英光(1913—1949),日本小说家,师从太宰治,在其墓前自杀。
④ 林房雄(1903—1975),本名后藤寿夫,日本小说家、文艺评论家。
⑤ 久生十兰(1902—1957),日本小说家,被誉为"多面体作家"和"小说的魔术师"。
⑥ 千叶县东北端的市,位于利根川河口,面向太平洋。

然而，根据在这次搬家中负责拿着抹布扫除的吉行淳之介所言，涩泽在抵达十兰家之前迷路了很久，才不紧不慢地出现那里，这时搬家工作已经结束，犒劳宴会正要开始。吉田说，他在心里暗想，"这家伙运气真好"。

总之，新太阳社那时与十兰交往密切，对于这位以困扰编辑闻名的具有大师气质的小说家，刚满二十岁的涩泽在那以后也常常前去拜访。十兰笔速迟缓已是传说。涩泽写道："在这世上被人评价为考究、洁癖的作家不在少数，而久生十兰的这一点，不正是来自他个人气质的极深处，与他的生存方式休戚相关的性格吗？我常这样想。"(《〈久生十兰全集〉第二卷解说》)

出现在1948年《摩登日本》十月号编辑后记中的"作家先生"，如同吉行的推测，多半是十兰。

一边啪啪地用手掌拍着蚊子，一边瞪着原稿纸的作家先生对我说。"你啊，快睡吧，我也这就睡了。""可是明天之前一定要完成。""要熬夜吗？""是的。""真是个令人钦佩的编辑啊。如果可以的话我也想和你一起熬夜，只是太困了，我就先睡了……"(涩泽龙雄)

在帮忙搬家那年的九年后，1957年（昭和三十二年），十兰于五十五岁正当壮年时离世。其后，十兰一度成为被世人遗忘的作家，又在1969年（昭和四十四年）全集首次出版时获得了一批狂热的读者。

十兰复活之际，涩泽写给全集的推荐文中有如下一段著名的段落：

虽说如此，为样式呕心镂骨，才是对于作家真正意义上的伦理，将人生求道云云带入作品，不过是乡巴佬小说家的误解，将这一事实如实传授给我们的，是久生十兰的小说。

（《样式主义者·十兰》）

涩泽还百感交集地写道："想到我少时亲接今已离世的久生十兰謦欬的时代，距今已有二十年了，我能像这样为新刊行的久生十兰全集撰写推荐文，实在是不可思议的机缘。"涩泽那时虽已接触到科克托等样式主义者的著作，但在久生十兰身上，他想必第一次目睹了将样式视为伦理的作家的真实身影。

涩泽记录了自己年轻时关于十兰记忆的随笔《埃俄罗斯的竖琴》，于1973年（昭和四十八年），附以"省察与追忆"的副标题，刊登在《别册新评》的"涩泽龙彦的世界"全版面特集上。由十三篇短文构成的《埃俄罗斯的竖琴》，是迄今为止极力规避书写包含私生活要素的作品的涩泽第一次对此直言不讳的作品，因此显得尤为重要，而追忆十兰的文章《关于久生十兰》被置于十三篇的末尾。初读时，末尾处唐突地插入关于十兰的悠长回忆，给我留下捉摸不透的印象。然而考虑到对涩泽而言，与十兰接触的经历有千钧之重，便可以理解。

提到涩泽曾对他讲述的有关十兰的回忆，种村季弘留下了如下意味深长的评语：

"那人是个奇怪的人"，涩泽龙彦把那时的回忆讲给我听。他自己不喝酒，似乎只是边倒啤酒边无言地在一旁观察他人饮酒。话虽如此，其后的《云母姬》是对《薄雪抄》的文体模仿（pastiche），《高丘亲王航海记》则是对《吕宋之壶》的文体模仿，望着后来以此继承自家衣钵的青年的侧脸，却对此浑然不觉，十兰又在思考些什么呢？

（《航海、遇难、一面游泳一面造船》）

*   *   *

1948 年（昭和二十三年）不仅发生了帝银事件，还有东京审判宣布判决、昭和电工受贿事件、太宰治殉情等，这是世相骚动不安的一年。然而这些事件"没有影响到我的精神生活"，涩泽在《自作年谱》中写道。

这一年，涩泽在银座的路边摊买了烟斗。这只廉价的烟斗虽很快就生出裂缝，但他从这时起便开始玩赏使用烟斗。

涩泽与花田清辉①的《复兴期的精神》相遇，是在他二十岁这年，他后来坦言"受到了冲击"。此外，涩泽通过"印

---

① 花田清辉（1909—1974），日本评论家、小说家。

在单薄的仙花纸^①"上的高志书房版本，第一次阅读他一生喜爱的小栗虫太郎的《黑死馆杀人事件》，大概也在这时候。

后来成为涩泽龙彦首部作品的让·科克托的小说《劈叉》的翻译工作，也是在这一年开始的。

经过三十余年的岁月，涩泽回首1948年（昭和二十三年）这一年时，他感慨道："这对我而言是极有意义的一年。""可以说是一个转折点"的一年，"二十岁的我通过仪式"的一年，他这样写道。（《啊啊，令人惋惜》）

下山事件、三鹰事件、松川事件^②发生的1949年（昭和二十四年）——

涩泽于3月再次报考东大法文科，这回的结果也是没考上。

我完全没有复习考试，过着自甘堕落的生活，因此怎么想都不会考上。尽管如此，只有法语原著，我还在固执地阅读。

（《自作年谱》）

然而，"虽然他说自己过着'自甘堕落的生活'，可那

---

① 日本在第二次世界大战后物资匮乏的时代制造的，用废纸制成的粗糙洋纸。
② 即"国铁三大谜案"。下山事件：1949年7月5日，日本国铁总裁下山定则失踪，尸体于翌日在铁轨上被发现。三鹰事件：1949年7月15日，无人列车在三鹰车站失控脱轨，造成六人死亡，二十人受伤。松川事件：1949年8月17日，松川站一金谷川站间列车脱轨翻覆，造成三人死亡。

是骨子里认真勤勉的龙雄君，一定不是这样。实际上，哥哥每天都有好好地回家"。熟知哥哥喜欢装腔作势的妹妹幸子这样反驳：

这段时日里哥哥喜爱的装束是黑色天鹅绒夹克搭配酒红色领结。白皙、长发，二十一岁的龙雄君人虽娇小，却流露出一副无畏的神色。曾被人说起"这位小哥，就像阿蒂尔·兰波[1]呢"。

此外，浪人时期的哥哥还代笔过妹妹的大学报告。在妹妹就读的津田塾大学，从东大退休的辰野隆[2]作为特邀讲师授课。据说，哥哥写的报告题目为《法国文学中的正统与异端》。

涩泽在这一年春天辞去了新太阳社的工作。

8月，涩泽与中学时代的友人臼井正明领头，带领包括女性在内的数人攀登群马县的赤城山，却在途中迷路，只得露宿。当时他每年都与臼井一行五六人一道，去日光和相模湖等地旅行。

从1949年下半年至翌年年初，涩泽从住在镰仓的作家今日出海[3]那里，接到了外包翻译工作的委托。

---

[1]　阿蒂尔·兰波（Arthur Rimbaud，1854—1891），法国诗人，象征派的代表人物。
[2]　辰野隆（1888—1964），日本法语文学研究家、随笔家，是第一位将法国文学正式介绍到日本的学者。
[3]　今日出海（1903—1984），日本小说家、评论家、舞台导演。

涩泽与旧制浦和高校的大前辈今日出海初次见面，是在1948年（昭和二十三年），他作为《摩登日本》的编辑造访林房雄家的时候。今日出海当时四十多岁，虽与前文中的姬田一样，都比涩泽年长二十岁以上，但周围没有同龄人朋友一同交流文学的涩泽，在那以后也常常造访今家。涩泽的母亲节子，似乎原本就是今夫人的朋友。

涩泽翻译的是乔治·西默农的推理小说《雾码头》。虽说是外包，但这是他翻译工作的开始。

完成翻译后，涩泽得意地挟着原稿前来，今日出海翻了翻原稿，苦笑道："这是什么，完全不知所云。你啊，译成超现实主义那样可不行啊。普通读者看不懂可不行。"

"我后来翻译了很多作品，那时今先生说的话，一直作为自戒的话语在我的耳畔回响。"（《今先生的回忆》）涩泽写道。

3 | 东大时代 / 发现萨德

朝鲜战争爆发的1950年（昭和二十五年）——

3月，涩泽第三次参加东大法文科考试，这次考上了。这是旧制大学①的最后一次入学考试。次月入学。

我竟考了三次。为什么考上了，我直到今天仍觉得不

---

① 指日本的学校教育法施行（1947年4月1日）以前的大学。

可思议。入学以后，当时抵抗文学和人民战线理论蔚然成风，我心爱的安德烈·布勒东则蒙受托洛茨基主义者的污名。同学年的同学们看上去都像是秀才呆瓜，我感到深深的厌烦，几乎不在学校露面了。我也非常讨厌研究室的氛围，感到我不合适学术。

（《自作年谱》）

浦高时期比涩泽低一届的后辈菅野昭正，在入学考试时偶然和涩泽在同一个教室，两人在持续三日的考试的最后一日举办了庆功宴。

菅野写道：

在促成我们从容交游的首次契机的那个傍晚，我很快就发现，涩泽是可以在同一平面上交谈的高年级学生。虽说"话痨"（ダベル）这个学生间的交流用语在今天已经彻底变成死语，涩泽温软且没有戒心的语调，虽不给人话多的印象，但他将话题一个个引出，是谈话欲旺盛的"话痨"年轻人。就这样，带着些许考试后的解放感，多少也得益于酒酣，那时的时光在与庆功宴相衬的充实间流动着。

我在那时得知，高中毕业后，涩泽在《摩登日本》这本著名杂志的编辑部工作。虽然这则消息是否在那时候听来的，我的记忆已经有些模糊，但他似乎还在坚持打工做法国电影的字幕翻译。比起正统的文学研究，他的语气里流露出对这种工作的自信。我的记忆大概无误，科克托和超现实主义一脉的名字也陆续出现，还听他讲了交织在堀辰雄初期小说中的那些来自科克托的碎片，这类蕴蓄着实证（！）的探讨。"就算通过了考试，我会去大学上课么？"也听到他事不关己似的小声嘀咕这样的话。

（《给明天的回忆》）

不过，回首涩泽的生涯，他在东大校舍内的身影最不鲜明。首先他本人几乎从未诉诸笔端。旁人的证词也极少。若相信本人的说法，那么他几乎不去大学上课。东大法文科同窗，后来成为萨德审判[①]证人的栗田勇也说，"他几乎不去学校，因此我记得他在大学不那么起眼"（《反叛的情念》）。

然而，也存在稍显不同的证词。后文中出现的《新人评论》的同人大冢让次提到，涩泽持有从镰仓到东大的月票，菅野昭正也写道，虽然涩泽说过"就算通过了考试，我会去大学上课么"，但他在大学里与叼着烟斗的涩泽照面的机会却意外地多。当时，渡边一夫[②]在讲解巴尔贝·多尔维利[③]的《魔性的女人们》，涩泽似乎很喜欢那门课。

下文中引用菅野所言，作为谈论大学校园里的涩泽的文章，可谓是稀有的宝贵证词：

① 详见本书第四章。
② 渡边一夫（1901—1975），日本法语文学研究家、评论家、东大名誉教授。
③ 巴尔贝·多尔维利（Barbey d' Aurevilly，1808—1889），法国小说家。

萨德之名开始在对话里频繁出现，我记得是在大学二年级前后，从那时起涩泽逐渐旗帜鲜明。涩泽说一流文学说不定无毒但也非良药，不是需要收集起来逐一研读的一生挚友；我说虽有在倒错、疯狂且快乐的小径上行走的妖人奇人，但正因有正道存在，才使得那些使人麻痹的、饱含暗黑魅力的花朵盛绽。我们乐此不疲地重复着这样少头没尾的议论。

那时候，涩泽并没有高声反驳。正道很无聊，他说不定真的这样想，却没有流露出相应的态度。对于自己决意走上的僻静小路，我想那与"自信"多少有些不同，很难用恰当的语言捕捉，他作为厌恶豪言壮语的纨绔之徒，想必已经有了隐秘的觉悟。

（《玩物的思想》）

菅野还提到，涩泽曾低声说："我是不会成为教师的。"

无论如何，经历了两年的浪人生活才终于入学，三年间在大学的足迹居然仅有上述的片段，这不禁给人以奇妙的印象。至少直到20世纪70年代中期为止，涩泽都以"法语文学研究家"的头衔为世人熟知，却一生在这个领域交友甚少。涩泽就读期间的东大法文科，后来不仅有人走上了大学教授、学者的道路，成为诗人和作家的校友也不在少数。比如方才提到的栗田勇，以及饭岛耕一、入泽康夫、村松刚等。查阅涩泽的藏书，会发现他和这些校友之间虽然并非毫无交际，却也没有值得一提的过从。在法语文学领域，相关人士中与涩泽私交甚笃的，除了旧制高中的同班同学出口裕弘，以及比他小十五岁的岩谷国士，引人瞩目的就只有京都大学的片山正树和生田耕作。

培育了小林秀雄、三好达治、太宰治等人的人才辈出的东大法文科，在战前本是渴望成为作家的人的聚集地，但这里以恢宏大度的著名教授辰野隆辞任（1948）为转折点，急速向着学者型研究者的育成所这一方向转化。不难想象，这样的学院会如何看待涩泽这样的非学院派明星。即使如此，在比涩泽年轻的一代中，同行中的信奉者和赞仰者理应不在少数。然而，涩泽也没有主动去接近年轻的法语文学研究者。就连菅野，毕业后二人见面和通信的次数也屈指可数。

种村季弘和岩谷国士都认为，涩泽度过的两年浪人生活，对他在学术上感到的"深深的厌恶"，产生了深远影响。

当过两年浪人的涩泽自然有许多年纪比他小的同班同学。从精英旧制高中直接入学的学生们，都像优等生那样原封不动地继续宣扬时代的支配性话语和高中时代的意识形态，对此，种村则指出，终生未曾受过欧美理论流行的影响曾是涩泽龙彦的特征。接着种村还这样说道：

于我而言，什么人民战线，什么马克思主义，什么马拉美，都是一样的，那个人［涩泽］却只字不提马拉美和瓦莱里[1]。他或许对法国的某种制度性的中心主义兴趣全无。[……] 对于处于中心的事物毫无兴趣，一定是因为他曾落榜过。

（《涩泽龙彦的幸福的梦》）

在此之上，种村还说，终其一生，涩泽龙彦的行文都与思想青年那种晦涩难懂的杂糅文章相去甚远，他写的是普通人也能读懂的平易近人的文章，其根本也在于这两年的浪人时期。（采访吉行淳之介《〈摩登日本〉记者涩泽龙雄》）

诚然，在涩泽这样一个与久生十兰这类文人有过亲身接触、编辑过粗劣娱乐杂志的人眼中，那些秀才学院派的孩子，以及他们集聚的大学研究室是怎样一幅景象，恐怕不难揣测。

在生田耕作的对话体涩泽评论《童心的硕学》中，大学教师对学生说："年轻的原因，大概是他那旺盛的好奇心吧。"这位教师接着说：

排斥妥协，贯彻自己所爱道路之人永葆青春。像你这样在大学教室里被迫听着没有兴趣的讲座，辛辛苦苦地写些无聊的报告，精神和肉体都会很快老去的。同样是法语文学研究者，大学老师们就老成了那副样子。[……] 你也不要在研究生院转来转去了，不趁着现在预防动脉硬化，

---

① 保罗·瓦莱里（Paul Valéry，1871—1945），法国诗人、批评家。

就会成为与文学无缘的法语教师哦。

这一年6月，涩泽打工的内容是给《朝日新闻》有关第二次参议院选举的选举速报栏目打下手。

通过《全集》的《涩泽龙彦年谱》（下文省略为《全集年谱》）可以读到，这时涩泽速记的便签本上记下了笔名的腹稿。是"泽蔷之介、蓼之介"这两个名字。

旧金山制宪会议召开的1951年（昭和二十六年）——大学二年级这年，涩泽二十三岁。

《自作年谱》里只有一行——"热衷超现实主义，终于了解到萨德此人的重大意义，我想我已隐约看到自己前进的方向。"

法国18世纪的文学家萨德侯爵，此人名字的正确写法是唐纳蒂安·阿尔丰斯·弗朗索瓦·德·萨德侯爵。成为施虐癖（sadism）一语由来的萨德，其过激作品在他死后被忽视多年，经由19世纪后半叶的德国医学家们与20世纪前半叶的阿波利奈尔[1]和超现实主义者之手实现了华丽的复权，在21世纪的今天已被奉为古典。

虽说如此，在涩泽发现萨德的1951年，在法国本国，萨德的第一部全集才终于开始出版，皮埃尔·克罗索斯基[2]

---

[1] 纪尧姆·阿波利奈尔（Guillaume Apollinaire，1880—1918），法国诗人、小说家、文艺评论家。

[2] 皮埃尔·克罗索斯基（Pierre Klossowski，1905—2001），法国小说家、思想家。

和莫里斯·布朗肖等人具有先驱意义的萨德评论才刚刚问世。加缪著名的《反抗者》和波伏瓦[1]的《要焚毁萨德吗》，也都在1951年出版。

而在日本，除了可疑的选译本，就只有式场隆三郎[2]和木木高太郎[3]等医学领域人士出于副业上的关心，私下里写过几册著述。

涩泽领悟到萨德的魅力，是通过超现实主义的教皇安德烈·布勒东。布勒东编《黑色幽默选集》的增补新版于法国刊行是在此前一年，即1950年，涩泽从这部书中受到许多决定性的影响。

《黑色幽默选集》是搜集了从18世纪英国的斯威夫特到20世纪的超现实主义者，共四十五位西欧作家的文学作品的一部选集，年轻的涩泽将这部"枕边书"视作宝贵的领航，它回溯了从阿波利奈尔到于斯曼、波德莱尔以及萨德的文学史的独特源流。

布勒东的这部奇妙选集，教会了"生性厌恶学术"的涩泽蔑视正统文学史也无妨，以及从古老的事物中也可以发现新价值的这一深刻真理。涩泽通过这本书知晓萨德的存在，将萨德作为毕业论文的题目也是因为受到了这本书的深远影响。到了1960年（昭和三十五年），涩泽这样写道：

① 西蒙娜·德·波伏瓦（Simone de Beauvoir，1908—1986），法国小说家、批评家。
② 式场隆三郎（1898—1965），日本精神科医生。著有《萨德侯爵夫人》。
③ 木木高太郎（1897—1969），日本大脑生理学家、小说家、诗人。

我在七八年前，初次接触了萨德的思想，是的，正是蒙那位始终贯彻辩证法精神的安德烈·布勒东先生引导。宣扬无差别的爱与无限制的自由理念的布勒东先生，建立了将萨德、傅立叶、弗洛伊德和马克思直线相连的独特而美丽的体系，并创建了一个不仅如魔法般翻转了法国文学史，还翻转了世界艺术史的神秘宗教团体。这场运动在昭和初年也传入了日本，遗憾的是，至关重要的布勒东先生的思想，却因为过于深邃而被敬而远之。学生时代，我似乎完全被布勒东先生虏获了。现在倒并非如此。但无论如何，经过布勒东先生的引导，事实上我二十余岁的后半都被赋予了决定性的方向，自那时起，萨德片刻不曾离开我的脑海。

（《你好，禁止发行呀——萨德和我》）

在《全集》长达百余页的解说中，松山俊太郎缜密地追踪了涩泽龙彦萨德研究的全部轨迹，他得出结论："始于阿波利奈尔，由埃纳[①]和布勒东承继的重估萨德运动，在经历了第二次世界大战的中断后迎来了复兴期，我深感在这一时期的伊始度过青春年华的涩泽龙彦，正是萨德在日本赐予的奇才。"（《全集5》解说）

通过松山独有的偏执手法、滴水不漏的分析所得出的结论很有说服力。而且，松山在解说中写道，1951年（昭和

---

① 莫里斯·埃纳（Maurice Heine，1884—1940），法国作家、编辑。萨德侯爵的再发现者之一，进行了大量相关档案的挖掘和出版研究工作。

二十六年）通过阅读《黑色幽默选集》领会萨德风采的涩泽，
"在同一时期，经由普拉兹①的《浪漫主义的苦闷》，学会通
过泛欧洲的视角来审视萨德的地位，开始热衷于搜集和解
读萨德著作和相关研究"，而在下一章中我们将看到，涩泽
入手这部有名的大作是在1957年（昭和三十二年），受到马
里奥·普拉兹的影响更是多年后的事。

这一年6月，他与松井健儿还有妹妹幸子去伊豆大岛旅
行。绝对不会说"和哥哥一起去，可真无聊"这种话的妹
妹幸子写道："在船上迎来天明，清晨抵达大岛。记得我想
要一只大岛女性服饰样式的小木芥子人偶，哥哥买给了我。
在观光用的骑马场上，我和松井氏骑了马，哥哥没有骑。
他一定是害怕了。"（《涩泽龙彦的少年世界》）

与出口裕弘逐渐恢复往来也在这年。比涩泽早两年入
读东大法文科的出口已从大学毕业，正在担任法语的代课
讲师。

4 ｜《新人评论》/ 恋爱 / 小笠原丰树

与在东京掉队似的大学生活相反，这一时期，涩泽在
老家镰仓的生活朝气蓬勃。

---

① 马里奥·普拉兹（Mario Praz，1896—1982），意大利美术史家、文学研究者。

《自作年谱》中有关1952年（昭和二十七年）的词条，记录了如下内容：

这一年，以住在镰仓市的东大、早稻田和外语等学校的学生为中心，创办了文学和思想方面的同人志《新人评论》，我和小笠原丰树、草鹿外吉、伊藤成彦、神川正彦等人一起参加。我们又是心血来潮支持共产党选举，叫来野间宏[①]举办座谈会，又是举办电影展筹措杂志资金，连日纵酒放声高歌，总之，这些便是这个文化社团的主要活动。

方才出现的人名需要稍加说明。

暂且不论最先出现的小笠原丰树，首先是草鹿外吉。他生于1928年（昭和三年），是原海军中将草鹿任一的儿子，当时是早大俄文科的学生。后来成为俄国文学的学者及诗人，还担任了日本福祉大学的副校长。

伊藤成彦出生于1931年（昭和六年）。当时是东大德文科的学生，后来担任中央大学教授，是政治学家、文艺评论家。

神川正彦出生于1929年（昭和四年）。是著名的政治学家神川彦松之子，当时是东大法学部的学生。作为哲学家在神奈川大学及国学院大学执教。

其中草鹿外吉在多年以后，写下了那时与涩泽的回忆：

① 野间宏（1915—1991），日本小说家、评论家、诗人。

在镰仓出生、在镰仓长大成人的我那时是早稻田大学人文学部俄文科的三年级学生，我对几位居住在镰仓的伙伴说"正是在这种时候，持和平、自由与进步立场的青年们才更应该集合起来，发出自己的声音"，于是事态发展为"刊行一部我们自己的评论杂志"。得知这一计划，我的友人提起"有这样一个人"，将涩泽介绍给我，于是我第一次去他家拜访。

(《〈新人评论〉的时光》)

这部《新人评论》的母体是镰仓的年轻人社团。包括了大学生、备考生、工会的书记、日工、邮局职员、人偶剧团的制作人、上班族、餐厅的服务生、长号演奏者等在内，确实是个集结了形形色色人物的社团。

在这个战败气息依旧浓厚的不安的时代，从以共产党员草鹿为首的主要同人成员的成分能清楚看出，于"流血劳动节"①发生的次月刊行的《新人评论》，可以说是一定程度上带有左翼色彩的"民主团体"的同人志。然而，正如涩泽描绘的那样，"连日纵酒放声高歌，总之，这些便是这个文化社团的主要活动"，实质上它是"镰仓的小酒鬼"的聚集地，"插科打诨和语言游戏的共同体"。这个团体在1955年（昭和三十年）前后自然消失了。同人中的大冢让次说起那时的经历："镰仓是个小地方，熟识的人都是从前的同学，

---

① 1952年5月1日，在东京皇居外苑发生示威群众和警察部队之间的冲突事件，也是日本战后的学生运动中最初出现死者的一次运动。

是大家水到渠成地聚在一起的感觉。年轻的时候也很有空，于是我们无拘无束地玩乐。"（《〈新人评论〉的时光》）那时的早大学生大冢是镰仓某家医院院长的长子，是著名解剖学家养老孟司的哥哥。

当时爱戴贝雷帽、厌恶美国的涩泽，在醉酒后掰断了占领军来见妓女（占领军军人的小妾）时停在镰仓小町街边的汽车的天线。其他的伙伴身上都有文化人似的踌躇，而涩泽很厉害，他是真的敢干，大冢如此谈到涩泽无政府的一面。

这个群体容纳了众多出身豪门的纨绔子弟，被批评为"小资产阶级知识分子因共同的弱点而联系在一起"也无可厚非。或许正是因此，《新人评论》状态散漫，于1952年（昭和二十七年）6月发行创刊号，下一号（被称为复刊号第一号）发行却是在一年半以后的1954年（昭和二十九年）1月。涩泽没有在创刊号上投稿，卷末的同人名簿上也没有留名，但在以同人们为中心在1952年11月发行的《战斗的三崎，反战丛书 No. 1》这本三十七页的油印小册子里，他以笔名TASSO. S 写下《三崎的鱼哟……》一诗。

方才《自作年谱》中提到的"心血来潮支持共产党选举"就是在说这时的事。三浦半岛三崎町的町长选举在这一年10月举行，在选举中，镰仓市共产党请求《新人评论》团队的支援。收到请求后，以党员草鹿为首的九人组成行动队来到三崎。涩泽也在此列。宣传册《战斗的三崎，反战丛书 No. 1》作为当时的活动报告发行，虽说是丛书，结果却也只出版了一号。

涩泽的作品以"三崎的鱼啊海鸥啊猪啊/远洋渔船上的年轻人啊/农家的姑娘啊鸡啊"几句为开头,被当作是煽动性宣传诗或反战诗,也有人称它是打油诗,但毫无疑问它是涩泽发表的唯一一首"诗"。

镰仓市小町的二层出租屋有四间和室,占据整个二楼的八张榻榻米大小的房间由长子涩泽独占,那里是某一时期以《新人评论》同人为中心的年轻人们的据点、沙龙,甚至可以说是"游乐中心"之一。其中大概也得益于涩泽姐妹的魅力。据称涩泽被大家尊称为"长兄"。

在这个时代,发生了两件不容忽视的事件。

首先是恋爱事件。草鹿写道:

在涩泽家的常客中,有一位想成为画家、身材娇小、明眸善睐的迷人的 Y 姑娘。她有一位青梅竹马的戏剧青年 I,但不知不觉间,她与涩泽相爱了。I 气势汹汹地说"我要去揍涩泽",似乎最终没有动手。

幸子也证实了这场恋爱:

哥哥交到可爱的女朋友也是在这个时候[《新人评论》的时候]。立志成为画家的迷人女孩小 N 和我之间也关系融洽。他们曾是登对的、相爱的恋人,当哥哥患上肺结核的

1954年，于镰仓山的工作室。后列从左起依次为有田和夫、涩泽、小笠原丰树，隔一人后是高桥和子、有田光子。前列从左起依次为砂泽比基、山田美年子

时候，两个人的爱就结束了。

（《涩泽龙彦的少年世界》）

在这里被草鹿记作 Y 小姐的是出生于 1933 年（昭和八年）、同样居住在镰仓的山田美年子。幸子之所以叫她小 N，是因为山田的爱称是"年子"。大冢让次的采访里，也将山田称作"女朋友 N"，介绍说她是不知道炸猪排盖饭为何物

的深闺高阁大小姐。

在幸子笔下，两人的感情没有维系多久就结束了，草鹿则在前文的后续里记载了这场恋爱的始末。

Y与涩泽的关系持续了一段时间，某一天，她为了写生旅行出发去北海道。留下来的涩泽对着照例聚集起来的我们，展示她从函馆寄来的自绘的水彩明信片："这次的旅行一定会发生些什么。我有这种预感。"他脸上挂着浅笑说道。正如他说的那样，到了札幌以后，她的素描画明信片就杳无音信了。浅笑从涩泽白皙的脸庞上消失的时候，Y小姐正在阿寒湖畔跟魁梧的阿伊努族雕刻家在一起。这段故事，后来成为武田泰淳的《森林与湖的祭典》的素材。

（《〈新人评论〉的时光》）

"魁梧的阿伊努族雕刻家"，是后来成为著名美术家的砂泽比基。1931年（昭和六年）出生的砂泽比基，从1953年（昭和二十八年）起，过上了夏天居住在阿寒湖畔、冬天居住在镰仓的生活，因此与以涩泽为中心的社团成员也有了来往。最终山田抛弃了娇小白皙的涩泽。那大约是1954年（昭和二十九年）年中的事。其后，她与野性且高大魁梧的砂泽结婚，后来离婚，与画家加纳光于再婚。成为加纳夫人后，她与涩泽间仍保持着友人关系。

围绕着与山田美年子分手时涩泽写的信，1964年（昭和三十九年）小笠原丰树发表的文章中有如下段落。"另一位女性"大约是指幸子。

此人与一位过去和自己往来亲密的女性分手时，写了一封信——据瞥见信件内容的另一位女性所言，他写了封堪称"再没有比那更漂亮的诀别书了"的信件，交往的那位女性便笑着离开了。听来是很温柔的故事……但我却也感到不那么温柔。

(《"萨德侯爵主义"者》)

另一件重要的事，是与方才提及姓名的小笠原丰树间的深厚友谊。

小笠原丰树 1932 年（昭和七年）出生于北海道。他作为诗人和小说家的笔名岩田宏或许更知名。他从东京外国语大学俄语学科中途退学，除了专长的俄罗斯文学，另有诸如雷·布拉德伯里[1]、约翰·福尔斯[2]等人的英美文学译作，以及雅克·普雷维尔[3]、亨利·特罗亚[4]等法国文学的多部译作。

涩泽结识比自己小四岁的小笠原，是在 1952 年（昭和二十七年）的中旬。那时小笠原不过弱冠之年，就已是《马雅可夫斯基诗集》的译者。当时小笠原住在离涩泽家步行十分钟的地点，小笠原向在车里阅读布勒东原著的涩泽搭话，

① 雷·布拉德伯里（Ray Bradbury, 1920—2012），美国小说家、诗人。
② 约翰·福尔斯（John Fowles, 1926—2005），英国作家。
③ 雅克·普雷维尔（Jacques Prévert, 1900—1977），法国诗人、剧作家。
④ 亨利·特罗亚（Henri Troyat, 1911—2007），法国小说家、传记作家、随笔家。

这是二人最初的相遇。

当时与涩泽恢复交往的出口裕弘，记录了这时小町的涩泽沙龙的景况（《涩泽龙彦的书信》）：

涩泽与小笠原丰树相识，我想大约是在昭和二十七年。我在昭和二十六年已经开始去位于镰仓小町、滑川河畔的涩泽家游玩。我记得在那里，四五人聚在一起谈笑风生。然而从那四五人中去掉涩泽和我，便只剩下原浦高棒球部员、如今已成为故人的某人与某人的面容。那时喧闹而愉快的谈话，没有文学的气息。

到了二十七年，形势一变。小町家二楼十张榻榻米［原文如此］大小的房间，已和浦高棒球部无关，比起餐饭饮酒更喜爱玩笑与辩论的年轻男女络绎不绝。其中就有小笠原丰树。不如说，在我记忆的构图中，有涩泽，在他近旁的便是小笠原丰树，接着是其他的什么人，无论如何都是这幅场景。他就是这样引人注目。并且耀眼。

出口接着在下文中提及小笠原的早熟：

明明听说他是俄罗斯文学的研究者，法语却很好。感觉他也理所当然地精通英语。我感到自己很难办，在日本虽很罕见，但也有不经意间掌握了多门语言的人。痛快地认输是最好的选择，涩泽似乎这样想，我很快也这样认为。

小笠原在1996年（平成八年）与出口的对谈中，说到许多他与涩泽之间的回忆，那时的涩泽除了科克托，还在钻研伊凡·哥尔[1]、雷蒙·格诺[2]等现代派作家。小笠原证实，虽然为了赚零用钱，两人联手在半年间兼职翻译了党员草鹿外吉带来的非法报纸《平独》，然而在那个对大多数年轻人而言，终将到来的革命和马克思主义不容忽视的时代，涩泽却并不愿读马克思主义的相关书籍（《非正统派，去往战后初期的翻译界》及《挑衅的现代派》）。

　　翻阅这个时期的有关资料，会发现涩泽与人偶剧团"瞳座"间也有往来。单是因亲手策划NHK过去的人气节目《偶遇瓢箪岛》就已远近闻名的"瞳座"，原本是战后以镰仓学术青年为中心迅速创设的剧团。"瞳座"从前的领队清水浩二在博客上写道，他们受到了1957年（昭和三十二年）来看"瞳座"公演的涩泽的严厉批评，"我作为长年的剧迷，对今天的公演很失望"。据称，当时涩泽对法国和捷克的人偶剧都相当了解。

　　小笠原曾为"瞳座"写过剧本，而涩泽在当时翻译过伊凡·哥尔的一部荒诞戏剧《玛士撒拉》（生前未发表），说不定也与"瞳座"有一定联系。1964年（昭和三十九年），涩泽在为小笠原的译作（爱伦堡[3]的《艺术家的命运》）写书评

① 伊凡·哥尔（Yvan Goll，1891—1950），法国诗人。他与德国表现主义和法国超现实主义都有着密切联系。
② 雷蒙·格诺（Raymond Queneau，1903—1976），法国诗人、小说家。
③ 伊利亚·爱伦堡（Ilya Grigoryevich Ehrenburg，1891—1967），苏联作家。

时，曾提到这部《玛士撒拉》。这篇文章里，涩泽罕见地回忆了他与小笠原的往昔。

实际上，我在十余年前，就曾与本书译者小笠原丰树畅谈莱热[1]插画版的伊凡·哥尔的前卫剧《玛士撒拉》，帕斯捷尔纳克[2]在日本还近乎无人知晓的时候，他就告诉我这位可敬而细腻的诗人的名字，记忆中，对人民战线时期超现实主义者们的政治态度，他就像是在谈论发生在自己身上的事情般认真与我辩论。

无论如何，当时涩泽与小笠原的关系，正如出口所说，是"涩泽的近旁一直有小笠原君"那般亲密无间。将在下一章提到的同人志《体裁》的创办也是以小笠原和涩泽为中心，彰考书院版《萨德侯爵选集》的出版也多亏小笠原尽心尽力。1956年(昭和三十一年)刊行的岩田宏的处女诗集《独裁》的出版纪念会上，自然也能看到涩泽的面孔。

然而，在那以后，二人之间再无亲密的交际。涩泽的藏书中，包括那本《独裁》在内，岩田宏的著述就只有四本。二人疏远似乎虽也有私生活上的缘故，但原本这位"生活的诗人"与涩泽之间的交际，对于两位的读者来说想必都十分意外。涩泽在 1966 年（昭和四十一年)《岩田宏诗集》刊行

---

[1]　费尔南·莱热（Fernand Léger，1881—1955)，法国画家、雕塑家、电影导演。

[2]　鲍里斯·列昂尼多维奇·帕斯捷尔纳克（Boris Leonidovich Pasternak，1890—1960)，苏联诗人、小说家。

之际写了书评，这篇书评微妙地论述了彼此间的差异，在涩泽生前没有收录到单行本中。前文提到的大冢让次也说，"小笠原君与涩泽君，两位都是才子，都博览群书，但他们禀赋不同，似乎也存在对彼此的批判"。

小笠原在1987年（昭和六十二年）7月，以岩田宏的名义发表了小说《适我愿兮》。

这部长篇小说生动地描摹了战争刚结束的时代，以某个木偶剧团为中心的年轻人的"青春群像"。场所虽设定在东京，但无论是时代或是背景，还是从小笠原亲身经历的自杀未遂事件和诸多逸事来看，这都显然是以镰仓的《新人评论》及其周边为题材的作品。

小说的开头，出现了下述的同人杂志的故事：

若要木偶剧团中的耿直之士小真和雁兄来讲，桥口他们的社团最初是一本正经的集会，但不久后便沦为"堕落分子的窠窟"。起初是为了发行杂志，笕的友人、同是党员的野村叫来两三位友人，顺藤摸瓜般聚集起此地的十余名二十岁出头的青年。杂志——与其说是杂志，从读后感、生活小品文到文学论、随笔和电影评论，不过是出版了一号汇集了这些杂乱文章的油印文集。在那之后过了近一年，桥口他们一直有碰面，却只是一味饮酒游乐，全无筹划杂志第二号的迹象。眼见着即将成为停刊号的创刊号的收支不能相抵，印刷费至今仍在拖欠，给笕认识的印刷厂带来了麻烦。在小真看来，社团的团员都是脾气古怪、爱讲道理的人，尽是些"小资产阶级知识分子"或"无政府的享乐主义者"，都喜爱凑热闹，每当有什么大众活动都欣然奔去帮忙，此外便全无可靠之处。领头人野村如今也感到失望，应是难以应付桥口等人的"颓废派游戏"。

引文中出现的德国文学科研究生"桥口（誓一）"喜用烟斗，有着优雅小巧的脸庞和沙哑的嗓音，他居住在风驰电掣地上下楼梯时建筑物整体都会跟着摇摇晃晃的家里，一个人占领了老家的二楼。任谁来看都显然是以涩泽为原型。

不仅如此。小说中，桥口正式承认的恋人、绘画科学生"千稚子"（チチコ）抛弃了桥口，与异国的法兰西青年结婚，前文讲到的协助共产党选举，还有发生在涩泽十九岁时的"人妻妊娠事件"，都在小说中一一重现。当然，这是小说，因此不能单纯将其中的内容原封不动地认作事实，但它无疑是了解《新人评论》时期氛围的绝好作品。

在小笠原笔下，桥口被描绘成如下的形象：

而欲言又止、如鲠在喉时的桥口却有着难以言喻的魅力。并非遥远得无法触及，只是比普通人的格调稍微高级上几分。正因如此，[……]桥口成为这个社团的主要人物之一，口吻中虽多少透着讥笑讽刺，他仍受到大家的喜爱。

方才提到的涩泽给山田写"诀别书"一事，在小说里也受到相当的挖苦讽刺。下面引用一段，其中的"幸夫"自旧制中学毕业后入京，在木偶剧团里担任经理，是小说的主人公之一，"町子"是桥口的妹妹。

据说，千稚子与法国青年的故事刚刚传入耳中，在千稚子出面解释以前，桥口誓一已用半天时间写好了那封信，给町子读过就寄了出去。这对兄妹做的事实在奇妙，幸夫心想。妹妹总是夸奖哥哥，可是给恋人的诀别书为何要事先给妹妹过目？果真只是单纯想炫耀他擅长文章么？［……］一个词语闪现在幸夫的脑海。自尊。若非如此，便是不服输。桥口无法忍受自己被千稚子抛弃。无论如何也要把"被抛弃"变为"抛弃"。［……］无论如何，擅长学习的人的自尊很麻烦。不管是否擅长学习，头脑好坏，到了要被女人抛弃的时候还是会被抛弃。这不是什么羞耻的事。被抛弃就被抛弃了，明明痛哭一场就解决了。

岩田宏的《适我愿兮》几乎不为人知，谈论涩泽的文章中似乎从未有论及这部小说者。奇妙的是方才提到的小笠原与出口的对谈里，二人也都没有提起这部小说。出口没有读过的可能性很高，作者小笠原也保持了缄默。

我本人是在与种村季弘交谈时得知这部小说的，那时种村说："关于那个时期的涩泽，无论哪方面都数小笠原丰树了解得最多。也包括那些不好的部分。"

前略，我正筹备有趣的计划，特此通知。那就是七月十四日 Quatorze Juillet 巴黎庆典的计划。我与另一位男性是发起人，将在新宿御苑午后五时，聚集三十名男女，盛大（？）举行。不妨称那夜的活动为香颂与酒会，我准备广泛招徕同好之士，狂欢作乐。会费为两百元。

　　1952 年（昭和二十七年）6 月 30 日，涩泽寄给出口裕弘这样一张明信片。文中的"另一位男性"，是他小学时代结识的友人武井宏。

　　这个"巴黎庆典"直到 1955 年（昭和三十年）为止，都在镰仓山或新宿御苑举办。成员以《新人评论》的同人为中心，有时姬田嘉男和野泽协也前来参加。

　　这时的涩泽亲自筹备计划、决定地点、联络出席者，当日不饮酒，对四周的情况无微不至，言行举止均是理想的主办人。他似乎还会跳舞。正如出口所言，这与后来妻子不在时就连电车票也不会买的涩泽确实是判若两人。

　　《自作年谱》中有关 1952 年的内容里还记录了另一件事，"那时，我常常接到电影评论家冈田真吉氏的翻译（比如乔治·萨杜尔①的《世界电影史》等）外包工作，还访问了

---

① 乔治·萨杜尔（Georges Sadoul，1904—1967），法国电影史家、影评家。

位于稻村崎的小牧近江①氏的宅邸，借走了贵重的圣茹斯特著作集"。

小牧近江的事留给下一节，这里略提一笔冈田真吉。

冈田真吉生于1903年（明治三十六年），是比涩泽年长二十五岁的电影评论家，另出版有莫泊桑和沙尔多纳②的译作。涩泽通过姬田嘉男结识了同样居住在镰仓的冈田。萨杜尔《世界电影史》的日文译本于1952年10月由白水社出版，译后记中，协作者之列可见"涩泽龙雄"的名字。

此外，将涩泽龙彦值得纪念的第一部作品——《劈叉》的原稿举荐给白水社的人正是冈田真吉。

5 │ 出道前夜 / 小牧近江

朝鲜战争休战的1953年（昭和二十八年）——

3月，涩泽从东大毕业。因是旧制，大学不是四年制而是三年制。

毕业论文的题目是《萨德的现代性》。从铃木信太郎先生那里得到"不稍微整理得像论文一些再写是不行的"的告诫。记得提交论文那日，我径直与死党奔赴浅草，欢饮达

---

① 小牧近江（1894—1978），法语文学研究家、翻译家、社会活动家。
② 雅克·沙尔多纳（Jacques Chardonne, 1884—1968），本名雅克·布泰洛，法国作家。

旦。为断绝后顾之忧，毕业后立即从东大人文学部的事务所夺回了这篇论文。

（《自作年谱》）

涩泽在毕业论文做萨德还是科克托之间犹豫，最终选择了萨德。毕业论文《萨德的现代性》写在 B4 的笔记本里，除去法文摘要，正文是四十七页日文，审查教官是铃木信太郎和渡边一夫两位教授。

尊兄是诗人，性情放荡不羁，若书信上的愿望今后仍记在心里，如能与小生商量，则不胜愉悦。十四日晌午，若您能来丸善①三楼画廊，就与小生碰个头罢。那时小生应该已经可喜可贺（？）地通过了口述考试，想必正在阅读埃勒里·奎因的《Y 的悲剧》。

《涩泽龙彦的书信》的开头引用的这封明信片寄到出口裕弘手里，是在这一年 3 月。书面上的"口述考试"，大概是指毕业答辩。

曾是浦高同学的出口，苦于没有文学伙伴，自 1951 年（昭和二十六年）开始与涩泽往来，与此前的文学伙伴相比，他认为涩泽"像是其他星球的居民那般自由"。

"在涩泽这个人身上，感觉不到文学青年的内向。从一

---

① 日本书店、出版社。19 世纪末起就是在日本传播西洋教育、文化的代表。

开始便是如此，"这位涩泽一生的友人说道，"就算有，也不会在言行举止上流露出来。对此我感到眼界大开。他在《摩登日本》工作的时候，我应当也与他见过面，他非常坦率豪爽，一直在开玩笑。和文艺部那些渴望自杀或是罹患肺病的朋友类型截然不同的有文学抱负的人，居然就在身边，令我感到惊诧。"(《我们的修行时代》)

从学部毕业的涩泽，在4月升入东大人文学部的研究生院，却几乎从不去上课。他似乎还去参加了文艺春秋新社等两三家出版社的考试，却全无就业的意愿。当时就业十分困难，雇用人文学部毕业生的企业几乎就只有报社和出版社。一边做着在湘南白百合学园上学的女孩子的家庭教师和翻译工作，一边游手好闲的涩泽，在夏天，如晴天霹雳般，被医生告知患上了肺结核。"游手好闲的玩乐生活像是得到了保障。结核后来产生了空洞，但通过三剂并用的化学疗法彻底治愈。"(《自作年谱》)

结核在当时仍是致死率极高的疾病。为了治疗，涩泽还尝试了气胸疗法。长子患病令全家身心俱疲。这时的情况，同样由出口道出：

昭和二十六、二十七、二十八年在小町宅邸的交游令我难以忘怀。有许多画家和诗人来访。还有形形色色的人来来往往。因此，既扩大了交友面，那里也成了交换知识的场所，令人非常愉快。那时他患有胸疾，有种灌入空气的早期野蛮疗法叫气胸，实施起来似乎十分痛苦。即便如此，就算是在"今天做了气胸"，也就是说，当下很痛苦的时候，我们在他那里喧闹个不停，他也不会面露不快。他真是不可思议的人，我想。

（《我们的修行时代》）

让·科克托的《劈叉》的翻译，在这一年结束。

第五福龙丸因核试验受灾，电影《哥斯拉》上映的1954年（昭和二十九年）——

1月，《新人评论》刊行了第二号。是百余页的油印本。

一年半以前创刊号出版时，同人名簿里没有涩泽的名字，这回他成了正式会员。这一号被称为复刊第一号。若叫第二号则与第一号时隔过久，"复刊第一号如何？"提案一出，涩泽就用他那嘶哑尖锐的声音笑了，答道："那就这么办。"

涩泽在这一号发表了《革命家的金言——圣茹斯特箴言集》。笔名涩川龙儿。在这篇作品里翻译了年仅二十五岁就殒命断头台的美貌革命家圣茹斯特的箴言，前文也曾提到，原著是从小牧近江那里借来的，而涩泽在1966年（昭和四十一年）执笔《异端的肖像》，在其中的圣茹斯特传里，记录了如下的事：

承蒙小牧近江的厚意，数年间借我翻阅夏尔·韦莱编辑的《圣茹斯特全集》两卷，自学生时代起它们便是我的枕边读物。那时我桌上的右侧是萨德侯爵，左侧是圣茹斯特。位于对跖点的两个灼热的灵魂，存在使我为之痴狂的某种激越的事物、某种极端的事物。

《恐怖的大天使》

小牧的名字在《自作年谱》的1952年（昭和二十七年）一项中已经出现，从那时起涩泽就开始出入位于镰仓稻村崎、可以看见海景的幽静的小牧家。

小牧近江原名近江谷驹，生于1894年（明治二十七年），十多岁时远渡法国，在巴黎的亨利四世中学就读，1919年（大正八年）回国后，创立了同人杂志《播种人》。战后担任中央劳动学院院长及法政大学教授。涩泽在书信中提及小牧，感叹道："年过还历，仍那般热情的人，我从未见过。他就是真正的民主主义者，真正的革命者吧。"

3月，涩泽写了名为《萨德侯爵的幻想》的短篇小说，交给《三田文学》编辑部的山川。那是两年后成为芥川奖候补的小说家山川方夫。

这份稿子最终没能登上《三田文学》，在涩泽生前也未公布于世，但"涩泽龙彦"这个笔名在这里第一次被使用。

多年后，涩泽写道：

山中峰太郎的《万国的王城》中，主人公竟意外地取了龙彦这个名字，从幼年时期我就有特别的亲近感。实际上我的本名是龙雄，后来笔名取用龙彦时，这位主人公的形象很难说没有浮现在我的心头。

（《少年冒险小说与我》）

不假时日，涩泽龙雄将彻底成为涩泽龙彦。

第三章　神圣受胎（1954—1959）

1955 年，于镰仓小町的家中。墙上贴着保罗·乌切洛的绘画（二十七岁）

1 | 《劈叉》与科克托

1954年（昭和二十九年）8月，让·科克托的《劈叉》作为"白水社世界名作选"中的一本刊行。对涩泽而言，这部译作是他的第一本书。笔名是"涩泽龙彦"。

"占据了我青春时代最长时间"的《劈叉》原著，是他于1948年（昭和二十三年）在有乐町的旧书店偶然入手的。如同前章所述，涩泽在浪人时代已经着手这本书的翻译，至大学时代经过彻底修改，毕业后他就立即将原稿带去白水社。翻译至少历经了五年多的岁月。对涩泽带去的译稿进行审读的是著名的法语文学研究家、后来担任庆应义塾大学校长的佐藤朔。

"白水社世界名作选"，是自1952年（昭和二十七年）

起刊行的文学丛书，收录自18世纪至20世纪的欧美古典小说和戏剧，到1956年（昭和三十一年）为止已经刊行了三十本。以堀口大学译《奥戈伯爵的舞会》、辰野隆译《费加罗的婚礼》为开端，此后还集结了山内义雄、生岛辽一、福原麟太郎、中野好夫、手冢富雄等赫赫有名的大翻译家。涩泽的译稿经由冈田真吉的介绍捎去白水社，但该丛书起用像涩泽这样毫无实绩的新人十分少见，因此也不难想象他本人的感激与兴奋。

对于旧制高中时代，为曾是"神"又是"恋人"的科克托所倾倒，涩泽如下文那般写道：

> 只身投入两次大战期间的所谓"不安的文学"的野泽等人，对属于某种资产阶级文学的科克托之流大概漠不关心。我与此相反，阅读超现实主义的同时，也为科克托着迷。这或许是出于我与生俱来的秩序感觉。说是出于对自恋情结的文学的嗜好，也未尝不可。

> （《一本书》）

出口裕弘将涩泽的科克托译文评价为"贯彻了禀赋、嗜好与工作，无可挑剔"，此后，涩泽还陆续翻译了科克托的戏剧《美男薄情》《悲哀的水手》《俄狄浦斯王》《未亡人学校》等，以及小说《波托马克》。查阅藏书目录，涩泽直到晚年仍在收集科克托相关的原著，达到三十八本，是其外文书中收藏第二多的作家，仅次于萨德。关于科克托，他写的文章也有十余篇。涩泽逝世后，还寻到了数首推测完成于浪人、大学时代的未发表的科克托译诗。

尽管事实如此，迄今为止却鲜有人重视科克托对涩泽的重要性。这与涩泽本人在某一时期写下的"现在，我对这位昔日的恋人的热情，早已彻底冷淡"，想必不无关系。

不知从何时起，我对科克托过于小巧、舒畅、轻快、圆环式的思考模式感到不满，被更为粗野的、男性的、如同在混沌的黑暗中摸索前进那般——一言以蔽之，我似乎被垂直式的思考模式吸引了。比起科克托明朗的拉丁的世界，我变得更偏爱超现实主义者的晦暝混沌的世界。

（《啊，天使让，请安息》）

这是日译本《劈叉》刊行九年后的 1963 年（昭和三十八年），涩泽在科克托离世时写下的文章。对当时热衷于萨德和布勒东的"晦暝混沌的世界"的涩泽来说，科克托的确像是"过去同居过，却在双方同意的情况下分道扬镳的女人"。

然而，常年压箱底的《波托马克》的译稿在 1969 年（昭和四十四年）刊行，加之《劈叉》的再版（1970 年及 1975 年）无疑成了契机。到了 20 世纪 70 年代，涩泽对"幸福的诗人"科克托的关注再次悄悄地高涨，此后新写下八篇有关科克托的文章。晚年的《涩泽龙彦典藏》系列中也选录了七篇科克托的文章，是该典藏系列中被收录数目最多的一位作家。"这十多年来，对一度疏远的科克托，我再度感到亲昵，重新接近"这样的文句，可以在1977年（昭和五十二年）的《贡戈赖[①]与科克托》一文的开头处读到。

如今，重新回顾涩泽留下的全部作品，值得强调的是，成为其出版处女作这一可谓特权般存在的让·科克托作品所抱持的美学，给涩泽一生都带来了难以估量的影响。

从初期开始，涩泽便一以贯之地力辩科克托的美学"与伦理的一面直接相关"。科克托的"轻盈以及优雅，并非出自作态或是美学上的趣味，而是拒绝怠惰和无气力的苦行精神的呈现"。"精神的体操，若不包含道德运动的机巧，便不过是清高与势利，不在精神的诸多方面同时发挥作用，便会堕落为文艺的消遣。"（《让·科克托〈劈叉〉后记》）

后来，在东京创元社版《科克托全集》刊行之际写下的《科克托与现代》（1980）一文中，涩泽解释了在战后的日本科克托备受冷遇的理由——与萨特及加缪不同，科克托并非"思想的作家，而是修辞家"。

修辞家，简单来说就是语言的魔法师。当然，科克托并非没有思想，只是他没有用生命的形状去坦白思想。"诗即是道德。道德的汗水，我称之为作品。"科克托写道。

涩泽接着谈到修辞家的文学，即科克托的文学看上去像是"轻快的游戏文学"，与日本"喜好深刻的战后气氛无

---

① 路易斯·德·贡戈赖－阿戈特（Luis de Góngora y Argote, 1561—1627），西班牙诗人。

法相融"。他认为,"战后三十余年,文学理念也在徐徐发生变化。不妨说接纳科克托的机会已日臻成熟",接着如下文这般结束了文章:

我想推荐年轻人专程去读读科克托全集,学习他潇洒的文章与生活方式。

涩泽是位终其一生不断在许多作家身上和作品中寻觅与自己相似身影的文学家,方才引用的每一篇涩泽的科克托评论,都能读到双重的自画像般的感触。

1975年(昭和五十年)的问卷调查"我的青春之书"中,涩泽提到科克托的小说《恐怖的孩子们》,他直率地写道:"年轻的我,从科克托那里学到了轻盈的典雅、简洁的样式和全新的生存方式。这与近代日本青春特有的深刻与钝重截然相反。"

"伦理即是样式,样式即是伦理"——年轻的涩泽在科克托那里学到的便是这样的道理。这个伦理与样式的问题、"潇洒不知寒"的美学,都不可否认地覆盖了涩泽的文学与人生的每一片角落。

涩泽称译作《劈叉》刊行时"没有任何反响",多年后,河盛好藏[1]在科克托追悼文中提及涩泽译本,称那是体现了

---

[1] 河盛好藏(1902—2000),日本法语文学研究家、评论家。

属于司汤达一派的科克托文体之本质的"出色的日译"，对此"佩服不已"。(《文学空谈》)对于科克托小说《骗子托马》的译者河盛的评价，涩泽在《自作年谱》的最后写道："非常开心。"

《翻译全集》的解说中介绍，涩泽家的记事簿中，记录了大概是涩泽赠送这部《劈叉》的人员名单。从中可以知道，年轻的涩泽希望自己的第一本书由谁来读，十分有趣。记事簿中列出了以下二十一名文学家的名字。

堀口大学、三岛由纪夫、渡边一夫、平冈升、铃木力卫、丸山熊雄、中村真一郎、河盛好藏、伊藤整、石川淳、安部公房、寺田透、冈田真吉、佐藤朔、今日出海、久生十兰、小牧近江、神西清①、川端康成、福永武彦②、吉行淳之介。

其中，渡边与丸山等是因东大法文科的关系，十兰与吉行等是当时的友人。这样一来，涩泽素不相识，仍考虑赠书的对象，似乎就是堀口、三岛、河盛、伊藤、石川、安部、神西、川端和福永九人。

据说最为出版一事感到高兴的人是父亲武。武一边向亲戚和友人展示书，一边说着"难得取了龙雄这个名字，他却要擅自改成龙彦"，笑容满面。

---

① 神西清 (1903—1957)，日本俄语文学研究家、翻译家、小说家、文艺评论家。
② 福永武彦 (1918—1979)，日本小说家、诗人、法语文学研究家。

2 | 岩波书店的社外校对 / 矢川澄子 / 松山俊太郎 / 父亲的死

　　我现在留宿在埼玉县某寒村。这里是父亲的故乡，在关东平原正中间，是风景单调的农村……由榉木搭建的大得荒唐的房屋，自祖母卧病以后，连居住的人也没有了，以至破败不堪，阴森得令人不寒而栗……我挟着萨德的短篇小说集和歌德《诗与真实》文库本这两册书来到这里。女性同伴（？）点燃柴火发出噼噼啪啪的声响，听着她准备晚饭的声音，我漫不经心地把横排的西洋文字变为竖排，把柑橘皮丢进炭火里炙烤。

　　这封1954年（昭和二十九年）11月30日的书信寄给出口裕弘，上面的"女性同伴"是母亲节子，因祖母德生病，他与母亲一同前往血洗岛那间"大得荒唐的房屋"。涩泽在这里也在做着翻译工作。

　　从这一年秋天起，涩泽为了谋求固定收入，开始做岩波书店的外校工作。当时在念东大法文科的第二个妹妹道子，作为家庭教师出入岩波书店的西岛麦南（九州男）[1]家，涩泽从她那里得知了居家校对制度，接受了社外校对的考试。

---

① 西岛麦南（1895—1981），本名西岛九州男。日本俳句作家、校对。1924年进入岩波书店工作。

我曾经担任过岩波书店的社外校对，关于校对我可谓老手，看到近来的编辑之粗劣，令我无话可说。虽说以"校对之神"著称的是神代种亮，但给了无处兼职、贫困且年轻的我这份校对工作的人，是同样被誉为"校对之神"的西岛九州男氏。

（《关于校对》）

涩泽在晚年写下的这篇随笔中慨叹道："近来校对者的通病，最叫我困扰的，还是一味地在意字句统一这一点。这难道不是受追求整齐划一的学校教育和应试学习影响吗？我忍不住这样想。"整齐划一的字句统一令人困扰这个校对观，我也从他本人那里听过。涩泽对自著细心校对一事很出名，送假名等都有他自己制定的方针及嗜好。

"我的'趣'字会加送假名'き'，写成'趣き'。现行的辞典里都不写这个送假名了。不过，如果写出'気持ち'的送假名'ち'就让人很不舒服啊。"我想起谈论校对时涩泽说过的话。涩泽缜密校对的基础，似乎是在替岩波工作时打下的。

1984年（昭和五十九年），光风社原封不动地使用桃源社版的纸型刊行了新版的《逆流》。我当时还是新人编辑，在指出刚刚印出的那本书第一页有一处误植后，涩泽吃惊地抬高音量："欸？真的吗!?"

涩泽的社外校对工作自那以后断断续续直到1959年（昭

和三十四年）第一次结婚的时候，而他与结婚对象矢川澄子的相遇，就是在神保町的岩波书店校对室。

矢川澄子于1930年（昭和五年）出生在东京。父亲德光是在日本大学任教、专攻教育学的著名学者，战后被剥夺公职，仅作为普通研究者研究马克思主义教育学。他曾担任日本教育学会理事、苏联教育学研究会会长，留下了全六卷的《矢川德光教育学著作集》。

澄子是五姐妹中的次女，1948年（昭和二十三年）从都立第十一高等女学校（旧制）毕业后，升入东京女子大学外国语科（后改称为英文科）。她于1951年（昭和二十六年）从该大学毕业，两年后插入学习院大学英文科三年级，后来转到德文科，同在那里遇到的伙伴们在翌年创办了同人杂志《未定》。1955年（昭和三十年），矢川从学习院大学毕业，那时的她已经开始为岩波书店做社外校对工作。涩泽与矢川相遇是在《劈叉》出版的翌年，即1955年3月。

"真想轻松自在地活着啊。"初次相遇时涩泽这样说。第一次和矢川结伴走进咖啡店时，发现两个人都在阅读角川文库刚刚出版的19世纪法国作家戈比诺伯爵[①]的《文艺复兴》，二人间紧张的气氛得到缓解。他们还聊到与戈比诺的著作有关、写作了《复兴期的精神》的花田清辉，以及矢川所属的同人杂志《未定》，相谈甚欢。"热爱读书这一共通之处消弭了二人间的屏障。"（《少年、少女，与几本书的故

---

① 阿蒂尔·德·戈比诺（Arthur de Gobineau，1816—1882），法国贵族、小说家。

事》）矢川这样回忆道。

在矢川的引介下，涩泽答应加入《未定》。

涩泽与松山俊太郎第一次见面，也是在这一年4月。

关于这位在涩泽死后担任《全集》编辑委员的松山俊太郎，其人秉性品格，不妨先引用涩泽自己的话：

> 在这里对松山俊太郎君略记一二。他是知名的明治茶人松山吟松庵的孙子，是日本唯一一位藏有波德莱尔《恶之花》的初版和再版的藏书家，专长虽是梵语文学，却学贯古今东西，博览群书，是少有的博雅之士。一醉酒便高唱军歌，突然用原文流利地背诵爱伦·坡的《丽嘉娅》（据他的意见题目应为《丽姬亚》），震惊四座。
>
> （《美神之馆》译者解说）

二人相遇是在新宿纪伊国屋书店的外文书订书柜台，二人刚好都预订了萨德的书。关于那时的事，松山这样讲道：

> 之所以注意到涩泽，归根结底，是因为对萨德的兴趣。[……]我买了许多萨德相关的书籍，这期间法国开始出版不完整的全集。为了入手这套全集，我来到纪伊国屋二楼——我记得那里当时经过了彻底重建，翻新后的建筑还没有落成，所以还是在临时营业所——在摆满了萨德著作的卖场，我偶然遇上涩泽和矢川澄子，于是便在当时年轻人的聚集地——新宿的风月堂边喝咖啡边谈天。那时，并

非所谓现实主义的、幻想的异端的艺术还不及现在这么流行，我们的聊天围绕着法国相关的话题展开，非常投机，从那时以来便承蒙关照……我想大约是在昭和三十年，我还在犹豫是否要离开梵语学部，正是分水岭般的时期。

初次见面时倒也没有留下强烈的印象。[……]他那时的风貌也没有为我留下什么特殊的印象。只是，当时我和种村（季弘）等人是大学同学年的学生，已经交谈过多次，但我的喜好体系果然还是与他们有些差异，正因如此，能与对我真正想读的书了如指掌的人相遇，我非常高兴。

（《涩泽其人》）

在这次采访中，松山只提到他与涩泽之间的谈话"围绕着法国相关的话题展开"，但在其他文章中，他更为具体地记录了他们的谈话内容：从巴尔贝·多尔维利、皮埃尔·卢维①、马塞尔·施沃布②、于斯曼到哥特式浪漫主义，他们谈得非常尽兴。松山还写道："学识上的差异自然存在，兴趣上的一致却令人感到惊讶。"（《奇妙的犬神·涩泽龙彦》）

说起来，这次相遇"唯一的见证人"矢川，也在1995年（平成七年）详细地回忆了这一场景。这篇文章用来了解当时涩泽和矢川关系及气氛恰到好处，篇幅虽长，我仍想引用如下。文中出现的内田路子是画家内田岩的女儿、内

---

① 皮埃尔·卢维（Pierre Louÿs，1870—1925），法国象征派诗人、小说家。
② 马塞尔·施沃布（Marcel Schwob，1867—1905），法国小说家、诗人。

田鲁庵的孙女，在《黑魔法手帖》中，她也作为向涩泽展示塔罗牌的女性登场，后来成为《血与蔷薇》的平面设计师堀内诚一的妻子。

四月二十三日，我们一同离开校对室，从御茶水前往新宿。这一天是久违手头宽裕的日子，涩泽发出邀请，在纪伊国屋预订外文书后再去看场电影。

当时，纪伊国屋正在重建，在偏离主干道的临时店铺营业。涩泽说要订些书，踏上正面的阶梯走到二楼的外文书卖场。看过一轮楼下新书的我，先他一步走了出去，在楼梯边等候。

恰在那个时候，被我叫作小路的旧识内田路子偶然间出现。澄子，接下来要去做什么？嗯，我今天约了人。啊这样，真是遗憾。啊，来了来了，就是那个人。哦，是那个人呀。

如果只有涩泽一个人，我说不定会当场把小路介绍给他。但走来的不止一人。他和一位身穿学生服、腰间挂着手巾、身上透着某种精悍之感的奇异男子边说着话边走下楼梯。

他们是刚刚相识的朋友。据称两个人刚好都在外文书预订柜台上填写订单，无意间看见身旁的人与自己预订了同一本书。

内田路子离开了，留下来的三个人决定不妨一同去风月堂小坐。

"她好像从今年春天开始也在本乡哦。"

涩泽向梵文科学生、东大空手道部部员松山氏这样介绍我。事实上我三月从学习院的德文科毕业后，都立大学的硕士课程或东大美学的学士，哪一处都可以去，而我最终我选择了美学，在去新宿途中才刚刚告诉过他。

难得的约会却有第三者缠上来，我很难说没有感到些许遗憾。不过，他们在风月堂以萨德为开端的谈话，我光是旁听也觉得有趣并且充满刺激。二人都是自恃清高的男人，竟会如此敞开胸襟。

时至今日，我仍记得那时松山俊太郎顺口吟咏的自作诗中的一句：

像羽蚁的神之尸首在水岸边隆起

不知不觉已是黄昏。松山氏邀请涩泽去喝酒。我则是必须回去了。涩泽一副恋恋不舍的神情，他眨了眨眼，道了声再见，就跟在松山氏的身后消失在新宿的喧嚣里。对邀请我一同去酒席，他还有些顾虑。那时正处在这样一个时期。

（《效仿 W. 本雅明》）

松山俊太郎生于1930年（昭和五年），比涩泽小两岁。独生子的他，父母都是著名妇产科医生，十六岁时因火药爆炸（也有说法称，他在制作丢向占领军的气球炸弹时发生

松山俊太郎（中间者）。1972年，于美学校[1]课堂上
摄影：细江英公

了爆炸）失去了一只胳膊，以独臂之躯加入了东大的空手道部。在印度哲学梵文科，师从吠陀学的世界权威辻直四郎博士。松山在大学时代交情深厚的友人，是后来成为国际级波德莱尔学家的阿部良雄，以参与《日本的夜与雾》《归来的奥特曼》《熔岩大使》的编剧而知名的石堂淑朗，还有种村季弘。

　　松山剃了平头，只套着一件和服，气质与其说像个学者，不如说经常会被误认为是地痞流氓头目，他还拥有不

① 一家位于东京千代田区神田神保町的私塾。

可估量的学识，即便在围绕着涩泽的极具个性的人中，也是风格特立独行的、大放异彩的人物。

对涩泽而言，松山大概也是一个特别的存在，与松山之间的交游，由这样的奇缘开始，直到涩泽逝世前都未曾中断。

这年6月，萨德侯爵的短篇集《爱的诡计》作为河出文库中的一卷由河出书房出版。这是涩泽的第一部萨德译作。在本节开头引用的涩泽致出口书信中出现的"萨德的短篇小说集"，指的就是这本书。在浦和高校时代的恩师、时任东大教授的平冈升的提携下，译作被介绍给河出书房的著名编辑坂本一龟（音乐家坂本龙一的父亲），得以出版。这本书收录了萨德的十篇短篇小说，在坂本的提议下，封面使用了当时较为罕见的比亚兹莱的画。

7月，在同人杂志《体裁》第一号上发表了小说《扑灭之赋》。

《体裁》的创刊计划始于这一年的春天。除涩泽外，同人还有曾是《新人评论》伙伴的小笠原丰树（岩田宏）、浦和高校时代的友人出口裕弘（津岛裕）和野泽协（阿部义夫），以及涩泽的妹妹涩泽道子（泽道子）五人（括号内为笔名），此外还有安东次男的投稿。如今看来，实在是出色的作者阵容（第二号计划请入泽康夫撰稿）。涩泽与小笠原一同负责实务，还写了青涩的编辑后记：

提出《体裁》创刊的构想是在今年四月，在镰仓某家咖啡馆昏暗的一隅。——我们是一群在吃饭、乘电车和失恋的闲暇里，写下些琐碎文字，再删删改改以此获取生活费的人，写作对于我们而言是一项苦役，若能在从一切资本主义的、商业主义的、曲意逢迎的制约中解放出来的次元里实现什么，那么，我想这本杂志应会非常愉快，会成为我们最珍贵的宝物。

这部杂志最终只出版了一号，制作方面得到与小笠原交好的伊达得夫的协助，出版社是书肆尤里卡。

《扑灭之赋》留下了题为《金鱼幻想》的草稿，这篇短篇小说运用假声唱法般的口吻，隐约可见涩泽在学生时代爱读的雷蒙·格诺《圣格兰格兰节》的影响。如同上一章所述，1948年（昭和二十三年）吉行淳之介有可能阅读了该作。在吉行的记忆里，自己从涩泽那里读到的小说内容是"有一对男女，男人取下酒樽的盖子。里面密密麻麻地挤满了正在蠕动的小虫。女人感到害怕"（《昭和二十三年的涩泽龙彦》）。

在涩泽逝世后的1988年（昭和六十三年），小山晃一（当时供职于福武书店编辑部）将包括《扑灭之赋》在内的涩泽最早期的三篇小说结集出版，他以吉行的上述回忆为根据，"强烈地想要作出推断"，即吉行阅读的原稿与《扑灭之赋》为同一部作品。

若吉行的记忆无误，那么的确存在这种可能性。岩谷国士指出，同样出现了鱼缸和金鱼、涩泽在多年后写下"年深月久，仍给我留下强烈的印象"（《鱼缸中的金鱼》）的埴谷雄高的短篇小说《意识》深刻影响了《扑灭之赋》。（《"旅行"的开始》）短篇小说《意识》发表于1948年《文艺》[1]十月号，而吉行在文章里写道，他阅读涩泽的原稿是在"这一年［1948年］年末"，于是，1948年10月阅读《文艺》→执笔《扑灭之赋》初稿→12月将完成的原稿给吉行看，这样来考虑时间先后，也并非无法自洽。

只是，若真是如此，便会出现一个重大问题。关于《扑灭之赋》的女主人公美奈子，出口裕弘写道："那当中出现的女性的原型，我们都很清楚，于是窃笑着读了稿子。"（《我们的修行时代》）岩谷也写道："登场人物美奈子的原型就在我们身旁，也就是说，它还描写了当时青年涩泽龙彦在镰仓这个小小世界中的感情生活。"（《"旅行"的开始》）人物原型显然是指涩泽昔日的恋人山田美年子，但涩泽与山田相识是在1952年（昭和二十七年）以后。这样一来，吉行在1948年阅读的原稿中的"女人"，其原型自然不可能是山田。涩泽是在哪个阶段，对小说中女主角的细节进行了大幅修改呢？

即便吉行阅读的原稿是《扑灭之赋》，也可以推测，这份初稿与七年后刊登在《体裁》上的最终稿之间，存在着大幅度的改写。

与吉行淳之介一同，在《摩登日本》工作时有过难得往

---

① 1933年由河出书房创刊的文艺杂志。

来应酬的久生十兰，涩泽最后一次目睹他的身影，似乎也是在这一年。涩泽回忆道，坐在镰仓站前环形路口的长椅上，身着和服未穿裤裙的十兰一改从前带给人的敏锐、瘦削的印象，"身体有些肥胖，头发有些稀疏，肤色也有些黝黑，不知怎么成了比叡山恶僧似的模样"（《埃俄罗斯的竖琴》）。

涩泽将前一年出版的《劈叉》赠与十兰，二人的话题转向了科克托。涩泽提到翻译过科克托的东乡青儿，"东乡？那种人也会法语？"十兰像是把嚼烂的食物吐出来似的说道。

8月16日，涩泽收到肺结核复发的诊断。一时间就连提笔也被禁止，医师命令他暂停一切工作，休养生息。从前一年开始的岩波书店社外校对工作也不得不搁置。为了治疗，他每天得去镰仓的医院。

结核复发确诊一个月后的9月17日，父亲武溘然长逝。武在一天前倒在了横滨的场外赛马票售卖处，警察处理不当，虽被送去了医院，却在病房里死去，享年六十岁。

"最后他大张开嘴，从咽喉深处传来'喀拉喀拉喀拉……'的水分枯竭的声音，打嗝似的痉挛传遍身体，父亲停止了呼吸。"（《猿的胎儿》）多年以后涩泽写道。

下面是父亲去世的翌月，涩泽寄给当时在北海道大学的出口裕弘的明信片：

台风还会不会来呢……阴雨连绵，秋海棠的花瓣也腐烂了。

十七日父亲因脑淤血去世（按伊壁鸠鲁派来讲，是回归自然），葬礼等诸多事务纠纷不断，不是能写小说的时候。不过，如今终于稍微平静了下来，接下来我会去写的。小说也好，此后我还要利落地做些翻译什么的，以我现在的立场，必须要多赚些钱啊。话说，你眼下如何？差不多到了该寄稿的时候了吧……

我现在在读托马斯·曼的《魔山》。是结核病人的故事，对我来说很有趣。再见——

字里行间十分淡泊，流露出涩泽厌恶有人离世时过度感伤的那终生不变的生死观。多年以后，提及父亲去世时的事，涩泽回忆道：

与我不同，父亲自年轻时就热爱赛马，特别是从银行退休直到六十岁去世为止，似乎没什么其他嗜好，去赛马场几乎是他唯一的乐趣。

我一直都不知那是在哪里，但他在横滨的场外赛马票售卖处因为脑溢血倒下，直接被送往医院，死在那里，说不定已得偿夙愿。我以身为其子的特权，擅自这样想。

父亲的死与他喜爱的赛马紧密相关是得偿夙愿，对涩泽而言这虽是再合理不过的说法，然而在《赛马场的孤独》一文中，似乎潜藏着涩泽对父亲的复杂情感。

小笠原丰树在对谈中提到，战前担任武州银行分行行长的父亲武，后来从升迁路线掉队，被派遣到蛇目缝纫机厂，这对上班族而言无疑是失意的晚年。(《非正统派，去往战后初期的翻译界》）前一章提到的小笠原的小说《适我愿兮》，当中有这样一段描写："桥口的父亲被排挤出升迁路线，是因此而萎靡不振的典型上班族，从幼年起就'出色'的长子誓一如今成为全家精神上的家长。"矢川澄子也说，初次造访涩泽家时，与开朗的妹妹们和母亲相比，父亲的存在感很低，她写道，她对那"过于稀薄的存在"感到惊讶。(《某个"一期一会"》）听说他的葬礼也很寂寥。

如同前面所述，武在战前曾是喜爱登山的运动健将、兴趣广泛的自由主义者，与战后判若两人。在先前引用的，涩泽关于父亲所谓"没什么其他嗜好，去赛马场几乎是他唯一的乐趣"这样不寻常的微妙措辞里，似乎潜藏着这样的背景。涩泽曾说，关于父亲的心事，"只是想想便已胃酸上涌"，而当自己也逐渐接近父亲过世时的年纪，才终于"像是禁忌得以解除，我有了思考父亲心境的余裕"。

这篇文章的题目"赛马场的孤独"，乍看是指前半部分讲述的与父亲一同去赛马场时，迷路的小小少年龙雄的"孤独"，事实上不尽然，想必也指父亲武自身背负的"孤独"。

再读读涩泽不同于往日，正面谈及近亲的那篇随笔的后续吧。

父亲没有任何意识形态上的背景，不过是战争的旁观者，即便如此，到了战后，却在六十岁这一出乎意料的年龄溘然长逝，难道不正是因为他经历了不如意的战争时代么？我忍不住这样想。哪怕只在为父报仇的意义上，我想我也应当尽可能地任性，斩断浮世的牵绊，随心所欲地活下去。或许是奇怪的借口，但所谓人类，不正是拘泥于某种固定观念活下去的么？

父亲逝世的翌月，涩泽完成了小说《伊壁鸠鲁的肋骨》。

"他实在不擅长一直思考消沉的事"——对于"本质上是乐天主义者"的涩泽，矢川这样写道。幸子描述全家在遭遇父亲忽然离世后的某个场景的文章中，有如下的段落：

成为一家之主的哥哥一定是想尽早恢复健康。他开始每天认真去医院接受气胸疗法。还买来在报纸广告上看到的叫养命酒的药用酒服用。

"哥哥，养命酒真的有效用么？"

"有的。"

哥哥模仿养命酒广告中出现的健壮男性的插图，摆出健美选手的姿势给我看。我哈哈大笑，哥哥就在每晚喝完养命酒后，摆出那个姿势逗大家笑。哥哥无论发生什么都不会消沉，所以才被人说是乐天派。

"旧病复发加上父亲猝逝，家中有母亲和还在上学的最小的妹妹，从这一年秋天起开始进入经济状况最困苦的时期。居家疗养的同时，专心翻译萨德和苏佩维埃尔。"（《涩泽龙彦年谱（1955—1968）》，以下简称《矢川年谱》）矢川写道。

当年 11 月，血洗岛的大宅被拆毁。7 月，一个人守在宅邸的祖母德去世，两个月后法定继承人武也离开了人世，继续留下这座大得荒唐的房屋也变得困难。

如今想来，这座巨大宅邸的崩塌，无疑带给我一个时代走向终结的印象。刚好是昭和三十一年。这不仅是日本经济和社会前所未有的变动期，同时也是从明治起绵延不绝的，我们的文化、精神的尾巴被完全斩断的时代。那座与这样的时代重合、浸透了我少年时代种种回忆的巨大而幽暗的家，从地面上消失了。

（《家》）

3 | 昭和三十一年 /《未定》/《萨德侯爵选集》/ 三岛由纪夫 / 多田智满子

《太阳的季节》①获芥川奖的 1956 年（昭和三十一年）——

涩泽在 2 月拜访平冈升，将已完成的苏佩维埃尔的小说《偷孩子的人》的译稿托付给他。

5 月，小说《伊壁鸠鲁的肋骨》发表于《未定》第三号。这篇小说原本是为刊载在《体裁》第二号上而写的，杂志未

---

① 石原慎太郎的短篇小说。

能出版，最终刊登在这一年的《未定》上。

《未定》是以学习院大学德文科在读的成员为中心，于1954年（昭和二十九年）创办的同人志，当时已经发行了七册。同人除矢川外，还有岩渊达治、村田经和、城山良彦、藤井经三郎、多田智满子等人。"同人多为艺术爱好者，而非认真对待'文学'的人。"（《〈未定〉以后》）多田写道。

第三号有八十八页。小说包括涩泽与矢川的作品在内共有四篇，诗作包括涩泽的妹妹道子的作品在内共有五篇，此外还刊登了托马斯·曼等作家的作品的译作四篇。编辑后记中有如下记录，通过 C·T 的署名可知，这是多田智满子的文章：

> 诗人通过加工语言来加工自身。所谓诗作（Poesis，即一般意义上的创作），无非是对从人类这一混沌（chaos）中抽出某种秩序的尝试。我们是流动的存在，是每一刻都未定且不定的存在，正因如此，才怀抱着在自己内部建立某种美丽秩序（cosmos）的无止境的欲求。

（此外，《未定》于1997年复刊，2019年的现在仍在继续活动。[①]）

发表在《未定》上的《伊壁鸠鲁的肋骨》与之前在《体裁》上刊载的《扑灭之赋》两篇小说，迄今为止被指出受到

---

① 至2023年，季刊同人志《未定》仍在开展活动。

了许多作家的影响。石川淳、稻垣足穗、埴谷雄高、安部公房……我在前者中强烈地感到苏佩维埃尔的短篇小说的残响，涩泽当时对他的喜爱程度仅次于科克托；在后者中则是坂口安吾笔下的滑稽戏的余音。

彰考书院的《萨德侯爵选集》于7月开始刊行，全三卷。

以圣纪书房为前身，于1943年（昭和十八年）创立的彰考书院，过去专门出版以马克思和列宁的译文书为主的左翼书籍。萨德的译本得以出版，要归功于曾在这里出版过马雅可夫斯基和伊利亚·爱伦堡译著的小笠原的协调。个中情节，在选集第一卷的译后记中都有所触及，还能读到"发挥了老练的校对能力的矢川澄子君"这样的句子。可以看出，矢川从这时起已经成为涩泽工作上的协助者。另外，负责选集装帧的矢野真，后来成了涩泽的第二个妹妹道子的丈夫。

《萨德侯爵选集》虽未在公众间获得反响，但小说家远藤周作及法语文学家田边贞之助都写有书评（前者发表于《读书新闻》，后者发表于《图书新闻》）。有趣的是，曾在1949年（昭和二十四年）译过萨德作品的资深翻译家田边评价涩泽的翻译："真想说，这文章老练却庸俗。"

比起这些，更值得一提的是，这部选集有三岛由纪夫的序文。

我与三岛由纪夫氏开始来往，最初的契机说是萨德也无妨。那已经是将近十年前的事了，拙译萨德选集三卷初次付梓时，想请他执笔序文，不顾冒失，寄去了一封信。他立即回信爽快答应，很快写了简短但出色的论萨德。

（《萨德与三岛文学》）

　　三岛出生于 1925 年（大正十四年），比涩泽长三岁。当时虽仅三十一岁，但已经相继发表了《假面的自白》《潮骚》《金阁寺》等代表作，是名副其实的文坛巨星。

　　然而，涩泽逝世后，一些隐藏在这段经历背后的真相才浮出水面。在委托序文一事上，是被哥哥以"你能打电话给三岛么？"如此委托的幸子，首先作为代理人拨打了三岛家的电话。幸子当时是时尚杂志的编辑。

　　"为什么不自己打电话呢？这样的话我是绝对说不出口的。怎么说我也是个好妹妹。我当时想的是，我一定要拿到三岛氏的 OK。"关于那时敬爱兄长的心境，幸子在《涩泽龙彦的少年世界》的最终章里这样写道。幸子在电话里自报家门："我是涩泽龙彦的代理人。""啊，是正在翻译萨德的那位奇人吧。那是名译。我还在想那是怎样的人呢。"三岛应道。序文的事也爽快答应下来。那是 5 月的事。

　　就这样，涩泽去信给三岛，是在妹妹打过电话以后。三岛于 6 月 5 日，寄给涩泽内容如下的明信片：

　　敬复者。萨德选集一事，详情已悉。衷心祝愿成功。兄与舍弟出身同校，想必是某种缘分。序文即由我来写。截稿期、字数等劳承告知。上个月末，因为赶稿甚忙，耽搁了回信，见谅。

无论如何，此后直到三岛自尽，涩泽与三岛间前后十五年的宿命般的交流，就从这里开始。

这年9月5日，从法国突然寄来了让－雅克·波韦尔版《萨德全集》已经出版的几卷，涩泽的萨德研究的根基得以强化巩固。"那时他的雀跃，无疑是先觉者的幸运，狂喜的他眼中的光芒，他的语气，直至今日，我仍能清晰地回忆起。"（出口裕弘《萨德一边倒的时候》）

涩泽直接给与自己同辈的出版人波韦尔去信，入手了这套全集。虽然如此，像《萨德全集》这种限定预约出版物，既有可能不发送外国，从内容来看，也有可能会被海关扣押。后来，涩泽将自己的译著赠给波韦尔，波韦尔回寄了关于萨德的自著。书的扉页上用法语写着："献给虽远在千里仍坚定不移的萨德主义者涩泽氏。赠诸同好。"

发生在这一年的事件中，不能忘记涩泽还出席了在目白举办的多田智满子处女诗集出版纪念会。《未定》同人多田的第一部诗集《花火》由书肆尤里卡在5月刊行。这时留下了一张与在同年出版了首部诗集的小笠原，以及矢川、伊达等人一起拍的纪念照，照片中的涩泽手持烟斗，戴着

1956年，多田智满子的诗集《花火》的出版纪念会。前排从左起依次为涩泽、伊达得夫。后排从左起依次为小笠原丰树、矢川澄子、多田智满子、桥口守人

贝雷帽。在这次纪念会上，涩泽还遇到了入泽康夫①和昭森社的社长森谷均。

多田智满子于1930年（昭和五年）出生在东京。从东京女子大学外国语学部时代起她就是矢川的挚友。"人如其名，是个充满智慧的人。"从十八岁起就与多田相识的矢川说道。

---

① 入泽康夫（1931—2018），日本诗人、法语文学研究家。

多田从东京女子大毕业后，中途插进庆应义塾大学人文学部英文科，在那里师从西胁顺三郎[1]、白井浩司等人。多田在《花火》刊行的这年秋天结婚，此后终生定居在神户六甲山麓。

涩泽在1958年（昭和三十三年）的一篇题为《多田智满子小姐的诗》的文章中这样评价多田："诗歌就如同卡利普索少女[2]的裙裾那样柔滑，在对此感到心安理得的诸多廉价的现代诗人当中，智满子小姐可以写出罕见的、不柔滑的诗，成功地用知性勒紧感情的缰绳的诗。"

写出玛格丽特·尤瑟纳尔和马塞尔·施沃布的绝妙译文的这位希腊学者式的诗人，与涩泽间的交流持续了一生，多田留下了多篇关于涩泽的极具洞察力的文章。多田这样描绘涩泽的风貌：

> ［涩泽先生］身上有无可挑剔的老派且顽固的地方，反过来看却正是合乎情理之处，如此忠实于自己，不妥协地活下去的人实在罕见。并且他丝毫也没有盛气凌人的强硬，悠然且豁达，写下的作品都流露出极幸福的表情。敏锐的才智与纯真互为表里，使读者体会高纯度的智识上的快乐，这份愉悦的秘密，首先在于作者本人正乐在其中的印象。

[1] 西胁顺三郎（1894—1982），日本诗人、英语文学研究家，战前现代主义、达达主义、超现实主义运动的中心人物。
[2] 卡利普索原是西非、南美等地民间音乐风格，20世纪50年代末开始在日本流行。这里可能指当时活跃的歌手滨村美智子，"卡利普索少女"也是她在1957年发表的单曲的名字。

也就是说，由于寻不到丝毫苦涩的迹象，因此无论是怎样的精心之作读来都不像是精心之作，而是愉快的读物。不得不说这是惊人的才能。

（《作为乌托邦的涩泽龙彦》）

2003 年（平成十五年），《未定》同人之一、多田在庆应时期的好友、法语文学研究家桥口守人发表了对比多田智满子和矢川澄子的文章。从年少的学生时代起便与二人熟识的桥口说，二人"绝不是男性的影子"，是"生长环境和性格都截然不同的女大学生"。与富裕家庭的女儿多田不同，矢川的父亲是位教育者，是持有激进思想的清贫之士，在他的身边，矢川以纯洁、端正与谨慎为道德准则，被养育成人。

桥口称，对这样的矢川而言，与涩泽的相遇"打乱了她的人生"。那时涩泽和矢川都穷困潦倒，但涩泽的金钱观仍令矢川感到惊讶。眼前的这个男人今朝有酒今朝醉，随意挥霍手里钱财的姿态，以矢川的观念来看，是无法想象的场景。

甚至令人产生错觉，认为那是一种与生俱来的才能。[……] 从这种金钱观出发，她惊讶地发现，自己已经被这个名叫涩泽龙彦的男人吸引了。她开始感到，这也可以说是对才能或者能力的敬畏之念。已经无关什么金钱观了。总之是接连不断的惊奇。在如此柔弱的男人身上，蕴蓄着不合常理的知识的能量。了不起。是从未见过的男人。他博闻强识。就如同这个词语描述的那样。他丰沛的感性与对知识的好奇心相互调和——被这样的想法俘获，女人就没有救了。

如同桥口本人也事先讲过的那样，他的写法的确有些粗鲁，但作为为数不多、同时认识那时的矢川和涩泽的朋友的回忆，无疑是珍贵的文章。

这位《未定》的同人继续写道：

问题在于这之后的事。女性是过生活的人，作为共同生活的人，会思考将来，以及接下来的生活。这是自然而然的事，也是理所当然的事。矢川澄子想，为了这个男人我要牺牲自己吧——这个决断很漂亮。比自己能力出色得多的男人。将这个男人带到世人面前——从这里可以看出矢川澄子的本质。乍见是消极的女性，边采用恭谨的姿态，边吸取着男人的长处。自我否定一语或许并不贴切，让自己化为乌有般地对对方竭尽全力，拥有如此神圣的时间，难道不是幸运的人么？矢川澄子在这一点上，我想是被眷顾的女人之一。

(《多田智满子与矢川澄子》)

4 | 昭和三十二年 / 生田耕作与片山正树 / 科克托的来信

世界上第一颗人造卫星升空的1957年（昭和三十二年）——

正月，松山俊太郎造访坐落在小町的家。这样的正月，直到晚年都是涩泽宅邸的惯例。

2月，涩泽在矢川的陪同下初次造访位于目黑的三岛府邸，《萨德侯爵选集》在1月刊行了第三卷，完成了出版，二人前来打个招呼。先来的客人是小说家桂芳久和东京创元社的编辑。三岛由纪夫痛斥龟井胜一郎和串田孙一等面向年轻人大谈人生的作者，每次都说着"涩泽你看"征求他的同意，像是在向初次见面的涩泽证明些什么。

3月，出版《萨德侯爵选集》的彰考书院的发行商河出书房破产，受此影响，彰考书院也很快破产了。涩泽的译作成了特价新书，大量堆积在旧书店里。

6月，来自京都大学的两位年轻的法语文学研究家生田耕作与片山正树因法国文学会入京，在高田马场的大都会餐馆与涩泽和矢川见面。

作为巴塔耶、热内、芒迪亚格等人，也就是所谓"异端文学"的译者，生田耕作在同道者中的人气与涩泽平分秋色。他生于1925年（大正十四年），比涩泽年长三岁。塞利

纳和苏波 ① 的译者片山正树比涩泽小一岁，生于 1929 年（昭和四年）。片山于前一年 6 月曾一度登门拜访过涩泽于镰仓的家。他们二人正在收集萨德的研究材料，东京从事引进外文书籍的人向涩泽介绍了他们。涩泽邀请二人参与《未定》。

涩泽这时还从京都的这二人那里得知了马里奥·普拉兹的名字，得到了后来被称为"颓废派文学百科"的《肉体与死与恶魔》的英译版《浪漫主义的苦闷》。此外，巴尔特鲁萨蒂斯 ② 《幻想的中世纪》、施沃布《虚构传记》、巴塔耶《爱德华姐夫人》等对于涩泽后来的工作来说重要的书籍，均是在这一年得到的。

收到让·科克托寄给 Tasso Shibusawa 的信件，也是在这年 6 月。这是对涩泽先前写给科克托的信的一个简短回复，末尾是"您忠实的友人"。据妹妹幸子讲，哥哥"开心得大叫出声"。

上一年译完的《偷孩子的人》没有找到出版商，出版一事仍悬而未决，而雨果·克劳斯 ③ 的《猎鸭》和亨利·特罗亚的《共同墓地——法兰西怪谈》这两部译书都在这一年出版。前者是 6 月刊行，后者是 8 月刊行，出版方同为村山书店。《共同墓地》由山田美年子负责装帧。《猎鸭》经由小

---

① 菲利普·苏波（Philippe Soupault，1897—1990），法国诗人、小说家、政治活动家，与安德烈·布勒东一起创立了超现实主义运动。
② 尤尔吉斯·巴尔特鲁萨蒂斯（Jurgis Baltrušaitis，1903—1988），立陶宛艺术史学家、艺术评论家、比较艺术研究的创始人。他是立陶宛象征主义诗人、翻译家尤尔吉斯·巴尔特鲁萨蒂斯的儿子。
③ 雨果·克劳斯（Hugo Claus，1929—2008），比利时作家。

牧近江推举，形式上是与小牧合译，但实际上是涩泽一人的工作。1987年（昭和六十二年）此书由王国社再版之际，署名更改为涩泽一人。

胸腔的病情稍有好转，涩泽从11月起开始恢复岩波书店的居家校对工作。

12月刊行的《未定》第五号上，刊登了两篇译作：彼得吕斯·博雷尔[①]的短篇小说《解剖学家唐·维萨利乌斯》和夏尔·克罗[②]的《熏制鲱鱼》。后者使用了笔名"兰京太郎"。

这时候的涩泽，明明自己喜爱的作家和喜爱的作品还没有出版的门路，却每夜都在勤勤恳恳地翻译。1982年（昭和五十七年），对这个时代，涩泽的回忆如下：

> 如今已经难以想象，那会儿还是残留着浓厚战后氛围的时代，日常生活中的各个方面都有显著的匮乏，我甚至寻不到满意的稿纸，只得在纸质粗糙的笔记本上写字。到了冬天，就在椅子下面放个火炉，边将双脚靠在火炉的边缘取暖，边面向书桌。我这样写，或许有人会联想到勤学刻苦的印象，然而，实情是因为我倒也没有什么其他的乐趣，在那时也绝没有流露过严峻的神情。我要重申，那时我是在愉快地翻译。

（《法兰西短篇翻译集成I》注释）

---

① 彼得吕斯·博雷尔（Petrus Borel，1809—1859），法国浪漫主义作家。
② 夏尔·克罗（Charles Cros，1842—1888），法国诗人、发明家。

5 | 昭和三十三年 / 论大江健三郎 / 石井恭二 / 花田清辉

东京塔竣工的 1958 年（昭和三十三年）——

涩泽年满三十岁。《劈叉》问世后，四年时光飞逝而过。

回顾涩泽此时完成的著作，翻译占据了绝大多数。若寻找此外的作品，便只有刊载在同人杂志上的两篇小说和写给本人译著的解说文。

若问起这个时候涩泽的身份，那无疑是"翻译家"。译著已有七部，此外还有收录于"世界风流文学全集"（河出书房）的两篇萨德短篇，刊登在白水社杂志《新剧》上的科克托戏剧的翻译等。

根据《全集年谱》可以得知，在涩泽家中留存的这一年的记事簿上，保留着涩泽大概在年初制定工作计划时的笔迹。这是一份引人注意的清单，在下文中引用一下：

关于赫耳玛佛洛狄忒《未定》改编马图林①《梅尔莫斯》 布勒东《魔法艺术》巴塔耶《色情》 法兰西怪异谭选集 –科克托新诗集– 蔷薇的帝国 Sade 朱丽埃特 博雷尔 悖德物语 巴尔贝 魔性之女 逆流 于斯曼 比亚兹莱 在爱神的山丘

---

① 查尔斯·罗伯特·马图林（Charles Robert Maturin，1782—1824），爱尔兰新教牧师、哥特戏剧作家、小说家，著有《流浪者梅尔莫斯》。

这份清单的内容似乎大多与翻译有关，写在这里的几乎全部的作品，都在多年后得以实现，成为涩泽的著作或是译作，这很令人感动。未能实现的只有"改编马图林《梅尔莫斯》"和"科克托新诗集"(《魔法艺术》本计划收录在人文书院的布勒东集成中，由涩泽译出绪论，但最终未能出版)。

松山俊太郎谈道："涩泽的耐性与坚守初心的强大意志，令人感叹不已。"(《翻译全集10》解说)在上述目录里，松山曾说着"这本书我借给你，你在将来某一天将它译出可好"，把原著交给了涩泽。从这时起到《美神之馆》(《在爱神的山丘》)的翻译完成，经过了约十年；而巴塔耶《色情》的涩泽译本由二见书房付梓是在1973年(昭和四十八年)，从记事簿记录的时期算起，已经经过了十五年的时间。

这年1月，超现实主义诗人罗贝尔·德斯诺斯 [1] 的评论《色情》日译本由书肆尤里卡出版。涩泽在前一年直接联络了德斯诺斯的遗孀雪 [2] (原藤田嗣治夫人)，获得了这本百来页的薄薄小书的翻译许可。

6月，在《未定》第六号上，发表了小说《阳物神谭》和让·费里 [3] 的散文诗《中国占星学者》和《萨德侯爵》的翻译。后者再度使用了笔名兰京太郎。

① 罗贝尔·德斯诺斯 (Robert Desnos，1900—1945)，法国诗人、电影音乐评论家、新闻工作者。
② 露西·巴多尔 (Lucie Badoud，1903—1966)，法国人。先后与画家藤田嗣治、诗人罗贝尔·德斯诺斯结婚，"雪"是藤田给她起的日语爱称。
③ 让·费里 (Jean Ferry，1906—1974)，法国编剧、作家。

这个时期，涩泽还结识了和内田路子结婚的堀内诚一。

从这一年的下半年起，涩泽正式开始作为批评家的活动。

8月为《朝日新闻》撰稿《关于萨德复活》。9月将《〈无所畏惧的男人〉①》投稿给《电影评论》。翌年10月在《尤里卡》上执笔《蔷薇的帝国或是乌托邦》，以《大江健三郎的文学》为题的座谈会记录在《新潮》上刊载。12月有《电影与恶》《权力意志与恶》《吉行淳之介〈男人与女孩〉》三篇，分别刊登于《电影评论》、《三田文学》及《日本读书新闻》。

刊登在《新潮》上的《大江健三郎的文学》打着"新人批评家座谈会"的旗号，实为江藤淳②、筱田一士③、涩泽龙彦的三人对谈。如今看来实在是场阵容豪华的对谈，当时，比涩泽大一岁的筱田三十一岁，江藤只有二十五岁。被指定为座谈会现场的日本料理店，那里端上来的里芋美味得让涩泽大吃一惊。

涩泽死后，一份以《萨德主义的文学——围绕大江健三郎的价值混乱》为题，二十页每页四百字的未发表的原稿，被发现原封不动地放在寄给三岛由纪夫的信封里。由于信封上的邮戳已不清晰，这份稿件是涩泽在何时，以何种理由执笔的，多年来形成了许多臆测。被发现的时候，执笔时期被认定为1963年（昭和三十八年）。后来在《全集》的解说中，这篇论大江被指出是为刊登在杂志《声》上，应

① 1958年上映的增村保造导演的电影作品。
② 江藤淳（1932—1999），日本文学评论家。
③ 筱田一士（1927—1989），日本文学研究者、文艺评论家、翻译家。

三岛的约稿而执笔，却因各种原因未能发表。因与《声》相关，于是执笔时间被订正为应该在1960年（昭和三十五年）或1961年（昭和三十六年）。

然而，到了1997年（平成九年），《涩泽龙彦的书信》的作者出口裕弘提出了新的主张。1958年（昭和三十三年）9月2日涩泽的书信上写道，为杂志《新潮》写的论大江被退稿。涩泽是不是将《新潮》没有采用的稿件改投给《声》，却再次被退稿了？这是出口的推理。

2004年（平成十六年），三岛由纪夫的新版全集中收录了他写给涩泽的书信，使这个问题迎刃而解。三岛在1958年（昭和三十三年）9月10日的书信中写道："前些日子从菅原君处拿到大稿，我饶有兴致地拜读了。我认为比起论大江，还是尊兄的论萨德更有趣，《声》的同人诸君也都与我意见相同，因此，想将这份原稿另函寄还。"信中的"菅原君"，就是曾经担任《新潮》编辑的菅原国隆。

也就是说出口的推理准确无误，这样一来，自然也不难想象，同年《新潮》的大江对谈邀请了涩泽，与这件事有一定关系。这份涩泽青年时期被退回的稿件，评价了在前一年获得了芥川奖的东大法文科后辈大江的初期小说，将著名作家、评论家们关于大江的评论一个个驳斥得体无完肤。"如果它能原封不动地发表，那么文坛绝不会忽视这位提供了如此鲜明的分析图景的批评家。"（《现代批评的主流在何处》）这份值得关注的意见来自三浦雅士。就像后来我们看到的那样，三浦成为杂志《尤里卡》的主编，是20世纪70年代与涩泽交往最密切的编辑。

8月21日在《朝日新闻》上刊登《关于萨德复活》，是由当时隶属朝日学艺部的森本和夫（后来任东大法文科教授）提出的。创建了现代思潮社的石井恭二，与这位森本是府立第十一中学校的同窗。

当时正在进行出版社创设筹备的石井对森本的话产生了兴趣，他于8月末（或9月初）拜访了涩泽宅邸。那时候，涩泽的手边有尚无出版途径就已进行翻译的《悲惨物语》的成稿和《恶德的荣光》的未定稿。石井选择了亨利·列斐伏尔的《马克思主义在现实中的诸问题》（森本和夫译）和涩泽翻译的萨德《悲惨物语》，作为现代思潮社最初的出版物。书稿于10月出版，也就是说，是在石井来访后不过两个月。就算涩泽的译稿已经完成，这次出版依旧迅速得叫人难以置信。

从那时起的四年间，涩泽每月从石井那里收到两万日元，作为译作、著作的预付版税和担任现代思潮社顾问的报酬。这份预付金与当时大学毕业刚进公司的职员薪水大致相当，成为这个时期涩泽家的重要经济来源。

10月3日寄给出口的明信片上，涩泽写道："我完全没有写正经小说的念头。[……]下回我若是写小说，我就写侦探小说，或者鬼怪小说。"

10月29日到11月6日，花田清辉的戏剧《小偷论语》的公演在六本木的俳优座剧场上演，涩泽前去观看。《全集年谱》中的记载是在1957年，但花田戏剧的首演是在后一年进行的，所以应是 1958 年。

"这世上似乎有许多花田清辉的模仿者，而至今仍未有一篇令人满意的样式论，来探讨这位创造了独特文体的著名散文家，实在是令人赧颜。这是否应当说是埋头于愚蠢论争的左翼文人的怠慢呢？"涩泽如此挑衅地评论花田是在 1964 年（昭和三十九年）。

自二十岁时读《复兴期的精神》受到冲击以来，涩泽热衷于研读花田的著作。矢川澄子称："特别是《鸟兽戏话》出版的时候，涩泽狂喜，大吵大闹。"《鸟兽戏话》是花田第一部小说集，在 1962 年（昭和三十七年）出版。

涩泽与花田清辉是否见过面？事实上似乎没有，但在调查涩泽的藏书时，发现 1970 年起花田的大多数书里都夹着"著者谨呈"的纸笺，多少叫人感到意外。两人之间有作品相关的交流么？"直到晚年涩泽都在有意无意地效仿花田描绘的轨迹。"（问卷调查《我的涩泽体验》）花田的身影与涩泽重合，这一值得注意的见解，出自小说家、英语文学研究家横山茂雄。

11 月，在镰仓额田医院的检查结果表明，胸腔的空洞已经消失。涩泽终于被医生允许过上普通的生活。

6｜昭和三十四年 / 结婚 / 加纳光於与野中友理 / 《声》/《萨德复活》/ 泷口修造

皇太子成婚，在日本引起极大轰动的1959年（昭和三十四年）——

1月，涩泽和矢川澄子结婚。

在岩波的校对室与涩泽相遇的1955年（昭和三十年），矢川按学士入学[①]进入东大美学美术史科，她于结婚的前一年中途退学。矢川比涩泽年纪小两岁，结婚时二十八岁。

从相识到结婚的三年半时间里，涩泽写给矢川的书信和电报总计八十六封。

矢川曾给我看过这些书信，虽也有些文学漫谈，但更多的不如说是纯情可爱的情书。在这些私人信件里，涩泽也没有自称"龙雄"，而是署名"Tasso"或"龙彦"。

据说，涩泽当时经常把"我想成为戏作者[②]"挂在嘴边。

涩泽与矢川似乎早在前一年就已经开始一起生活了，矢川只带着作为嫁妆的洗衣机和桌子，搬进了小町狭窄的家。一楼和先前一样，住着涩泽的母亲节子和年纪最小的妹妹万知子，新婚的二人在二楼的一间八榻榻米大的和室里生活。和三位妹妹一样，矢川也叫涩泽"哥哥"。

① 指大学毕业生进入大学学院的插班制度。
② 18世纪中后期的日本通俗小说家。

涩泽以结婚为契机辞去了岩波的居家校对工作，矢川则继续工作了两年左右。

矢川这样回顾当时的情况：

> 在家里靠写作谋生，起居都在这里，昼夜颠倒。以时间不一致为借口，餐饭也是另外做好送上来，自此以后，母亲与儿子时常四五天都见不到。[……]昭和三十年代，社会终于恢复了平静，在这个同辈友人大多开始计划依靠父母出国留学，大学的研究室置备起外文书，逐步购置私家车和房屋的季节里，这个家仍旧受着战祸创伤的影响。大病初愈的少年和突然闯来的少女是 DI①，一切事物都需要自己筹措，明天的粮食和居所、渐渐增多的图书费用勉勉强强才得以确保，超乎这一范畴的事物我都一知半解。至少，在译作中有一本意想不到地引发了禁售，少年的名字略被世人知晓以前，都是如此。
>
> （《少年、少女，与几本书的故事》）

从这一年起，直到1967年（昭和四十二年）为止，涩泽外出几乎都由矢川陪同。

这一年年初，涩泽结识了加纳光於和野中友理（ユリ）两位画家。与前者的相遇是在1月银座的荣画廊，后者则

---

① DINK，即丁克族。

在 2 月新桥的 HIROSHI 画廊，均是在观看个展。加纳生于 1933 年（昭和八年），野中生于 1938 年（昭和十三年）。此后，这二人都成为对涩泽而言无可替代的画家。

涩泽似乎是听说有以萨德为主题的作品参展，才去造访加纳的个展。关于初次看到加纳的铜版画时的冲击，涩泽在多年后这样写道：

在银座的一间叫作荣画廊的小画廊里，我初次看到加纳光於的作品，我想大约是在昭和三十四年（一九五九年）一月。记得那是个雨天。展出的是《磷与花》《火焰与回响》《王的形象》等系列作品，我为它们痉挛般的美屏住呼吸。不是雷东①，不是恩斯特②，也不是驹井哲郎③，那显然是崭新的、加纳光於独有的物质想象力，因为我看到了从金属的腐蚀中诞生的幼虫般的形象，在画面中跃动。

（《加纳光於 痉挛般的美》）

有一次，加纳问涩泽，为什么喜爱自己的作品。涩泽答道："是因为你工作中蕴藏着的自然吧。"

3 月，与冈田真吉合译的罗曼·加里④的小说《自由的大

---

① 奥迪隆·雷东（Odilon Redon，1840—1916），法国象征主义画家。
② 马克斯·恩斯特（Max Ernst，1891—1976），德国画家、雕塑家，超现实主义运动的领军人物。
③ 驹井哲郎（1920—1976），日本昭和时期的铜版画家、东京艺术大学教授。
④ 罗曼·加里（Romain Gary，1914—1980），法国小说家、导演、外交官。

地》上下两册，由人文书院出版。

4月，在季刊《声》第三号上发表《暴力与表现》。

《声》原本是以中村光夫①、福田恒存②、吉田健一③这三人创立的钵木会为母体的同人杂志，编辑同人除这三人外，还有大冈升平、吉川逸治和三岛由纪夫。根据创刊词，这是为了"在想写的时候，只写些想写的东西"的理想而创办的杂志。虽说是同人志，发行由丸善经手，在当时是罕见的奢侈而高水准的大开本杂志。创刊号的执笔者除六位同人，还有石川淳、中村真一郎、田中美知太郎④、井伏鳟二等人，一流的作者们齐聚一堂。

不必多言，向涩泽约稿是三岛的意向，对当时近乎无名之辈的涩泽而言，第一次获得崭露头角的机会时的心情自然不难想象。

上文提及的三岛由纪夫在1958年（昭和三十三年）9月10日的书信中，在论大江的退稿通知后面还有如下一节：

接下来是我的请求，兄有意尽兴地写一回论萨德吗？待它完成后，可以让小生第一个拜读么？如能蒙赐贵稿，收稿的会是《声》，对字数没有任何拘谨的限制。当然若是一两百页的稿子，收录会有些困难。我很想拜读兄笔力浑厚的、

---

① 中村光夫（1911—1988），本名庭木一郎，日本文艺评论家、剧作家、小说家。

② 福田恒存（1912—1994），日本评论家、翻译家、剧作家、导演。

③ 吉田健一（1912—1977），日本文艺评论家、英语文学翻译家、小说家。

④ 田中美知太郎（1902—1985），日本哲学家、西方古典学者。

真正的"论萨德侯爵"。此乃我任性的请求，还望见谅。

"待它完成后，可以让小生第一个拜读么？"这可谓是三岛的撒手锏。

约六十页稿纸的萨德评论《暴力与表现》刊登在《声》的第三号上，稿费用挂号信送到，一张稿纸合计一千日元左右，这在当时是破格的报酬（先前才提及当时大学毕业生的薪资是两万日元左右），矢川记得当时她与涩泽二人欣喜万分。然而，几个月后收到三岛来信（6月5日），才得知这是编辑事务员的过失导致多付了钱。

《声》虽在1961年（昭和三十六年）发行第十号后停刊，对初期的涩泽而言却是难得的活跃场所。得到三岛这一强大后盾的涩泽以《暴力与表现》为开端，继以第五号上的《狂帝赫利奥加巴卢斯——或诸神的颓废》、第七号上的《犬狼都市》，第十号上的《乌托邦的恐怖与魅惑》，共为这部高级杂志写过四篇稿。特别是《狂帝赫利奥加巴卢斯》和《乌托邦的恐怖与魅惑》这两篇，是这一时期涩泽的代表作，后来放在了《神圣受胎》（1962）的卷首。

6月，萨德《恶德的荣光》正篇由现代思潮社出版。

同月，《列车〇八一》刊行。它是作为"世界恐怖小说全集"系列第九卷的法国幻想短篇小说集，由涩泽与著名法语文学研究家青柳瑞穗合译。

"世界恐怖小说全集"是由东京创元社自1958年（昭和三十三年）至次年刊行的十二卷的系列丛书，第一卷到第八卷多为 J. S. 勒法努《吸血鬼卡蜜拉》、丹尼斯·惠特利《黑魔团》等英美鬼怪小说名作，第九卷以后的三册分别为法、俄、德文的翻译短篇集。

《列车〇八一》在十年后的1969年（昭和四十四年），活跃于由同一出版社刊行的文库版《怪奇小说杰作集4》中。这本书的内容与意义到那时再叙述，在这里需要说明的是，作为在涩泽的全部工作中，质与量都占据了重要位置的"选集"（anthologie）的出发点，这本书是具有重大意义的小书。

7月，向《三田文学》投稿短篇小说《马多娜的珍珠》。

这个月的29日，涩泽和矢川拜访了在马込新建成的三岛府邸，与文艺评论家奥野健男夫妇、画家藤野一友夫妇同席。在三岛的主导下，包括三岛夫人瑶子在内的八人实验了狐狗狸游戏[①]。藤野多次念诵咒文，稻荷神的魂灵却没有出现，奥野夫人忍不住笑出声来，"奥野夫人，您太不严肃了！"三岛由纪夫瞪大双眼望向她。席间藤野的妻子，是著名的拼贴画家冈上淑子。

9月，《萨德复活——自由与反抗思想的先驱者》刊行。

弘文堂的编辑小野二郎在这一年2月拜访了涩泽，希望涩泽完成一部评论集，作为"现代艺术论丛书"中的一册。涩泽的这部处女评论集便在半年后出版。涩泽在5月29日寄给出口的信中称"我在写萨德的传记"，想必就是指收录在这本书第二部开头的长篇萨德传。

① 类似银仙、笔仙的招灵游戏。

从最早的新近出版预告来看，《萨德复活》的标题原本定为《文学恐怖主义》。涩泽在《出版讯息》的"谈论我的著作"栏目中写道："收集了原没有打算整理成册的零散文章，又新增了二百页稿纸篇幅的文章。"

小野二郎生于1929年（昭和四年），年龄与涩泽只差一岁。在东大学习英语文学和比较文学，后来成为弘文堂的编辑。小野在多年后担任《新日本文学》主编和明治大学教授，著有《乌托邦的逻辑》《威廉·莫里斯》等多部作品，此外作为晶文社的创立者之一，以长期担任该社的出版顾问而为人所知。

"现代艺术论丛书"在广告中宣传说，"不设文学、美术、音乐等体裁的藩篱，探讨现代艺术最前沿问题，用清新的感觉加以锐利剖析的评论丛书"。丛书中的第五部《萨德复活——自由与反抗思想的先驱者》发售时，已出版有如下五种：

一、饭岛耕一《被除恶魔的艺术论——日本的诗·法兰西的诗》

二、江原顺《通灵者的美学——阿波利奈尔·达达·超现实主义》

三、小川和夫《新批评——其历史与本质》

四、筱田一士《在邯郸——现代欧洲文学论》

五、江原顺《我的达达——战后艺术的坐标》

除了比涩泽年长一旬的小川，饭岛、江原、筱田均与涩泽是同辈，后来在新闻界健笔纵横的年轻作家们，在此处汇聚。对这三人而言，也都是最初的评论集。

关于《萨德复活》，虽有远藤周作的书评"是最近读来耐人寻味的书。[……]真正介绍并评论了萨德的书，在日本这是第一部"(《读书新闻》)，以及中田耕治[①]的"萨德复活，恐怕要等到涩泽龙彦出现才第一次成为可能"(《图书新闻》)等好意的反馈，但其中，同为"现代艺术论丛书"作者之一的江原顺留下了如下意味深长的指摘：

> 然而作者的盛气凌人、某种自命清高，或者说与我们所处的现实的淡薄联系，令我不只感到了些许不快。若作者是真的萨德主义者，不是应该首先果敢地向我们的混乱投身吗？
>
> （《读书人》）

在这里可以看到，直至涩泽去世甚至死后也一直围绕着他的某种批评，很早便已见端倪。

到了1970年（昭和四十五年），《萨德复活》与"现代艺术论丛书"中的另外几册书一同重新设计再版，而只有1959年的版本，收录了与涩泽于半年前相识的加纳光於的近二十张铜版画作为"装饰画"。晚年的涩泽回忆起四分之一个世纪前，在这个时期与加纳之间的交游，称当时加纳

---

① 中田耕治（1927—2021），日本评论家、小说家、翻译家、舞台导演。

的作品"令我不禁认为，那些作品也是我自身艺术理念的出发点"（《加纳光於 痉挛般的美》）。

9月15日，在加纳光於的陪同下，涩泽和矢川第一次与泷口修造①见面。在西落合的家里，翻阅着涩泽带去的刚刚出版的《萨德复活》，这位年长二十五岁的超现实主义者说，"为什么这本书里会有这么多幅插画，说不定会有人疑惑不解吧"，说罢便莫名一笑。

包含涩泽的处女评论集在内的这个全新丛书，后来还出版了大冈信、谷川俊太郎、针生一郎等当时青年才俊的著作。然而，数年后，它们就和彰考书院版的《萨德侯爵选集》一样，在卖特价新书的店头里摞得很高。

1959年（昭和三十四年）迎来了12月。在写给出口裕弘的书信里，涩泽如下文那样记述了自己的近况（12月26日）。"déclamateur"一语，据出口所言是"美辞丽句之人"及"内容空洞的信口开河之人"之意。

我终于译完了萨德的大作（《朱丽埃特》下卷），如今想做些奢侈的工作。当然是精神上的奢侈。写一两篇小说（短篇），接着写"西欧思想史中的暗黑部分"，一如既往，还计划着写些 déclamateur 的知识讲谈。就从《赫利奥加巴卢斯》着手开始。虽说还没有出版的门路……

① 泷口修造（1903—1979），日本美术评论家、画家、超现实主义诗人。

如同这封书信所写，紧接着6月出版的正篇，萨德的《恶德的荣光》续篇由现代思潮社于12月刊行。

译者涩泽龙彦，被卷进了始料未及的大事件的漩涡中。

第四章　萨德复活（1960—1962）

1961 年，于镰仓小町道路的咖啡店 IWATA（三十三岁）

1 | 萨德审判

一个午后，我一觉醒来，枕边一份电报翩然而至。是来自出版我翻译的萨德《恶德的荣光》的书店主人石井先生的电报。我立刻打电话给他，得知那天清晨，《恶德的荣光》被警视厅保安课扣押。卡夫卡小说的主人公醒来时变成一只甲虫，而我醒来时，竟变成淫秽书刊发行罪的"嫌疑犯"。我们生活在怎样一个像梦魇一般而又宛如神话的社会啊。

（《你好，禁止发行呀——萨德和我》）

1960年（昭和三十五年），如晴天霹雳般落到涩泽身上的所谓"萨德审判"事件，可以说不仅对涩泽龙彦个人而言是大事，在战后日本的社会史、思想史或审判史上也是重要的事件，不过这里的叙述不会涉及这些情况。我想仅以涩泽在这一事件中如何处世为焦点，按照时间顺序追溯下达最高判决为止的九年，检视这一事件的始末。

1960年4月7日，警视厅安保课于这一天清晨，在西神田的现代思潮社展开住宅搜查，涩泽翻译的萨德侯爵的小说《恶德的荣光（续）》因涉嫌"以贩卖目的持有淫秽书刊"被扣押，受到禁止发行的处分。

正如在方才引用的涩泽戏仿萨冈小说标题[①]的文章中所见，现代思潮社社长石井恭二使用电报，将禁止发行的情况告知了当时家里还没有牵电话线的涩泽。

首先，要简单介绍一下石井恭二与现代思潮社。

石井恭二于1928年（昭和三年）出生在东京日本桥的米店石彦家，与涩泽同龄。毕业于旧制府立第十一中学校，1950年（昭和二十五年）加入共产党，两三年后离党。1955年（昭和三十年）前后，在左翼出版社理论社工作了一年，其后于1957年（昭和三十二年）创立了现代思潮社。在这期间，石井似乎在学做厨师，涩泽与矢川最初遇见石井恭二时，对他的认知是"开始做出版的天妇罗店老板"。

如上文所述，石井在府立十一中时代的友人中有后来成为法语文学研究家的森本和夫，与森本商议后，他决定将萨德的《悲惨物语》选定为该社最初的出版物之一。在石

① 指弗朗索瓦丝·萨冈的小说《你好，忧愁》（Bonjour tristesse）。

井创办出版社后与他探讨应该出版怎样的书时，森本回答道："反正都是要出版，就出版坏书吧。"

现代思潮社在20世纪60年代出版了布朗肖、巴塔耶、巴特、巴什拉、阿尔托[①]、克罗索斯基、莱里斯[②]、梅洛-庞蒂、布勒东、洛特雷阿蒙、汉斯·亨尼·雅恩[③]、吉本隆明、埴谷雄高、谷川雁、大杉荣、稻垣足穗，还有托洛茨基及罗莎·卢森堡等人的著作，得到当时热爱阅读前卫文学及思想论著的年轻人、新左翼和地下剧场相关人士的热烈支持。即便在20世纪60至70年代的大批激进的小出版社中，它仍可以说是最右翼的公司之一。石井本人评价现代思潮社的出版活动为"反岩波式的学术"。

对于自己与石井的关系，涩泽写道："是现实认知的方法论截然相反，结论性的历史视角却向来一致的奇妙关系。"

为了否定政治主义而投身政治，为了摒弃形式上的进步思想和文化主义而推进一种破坏性思想运动，石井氏这种在出版人中属于异类的做法，为原本就厌恶政治的我带来了爽快得像威士忌加冰般的刺激。若问为何，那就是我不禁痛切地感到，对所谓"进步的文化人"（他们甚至"礼貌地"具备了双重世俗特质）之流进行的"破坏判断力"运

---

① 安托南·阿尔托（Antonin Artaud, 1896—1948），法国诗人、演员。
② 米歇尔·莱里斯（Michel Leiris, 1901—1990），法国诗人、人类学家、美术评论家，曾加入超现实主义运动，退出后与巴塔耶、凯鲁瓦等成立社会学研究会。
③ 汉斯·亨尼·雅恩（Hans Henny Jahnn, 1894—1959），德国作家，管风琴制作者，著有《铅夜》等。

动，是最应与萨德审判的本质紧密相连的运动。

（《面对审判》）

以涩泽为首，森本和夫、粟津则雄、栗田勇、白井健三郎为顾问团的现代思潮社编辑部中，还有赤濑川原平、种村季弘、中村宏、谷川健一、吉本隆明、秋山清、松山俊太郎、平冈正明、中西夏之、久保觉……这些独具个性与才华的文学家、艺术家、思想家及编辑频繁出没，借用当时该社编辑部的陶山几朗的话说，呈现出"简直梁山泊"一般的状况。陶山写道：

除了这些人，还有络绎不绝的自称是革命家的人、左翼学生、讨饭的戏剧演员与无名的疯癫族[①]出现又消失，消失又出现。早上来公司上班，常有身份不明的人在别的屋子里睡觉。

（《〈现代思潮社〉的闪光》）

这一年7月，在杂志《新潮》的当月号上，涩泽发表了本章开头引用的《你好，禁止发行呀》。

禁止发行以来，许多媒体都刊登了采访报道，涩泽明确了"毅然斗争"的姿态。12月14日的《北海道新闻》上，刊登了涩泽的如下发言：

---

① 日本对美国20世纪60年代后期嬉皮士运动的模仿。

我在很长一段时间里强调的萨德的危险性，不仅得到文学家的认同，还获得了地方检察厅那些厉害人物的初次首肯。法律的守卫者才是最好的批评家！然而，要是被起诉了会很难辩护呢。会被判有罪吧。因为检察官说的话，其实也是对的。

在11月的《图书新闻》上，涩泽发表了评论《关于反社会性》，编辑部附的概要里有如下的内容：

> 如今，东京正在制裁全学联[①]，并且要制裁萨德侯爵。全学联的行动给体制秩序带来巨大冲击，萨德的思想更进一步，它尽数否定了一切体制、一切政治形态。

次年的1961年（昭和三十六年）1月20日，自检举起已过了约九个月，东京地方检察厅以涉嫌刑法第175条"以贩卖目的持有淫秽书刊"为由，正式起诉石井恭二和涩泽龙雄。报纸与杂志的相关报道和评论一出，涩泽周围舆论哗然。

同月28日，日本文艺家协会成立了言论表现委员会，探讨文艺家协会应当采取的态度。就译者涩泽方与检察方能否再度平稳展开对话等问题进行了商讨。

这一事件原本是因一位市民投诉而起，似乎只要被告

---

① 全日本学生自治会总联合的略称。1948年成立，于20世纪60年代发动了安保斗争。

方低头，说句"实在抱歉，今后我们会注意，还望化解冲突，以和缓的方式处理相关事宜……"，并放弃印版与书籍的所有权，便可以不予起诉平息事态。而性格中原本便有强硬一面的涩泽，加上比涩泽还要强势、反抗精神无人能及的石井，大概是由于这两人顽固地不听从警视厅的规劝，这一案件才被移交检察厅，于是事情朝着意料之外的严重一面发展。

涩泽在这个月30日写给三岛由纪夫的书信中，这样阐明审判的方针：

> 对我们而言，胜负不是问题，而是作为一场狂欢，我想尽可能地干得有意思一些。为这等俗事倾注精力不免浪费，我打算适可而止地行动，然后平心静气地接受有罪宣告。

公审前，4月前后，被告方进行了包括辩护团在内的第一回磋商。地点是特别辩护人、法语文学研究家白井健三郎担任教授的学习院大学的研究室。著名诗人，同时是负责这场审判的四位辩护人之一的中村稔在回想录《我的昭和史·完结篇》（2012）中，记录了当时的状况："白井先生的研究室里集结了所有的相关人士。有一位看上去格格不入、瘦弱的年轻女性。那是涩泽龙彦夫人。"

这场审判的目的不在成败，而要狂欢一场，这是涩泽与石井二人一致的大前提。二人认为审判本身没有意义的态度，与想要在审判机构中作现实斗争的常识派辩护团之间出现了巨大的龃龉。也有这样的逸事，晚年任最高审判官，当时的首席辩护律师大野正男在涩泽面前一脸愤懑地长叹："那么，你们到底为什么要受审？"此外，中村稔也在涩泽逝世后回顾审判，发出如下慨叹："原本期待着我能担任文学家与法学家之间的翻译，但由于涩泽氏'抽象的、形而上学的激进主义'，他的发言一直给人以与外星人对话之感。"（《涩泽龙彦氏与萨德审判》）

最初磋商之际，远远望着为理论斗争感到精疲力竭的辩护团与涩泽、石井二人，另一位特别辩护人远藤周作说："涩泽先生，你倒不如进监狱，这样你的立场才能前后一致，不是吗？"他半开玩笑半认真地忠告涩泽。

涩泽怃然。

7月17日，涩泽在《日本读书新闻》上发表了《面对审判》。

败诉和胜诉究竟是什么？在本质的思想上的对抗面前，想要急于辨明是非的倾向，难道不是最鄙俗的政治主义么？［……］

我有着沉浸在抽象思考中难以自拔的癖性，当问题成了"反社会性""权力""情色""淫秽性的本质"时，脑髓便趋于白热化燃烧，而每当被问及针对审判的斗争方针、形势分析、意义、前景与战术等的意见时，就突然对世间感到无话可说的愤怒，思考过程就像遭受磁暴一般故障，且如同晚年的波德莱尔，有陷入急性失语症的显著倾向。

8月10日，第一回开庭公审。地点是东京地方裁判所刑事十八部，从清晨10点开始（以下相同）。裁判长是铃木重光，裁判官是内田武文、桥本享典。协同检察官是水野升。到场辩护人是大野正男、中村稔、柳沼八郎、新井章。特别辩护人是白井健三郎、远藤周作。旁听席上坐着埴谷雄高以及近三十位文学界相关人士。在诵读起诉状等过后，紧接着进行被告人与特别辩护人的意见陈述。

八月十日，是天气晴热的一天。在东京筑地的地方裁判所的法庭上，上午九时起，报刊记者和摄影师将一个瘦小的男人（涩泽）和一个面容精悍的男人（石井）团团围住，正在询问些什么。（远藤周作）

下文将从被告二人的意见陈述中引用一部分。

萨德的思想之所以在今天吸引了世界上众多读者，被世界上众多评论家赋予很高的地位，那是因为，对于自由的出版物以权力的名义被肆意贴上"淫秽"的标签，自由的思想运动以"道德"的名义被弹劾，在今日露骨毕现的官僚主义国家倾向，萨德的思想本身作出了彻底的抗议。在这种意义上，这场审判，非要我说，我想它是日本审判史上没有相似案例的、极具象征性的审判。因为被制裁的萨德本人，终其一生都在反对检察官独断专行与权力主义的思考方式。（涩泽龙彦）

事态明了。我们二人在警视厅断言这本书并非淫秽书刊，没有淫秽性，因为否定了这本书的淫秽性，我们以淫秽罪被起诉，被押上了这个公审法庭。淫秽的否认者，须因淫秽罪被起诉。这是因为权力本身才是淫秽。（石井恭二）

两位被告原本想着横竖没有钱，不妨就让国选辩护人做点趣事。然而，"可那成何体统"，石井的友人、当时在NHK工作的滨田泰三和朝日新闻负责国外通讯的佐久间穆向他介绍了大野正男和中村稔，石井和涩泽不情不愿地去见律师。据石井所言，不仅是特别辩护人，四位辩护人也无偿参与了这场审判。（《"萨德审判"前后》）然而中村却说，虽然已记不清，但"我想那时并非无偿工作那般奇特"（《我的昭和史·完结篇》）。

8月19日，涩泽在《图书新闻》上发表了记述第一次公审感想的文章《不快指数八〇》。

文中，涩泽列举了三样在盛夏炎热的法庭上引人不快的摆设。一是判事①怪异的黑色法袍。二是负责发号施令的矮小老头，喊着不合时代的军队号令"起立！"。三是硬木椅子，被告涩泽被勒令坐在上面，硌得屁股生疼。在休息时间将这把椅子换成其他高级的布面椅子时，"霎时间如疾风般，那位负责号令的老人出现了，'这样做我们会很困

---

① 日本审判官职。在担任判事补、检察官、律师、大学教授等十年以上职务的人中任命，并被分配到高等裁判所、地方裁判所和家庭裁判所。

1969 年 10 月 15 日，萨德审判最高审判后的记者会见。前列左起依次为石井恭二、涩泽。后列左起依次为律师中村稔、新井章

扰'，他迅速拿走椅子，将它放回原来的位置"，涩泽很恼火。

10 月 25 日，第二次公审。上交物证。

11 月 2 日，第三次公审。由检方向证人发问。因特别辩护人远藤周作患病，从这回起由埴谷雄高代替。

11 月 13 日，第四次公审。由检方向证人发问。

12 月 15 日，第五次公审。开始向辩方的专家证人发问。证人是小说家大冈升平和文艺评论家奥野健男。

新年过后，1962 年（昭和三十七年）1 月 24 日，第六次公审。证人是文艺评论家吉本隆明和大井广介，法语文学

研究家森本和夫。这一天旁听席座无虚席。

1月31日，第七次公审。证人是美术评论家针生一郎、小说家大江健三郎。

2月14日，第八次公审。证人是文艺批评家中村光夫，法语文学研究家栗田勇和中岛健藏。

2月28日，第九次公审。特别辩护人埴谷雄高、白井健三郎接受发问。专家证人发问就此结束。

3月10日，第十次公审。辩方讯问一般证人。

在这个3月，涩泽与关根弘对谈，除了描述公审时的状况，还直言不讳地表达了对文艺家协会和学院派的批判：

> 那个人［福田恒存］意外地有趣。一直在讲若不能迫近本质论，这场审判就毫无意义。比起文艺家协会的"进步的文化人"，极致的"反动"者与我们的意见更近。
>
> 那些人的名字我不便多言，我也一定程度上发动了学院派的人。强忍着我的厌恶。然而，那些人的懦弱实在惊人。［……］一想到在学院中生存，便要汲汲于保身之术，贯彻消极避世主义，我不由得心生怜悯。

这次对谈题为《毒药与审判》，刊登于《现代诗》第五号。

3月31日，第十一次公审。辩方讯问一般证人。

《文艺》四月号上刊登了《性有罪吗——查泰莱审判①与萨德审判的意义》。伊藤整、大冈升平、奥野健男、涩泽龙彦、白井健三郎、中岛健藏、埴谷雄高、福田恒存，共计八人举行了座谈会，涩泽与文艺家协会的意见出现了龃龉。

4月10日，第十二次公审。辩方讯问证人。

4月17日，第十三次公审。辩方讯问证人。法学家伊藤正己。

5月25日，第十四次公审。特别讯问被告人。涩泽龙彦、石井恭二。

6月2日，这一天原应由检察官作总结发言，被告涩泽在正午过后也没有现身，公审被迫中止。

事实上，我经常迟到。庭审在上午十点开始，对于绝不会在正午以前醒来的我来说，早起就像赴死一般痛苦。然而，被告有种特权，或者说是强大之处，被告若没有坐在被告席上，法庭就无法开庭。每当我到法庭迟到时，我都在心里想"活该"！

接着，对无故缺席的内情，涩泽这样写道：

① 指针对将英国作家 D.H. 劳伦斯的作品《查泰莱夫人的情人》译成日文的作家伊藤整以及出版社小山书店的社长小山久二郎，对其涉嫌违反刑法第175条关于散布淫秽物品的罪行的审判。此案件始于1951年，当时日本处于盟军占领时期，受到日本政府和盟军最高司令总部的审查。1957年上诉被驳回，结案。该事件涉及淫秽书籍与表达自由的关系问题。

还有一次完全撂下法庭不管，让那天的审判打了水漂。（虽不能大肆宣扬，但实际上心情实在畅快。如今一想起来都舒畅快意！）那天是总结陈词和判刑的日子。即便是我，在证人出庭的日子，也不好意思给好心站在辩护席前的人们带来麻烦，因此我拼命早起，从镰仓乘坐横须贺线摇摇晃晃一小时，在新桥搭上出租车，匆匆忙忙奔赴霞关的裁判所。即便如此也没有一次准时过。但是，从去年秋天起便无休无止的证据调查终于告一段落，我已经烦透了，感到愚蠢无比，无法再忍受下去。

　　"欸，又不是喜欢才去商业售卖的。若不去侮辱法庭一次，实在难以压抑内心的愤懑！"我抚摸着因前夜饮酒过度而不舒服的胃部，在被子里微张双眼，嘟嘟囔囔地说道。

　　就在那时，霞关的裁判所里，温厚的裁判长看着时钟的指针，神情沉郁。律师和检察官愤怒得面红耳赤。

　　然而，萨德因缺席审判而被宣告斩首，我就算不事先告知就缺席，也没被斥责一句。这就是生在二十世纪民主主义社会的可贵之处吧。

　　　　　　　　　　　　　　　　（《萨德无罪吗——审判以后》）

　　涩泽放法庭鸽子的事，令辩方的中村稔勃然大怒。特别辩护人埴谷雄高拜访中村的事务所，亲自带着有亲笔签名的自己的著作去道歉。"涩泽氏想来不知埴谷的用心。"（《我的昭和史·完结篇》）中村在多年后挖苦道。

　　7月16日，第十五次公审。检察官总结陈词、判刑。

"被告人石井恭二处以十万日元罚金，被告人涩泽龙彦处以七万日元罚金，以为相当。"

《周刊实事特报》8月9日号刊登了涩泽的谈话。"区区七万日元，未免太瞧不起人。我还以为会被判三年。那样才痛快。[……]只要七万日元，那多少次我都要再出书。"

8月1日，第十六次公审。辩护人、特别辩护人就最终意见展开辩论。大野正男、中村稔、埴谷雄高。

8月2日，第十七次公审。辩护人、特别辩护人就最终意见展开辩论。白井健三郎、新井章、柳沼八郎。随后是被告人陈述最终意见。涩泽龙彦、石井恭二。一如往常，涩泽这一天也迟到了四十分钟才现身，他这样开启了最终意见陈述："一句话来讲，这场审判除浪费税金外，再无任何意义，我感到非常空虚。"涩泽朗读稿件时，旁听席不时传来窃笑。

在栗田勇的文章中，这次最终意见辩论的最后，"被告"发言道："欸，我宿醉了，完全不知道自己在说些什么，所以就此打住——"随后，不知法官有没有说"感到荒唐的人是我吧"。(《到底发生了什么》)这次发言出自涩泽还是石井，尚未明确。

10月16日，第十八次公审。一审判决下达。无罪。

10月27日，东京地方检察院对判决不服，对东京高等裁判所提出控诉程序。

《文艺》的十二月号上，涩泽发表了《萨德无罪吗》。引用了被告人最终意见陈述的全文，并在最后写道：

最后，还要再说一次我想说的话。报刊记者问我们这些被告："对判决满意吗？"

开什么玩笑。怎么可能满意或不满意。虽没有赏绳子，却也被不容分说拉到了裁判所（宛然昔日御白州^①！）的人，在经历了一系列荒唐透顶的事情以后，被告知无罪，怎样能满不在乎地感到满意？书籍出版后被起诉，本身就让我感到非常不满。怎样才能弥补这一不满？检察厅和裁判所从这世上被抹杀之前，我的不满绝对消解不了……

1963年（昭和三十八年）7月2日，开始控诉审^②。这次只进行了书面审查。

8月，现代思潮社出版了《萨德审判》上卷。这本书收录了一审的全部记录及相关人士的诸多评论。下卷于翌月出版。

11月21日，东京高等裁判所下达判决。有罪。废除一审判决，下达了认定淫秽书刊的判决。法官是加纳骏平。

这次判决的罚金量刑与惯例一致，有无法缴纳罚金时，需在劳役场拘役的附加条款，按一千日元换算成一天来制定。因此，被罚七万日元的涩泽，若无法缴纳，则需在劳役场拘役七十天。

翌日，被告方即刻准备上诉手续。

---

① 江户时代日本奉行所内负责审理案件的法庭。
② 审理对一审判决上诉的二审。

六年后的1969年（昭和四十四年）10月15日，上诉审判决公审。最高裁判所大法庭的石田和外任主审裁判长，以八对五确定了有罪判决。与一审的量刑意见相同，分别科处被告涩泽七万日元、被告石井十万日元的罚金。

　　从禁止发行到最终判决为止，实际逾九年的岁月过去了。

　　像这样回顾将近半世纪以前的大事件的表面，涩泽与石井的气节与反抗精神尤为惹人瞩目。说是二人的"恶作剧和虚张声势"，或许才是更接近事实的正确表述。

　　若翻阅记载当时情况的大量资料，便会察觉被告二人与周遭人们在目标和心情上的差异格外突出。

　　中村稔指出，"在现存的法律秩序中，为了言论表达的自由，想赢得无罪判决"是辩护团的一贯方针，而另一方面，涩泽却发现"否定现存的法律秩序本身，才是翻译出版萨德著作的意义"。中村称，"被告人涩泽氏与我们律师之间的关系是真正的不幸"。他还写道，像涩泽与石井那样将萨德审判看作对压制思想的审判是"近乎妄想"。（《我的昭和史·完结篇》）

　　前文已有介绍，这位诗人律师将涩泽视为"外星人"，对于涩泽在公审上的无故缺席，中村写道："为什么不打个电话通知缺席呢，我感到不可思议。更有甚者，读到他看似愉快地写下'律师和检察官愤怒得面红耳赤'，就连我都觉得荒谬至极。"（《涩泽龙彦氏与萨德审判》）

担任特别辩护人的白井健三郎等人，在险恶的气氛中，为了让辩护团不至在中途退出，似乎暗地里煞费苦心。

石井在与松山俊太郎的对谈（1990）中，面对白井是否本人申请参与辩护的这一提问，答道："嗯，［白井］听说后，就说要来参加。不知白井现在如何，那时他还很健康。连声说'有趣，有趣'。"

然而，白井那边又是如何呢？白井在1988年（昭和六十三年）回忆当时，提到涩泽等人没有理解自己的辛劳："任性且胡闹，某种意义上胡闹也有趣，有讨人喜欢的地方，但我想多少也与孩子气这一印象相通……问题在于，既然如此，为何还要拜托我们这些特别辩护人、证人和辩护团呢？既然从一开始就无意义，那么法庭斗争不做也罢。［……］石井君和涩泽君都多少有些专横之处。那么宁可只凭自己的力量战斗，我想那更勇敢。"他直率地吐露了心境。（《胡闹的被告们——回顾"萨德审判"》）

另一边，涩泽也写道："这次审判期间，毕竟特别辩护人是埴谷雄高氏、白井健三郎氏这两位著名的游乐之士，当天的审理结束后，我们经常一起去喝酒。［……］拜审判所赐，我和妻子都会跳摇摆舞了。"（《萨德无罪吗》）写法是涩泽一如既往的懒散与明快，而在白井的不平中可以读出细微的不同。

白井在公审的日子虽与埴谷等人一起去新宿一带漫步饮酒，却说"我记得没怎么和涩泽君一同饮酒。因为他家在

萨德审判期间，与特别辩护人埴谷雄高

镰仓，离得很远"。接着他这样说道："我果然还是难以接
受。他［涩泽］只要说完自己想说的话就可以了，而我就像
刚才讲的那样疲惫，感到厌倦。然后以吃席般的心情，每
次都去痛饮胡闹一番（笑）。"（出处同前）

　　再来听听与审判相关的另外一位人物的感想吧。证人
之一、涩泽在东大法文科的同期栗田勇提到，与萨德那样
的毁灭型作家不同，涩泽没有意愿与社会正面对决，但在
应对审判时却出人意料地激动。接着，他这样回忆起当时
的情况：

　　目睹他针锋相对的激昂神态，那个时候是第一次也是
最后一次。大多数场合，我们这些受过训练的知识分子，
越是身处险境就越冷静，用逻辑来战斗。然而，就比如说

在开庭时间过后迟到很久才现身，对我们而言只是无聊的行为。实话说，这不是东大法文科的人一般会做的事。但果然那才是他的真心，那是萨德象征的完全否定的、叛逆的热情，就是异端的热情吧。

（《反叛的情念》）

表达的自由这一观念原本就是相对的，与绝对主义者的萨德的思想没有任何关系，所以涩泽说自己一直从高空鸟瞰裁判所的构造。关于涩泽选取的姿态，中村稔提到，查泰莱审判中，伊藤整将裁判所视为冷静的观察人类的场所、主张表达自由的姿态，以及在《四叠半隔扇的裱糊纸》事件 [①] 中，野坂昭如将审判视作敌对的反权力斗争场所的姿态，与之相比，涩泽的表现都"格外独特"……

言归正传，"萨德审判"事件，不用说是给涩泽带来诸多影响的重大事件。涩泽在最高审判判决后（1969）的采访中，将萨德审判视作60年代这一时期极具象征意义的事件，这样说道：

虽说是无意识的，我想我本人也在萨德审判初期，发

---

① 作家野坂昭如曾担任月刊杂志《有趣一半》的主编，他在该杂志1972年7月号刊登了据称为永井荷风所作的《四叠半隔扇的裱糊纸》。针对此事，他被指控违反刑法第175条的贩卖淫秽书刊罪，同年8月21日，野坂和该杂志的社长佐藤嘉尚被提请送审，随后被起诉。一审和二审都被判决有罪（野坂被处以10万元罚款，社长被处以15万元罚款）。被告方提起上诉，最高法院第二小法庭驳回上诉（1980年11月28日第二小法庭判决）。

挥了一种煽动者的作用。如今还有人认为我是那种人，也有部分因我最近没有说威严可畏的话而感到烦躁的读者，但萨德审判已经结束，我想自己今后也不会再肩负煽动者的任务。这世上的人，远比我更颓废呢。

在这场题为《爱欲·象征·反政治》的采访的最后，被问起回顾审判的感想，涩泽一如往日地说道：

我完全没有感到受挫或产生与此类似的体验。萨德审判也是，不过它让我多少通晓了浮世的景况，多少让我有了些骨气。

无论如何，有一点是明确的。那便是通过这场审判，涩泽龙彦的名字传遍了日本的街头巷尾，变得家喻户晓。

2 | 昭和三十五年 / 《黑魔法手帖》/ 矢贵升司 / 日夏耿之介 / 土方巽 / 稻垣足穗 / 《推理小说月旦》

1960 年（昭和三十五年），在《恶德的荣光》禁止发行事件以外，还发生了许多让涩泽难忘的重要事件。

在人们的记忆中，这是所谓"安保斗争"[①]为全日本带

---

① 1959 年至 1960 年，日本的国会议员、劳动者和学生反对签订《日美安保条约》的大规模示威运动。

来巨大震动的一年。然而，涩泽完全没有参与安保斗争的抗议示威游行。只是在三十五万人的游行队伍包围国会的6月下旬，在石井恭二的邀请下，权当作看热闹参观了一次。

"想来，社会上在'安保''安保'地吵嚷的时候，我写了《黑魔法手帖》。"1983年（昭和五十八年），涩泽在该书文库版的后记里写道。《黑魔法手帖》从这一年8月开始连载，总计十五回，持续至第二年的10月。刊登连载的《宝石》杂志，是以延续战前《新青年》[①]的血脉为目标的推理小说杂志，经营及编辑方面大多仰仗江户川乱步。

矢贵升司注意到这次连载，前来拜访涩泽。他是桃源社的编辑，后来子承父业成为该社第二代社长。矢贵对当时的回忆，有如下的描述。从这里可以看到，当时的涩泽，在家的时候常常只身披一件和服。

在这样的事情原委下我写信给他，收到了"请来我这里小坐一回"的答复，于是我在镰仓小町宅邸的二楼与他见面。初次见面的印象非常清爽。这人写下《黑魔法手帖》那么可怕的书，我曾以为其人的气质也会与之类似，但他其实是个给人以爽朗、温和印象的人。与涩泽先生后来的形象或许有些不同，和室正中央有一张矮桌，他休闲地穿着和服，在那里说道："呀，欢迎。"记得上门框的横木上像

[①] 由博文社发行、于1920年创刊的现代派代表杂志，江户川乱步、横沟正史等许多小说家活跃于此，在日本推理小说史上发挥了重大作用。此外还培养了牧逸马、梦野久作、小栗虫太郎、久生十兰等作家。

是摆放了一排Peace①的空罐。我提出希望由敝社来出版《黑魔法手帖》的单行本，他非常轻快地说："好的，只是我有一个请求"，便答应下来。

（《一同走过六〇年代》）

　　矢贵升司曾用笔名"八木升"写下名为《大众文艺图志》《大众文艺馆》的著作，他出生于1934年（昭和九年），当时还是二十多岁的年轻人。矢贵将涩泽置于酒井洁、小酒井不木等战前业余写作者的谱系内，可以说与现代思潮社的石井恭二的看法截然相反。种村季弘曾说，将涩泽视为激进主义者的是现代思潮社，视为业余爱好家的是桃源社。接着他陈述了有趣的见解："业余爱好家与激进主义者，二者都在社会层面上不负责任，这一点是相通的。"（《用全集通读的作家·涩泽龙彦》）

　　连载结束后，桃源社的单行本很快便在1961年（昭和三十六年）10月出版。A5大小的函套精装书。函套是黑色，书封的布面也是黑色，书顶、书根、书口三面漆黑，制作精致考究，只有序文使用绿色墨水印刷，卷首印着由涩泽白皙的脸庞和放在书上、令人想起帕尔米贾尼诺②的大手合成的魔法般的"作者肖像照"。这一令人印象深刻的拼贴，出自前一年结识的野中友理之手。

---

①　日本著名卷烟品牌。
②　帕尔米贾尼诺（Parmigianino，1503—1540），意大利矫饰主义画家。其作品带有一定的风格化和形体扭曲的特色。

《黑魔法手帖》的主题是西欧神秘学。与神秘学逐渐通俗化，出版了许多专业书籍的现在相比，1960年初，一般读者对此的认识程度还很低。在当时的日本，神秘学几乎是未经介绍的领域，《黑魔法手帖》是挑战这个未开拓领域的先驱性著述。

多年后，"神秘学"几乎成为涩泽的代名词之一。甚至就连涩泽本人也将自己误解为神秘学家，然而，所谓神秘学主义者、神秘主义者的著作，与1966年（昭和四十一年）再版副标题为"神秘与怪奇博物馆"的《黑魔法手帖》之间，在着眼点上有着决定性的差异。

在《黑魔法手帖》的书评中，侦探小说界的木木高太郎评论说"作为文学高峰之一的象征主义文学的馥郁在不自觉间弥漫"（《周刊朝日》），值得关注。埴谷雄高的书评中，"涩泽龙彦是继承了日夏耿之介①的魔法世界的探索家"（《读卖新闻》）的观点也引人注目。

涩泽在写给日夏耿之介全集的推荐文中，盛赞了日夏的工作的先驱性，称他在"世纪末颓废派文学与恶魔学、神秘主义思想和魔法等前人未曾踏足的领域中留下成果"（《全集2》解说）。作为在日本先于《黑魔法手帖》出版的数目稀少的亲族，像埴谷那样在脑海中浮现出这位孤高的学匠诗人再自然不过，而像种村季弘那般更具体地指出日夏的《魔宴怪异帖》（1950）的存在，也极为妥当。

---

① 日夏耿之介（1890—1971），日本诗人、英语文学研究家。

事实上，在涩泽藏书中的那本《魔宴怪异帖》上，能辨认出许多他的字迹。涩泽的大量笔记在翻译的底本、被用作文章和小说素材的外文书上虽很常见，但在日文书上却是极罕见的。《黑魔法手帖》的第一回连载《雅各布斯的猪》，在文体上也可隐约看到"怪异袋"里日夏的口吻所带来的影响。

　　不过，涩泽与日夏二人的联系，似乎不仅局限于对神秘学这一领域的共同关注。身为"奢灞都南柯丛书"这一魔道幻想文学系列策划人的日夏耿之介与涩泽之间，还有着更为隐秘而深邃的血缘关系。

　　举个例子，奥斯卡·王尔德《莎乐美》极尽瑰丽的日夏译本，因三岛由纪夫在戏剧剧本中的援用而闻名，涩泽也是在少年时代，通过日夏译本接触的《莎乐美》。他说："正因为读的是日夏译，才如此深受感动。"（《莎乐美的时代》）20世纪70年代，涩泽甚至有自己从王尔德的法文原版翻译这部戏剧的计划（由于出版商出帆社破产，这个计划未能实现）。

　　此外，在1970年以后，深深着迷于17世纪英国散文家托马斯·布朗的著作的涩泽，得知日夏也是日本稀有的布朗读者之一，惊叹道："时至今日，我似乎仍旧在耿之介开拓的辽阔的魔道世界的入口附近徘徊。"（《魔道的学匠》）

　　我曾直接从涩泽口中，听到他对石川道雄[1]和矢野目源一[2]等黄眠[3]门下翻译的赞美，"仅以自己的好恶为判断基准

---

① 石川道雄（1900—1959），日本诗人、德语文学研究家，译有霍夫曼的小说、戏剧等。
② 矢野目源一（1896—1970），日本诗人、作家、翻译家，译有马塞尔·施沃布小说集等。
③ 日夏耿之介号黄眠。

度过了一生"的日夏耿之介，对即将走上同一条道路的涩泽而言，想必是无可替代的先达。

涩泽对珍本和豪华本一类毫无兴趣，但他破例将三册日夏主持的限定杂志《游牧记》爱惜地套进袋子里，藏在书库。涩泽对日夏仅是"从遥远处仰望"，别说见面，就连自己的作品都不曾送上，这三册书，或许隐秘地象征了涩泽对"美之司祭"耿之介的敬意。

   *   *   *

这年夏天，涩泽目睹了"战后疾风怒涛的时代孕育的一个天才"在舞台上的身影。

我第一次接触他的舞蹈，是在令人难忘的昭和三十五年，日比谷第一生命大堂的舞台上。当时，热情的粉丝三岛由纪夫氏一边说"东京虽然辽阔，但再没有如此有趣的舞台艺术了"，一边拽着我走进休息室，把我介绍给身穿紧身裤的半裸的土方巽。那时在第一生命大堂的观众席上，还能看到舟桥圣一[1]氏、黛敏郎[2]氏等人的身影。

（《肉体中的危机》）

---

[1] 舟桥圣一（1904—1976），日本小说家。

[2] 黛敏郎（1929—1997），日本作曲家，战后日本古典音乐、现代音乐的代表人物。

那是作为暗黑舞踏派①的主持者，从中心撼动了20世纪60年代前卫艺术运动的土方巽。

土方与涩泽同年，1928年（昭和三年）出生于秋田。若说涩泽和土方二人，都是三岛由纪夫介绍给世人的人才，这种观点也并非不可。

舞台上，裸身的男人一骨碌翻身倒下，弯曲后背，蜷缩手脚。这是同时暗示了生的方向与死的方向的、未出生胎儿的睡姿，也如同卡夫卡短篇中的甲虫。不久后裸身的男人霍地起身，露出一根根轮廓分明的肋骨，开始屈伸身体。如风箱般，胸部和腹部剧烈地伸缩。一边像是小儿麻痹般，手脚呈现出痉挛而冲动的、不协调的动作，一边拖着生硬的步履在舞台上逡巡，或双腿如棍棒般突然伫立在原地，或发出无意义的短促叫喊。

完全背离了我们对司空见惯的自身的日常举止，或是对已经熟悉的古典芭蕾有节奏、样式化的动作的期待，那是时至今日我们未曾想象过的，暗示了我们驱使肉体的诡谲可能性的惊人舞蹈。

（《关于土方巽》）

涩泽在这里提到的，是1960年（昭和三十五年）7月下

---

① 一种将日本的传统舞蹈与前卫舞蹈结合的舞蹈样式，以土方巽等人为核心，属于前卫艺术。

旬举行的土方的独舞首演"土方巽 DANCE EXPERIENCE
会"。泷口修造也观看了这次公演，碰巧种村季弘也与松山俊
太郎一同前来观看。种村在评论集《到土方巽那边去》（2001）
卷首的文章中详细回顾了那时的光景：

> ［……］在那里，出现了穿皮革夹克和细腿裤的全身奇
> 特黑色的人。那是三岛由纪夫。涩泽龙彦当时正在接受萨
> 德审判。虽已进行了三次公审，三岛由纪夫突然毫不避讳
> 地走上前。此人毕业于法学部，专门研究过刑事公诉法这
> 一组织犯罪诉讼的法律，头脑非常灵敏。三岛先生来到涩
> 泽面前，说在刑事公诉法看来，或者从法律角度来看，萨
> 德审判的公诉是如何矛盾、虚伪，如何不符合逻辑，他怒
> 不可遏地说个不停。我完全不明白他在说些什么，只是吃
> 惊地听着，没过多久舞台的幕布拉开，我就忘了这件事。

种村那时也是第一次观看土方的舞蹈。他接着记录下
公演后的逸事，这与方才涩泽的回忆之间有几处出入。

那时另一件难忘的事，是三岛由纪夫邀请涩泽先生，
说在公演结束后，"给你介绍一个有趣的家伙"。那是个有
数人独舞的大会，土方是他们之中的一员。"有趣的家伙"
究竟是谁，那时我还不知道。我们完全没有意料到接下来
的事。我和松山正走向电梯，涩泽先生和矢川澄子小姐也
正要一同离开找个地方喝茶。那时，一位光头涂白粉、还

没有卸舞台妆的人突然冲过来。我记得他大概穿着裤子，不过是普通底裤似的裤子。他用当时还很浓重的秋田方言说："请稍候。三岛正在休息室，请您也一起过来。"直接向涩泽先生搭话。涩泽先生有些犹豫，却被强行掳走了。我们面前的电梯刚巧到了，便与涩泽先生道别。与其说是与土方先生见面，不如说是"看到"了土方先生，这便是最初的相遇。

（《谈论土方巽》）

当时的种村季弘二十五六岁。

只是，种村诸如此类的回想录中普遍存在不少错误的记忆。上述引文的其他段落中关于涩泽和松山在新宿纪伊国屋相遇的内容也是如此——"事先决定用白色手帕作为暗号，是一次装模作样的幽会"，展示了种村独有的、创造出事实上并不存在的场面的创作性记忆力。这可谓是种村式思考回路的特征（松山常说这是"种村的妄想式直觉"）。

方才的文章中，萨德审判"已经进行了三次公审"是处明显的事实错误，《恶德的荣光》在那时还没有被起诉，前半部分三岛谈论的内容也令人产生深深的疑惑。说不定，是种村混淆了1960年的记忆与翌年9月土方公演时的记忆。

这些暂且不论，关于涩泽与土方的相遇，前文引用的涩泽的文章其实同样不正确，那时似乎不是他们第一次见面。因为矢川澄子在涩泽去世后的1988年（昭和六十三年）这样记述道：

一九五九年八月中旬的一个傍晚，镰仓东胜寺桥桥畔的涩泽龙彦宅来了一位不速之客。当然，那时是还没有装电话的时候。

那是这年春天为《禁色》伴舞的人，名字我曾听三岛由纪夫提起过。那一天他们来访的主要用意，是邀我们务必来观看九月五日《禁色》的再演。

没化妆的舞蹈家穿着平淡无奇的白衬衣和淡墨色的裤子，膝盖几乎一直保持正坐的姿态，时不时地望向同行的女性，端来的茶也几乎没碰，结结巴巴地讲话。目光与措辞都谨慎克制，还保留着东北人的畏缩，丝毫感觉不到桀骜的艺术家气质或是过剩的自信。谈起同行人时，也称她为"这位小姐"，留在耳畔的每一句都是敬语。

说是"我们"或许有些不妥，那是我和涩泽龙彦与土方巽初次相识。安静的、彬彬有礼的人，是最初的印象。对于家人和交友圈都是都市人，日复一日都在流利地寒暄的我们来说，的确是出现了一位古怪且新鲜的友人。

（《初次见面的时候——与土方巽》）

问题在于，矢川文章中的日期是"一九五九年八月中旬"。

与土方首次见面，以及初次观看其舞台的日期，在《矢川年谱》上均为1959年，《全集年谱》也采纳了矢川提供的日期，现在关于涩泽与土方的文章大多援用这个日期。2008年（平成二十年）稻田奈绪美执笔的土方传《土方巽绝后的身体》，是采访了许多相关人士的力作，这部传记也以矢川的访谈为根据，主张1959年的说法。

然而，涩泽本人不仅写了三次1960年，还直言自己没有去观看1959年的《禁色》。稻田的著作也认可涩泽没去看1959年公演的事实，那么，《矢川年谱》中在土方拜访自家的翌月初次观看舞台的记述，1959年显然不合情理。种村与松山二人初次观看舞台也是在1960年。并且元藤烨子的回忆录《与土方巽共同度过》中，初次访问涩泽家也是1960年，与《土方巽全集》的年谱一致，因此本书也采用1960年说。

"可以说，在小町的家里初次见面的事也能彻底遗忘，正是在这样的无忧无虑中，涩泽龙彦这位天然的白皙少年的本来面目一览无余。"对于如此重要的与土方相遇的场面，涩泽只字未提，矢川这样说明道。然而，也不能不考虑涩泽为了强调三岛的引荐，而有意删除的可能性。

说来，矢川文章中出现的"同行的女性"，便是后来成为土方妻子的舞蹈家元藤烨子。元藤也在下面的文章中提到二人探访小町时的情景：

从前便喜爱他的著作的我们，在某日出发，去拜访他那时位于镰仓小町的住处。抵达镰仓站后，我们在商店街探听路线，终于在傍晚来到了河畔的家宅。大概是昭和初期建成的房屋，推开格子门后便是玄关。有股令人怀念的温柔的臭味。土方害羞得无法请人引路，就推了推我。我只得喊道："打扰了。"

元藤讲到的"令人怀念的温柔的臭味",是汲水式厕所的气味。涩泽在小町租的房子玄关旁就是厕所。在如今或许已是有些难以说明的状况,在冲水式厕所普及之前,日本的房屋经常飘散着这种臭气。

元藤接着写道:

涩泽龙彦笑容可掬地从与玄关相通的二楼走下来。"欢迎,请进。"我们冒昧上到二楼。约八榻榻米大的房间里书籍堆积如山。我们中的三人都在昭和三年出生,话题就从这里轻松展开。"课本教的是'开了,开了,樱花开了'[①]对吧",诸如此类的"昭和的孩子"的话题,大家聊得起劲。通往楼下的木质楼梯很暗,发出吱嘎吱嘎的声响,二楼则面向河川,很明亮。大家聊起兰波与热内,话题不曾中断,直到深夜。带着一夜的兴奋,我们在归途一路蹦跳。

(《与土方巽共同度过》)

关于涩泽,土方自己也留下了难以忘怀的独特表述:"涩泽龙彦这位少年职人端正的凶暴,伴随着神圣落入掌中的瞬间,便开始希求形状,一心游乐,他那无垢的作品群只能被视作凝固下来的纯粹游戏。"(《黑暗中的电流》)

二人相遇这年10月举行的《第二回六人先锋派》的宣传册里,很快便收录了涩泽的来稿《前卫与丑闻》。其他的

[①] 出自日本《小学国语读本》,也被称为第4期国定国语读本,供1933年到1940年入学于日本旧制小学校的一代人使用。

五位先锋派是黛敏郎、东松照明[1]、寺山修司、金森馨[2]、三保敬太郎[3]，土方跳了以萨德为题材的《圣侯爵》。宣传册和海报使用了曾用作《萨德复活》封面的加纳光於的铜版画《王的形象》。

这年以后，涩泽一场不漏地观看了土方的全部公演，留下许多关于土方的文章。

涩泽与另外一位天才，也在这一年的11月23日相遇。

我初次见到足穗，大约是二十年前的事。[……]足穗烙印在我心中的形象，一直身着浴衣，嘴上叼着短烟卷，用快得难以听清的语速，手舞足蹈地讲述空想的电影场面，是兴致高涨的彗星·足穗氏。

他待人笑容可掬，但我感到他绝不会放声大笑。他那硕大的头颅，特别是耳朵上方极长，实在异于常人。无论怎么看，都是呼吸着永恒来延续生命的人的风貌。

（《悼念稻垣足穗》）

稻垣足穗出生于1900年（明治三十三年），这时正迎来六十岁。涩泽前去拜访夫人的工作地点、京都市桃山町的妇人寮职工宿舍，走入偏院院落，涩泽说了声"打扰了"，

---

① 东松照明（1930—2012），日本摄影家。
② 金森馨（1933—1980），日本舞台美术家。
③ 三保敬太郎（1934—1986），日本作曲家、爵士钢琴家、赛车手、电影导演、演员。

原本随性地倒在榻榻米上读书的足穗便蓦地起身理好浴衣腰带，走到外廊。这次会面的经过，可以在足穗的随笔《梅日和》里读到。

足穗"厌恶贴近现实，与日本的湿润风土断绝"，如今其主要作品均可以文库本读到，他在文学爱好者中也已成为无人不晓的存在，而在涩泽前去拜访的1960年，他可以入手的著作还很少，不仅在文坛，对一般读者而言也几乎是被遗忘的作家。

虽说如此，足穗受到极少数独具慧眼之士密切关注一事，也自然无须赘述。比方说，松山俊太郎提起自己最初阅读足穗，是高中时代的1949年（昭和二十四年）在樱井书店买下《他们（They）》。据称松山于1951年（昭和二十六年）在大学与种村季弘相识后，寻来另一册《他们（They）》，说"《他们》极好"，将它送给种村，又从种村那里得知了《弥勒》的存在。

涩泽又是从何时起喜爱阅读足穗呢？为解答这一问题带来线索的证词，来自矢川澄子的文章《〈他们〉那时候》。

矢川在1955年（昭和三十年）去探望因胸病卧床的涩泽时，挑选了旧书店低价新书、樱井书店版《他们（They）》，当作礼物。矢川还写道，自己是因为十分喜爱横宽装订才选择这本书作为慰问礼，并不知道作者的名字，这说明，当时说着"教育你这件事真有趣啊"，告诉矢川许多书和作者的涩泽，还没向矢川提起足穗的话题。

然而，矢川在其他文章里，提到当她将慰问礼《他们

（They）》递给涩泽时，涩泽感动地说："欸……还有这个吗？"她还补充道："不愧是涩泽，已经知道有《一千零一秒物语》了。"（《与稻垣足穗相遇的时候》）

与此同时，自然也存在松山俊太郎向涩泽推荐了足穗的推测，对此，松山本人全部否认。不仅如此，松山还说，起初与涩泽相识时，完全没有谈论过关于足穗的话题，1948年（昭和二十三年）起便与足穗交好的加藤郁乎也有同样的言论。（《他们，即足穗与他的眷属》）

那么，根据这些证词，再结合涩泽的藏书中没有足穗在《他们（They）》以前出版的作品来看，涩泽正式开始阅读足穗，似乎无法追溯到1955年（昭和三十年）以前。1958年（昭和三十三年），与涩泽交情不浅的书肆尤里卡的伊达得夫策划了《稻垣足穗全集》，涩泽当然也持有这套因伊达逝世而中断的全集。

这一年拜访稻垣足穗时，除了矢川，同行的还有生田耕作、多田智满子、加藤信行（多田的丈夫）。涩泽将1964年（昭和三十九年）出版的《梦的宇宙志》献给稻垣足穗，二十年后，这本书推出文库本时，他在后记里这样写道：

记得我初次去京都桃山拜访稻垣足穗，是在昭和三十五年，四年后出版的这部《梦的宇宙志》，是敬献给稻垣先生的。当时是政治的季节，不论什么人都忙着尖锐的政治辩论，而在桃山的居所里岿然不动，呼吸着永恒生活的稻垣，是我的慰藉。所以我称稻垣是"我辈魔道的先达"。

涩泽在此后的1968年（昭和四十三年）和1969年（昭和四十四年），再度前往桃山的足穗家中与其见面，此外他们还有许多书信往来。然而，到了1969年，《少年爱的美学》在三岛由纪夫的大力推荐下获得了第一届日本文学大奖后，足穗的信徒与媒体相关人士突然盛行前去桃山登门造访。从那时起，涩泽就与桃山渐渐疏远了。"对于那时的事，我只有苦涩的回忆。"（《回想的足穗》）涩泽这样谈起当时风靡一时的足穗热。

　　这一年，涩泽第一次在战后西行。在拜访稻垣足穗宅两天前的11月21日，他出席了京都大学11月祭的专题研讨会。以《萨德之眼 III 创造与破坏之地——憎恶·执念·暴力》为题，针生一郎、松本俊夫、和田勉与涩泽四人组成了研讨小组。24日由片山正树和生田耕作担任向导，参观了修学院离宫。涩泽和生田在京都的街道上漫步，热烈地谈论了乔治·巴塔耶的小说《爱德华姐夫人》。

　　关于发生在1960年（昭和三十五年）的事，需要记录的除8月7日受邀参加三岛由纪夫府上的舞会，还有从这一年10月持续到来年3月的《推理小说月旦》的连载。

　　这部作品是在《日本读书新闻》连载的时评文章，每月一次，共计六回。涩泽担任所谓文艺时评人，仅此一回。

　　［……］说句鄙俗的话，不是只有在否定使推理小说之为推理小说的要素后成立的推理小说，才能真正成为使推

理小说从娱乐上升为文学的媒介、具备独创性的作品么？在推理小说中融入人性与社会性便会使之成为文学，这是何等庸俗的论调。然而，对此深信不疑的人却意外不在少数，不免令人惊讶。究其根本，不受既存推理小说骨法（解谜的规则与解决的形式）的拘束，这样的自由的作者精神才是问题所在。

连载第一回的开头，涩泽这样写下他作为时评人的立场。

这次连载涉及的外国作家有尼古拉斯·布莱克[①]、卡特·布朗[②]、达希尔·哈米特[③]、弗里德里希·迪伦马特[④]、卡特琳·阿莱[⑤]、罗尔德·达尔[⑥]。日本作家选择了石原慎太郎、水上勉、南条范夫、都筑道夫等人。其中他不遗余力地称赞日影丈吉，"知识水准之高日本罕见，阴影密布的文体在推理作家中独树一帜。[……]世人应该加深对这位作家力量的认可"。在考察多年后日影与涩泽的关系时，这一事实也不容忽视。

① 塞西尔·戴–刘易斯（Cecil Day-Lewis，1904—1972），英国诗人、作家、推理小说家。尼古拉斯·布莱克（Nicholas Blake）是他的笔名。
② 卡特·布朗（Carter Brown，1923—1985），澳大利亚作家。
③ 达希尔·哈米特（Samuel Dashiell Hammett，1894—1961），美国作家、推理小说家。
④ 弗里德里希·迪伦马特（Friedrich Dürrenmatt，1921—1990），瑞士剧作家、推理小说家、随笔家、画家。
⑤ 卡特琳·阿莱（Catherine Arley，1922—2016），法国作家、推理小说家。
⑥ 罗尔德·达尔（Roald Dahl，1916—1990），英国儿童文学作家、剧作家、短篇小说作家。

这一推理小说时评可以使人感受到评者明确的趣向，在涩泽生前虽没有被收入单行本，但总体上来讲是全面体现其个性的作品，值得一读。这些没有多费力气的文章，反而预示了涩泽在1970年以后的文体，意味深长。

二十年后的1980年（昭和五十五年），涩泽发表了回顾这一时评的文章《我与推理小说——热情或是中毒》，他在文中写道："如今，我早已失去特地寻找推理小说来读的热情。"

稍作一提，涩泽欣赏的名侦探，是雷克斯·斯托特[①]创造的"安乐椅侦探"尼禄·沃尔夫。

3 | 昭和三十六年 / 合译《我的生平》 / 政治

休闲潮[②]风靡日本列岛的1961年（昭和三十六年）——

石井恭二的上一代家主的宅邸位于镰仓佐助，正月在那里举行了现代思潮社的花牌会。涩泽与矢川在席上结识了埴谷雄高、秋山清、佐久间穆、森本和夫等过去便与现代思潮社合作的作家。石井的父亲用响亮的声音读牌，而涩泽玩花牌的功夫似乎不容小觑。

1月20日，东京地方检察院以涉嫌"以贩卖目的持有淫

---

① 雷克斯·斯托特（Rex Stout，1886—1975），美国侦探小说家。
② 日本经济高度增长期国民休闲活动的风潮。

秽书刊"，正式起诉石井恭二和涩泽龙雄。

这个月的24日，《内外TIMES》刊登了关于涩泽的采访文章，新闻报道中这样介绍涩泽给人留下的印象：

见面时的印象是，他的确是个白皙的青年文学家。由河出书房出版萨德的《爱的诡计》以来，又在彰考书院出版了《萨德侯爵选集》，另有弘文堂的《萨德复活》，似乎在大部分人的想象中他年事已高。"大家似乎都对我的年轻感到惊讶呢。我三十二岁哦。"他丝毫没有神经质的表现，用笑容可掬的温和神态讲话。

在杂志《水彩画》^①上，《恶魔的中世纪》于3月开始连载。直至十一月号为止，共连载了八回。这一美术评论在十八年后的1979年（昭和五十四年）以单行本的形式出版。

5月初至7月上旬，在《日本读书新闻》上连载了《法国的萨德审判记录与资料》。涩泽于1956年（昭和三十一年）9月在狂喜中得到的波韦尔版《萨德全集》，在那一年年末被法国检察厅扣押。这一连载是那时审判记录的译文。审判以被告败诉告终，波韦尔被处以罚金八万法郎，扣押的著作被勒令烧毁。

也就是说，涩泽是在千钧一发之际得到了《萨德全集》，如果晚上半年就会丧失机会（这样的话，涩泽此后的人生说

① 1905年由水彩画家大下藤次郎创刊的美术杂志。

不定会发生巨大的改变)。

8月，列夫·托洛茨基的《我的生平》上卷由现代思潮社刊行，由涩泽与栗田勇、滨田泰三、林茂合译。接着在这一年9月发售中卷，10月发行下卷。

俄国革命的英雄托洛茨基自传的日译本，体量共计两千页稿纸。这个现代思潮社的版本从法译本转译，涩泽负责其中约六百页。合译者中的"林茂"，是当时已经在都立大学任教的野泽协的笔名。

松山俊太郎曾谈到这一翻译对涩泽而言"形式罕见""十分特殊"，毫不避讳地公开声明"我不曾读过哪怕一页俄罗斯革命史"的涩泽，却参与了托洛茨基自传的翻译，不免令人感到诧异。毕竟涩泽还理直气壮地写道："若问我对俄国革命史有多生疏，请从这件事来判断：翻译《我的生平》时，我不知道'Iskra'[①]这个专有名词是什么意思，去问白井健三郎先生，被他嗤笑。"(《武装的预言者托洛茨基》)

既然如此，涩泽接下这个他不免难以胜任的托洛茨基自传的合译工作，想来有如下几个原因：

一个是，涩泽喜爱像《异端的肖像》中的圣茹斯特那样"命中注定要结束悲剧般的一生，拥有纯洁的浪漫主义气质"的失败革命家。此外，经由布勒东对托洛茨基产生兴趣自然也是理由之一。

还有一个因素是，通过当时的萨德审判，涩泽与石井

[①] 俄国社会民主主义者机关刊物《火星报》(Iskra)。

恭二和现代思潮社关系日益密切。策划《我的生平》新译的自然不是涩泽。首先由石井提案，随后当时担任现代思潮社智囊团的栗田勇和滨田泰三表示赞同，接着涩泽才加入。最后通过涩泽的推荐，野泽协（林茂）也参与其中。涩泽不仅受到每月预支版税的石井关照，还因审判一事受惠于栗田与滨田，这点也不容忽视。

四位法语文学研究家共同工作，很难说不存在一些问题。涩泽在1961年（昭和三十六年）6月13日写给出口裕弘的书信上提到这项翻译工作，抱怨道："草率了事的工作，不到一个月就收齐了稿件，急匆匆地出版了。"

当然，这是写给挚友的私信，特意写成片假名的"草率了事（ヤッツケ）的工作"是否可以按字面意思理解令人心生疑窦，不如看作涩泽的羞赧，与事实更为接近。只是不可否定的是，这次出版是在筹备审判的忙碌状况下开展的，准备工作十分仓促。

据陶山几朗所言，数年以后，发生了如下的事件。

1966年（昭和四十一年），这部译书的新版附上俄国史专家对马忠行①的解说刊行时，对马写下的原稿内容引起了争议。如今我们能在1966年版中读到的对马的解说文中，有"这样说虽有些冒昧［……］人名、地名，和其他的专有名词的不统一随处可见"这一非常温和的指摘，而陶山写道，对马的原稿上原本使用了"误译、恶译"等词汇，用词

①　对马忠行（1901-1979），日本的马克思主义者，译有多部托洛茨基著作。

更为强烈、毫不避讳且锋芒毕露。

　　石井社长读毕，脸色一沉。这是因为，对现代思潮社而言最为重要的援军及盟友的涩泽龙彦等四人的翻译，竟在同社的出版物中受到公开指责，被当作瑕疵品，自己再无颜面见这些译者。这可不行，社长立即决断。然而那时这本书已结束印刷，进入最后的装订阶段。于是他一路飞奔去神田锦町的桥本装订所，恳请经理中止正在进行的作业。最终，那篇《解说》在征得对马氏的同意后，保留了原文的意旨，去除了"带刺"的部分，修正为"温和的文章"，替换了原有的文章。

（《"现代思潮社"的闪光》）

　　《我的生平》，后来出版了译自俄语原文的两种新译，这些日译本的后记里都以"误译无数""译文极难理解"等措辞，对现代思潮社版的翻译进行了尖锐批评。

　　然而，应该如何看待涩泽对政治的态度呢？
　　关于这一问题，现在的观点错综复杂。一方面，存在将涩泽视作"对政治一窍不通"的倾向，另一方面，也存在"在这个国家最为淋漓尽致地体现了超现实主义政治参与实践的人，不正是涩泽么"这种见解。
　　不过，同辈中与涩泽交情甚笃的朋友却意见非常一致。
　　如前文所述，涩泽在提及石井恭二的文章中写道"厌恶政治的我"，萨德审判时与涩泽一同战斗的石井本人也说，"他对所谓政治，向来漠不关心"（《"萨德审判"前后》），还表示：

    石井 我不清楚现在的年轻执笔者，但包括涩泽在内的前后几年的一代人里，像他那样，无论是天皇制、军国主义，还是左翼知识分子阶级，与政治上的意识形态彻底划清界限的人，有些罕见。

    松山 也就是说涩泽先生无论如何都只作为涩泽天皇，不承认其他天皇。

    石井 说不定是这样。为什么他生来就在这样的位置，我也没有想过，所以不得而知……我不清楚。

    事实上，涩泽完全没有参与过像布勒东和阿拉贡等超现实主义者，以及巴塔耶等人参与的那类桀骜不驯的政治运动。暂不论涩泽是否也像科克托常被人批评和诟病为"政治白痴"，老友出口裕弘也直言："他非常厌恶集体行动，天性与此不合。"（《涩泽龙彦的幸福的梦》）此外，与加纳光於、泷口修造、武满彻等60年代的前卫艺术家们交情甚笃的俳人、医生马场骏吉也认为，涩泽"顽固地抵抗被纳入一定的政治思想，是贯彻了反意识形态这一态度的人"（《时间的晶相》）。

    与此同时，与60年代的涩泽关系最为密切的，是石井恭二与三岛由纪夫二人。一位是被视作极左激进主义者的斗争性出版社社长，另一位则是站在与石井截然相反的意识形态立场写下了《文化防卫论》，结成楯会并在自卫队的队员面前切腹的人物。

种村季弘也提到这一观点。种村慎重地指出，石井和三岛或许不像世人想象的那般，一丝不苟地坚守意识形态，如下是他的记述：

> 即便如此，不可思议的是，虽在截然不同的两人〔石井与三岛〕的热切视线下登场，涩泽龙彦本人却全无意识形态倡导者的风貌。若说他究竟是何人，他并非萨德审判上被检察当局认定的"危险思想"的倡导者，而是不久前还在病榻上的、大病初愈的老病患，半是为了生计，勤勉地翻译从学生时代起便在研究的萨德，勤学笃实的非学院派法语文学研究家、翻译家。或许正因如此，在群情激昂的六月风头最劲的时刻，矢川澄子编年谱里也只有"没有参加六月的安保反对运动，（略）受石井氏邀请，只去围观了一次示威活动"一句。
>
> （《涩泽龙彦·那个时代》）

思考涩泽对政治的态度时，我突然想起涩泽晚年小说中的两位主人公。

其中一人是收入《睡美人》的《画美人》中的贵船七郎。七郎身处黑船袭来后"如蜂巢被捣毁般动荡不安"的日本，是"这些事与自己风马牛不相及，并以此为自己的生活准则"的人物，"即便如此，他通过从前熟读玩味的兰学这副眼镜眺望西洋，焦距不曾出错，也没有落后于时势"。

另外一人，是同样收入《睡美人》的《梵论子》中的茨木智雄。这部作品同样以幕末为舞台，主人公也是坚持"政治超然主义"姿态不动摇的青年，在因攘夷与开港而动荡不安的时代，在高谈阔论天下国家的年轻人中间，他是标榜"彻底不问政治"的人物。

不，与其说是标榜，不如说智雄的存在本身就像是在声明此事。之所以这样说，是因为智雄首先惹人注目的与其说是其内在精神，不如说是他的外貌。智雄标致纤丽，花容月貌，宛若女子。他过于秀美，以至令人感到，他断然不会插手论天下忧国事这等粗莽之事。容貌秀美便不能对政治抱有兴趣，固然也没有这种律令。只是与女人相似和不问政治，二者一旦重合，人们便不认为这样是偶然的。

（《梵论子》）

*　　　　　　　*　　　　　　　*

8月10日，萨德审判的第一次公审于东京地方裁判所召开。

9月3日，前往有乐町的第一生命大堂观看第二回"土方巽 DANCE EXPERIENCE 会"。加纳光於参与了这次公演的美术设计，公演宣传册由涩泽与三岛一同撰稿，涩泽写下了《燔祭的舞蹈家》一文。

公演后，在有乐町的中华料理店二楼，涩泽与三岛和土方等人一边饮啤酒，一边漫无止境地畅谈让·热内。

《黑魔法手帖》在10月刊行，是桃源社出版的第一部涩泽著作。其后，桃源社出版的涩泽著作的版权页上，都印有TASSO. S的标志，它由野中友理从图案集中选出，由加纳光於绘制。

10月到12月期间，萨德审判召开第二次至第五次公审。野中友理、加纳光於、土方巽与元藤烨子，以及泷口修造，均是公审旁听席的常客。

这一年年底，被誉为"存在主义的缪斯"的香颂歌手朱丽特·格蕾科首次访日，涩泽去听了独唱会。

4 | 昭和三十七年 /《神圣受胎》/《犬狼都市》/ 《逆流》/ 加藤郁乎 / 小町的家

植木等 ① 的《"咸鱼"小曲》② 风靡一时的1962年（昭和三十七年）——

紧接着《黑魔法手帖》，《毒药手帖》自1月起在《宝石》

---

① 植木等（1926—2007），日本喜剧表演艺术家。主要活跃在20世纪50年代和60年代中期。

② 该歌曲名为"スーダラ節"，"スーダラ"是20世纪60年代日本流行语，表示放松、懒惰、随意生活，多用于形容不上进的上班族。

上连载。插画由宇野亚喜良[①]绘制。连载于12月完结。

1月到4月，萨德审判召开了第六次至第十三次公审。

3月，《神圣受胎》由现代思潮社出版。装帧由加纳光於负责。

这部《神圣受胎》收入了1959年到1961年发表的二十五篇文章。整体分为四部，如前文所讲，卷首的《乌托邦的恐怖与魅惑》及《狂帝赫利奥加巴卢斯》两篇，是经由三岛由纪夫引介，刊登在杂志《声》上的文章。

该书的书评中，有埴谷雄高刊登于《图书新闻》的文章。埴谷指出："涩泽龙彦用他如同配备了鲜明透镜的望远镜的双眼，细致入微地为我们呈现历史中赤裸的人类精神的形态。"他接着写道："涩泽龙彦为我们揭示了，我们的暗夜历史蕴蓄着的翔实资料，然而，在那时，他并非只是给予我们关于异端的丰富知识，而是通过不断呈现异端的赤裸姿态，为我们揭示了人类在挣脱历史、时代及空间等框架后，那壮阔的全景图。"

三岛由纪夫也在《读书人》上写了书评，提出了与埴谷相似的观点，这一点耐人寻味。"他在这两本书中尝试的绝非贵族式的教养课程，而是人类的率直可以推进至何处，其结果可以在多大程度上将怪诞与美轻易吞没，是语言真正意义上的'民众的'实验。"（文中出现"这两本书"一语，是因为该文是对该书与《犬狼都市》的合评。）

---

① 宇野亚喜良（1934— ），日本插画家，设计师。

然而，《神圣受胎》的书评中最知名的大概是吉本隆明的文章。吉本将涩泽罗列一众人名与事物名称的热情比作捕虫少年的热情，他接着指出："涩泽在日本天皇制和纳粹主义的失败后走上文学道路，又将斯大林主义、资产阶级民主主义和自由的战中派思想的气息注入本书。我想这部书的新颖之处就在于此。"（《读书新闻》）

《神圣受胎》与《萨德复活》这两部作品，在涩泽的全部著作里呈现出异貌。《关于恐怖》《反社会性是什么》《粉碎生产性伦理》等，仅是匆匆一瞥收入《神圣受胎》的评论的标题，便可略知一二。自不必说马克思、黑格尔和亨利·列斐伏尔都纷纷登场，包含了大量过激的逻辑与战斗性煽动的内容，就连文章本身，对深谙多年后涩泽极为清晰且透明的行文的读者而言，也有相当的违和感。不乏翻译腔中常见的艰深晦涩，给人以生硬的印象。对于这些青年时期的作品，涩泽本人在多年后有时也会对周遭的人说："饶了我吧。那个时候写的东西，我也感到厌烦得不行。"

但是，若说这个时期涩泽的文章均是这种腔调，倒也并非如此。在同一时期，作为一种读物写下的《黑魔法手帖》的文体，与《神圣受胎》迥异，但与涩泽后期的文体也不尽相同。而如同前文所述，《推理小说月旦》反而更接近他在1970年以后的文章。

种村季弘也指出，以《神圣受胎》为代表的涩泽初期著作，"回顾他的全部著作，只有这时候的论调略有些不同"。与此同时种村还说，"涩泽龙彦这个人，在我们最初接触的那时候，曾是一名论客或者说抨击文作者。这一点有着非比寻常的魅力"（《涩泽龙彦的幸福的梦》）。当时还是学生的岩谷国士也写道："大概对我们这一代人来说，写下《萨德复活》和《神圣受胎》的涩泽龙彦，不论他本人的想法如何，都占据了一种煽动者的位置。"（《怀旧》）

此外，比如在1961年（昭和三十六年）结成犯罪者同盟[①]的平冈正明，在20世纪70年代初的问卷调查中的回答，也是延续了这种文脉的典型发言之一。"他是名副其实的激进分子，有反社会性倾向。在60年代的某个阶段带来了冲击。他的消费哲学、反神学影响了61年以后的共产主义者同盟[②]。"（《涩泽龙彦·作品问卷调查》）

尤其是《神圣受胎》，从执笔的时期来看，自然要考虑萨德审判这一重大事件带来的影响。将不同于其他著述的《神圣受胎》与《萨德复活》的论调，视作涩泽的"昂扬"（岩谷）、"被时代左右"（出口），或是"多少有些力不能及，踏入了迫不得已的领域"（浅羽通明），论者们意见相左。

在第二部评论集《神圣受胎》的后记中，涩泽提到古罗马的文人普林尼和他的死。接着他写道："要成为那样的人，如今的我也这样想。"

4月，《犬狼都市》由桃源社刊行。函盒上使用了拜罗

① 主张"一切犯罪行为都是革命性的"政治组织。于1961年成立，由早大俄文科平冈正明等人共同创建。
② 1958年结成的日本新左翼党派。

斯①绘制的藏书票，全文绿墨印刷，是采用了法式装帧的很别致的书。

这是涩泽的第一部小说集，除了书名同名作品，还收录了《阳物神谭》以及《马多娜的珍珠》，共三篇。涩泽共交给桃源社的矢贵升司五篇小说，其中有两篇被拿掉后成书。被拿掉的两篇，大概是《扑灭之赋》和《伊比鸠鲁的肋骨》。

后来，涩泽自己在《涩泽龙彦集成》第 V 卷的后记里透露，《犬狼都市》借用了皮耶尔·德·芒迪亚格的《钻石》与《仔羊之血》的主题，《阳物神谭》则以《狂帝赫利奥加巴卢斯》为素材。

我曾从矢川澄子口中听到"《马多娜的珍珠》应该也有底本"。矢川说"大概是第一书房的出版物"，但记忆模糊，遗憾不知道那究竟是哪一部书。

三岛与埴谷均在《神圣受胎》的书评里提及《犬狼都市》。面对涩泽的小说，埴谷评点称"不免有些理胜其辞的倾向"，而三岛在评价《阳物神谭》时却献上了热情的礼赞："无论是奢华的措辞、沉郁的风情，或是彻底得以形象化的虚无，那是我国文学史上未曾出现过的、突然变异的、怪物般的逸品。"

5月20日，在东京大学的5月祭上，法文科主办的公开讨论会"萨德有罪吗"召开。涩泽与栗田勇、森本和夫、白

---

① 弗朗茨·冯·拜罗斯（Franz von Bayros，1866—1924），奥地利商业艺术家、插画家。他在艺术上属于颓废派，经常使用色情主题和幻影意象。

井健三郎、石井恭二等现代思潮社的成员一同出席。

同月25日，萨德审判第十四次公审，次月5日原本预定召开第十五次公审，但因涩泽无故缺席，公审临时取消。

"勒达会开设的第一回秘演"于6月10日在目黑的石棉馆①举行。勒达会是由三名女性组成的团体，种（台本）由矢川澄子、姿（舞蹈）由元藤烨子、饰（美术）由野中友理负责。涩泽主动请缨承担海报张贴与宣传工作，以目黑站为起点，在每根电线杆上都张贴公演的海报。"涩泽龙彦身子轻，他攀上电线杆后，我负责托住他的屁股。"（《与土方巽共同度过》）元藤写道。

当日，观众席上可以看到埴谷雄高、三岛由纪夫、春日井建②、泷口修造、田村隆一、黛敏郎、赤濑川原平等人的面孔。"后来与约翰·列侬结婚，名声大噪的小野洋子，在那时也展露了奇妙的舞姿。"（《关于土方巽与暗黑舞踏派》）涩泽记录道。

公演结束后的酒席上，让·热内成为话题，土方突然说："在白天给小偷吃点心，小偷会哭。"涩泽喜悦地说："真好，这可是名言。"松山俊太郎则目瞪口呆："这个人有多么奇想天外的想法啊。"

8月1日，萨德审判召开第十六次公审。翌日是第十七次公审，涩泽进行了最终意见陈述。

---

① 1952年元藤烨子在目黑区下目黑（现中町）设立了津田信敏近代舞蹈学校，后改称石棉馆。
② 春日井建（1938—2004），歌人，前卫短歌运动的一员。

代表了法国世纪末①的小说家 J. K. 于斯曼（涩泽当时标记为于斯芒）的一代奇作《逆流》的译本由桃源社刊行，亦是在这一年 8 月。限定一千本，附函盒，书脊革装，正文双色印刷。此等奢华，是与小说内容相称的出色装帧。

某日，矢贵升司登门造访镰仓小町的涩泽宅邸，谈论起矢野峰人②的《近代英语文学史》，里面详细记述了《逆流》的梗概。同样喜爱阅读这部探讨了世纪末文学的战前名著的涩泽轻轻一笑，"啊，是这本对吧"，说罢从身旁的书架抽出那本厚重的书："我也认为《逆流》是应当问世的书。若是计划出版的话，我来翻译也可以。"从前一章的第五节来看，早在 1958 年（昭和三十三年），涩泽就梦想着翻译《逆流》。"他本人非常感兴趣，在翻译上倾注了相当的热情。涩泽先生常寄明信片过来。汇报当天的进度，或是进展不顺的状况。"（矢贵升司《一同走过六〇年代》）

关于原文中读不懂的地方，涩泽多次去长信询问人在北海道的出口。初版的后记里写道："迄今为止，从未做过这般艰苦的翻译。与此同时，我想虽然艰苦，也从未做过如此快乐的翻译。"生前最后一版（1984）的后记里，他也提及这本书是"自己最喜爱的译作"。

《逆流》是自己最喜爱的译著一事，我也曾听涩泽讲起。"再没有被那么多人提及，那么时常被人引用的书了。"涩

---

① "世纪末"（Fin de siècle）一词此处用于指代 19 世纪末期的西方文化思潮。
② 矢野峰人（1893—1988），日本诗人、英语文学研究家。

泽说道。

拒绝一切日常的现实，一心逃往人工的梦幻之境的《逆流》主人公德塞森特被幻想的绘画作品包围，在密室一般的书房里，为自己罹病的脑髓创造出来的妖异幻觉陶醉不已……或许没有什么比这位体现了世纪末之颓废的主人公的身影，为创造"博物馆的美少年馆长"这一难以抗拒的、某种涩泽的形象做出了更大贡献。

为《逆流》写书评的仍是三岛由纪夫（《东京新闻》）和埴谷雄高（《读书人》）二人。三岛的文章依旧是可以称为"极具三岛风格"的热情文字。

将长久以来只闻其名的颓废派圣经《逆流》那晦涩艰深的原文，转换为明晰畅达，并且兼具古色的威严与哀愁的日文，我想称颂译者涩泽龙彦氏的功绩。像涩泽氏这样的人对现代日本而言弥足珍贵，一心完成自己想做的事，并且只做自己想做的事，这样的人物除了涩泽氏，想来便只有那位驾驶快艇的堀江[①]青年了。

这一年从盛夏至入秋，在石井恭二的邀请下，涩泽在外房的江见租了间屋子避暑。在江见他遇到了对马忠行。涩泽在寄给三岛的信中写道："今年夏天，在房州岬角，一个城里人也没有的海边小镇，我尽情地大兴'太阳崇拜'，

① 堀江谦一（1938— ），日本海洋冒险家。

然仍不及尊兄平日里锻造的黝黑肤色。"（9月22日）

10月16日，萨德审判第十八次公审，下达了无罪判决。涩泽在新宿喝酒后留宿友人家，第二日回到家后，收到了包括三岛在内的友人们如山般的贺电，还有大冈升平从医院寄来的祝贺信。同月27日，东京地方检察院提起诉讼。

这一年秋天，以诗人谷川雁为中心，以创建独立的思想团体为目的，开设了"独立学校"。运营委员是松田政男、川仁宏、平冈正明，讲师是埴谷雄高、吉本隆明、栗田勇等，这所学校有许多现代思潮社的相关人士参与。涩泽也频频受到邀请，只是他一次也没有参与，"直到最后都顽固地表明毫无兴趣"。

11月24日，在神乐坂的日本出版俱乐部举办了加藤郁乎第二部俳句集《灵的外质》的出版纪念会，涩泽与矢川、野中友理一同出席。

在加藤的《灵的外质》中的《降灵馆死学》一章中，涩泽读到献辞般的副标题"与涩泽龙彦通灵"，于是出席了这位素未谋面的俳人的出版纪念会。

加藤这样描写与涩泽初识时的场景：

涩泽龙彦如同叼着烟斗的天使般出现。一瞬间，头上的枝形水晶吊灯闪烁，男女混声的圣歌队乱哄哄地合唱着哈利路亚，静候已久的香槟一齐喷射。［……］涩泽龙彦发出的第一声，是回头望向站在入口附近犹豫不决的野中友理，用潇洒的日本话叫着"快过来！"。听到它的瞬间，我便无法对这位博闻强识的萨德研究家，夹杂着鼻音说出 "Comment allez-vous？" [您好吗] 一类平庸的寒暄，我先是露出虎牙行了礼。Monsieur SHIBUSAWA [涩泽先生] 说自己是绝不出席出版纪念会和结婚典礼的人，只是想知道赠给素未谋面的自己《降灵馆死学》的那位作者究竟是怎样的男人，那是尖锐中透着机敏的东京话寒暄。

（《后方见闻录》）

加藤郁乎比涩泽小一岁，1929 年（昭和四年）生于东京。被涩泽称为"言语杀戮者""继承了江户的疯狂诗人的传统，是天生的矫饰主义者"的这位俳人、诗人，在酒席上频繁引发惊人事件，包括多次打架斗殴在内。他是涩泽在 60 年代神话般的交游的中心人物之一。

加藤郁乎于次月的 12 月 19 日，很快便去拜访了在御茶水骏台庄因桃源社的萨德相关工作闭关的涩泽。与偶然相遇的野中友理一起，三人流连于神田、新桥和新宿等地，欢饮达旦，第二天也从清早就一起喝酒。"涩泽龙彦是用烟斗思考的人。"加藤在当天的日记里写道。

发表在《推理故事》十二月号上的《人偶冢》，是以杀害少女为题材的小说。

同月，桃源社的《萨德侯爵选集》第一卷刊行。这套丛书共五卷，于两年后（1964）的 3 月完结。

除夕夜，涩泽给正在巴黎自费游学的出口裕弘寄去书信，内容如下：

久疏问候。今天是除夕，现在，除夕夜的钟声刚刚结束。我吃坏了肚子，连跨年荞麦面也不能吃，还有几个小时就是一九六三年了。

巴黎岁末的风景如何？

是时候该和巴黎姑娘们开始一两次危险的恋爱冒险了吧？早日向我汇报你已经和金发女郎共寝的消息吧。

东京的文坛正为正宗白鸟[①]去世的时候是否说了"阿门"争论不休。今年，拍电影的米开朗基罗·安东尼奥尼，还有创作偶然音乐的约翰·凯奇抢去了日本年轻前卫艺术家们的风头。当然，二者我都没有看，没有听，也没有任何兴趣……

大约在十天前，我因为萨德选集（桃源社刊）的工作，幽居在神田的旅馆里恶战苦斗。近来痛切地感到靠笔杆吃饭实在艰苦，由衷羡慕在巴黎游玩的你。

*　　　　　　*　　　　　　*

最后，我还想粗略地谈谈这个时期的重要舞台——涩泽位于镰仓小町的家。

说到涩泽的家，这栋坐落于北镰仓明月院附近、涩泽于1966年（昭和四十一年）搬入的雅致的孟加拉式洋楼尤为著

---

① 正宗白鸟（1879—1962），日本自然主义作家、剧作家、评论家。

位于滑川沿岸东胜寺桥桥畔的小町的家

名，尤其是堆放了整面墙的书籍、安置着四谷西蒙①制作的人偶的书斋，那里甚至成了涩泽龙彦这位作家的象征。

然而，也有人说，小町那栋朴素而破旧的日式房屋，才是涩泽真正的姿态。这间租屋是一幢二层小楼，位于横跨滑川的东胜寺桥桥畔，玄关旁快要枯朽的高大榉木上有猫头鹰栖居。或许是因为从河川涌来的湿气，妖异的朽木气息笼罩着整幢房屋，到了春天，房屋整体又被新叶的绿色覆盖。出口裕弘曾说涩泽"衣食住均朴素，只有观念世界突出"（《涩泽龙彦的幸福的梦》）。

种村季弘称，涩泽本来的世界，与世人想象中的世纪

---

① 四谷西蒙（1944— ），本名小林兼光，日本的人偶制作师、演员。

末风格的装饰性相去甚远，"最初我拜访小町八张榻榻米大的房间，新榻榻米发出嗒嗒的声响，没有摆放什么东西，只摆了一个 Torys 威士忌的瓶子，［……］那是与东洋的神仙世界相近"的世界（《涩泽龙彦·纹章学》）。我本人虽不了解他小町的家，但记得种村常说："那个家里的藏书也一切从简，全部都经过悉心挑选。"

涩泽晚年，家中藏书超过一万五千册。据松山俊太郎所言，在小町时，起初涩泽的藏书不过千册。松山写道："正因为涩泽在小町度过了过激、困苦、清贫、闲雅这般流变的二十年，在北镰仓的华丽飞跃才成为可能。"（《镰仓小町》）

那么就引用岩谷国士回忆那个小町的家的文章，来结束本章吧。

那间老旧而小巧的家，如今还在么？在那间立于河畔的、倾斜的、惹人怀念的、典型的二层日式房屋，推开玄关嘎吱作响的格子门进去，懒散地穿着灰色夏季和服的涩泽先生说着"哎呀！"出来迎接。登上左手旁陡峭的楼梯，便是相当宽敞的、铺了榻榻米的书斋兼居室。东侧和南侧的窗子被黑幕般的黑色窗帘遮住。西侧的深处，排列着各种样式的书架，像是书库。四下张望，均整理得一丝不苟，充满了明快的气息。南侧的墙壁前摆放着书桌，像是中学生学习用的书桌，正面的墙壁装有双层的白木书架。摆在那里的书，我至今仍能忆起几部。波韦尔版萨德全集、布勒东的黑色幽默选集、巴什拉和巴尔特鲁萨蒂斯的诗学和美术书、罗贝尔·阿马杜[1]和罗贝尔·康泰[2]的神秘学书籍、雷蒙·鲁尔[3]和勒内·德·普兰霍尔[4]的乌托邦论，此外另有各种词典等。我于是在离这间屋子入口很近的一张小矮桌前坐下。矢川澄子女士端出冰啤酒、鸡肉和炒腰果。

(《涩泽先生》)

---

[1] 罗贝尔·阿马杜（Robert Amadou，1924—2006），法国作家，在传播超心理学和研究秘教方面发挥了重要作用。

[2] 罗贝尔·康泰（Robert Kanters，1910—1985），法国 – 比利时作家、评论家、文学主编。

[3] 雷蒙·鲁尔（Raymond Ruyer，1902—1987），法国哲学家。

[4] 勒内·德·普兰霍尔（René de Planhol，1889—1940），法国记者、文学评论家。

第五章　妖人奇人馆（1963—1967）

1963 年，土方巽《按摩》舞台。在观众席上可以看到矢川澄子和涩泽的身影
（三十五岁）

摄影：丹野章　照片提供：土方巽石棉馆

1 | 酒宴的日子 / 池田满寿夫 / 岩谷国士

矢川澄子的《涩泽龙彦年谱（1955—1967）》承接了记录中断于1954年（昭和二十九年）的《自作年谱》，在涩泽死后完成，其中有关1963年（昭和三十八年）一项中有如下记载：

从去年起往来密切、同样居住在镰仓的堂本正树，这个四月策划了在草月会馆大厅的公演《降灵馆死学》，在舞蹈方面起用了土方巽，美术方面起用了池田满寿夫等人。以此为契机，我们开始了与池田满寿夫、富冈多惠子、白石嘉寿子等人的交往。

位于赤坂旧草月会馆内的草月会馆大厅，是前卫花道家、电影导演敕使河原宏设立的草月艺术中心等20世纪60年代弥漫着异样热度的前卫艺术运动的活动中心之一。

矢川接着写道：

从这时候起，松山、土方、加藤氏每个月都前来小町的房屋集会一次，如同梁山泊聚义。此外，在东京，以早稻田喜久町的加藤邸、目黑的石棉馆、世田谷的池田、富冈的画室为据点，每逢要事便会通宵举办酒宴。我们被介绍给森茉莉和岩谷国士，就是在池田的画室。

文中提及的"石棉馆"是土方巽的练习场。

1963年，美国总统肯尼迪被刺杀的影像通过卫星转播传到日本的这一年，涩泽龙彦三十五岁。从这时起，涩泽与演出家（堂本）、舞踏家（土方）、画家（池田）、诗人（富冈、白石）、小说家（森）、梵语文学研究家（松山）、俳人（加藤）、法语文学研究家（岩谷）等年轻艺术家和学者间的跨领域交游日渐深厚。在当时，这些人几乎都是寂寂无闻的年轻人。

松山俊太郎、土方巽、加藤郁乎三人我已在前一章介绍过。在矢川的评论中出现的新成员里，最重要的想必是池田满寿夫和岩谷国士。

池田满寿夫于1934年（昭和九年）出生在中国东北，比涩泽年纪小六岁。在池田的回忆中，二人初遇时的场景颇为独特：

最初见到他是在六一年，友人堂本正树负责的独舞会的前厅，他与三岛由纪夫走在一起，戴着贝雷帽，吸着烟斗里的烟草，只瞥了一眼，我就断定涩泽龙彦驼背。他曾在某报上写自己不喜欢福特里耶①之流的抽象绘画，加之他是萨德的研究家，我心中滋生出毫无道理的恶意想象。后来以负责布置《恐〔原文如此〕灵馆死学》（原作加藤郁乎、导演堂本正树、主演土方巽）的独舞剧目的舞台为契机，我和土方巽、涩泽龙彦、加藤郁乎、加纳光於、野中友理等人迅速建立了友谊。与涩泽龙彦初次交谈是在独舞会后的派对上，他看到我的脸便说："怎么回事，池田满寿夫，意外地很可爱嘛。"他用少年般的高音放声歌唱，我一下子就喜欢上他。

（《我的报告书》）

池田满寿夫不仅是享誉国际的美术家，后来作为小说家和电影导演也同样拥有盛名——这位厌恶萨德与布勒东而偏爱亨利·米勒的画家，与涩泽在作品风格上几乎没有共通之处。然而，二人终生关系和睦。关于"永远的少年"涩泽，池田说"我想几乎不存在于见到他后还感受到敌意的人"（《次元不同》）。与此同时，对涩泽而言，池田满寿夫是"无论做什么都无法令人厌恶，傻弟弟般的存在"（涩泽龙子），这样的观点最为贴切。

① 让·福特里耶（Jean Fautrier，1898—1964），法国画家、雕塑家。

某日，池田满寿夫问："涩泽兄，为什么要抽烟斗？"涩泽答道："这是文明。"

另外一人，岩谷国士，1943年（昭和十八年）出生于东京。祖父是明治文学家岩谷小波①的岩谷国士与涩泽同样毕业于东大法文科，是超现实主义的研究者，曾担任明治学院大学的教授。

岩谷比涩泽年纪小十五岁，是与涩泽关系亲密的友人中年纪格外小的一位，涩泽死后，作为编辑委员之一为《全集》的编纂留下了无私的功绩，还将自己写下的有关涩泽的大量文章与对谈收入全五册的《涩泽龙彦论集成》（2017）。

前文中矢川记录道，最初遇到岩谷是在池田满寿夫的画室，但依照岩谷自身的回忆，事实并非如此。岩谷是在新宿西口的酒馆BORUGA，通过池田或是富冈被介绍给涩泽的。岩谷是池田和富冈的邻居。从高中生时期起就热爱阅读《萨德复活》等涩泽著作，时值二十岁的大学生，对于坐在酒馆斜对面跟他初次碰面的涩泽，似乎留下了深刻的印象。

不久酒席就变得混沌。一切都乱作一团。涩泽先生一如寻常地时不时挥动双臂，发出叫喊声。我也说了很多，问了他许多事。无论是什么都无妨，我想让他听见我说话，我想那是青涩的年轻人似的态度。而涩泽的应对，是迄今

① 岩谷小波（1870—1933），日本作家、童话作家、俳人、德语文学研究家、记者。

为止我未曾体验过的类型。当我说些什么时，他就叫道"是的！"，或是"是吗？"，抡起手臂。语速很快。突发性地作出反应，一闪念间便得出结论。

（《涩泽先生》）

矢川将当时镰仓小町大胆豪放的酒宴盛况，比作草莽英雄豪杰们聚集一堂的《水浒传》中的梁山泊，如同上一章所讲，这时的现代思潮社也同样被誉为梁山泊。20世纪60年代的日本，小型梁山泊的数目堪比繁星。

2016年（平成二十八年）铅字印刷出版的加藤郁乎日记《自治领志》，是了解这个时代的涩泽团体气氛的一手资料。涩泽与加藤在1960年频繁见面，觥筹交错，坐谈谐谑。在交情最为深厚的期间，二人一年间见面的次数超过二十次，"痛饮醉倒二三日"也绝非罕见。

为了窥察当时涩泽与友人饮酒、交谈、歌唱、嬉戏时沸反盈天的剪影，我从加藤郁乎的日记里选取两则逸事介绍。

首先是日记中1965年（昭和四十年）6月19日的记述。开头出现的"裕子"是加藤夫人。

昨夜，前往池田满寿夫的送别会。裕子与我同行，御茶水的"哥本哈根"。在蒙古包里的烤肉是为了和池田的出生地蒙古［原文如此］形成的奇妙暗合么？我问西胁顺三郎"po popo epoe"的由来，他回答说那是古雅典俗谚，令我倍感愉快。散会后，去池田的画室。开车时拉上了一位被我错认成奈良原一高氏电影公司的青年。惯例的画室聚会。与泷口一起谈论雅里①，与加纳光於讨论将下一部诗集做成诗画集。不知不觉间我睡着了。泷口直到清晨都在和邻居岩谷君交谈。听到一声"啤酒！"而醒来的我，被池田他们取笑。最后，留下来的末日一族是涩泽龙彦夫妻、加纳光於夫妻、土方巽、野中友理、南画廊的一位初见像是东野芳明的青年。我又开始沉醉在池田夫妻如画般的友情中。乌冬、寿司、香颂唱片（里面是维庸、兰波和魏尔伦等人的诗和曲子）……涩泽的军歌骤然响起，借来池田风的帽子举行各自的独演。一边拍照，一边沉睡，一边饮酒，一边怒骂——题为超现实主义者们。二十年后的波希米亚人。牧歌故事②。

这场深夜的大宴会过后，涩泽与矢川留宿在喜久井町的加藤家，痛饮至第二天的4点。回到镰仓的自家，已是翌日黄昏时分。

接着是1964年（昭和三十九年）3月28日至次日的日记。

昨夜，在新宿枥木屋与涩泽龙彦氏碰头喝酒。假借《摩登日本》杂志时代的聚会为由。为了尽兴地大闹一番，我们打电话四处联络。池田满寿夫染上风寒，藤野一友说他高血

① 阿尔弗雷德·雅里（Alfred Jarry，1873—1907），法国象征主义作家，常被认为是达达主义、超现实主义和未来主义运动的先驱人物。
② 加藤郁乎在1970年出版的俳句集也以此为名。

压然后谢绝了我们，最终出现的是松山俊太郎的巨大身躯。我向邻桌的西洋人搭话，他笑着报上姓名，说自己是法国记者马塞尔·朱格拉里，于是干杯。他是大冈信的友人。我们来到 BORUGA 合唱各国歌曲，马塞尔氏似乎进过纳粹的收容所。去涂鸦酒吧喝酒。被涩泽夫妇绑架乘车从新宿西口去往镰仓。途中，无休止地合唱军歌等歌曲。松山俊太郎和马塞尔的同行者，法国电影联盟[1]的山田宏一君当时也在场。在涩泽宅谈论松内施特恩[2]和雅里。白天醒来时山田君已不见踪影。我们喝着啤酒闲聊。松山氏的自我模仿学说听来也愉快。矢川做了汤豆腐，我们吃喝闲谈，被夜色荡然包围。十一时前后，我与松山子胖氏一同踏上归途。

这里的"山田君"，大概是后来的知名电影评论家山田宏一，"子胖"是将"胖子"倒置得来的松山俊太郎的诨名。

再附上一则他们争吵时的情景。这次不是加藤的日记，而是从松山的随笔中引用的，日期是1963年（昭和三十八年）3月10日。

在新宿的"CANOE"喝酒时听到有人叫我，转身后我看到涩泽和矢川澄子。此外还有加纳光於夫妻，野中、筱原两位女士，土方氏和巨熊般的男人组成的一个连队。经

---

[1] 法国电影宣传组织，成立于1949年。
[2] 弗里德里希·施罗德·松内施特恩（Friedrich Schröder-Sonnenstern，1892—1982），德国超现实主义画家。

过介绍，这张新面孔是加藤郁乎，他热衷于同土方激烈争论，最终二人不知所踪。

随后有人禀报发生了斗殴，我奔赴战场，鸡蛋大的石头飞来，那是土方的炮击。作为观战武官，我感到有默默见证这一切的义务，但考虑到行人的危险，只得居中调解。忘掉我们才刚刚相识，从怒叱"你是哪里来的地痞无赖？"这一暴跳如雷的态度，我判断事端是郁乎挑起的，而事实上是土方率先进攻，他们已经被逐出了之前一家店铺。

即便如此，他们也可喜可贺地和好了，一行人转移阵地，前往土方的公寓。然而，为家中没有酒感到愤慨的土方打翻了衣橱上的砂糖罐，一同前来的郁乎和我像是披了雪般周身花白，房间里洒满了砂糖。坐着后面一辆车来的涩泽他们得知详情，施展魔法，从凌晨三点半的街上置办了两升酒，看到酒瓶后，土方突然无力地倒下，在军歌大合唱中也没有醒来。土方需要的酒，是款待客人的酒。

（《再观〈谜团重重的日本人〉》）

在松山的文章开头处出现名字的CANOE，是新宿直到1965年（昭和四十年）都还在的传说般的文坛酒吧，战后的文学家、艺术家、编辑多出入此地。涩泽也曾在萨德审判后的回程与石井恭二一同来到这里。翻阅CANOE的女主人森泉笙子（关根庸子）的回想录《新宿的夜是伽罗色》，其中有从松山那里收到饱含心意的礼物时欣喜的故事，还有被石井恭二在出租车里挑衅时愤慨的故事。特别辩护人堌谷雄高以萨德审判为契机，成为这间酒吧的头号熟客，甚至出现了去 CANOE 看看，随时都可以遇到埴谷的传说，但事实上他似乎每周只去两次。

关于当时霓虹灯闪烁的新宿夜景，涩泽写道："那里有人自称无政府主义者、托洛茨基主义者，或是年少的犯罪者同盟。身份不明的人们闪烁着锐利的目光，如野狗般逡巡。"（《那时的埴谷先生》）

野坂昭如的实名自传小说《新宿海沟》（1979）的第一章中有这样的场面：进入 CANOE 的魁梧男子石堂淑朗来探听松山与种村季弘的消息，说若是这两个危险的人要来，就放他溜走。前文中也稍有提及，这三人自东大时代起便是豪饮的酒友，松山与种村曾想刺激石堂，看他是否会发狂，二人结成了"促进石堂淑朗发狂委员会"。

稍作偏题，下面将引用野坂昭如在小说中描绘的松山的身影。"庄助"（野坂）是《新宿海沟》的主人公。

松山俊太郎从东大印哲毕业，年纪轻轻已是梵语权威，靠为学会长老代笔论文维生，也有传说称浅草的几位脱衣舞女郎在经济上接济他，脱衣舞女郎养的小白脸也对松山肃然起敬。

他有一只手的手指缺了几根，有两种说法，或是因为玩弄枪支时走火，或是试图炸一只黑猫时失败了。东大时代，他是空手道部的主将，冬天也是一件浴衣，从衣襟袒露的肌肤白得晶莹剔透，胸膛健壮厚实，醉酒后常用青筋凸起的拳头砸烂器物，塑料的波形板本应抗击打，只是松山不厌其烦地捶打，庄助曾目睹过它粉碎仿佛纸屑。

对器物的暴力姑且不论，一旦他表现出施虐倾向，那就简直是地狱。他是不容置喙的美男子，用清冷的眼捕捉对方的视线，用响亮的男中音穷追不舍［……］

加藤的日记和松山的随笔中，都出现了涩泽高唱军歌的场面。涩泽醉后唱军歌一事远近闻名，有许多人感到惊讶。就好比美术评论家东野芳明，称看到他唱歌后"惊悚不已"。

很多读者都知道，高桥和子的长篇小说《诱惑者》(1976)中，出现了以涩泽为原型的学者松泽龙介，《恶魔学手帖》的作者松泽龙介，也在镰仓的自家二楼的八张榻榻米大的房间里，与友人们一喝起酒来就无休止地唱军歌。松泽在故事里"虽是如孩童般的纯真笑脸，却正因他如同孩童，才隐约可见孩童般的残酷薄情"，他歌唱以"此处去国几百里"为开头的《战友》时的场景，摘录于下。鸟居哲代是小说中的女大学生主角。

就像是这个家里酒宴的固定节目，让松泽龙介独唱后，进入第二段，诗人和画家也参与其中。三人的歌声汇合，一首接着一首歌唱。

"他参加过战争吗？"

鸟居哲代问夫人。因为她和男同学们喝酒时，还没有人唱过军歌。

"没有，因为他的胸一直有病。"

夫人答道。

夫人的声音细小，况且男人们的歌声嘹亮，鸟居哲代又问了一次。

"他会唱军歌？"

鸟居哲代感到无论如何也无法将松泽龙介和军歌联系起来。他没有参加战争，便更是如此。

"那个人，什么都唱的。"

夫人用圆溜溜的黑眼睛瞥了松泽龙介，自己也轻快地加入唱军歌的伙伴当中。

这部小说中松泽龙介的妻子，不单是"圆溜溜的黑眼睛"，此外的"娃娃头和纤细的躯体"、"小鸟一般轻盈，是少女般的女人"，明显令人联想到矢川澄子。加入酒宴中的军歌的"诗人"，从血气方刚来看大约是以加藤郁乎为原型，那么"画家"便是池田满寿夫或加纳光於。

据松山所言，从正面完全接受军歌的内容，在昭和时代是三年到六年这一短暂年代的人。其后也保持对军歌的肯定印象的人更是少数，至于涩泽成为这种稀有存在的理由，松山举出了五点。

就引用前两点吧。

第一，对涩泽氏而言，战争与军歌不过是观念上的事物，甚至通过在心理上与它们合为一体，能使得现实中肉体的无力感得以消解。

第二，将军歌中常见的军国主义理念，视作人类根源性冲动的必然产物，将其当作可以尽量无害地满足这种冲动的事物之一，来评价军歌的补偿性机能。

（《涩泽与军歌》）

虽说如此，涩泽的歌却不仅限于军歌。他也唱小学教科书上的歌、铁道歌曲、革命歌曲、俄罗斯民谣、香颂，只是不唱旧制高中寮歌①。即便歌词冗长，他也能从头至尾，凭借惊人的非凡记忆力记得一清二楚。"歌似乎并非作为时间，而是作为空间，完整而贴合地钻入他的脑内。"（《涩泽先生》）岩谷国士写道。

松山养成新年伊始去小町的涩泽家拜访的习惯，是在1957年（昭和三十二年）。起初，面对从除夕起，整整三天都夜以继日地与松山一起饮酒打牌的哥哥，妹妹幸子要求他至少在恭贺新年之际应当下楼。气炸了的涩泽将幸子踢下楼梯。不单是出于对客人太过失礼，也出于涩泽厌恶他人的命令和干涉，松山推测。

作为舞台导演和剧作家，比涩泽年轻五岁（1933年生）的堂本正树住在离涩泽家徒步三分钟的地方，在相识以前，他似乎曾将自己的著作投入涩泽家的邮筒，然后像是做了坏事那般一溜烟逃走了。这位堂本在1963年（昭和三十八

---

① 住校生演唱的歌曲。

年）以后频繁出入涩泽家，他写道，一次涩泽"喝得烂醉，把自己的妹妹踢下楼梯，我们这些没有喝醉的人胆战心惊。当时的夫人矢川澄子，只有表情还勉强维持冷静，说着'你，这样可不对'，拼命在客人面前挽回场面"（《〈血与蔷薇〉的时代》）。

松山写道，倘若堂本不是以从哪里听来的事为基础形成了幻视，那么涩泽的"兄妹间，一定存在着安全踢落与被踢落的特技"。松山式的这种诙谐引人发笑，但堂本的记忆却绝非幻视。矢川也证实了那时的事实。被踢落后留下疤痕的幸子，一段时日里没有和暴君哥哥讲话。

涩泽若是不满意，甚至会掀翻母亲整理好的矮脚桌，他有无法抑制的暴躁一面。

对于当时小町的家，矢川的回忆如下文：

狼藉时常持续至深夜，放声高歌妨碍了楼下的人们的安眠。是的，这座二层楼的上层与下层即是上界与下界，下方的时钟里的时间以理所当然的节拍一刻刻地流逝，母亲和妹妹操持着日常茶饭的事。并非来自天上，而是天花板上的电闪雷鸣过于激烈时，也会传来下界的怨恕之声。然而即便如此，上方的哥哥的侠气自然是舍弃了肉亲，只为友人们发挥，反而招致了在狂躁中火上浇油的结果。

（《我一人的"卵"》）

松山在如今，也将下面的逸事视作"痛心的往事"。

一个正月，矢川为涩泽和松山把慈姑切成薄片后过油煎。厨房在一楼，为了让二人品尝刚出炉的滚烫菜肴，矢川上上下下了无数次楼梯，其间自己一片也没吃上。矢川端来最后一盘，期待着自己的份应该被留下，便下楼去收拾厨房。"我们吃光这些，澄子她一定会哭吧。"涩泽对松山说。两个男人一点不剩地吃光慈姑，澄子知道后一脸欲哭……

这镰仓的蓬门荜户，似乎有着吸引人的不可思议的魔力，天才、豪杰、奇人、美男美女云集。夸张来讲，不妨说六十年代的地下文化的一部分就在这里形成。

（《藤纲与中也》）

2 | 昭和三十八年 /《世界恶女物语》/ 萨德审判控诉审判决

1963 年（昭和三十八年）1 月，《世界恶女物语》开始在《新妇人》上连载。12 月为止共连载十二回。

《新妇人》是池坊流花道推出的杂志，涉及卢克雷齐娅·博尔贾、巴托里·伊丽莎白、武则天等历史上的十三位女性的小传《世界恶女物语》，是这本杂志的编辑田村敦子的策划。法政大学人文学部毕业的田村出生于 1938 年（昭和十三年），比涩泽年轻十岁，当时还是二十多岁的女性。此后，田村敦子还在那稿酬丰厚的《新妇人》上刊登了涩泽的连载《爱欲的解剖学》和《来自幻想画廊》。

经过涩泽的推荐,《世界恶女物语》连载时由藤野一友担任插画。藤野是1959年(昭和三十四年)在三岛家一起玩狐狗狸游戏的成员之一,前文援引的加藤郁乎日记里也出现了他的名字。他同时也是以中川彩子的名字画SM画的画家。对于藤野的小说,涩泽也给予了很高的评价。

1月下旬,在寄给半年就结束了原定一年的法国留学的出口裕弘的信里,涩泽委托他寄来《十九世纪拉鲁斯百科事典》①及"默示"相关书籍。在信的末尾,涩泽表达了对远在欧陆的友人的艳羡。

意大利旅行,真好啊。请多拍些照片。比如罕见的恶魔照片、巴洛克风格装饰的照片……不过,意大利的修道院和主教座堂原本也没有什么恶魔吧。若是拜占庭,那应当是天使吧。若是镶嵌画或是湿壁画,还有最后的审判图,一定很有趣。……就这么随意地写了些任性的话,失礼了。还有不到两个月,我们就可以见面了。请腿脚勤快些……

3月1日,小町的家里终于架设了电话。

6月,《毒药手帖》的单行本由桃源社刊行。函盒和书籍的书顶、书根和书口三面统一刷上绿色,样式上像是《黑魔法手帖》的姊妹篇。

---

① *Grand dictionnaire universel du XIXe siècle*,法国语言学家拉鲁斯在他创办的拉鲁斯出版社于1866年至1876年刊行的全十五卷本的百科全书。

这一年7月，泷口修造为他向国际超现实主义展提出的"萨德事件的稿子"，向涩泽约稿，这一事实可以通过泷口寄给加纳光於的书信证实。然而，这份稿子涩泽实际上有没有执笔却不得而知。

矢川澄子翻译的布莱希特的《日历小品集》由现代思潮社于10月出版，涩泽担任装帧。除了自己的作品，这是涩泽作为"装帧家"被起用的唯一一册书。1960年（昭和三十五年），涩泽在加纳的版画教室制作了双头怪鸟的版画，《日历小品集》的函盒使用了那幅他制作的画。

土方巽的舞蹈《按摩——维系爱欲的剧场故事》于11月5日上演。丹下健三设计的草月会馆大堂铺设了约五十张榻榻米，从目黑的休养浴场拉来四个老婆婆弹三味线，她们对接下来发生的事浑然不知。公演中，老婆婆们惊恐地试图逃走，却被土方抓住袖子怒叱。

这场公演由池田满寿夫制作了豆本[①]诗画集来替代宣传册，涩泽与三岛由纪夫、埴谷雄高、加藤郁乎、三好丰一郎等人都写了文章。

那时土方的暗黑舞踏，包括新达达和 HIGH RED CENTER[②]在内，将众多前卫艺术家们卷入他的默斯肯大漩涡当中。

同月21日，7月开始的萨德审判的控诉审（仅材料）下达了判决书。驳回一审判决，有罪。涩泽罚金七万日元、

① 尺寸极小的印刷品。
② 由高松次郎、赤瀬川原平、中西夏之三人在1963年结成的前卫艺术团体。

石井恭二罚金二十万日元。被告随即准备上诉手续。

12月，涩泽与矢川出席了在马达的三岛家里举行的圣诞派对。

3 | 昭和三十九年 / 中井英夫与冢本邦雄① / 《梦的宇宙志》 / 矢川澄子的职责 / 种村季弘 / 《萨德侯爵的生涯》

东京承办奥运会，越南战争升级的1964年（昭和三十九年）——

1月2日，三岛由纪夫拜访了小町的涩泽家。他先去同样居住在镰仓的川端康成和林房雄家拜年，在回去的路上拜访涩泽。三岛的这一习惯到1966年（昭和四十一年）为止，共持续了三年，这一年他只在玄关逗留，没有进家里便离开了。

从这个月起，涩泽开始在前一年刊载《世界恶女物语》的《新妇人》上连载《爱欲的解剖学》。连载共计十二回，一直持续到12月。单行本出版时，更名为《爱欲的解剖》。

2月，母亲节子在镰仓的山之内找到满意的土地，4月签下租赁契约。

---

① 冢本邦雄（1920—2005），日本歌人、诗人、评论家、小说家，与寺山修司、冈井隆并称为"前卫短歌三雄"。

从战败次年便开始居住的小町的出租房已破败不堪，房东下达了搬迁通知，加之审判后经济稍微宽裕，将来总归会有自己的房子，于是从去年起便开始物色土地。土地虽决定下来，却没有即刻修建住宅，这一年接下河童丛书[①]的执笔工作，多半也是为了这件事。

(《矢川年谱》)

建成涩泽余生居所的这个地方，是位于镰仓五山之一的圆觉寺后山半山腰处的一块六十坪[②]大小的土地，从横须贺线的北镰仓站徒步仅需五分钟，闻名遐迩的紫阳花寺院——明月院就在它附近。

3月28日，涩泽在浪人时期打过工的《摩登日本》编辑部举行了同窗会，他与吉行淳之介一同出席。这次聚会的情况，可以在前文中引用的加藤郁乎的日记中读到。

4月，《世界恶女物语》由桃源社出版。装帧与插画由真锅博[③]负责。

中井英夫（塔晶夫）的《献给虚无的供物》的出版纪念会于5月8日在银座的米津风月堂举行。涩泽与中井英夫相识可以追溯到1958年（昭和三十三年），将当时担任《短歌》主编的中井介绍给涩泽的，是当时在角川书店编辑部供职的永井淳。

---

① 光文社在1954年至2005年出版的新书系列。新书专指各领域的入门书。
② 1坪约为3.3058平方米。
③ 真锅博（1932—2000），日本插画师、动画人、随笔家。日本科幻作家协会会员。

集会的发起人之一三岛也出席了这次出版纪念会，涩泽在这里还遇到了当时作为前卫歌人备受瞩目的冢本邦雄。当时涩泽、冢本、三岛三人谈笑的照片也保留了下来。

依照小说家冢本青史的《我的父亲冢本邦雄》中所述，冢本邦雄第一次遇到涩泽是在这

1964 年 5 月 8 日，中井英夫《献给虚无的供物》出版纪念会。从左起依次为冢本邦雄、三岛由纪夫、涩泽

次集会上。然而，冢本邦雄也出席了1962年（昭和三十七年）加藤郁乎的《灵的外质》的出版纪念会，可能在那时已经与涩泽见过面。涩泽于1959年（昭和三十四年）在《短歌》上发表评论《异端者的美学》，与春日井建、寺山修司一起评论冢本的和歌（与中井初次相遇正是因为这份约稿）。此外，处女评论集《萨德复活》也送过冢本。冢本从第三歌集《日本人灵歌》（1958）起，也将著作赠给涩泽。

6月，《梦的宇宙志——Cosmographie Fantastique》由美术出版社刊行。

这本书作为"美术丛书"的一册出版，原为在现代思潮社由石井恭二编辑的杂志《白夜评论》上连载的《情色断章》，以及在《现代诗》上连载的《关于玩具》。这部书对

这两部分进行了彻底的修改和增补，又附上一百三十余张插图。对涩泽而言，全面修改旧稿编集成书，这种情况可谓罕见。

担任编辑的云野良平，于1935年（昭和十年）出生在东京。他毕业于早稻田大学国文科，比涩泽年轻七岁，当时还是二十岁左右的青年。云野于1962年（昭和三十七年）年末通过书面向涩泽约稿，作为刚刚创办的美术丛书中的一册，希望涩泽以《魔宴之庭》或《默示美术》为题写长篇文章。他很快便收到如下的明信片：

惠信既诵，详细已悉。来年请尽早屈驾至寒舍是幸。
镰仓市小町四一〇 涩泽龙彦

1963年（昭和三十八年）年初，云野雀跃地造访了小町的家，涩泽把布勒东的《魔法艺术》、巴塔耶的《爱神之泪》、佛兰德派的大开本画册逐本拿给云野看，结果成了"就见机行事吧"。于是到了第二年，云野接到涩泽的来电，提出说不妨先把《白夜评论》上的连载汇成一册。

就这样，完成的是与以往克制暗黑印象的著作相比，"宛然向天使的阶梯登了一级，不妨说那是明亮而透明的异世界景致"（荒俣宏[①]）的《梦的宇宙志》。书的勒口上是三岛命名的《美少年出浴图》，涩泽这张色情浮世绘一般的照片

---

① 荒俣宏（1947— ），日本博物学研究家、图像学研究家、小说家、收藏家、神秘学研究家、妖怪评论家、翻译家、艺人。

由矢川澄子拍摄。

云野良平在此后还为涩泽出版了两本美术论集《来自幻想画廊》和《向着幻想的彼方》，对涩泽的工作而言，云野可谓是一位发挥了不容忽视作用的重要编辑。

附有向稻垣足穗献词的《梦的宇宙志》，作为20世纪60年代涩泽的代表著作名噪一时。前文中的荒俣宏、高山宏和谷川渥等战后不久出生的后萨德审判的那一代的读者，大多是通过这本书开始接触涩泽的。涩泽自己也在文库本版（1984）的后记里写道："60年代刊行的十余部著作中，我最喜爱的就是《梦的宇宙志》。通过这部作品，我找到了自己的随笔风格。"

这本书刚出版时风评颇佳，埴谷雄高、森本和夫、栗田勇、东野芳明都写了充满善意的书评。《东京新闻》的著名栏目《大波小波》更是对该书献上无上的称赞（6月27日）。

这篇匿名文章称，原以为异乎常人且是真正的文学家的只有足穗，却发现了涩泽龙彦这位继承者，它的内容几乎未曾被人提及，行文昂扬，我在这里引用后半部分。

曾是萨德审判被告的涩泽，在此前接连出版了《黑魔法手帖》和《毒药手帖》，在此之上又添上一册奇特且有趣的书。《梦的宇宙志》由《关于玩具》《关于天使》《关于雌雄同体》《关于世界末日》四章构成，每一部分都呈现了迄今为止人类怀有的想象力那不可思议的壮阔景致，读毕，心里仿佛鼓胀了数倍。

其中，尤其是《关于雌雄同体》，从多个角度探讨了迄今为止未被提及的雌雄同体者，非常有趣。涉猎文献丰富这一点虽与上述两部著作相同，但涩泽的特点是不仅罗列文献，且能鲜明地阐释自己的见解。

这样的书得以问世，魔道的继承者便不会断绝。

题为《足穗的继承人涩泽龙彦》的这篇匿名评论，打趣地署名为"佩拉当"。那是《梦的宇宙志》中也写到的，法国 19 世纪末的小说家及魔法师约瑟芬·佩拉当[1]。

从结婚那时起，妻子矢川澄子似乎就对涩泽的工作有极大的贡献。了解那时两人工作状况的编辑田村敦子称，矢川"确实是超乎左膀右臂的存在"(《"在女性杂志上登场"的时候》)。

矢川曾回忆当时二人的状况。文中出现的"少年"是涩泽，"少女"是妻子矢川，自然不必多言。

将引用与灵感捻成一股，重新构建出自己喜爱的文脉，点缀些自己喜欢的词语，赋予他独特的色彩，那是一门手艺，漂亮的技艺。那是他一个人的舞台，不许他人从旁干涉，然而在纸稿的最后一个句点落下后，那与其说是属于他的，不如说已经是属于这个房间的事物，也成了身旁少

---

[1]　约瑟芬·佩拉当（Joséphin Péladan，1858—1918），法国作家、神秘主义者，1888 年在巴黎组建蔷薇十字会。

女的所有物。

写好了哦。无论多么疲倦或昏昏欲睡，少女在听到那一句时都会一跃而起。少年径直倒在床榻上，或是要睡前饮酒。交替坐到桌前的，这回是少女。在翌日清晨编辑造访以前，少女必须要誊写一遍。

通常可以作为第一个读者阅读完成的草稿的欣喜，以及被这个人如此信赖的责任感交替支撑着少女。并非仅是誊写。协作体制早已开始。从设法筹措需要入手的文献开始，协助调查资料，有时译出草稿，临近上梓时反复校对，为装帧冥思苦想，便是这般，几乎所有工程少女都如愿以偿地参与其中。

（《少年、少女，与几本书的故事》）

当时涩泽的原稿几乎全部由矢川誊写，我自己也有从矢川那里第一次拿到稿子时，为她的笔迹酷似涩泽而感到惊讶的记忆。不仅是字迹，就连文字的订正方法也如出一辙。和她说完后，她开心地笑了："长年做涩泽的誊写员，才会这样。"

矢川承担的不仅是秘书一类的工作。涩泽的《世界恶女物语》中的《克娄巴特拉》，以及同样在1963年（昭和三十八年）为《近代美术的先驱者》执笔的评传《巴勃罗·毕加索》，如今都发现是由矢川代笔。（当时，野中友理义愤填膺："岂有此理，涩泽龙彦竟把夫人写的东西用自己的名字发表！"）

对矢川而言，《梦的宇宙志》是夫妇二人"至高无上的成就"，若在协助涩泽的著作中挑选一部，那么"极端来讲仅此一部"，矢川说道。

在《梦的宇宙志》刊行以前，矢川翻译了《作为迷宫的世界》。为矫饰主义美术复兴创造契机的古斯塔夫·勒内·霍克[①]的这部名著，原本是由渡欧归来的大冈升平介绍给涩泽的，而书寄来后却发现是部德文书，于是涩泽建议矢川翻译该书。日文译版决定由云野供职的美术出版社刊行，最初是矢川一人翻译，但毕竟是大部头，也在寻找合译者。

作为合译者出现在二人面前的是种村季弘。

种村季弘于1933年（昭和八年）出生在东京。比涩泽小五岁。从东大德文毕业的种村做过杂志编辑等工作，1964年（昭和三十九年）开始担任驹泽大学的专任讲师。种村在担任光文社《女性自身》编辑的1958年（昭和三十三年）年末，曾因取材一度访问涩泽家。如同前文记载，种村从松山俊太郎的大学时代起就是其亲近的友人，霍克的合译一事也是通过松山的推荐："那部书我和种村君以及宫川淳一起读过，就和他一起做吧。"

在幻想文学及幻想美术、炼金术、恶魔学、人偶等与涩泽共通的领域留下大量著作，20世纪70年代作为"法文的涩泽，德文的种村"，被视作"异端文学家"的两大支柱之一的种村季弘，在当时还是一本著、译都没有的三十一

---

① 古斯塔夫·勒内·霍克（Gustav René Hocke，1908—1985），德国记者、艺术史学家。

岁青年。在涩泽死后，种村担任《全集》编纂委员，将自己留下的多篇论涩泽整理成《午后五时在涩泽先生家喝茶》一书。

6月，去山形月山、羽黑山旅行。这是涩泽第一次踏入东北地区。

现代思潮社的松田政男打来电话，说涩泽家来了一位离家出走的少女，可否为她谋个岗位，这件事可以在加藤郁乎7月的日记里得到确认。

8月，与矢川一同受邀前往加藤在轻井泽的山中别墅。

9月，作为《萨德侯爵选集》的别卷，《萨德侯爵的生涯》由桃源社刊行。选集全六册就此完结。

《萨德侯爵的生涯》这未发表过的七百页稿纸，对涩泽而言是篇幅最长的著作，执笔过程坎坷，桃源社的矢贵升司又一次让涩泽在御茶水的骏台庄闭关。几天后，矢贵去窥探书稿的完成情况，涩泽召集来许多好友，饮酒高歌好不热闹。

作为日本第一部正式的萨德传，包括矶田光一和远藤周作的书评在内，有多篇书评可供参考，当中的每一篇都可以概括为埴谷雄高的那句赞辞——"此后很长一段时日里，我们最好的萨德传。"

受涩泽这部条理清楚的评传启发，多年后，三岛由纪夫写出了戏剧《萨德侯爵夫人》，稻垣足穗完成了《香荚兰与马尼拉》。

11月，在产经大堂观看美国舞蹈家默斯·坎宁安[1]的舞蹈团的访日公演。这一年除了坎宁安，还有约翰·凯奇及罗伯特·劳申伯格[2]等美国最顶尖的前卫艺术家纷纷来到日本进行偶发艺术表演[3]。评论家和年轻的艺术家们异口同声地赞扬这次表演，涩泽却保持沉默。"我曾扬言'土方的舞蹈要有趣得多。默斯·坎宁安之流应当向他学习'，引得人蹙蹙。"（《肉体中的危机》）涩泽回忆道。

12月22日，涩泽与矢川去三岛府邸参加圣诞聚会。同席的包括石原慎太郎、森茉莉和奥野健男等。

4 | 昭和四十年 / 三岛的贺年卡 / 《快乐主义的哲学》/ 高桥睦郎 / 金子国义 / 《萨德侯爵夫人》

《妖怪Q太郎》和《森林大帝》开始在电视上热播的1965年（昭和四十年）——

1月2日，三岛由纪夫原定在元旦造访，涩泽在家静候。过了中午，池田满寿夫、富冈多惠子、加纳光于夫妻等蜂拥而至，大摆酒宴。傍晚，未喝醉的三岛造访。关于那时

---

[1]　默斯·坎宁安（Merce Cunningham，1919—2009），美国现代舞蹈家、编舞家，他开发了许多新形式的抽象舞蹈动作。
[2]　罗伯特·劳申伯格（Robert Rauschenberg，1925—2008），美国美术家，对20世纪后半期的先锋派艺术有深远影响。
[3]　20世纪50年代末至60年代以美国为中心展开的，追求呈现偶然事件效果的音乐家和美术家的前卫艺术运动。

的情形，矢川留下了详细的文章。

从白天起，交情好的同辈友人们就陆陆续续结伴而来，酒劲上来，傍晚时分岂止是气氛祥和，他们不停歇地放声高歌，摇撼了陋室。酩酊烂醉的或许是一家之主，这意料之外的结果多少加快了大家喝醉的进程，形成对照的是一个人清醒且四处留神的这家主妇，从立场上来讲理所当然，若非如此，那个人来访的声音恐怕也很难听到。

"今年如您所见，是这副样子。"

我走出房门道歉时，那个人的表情里就混杂着一丝笨拙。我引他走进室内，男男女女十几双醉眼一齐仰望着他。

面对池田、富冈等，与其说是对三岛漠不关心，不如说是面对怀有反抗心的人们，三岛未能融入其中，只得落荒而逃。关于那时狼狈不堪的三岛的身影，矢川这样写道：

几个小时过后。他自己也终于开始用筷子敲击有豁口的茶碗，最后让一贯的高亢笑声响彻四座再离座，那期间那个人狼狈的努力，我不忍逐一详细记录。[……]从紫烟与军歌、猥歌卷起漩涡的八榻榻米大的房间一隅，那期间不停地像申诉般望着我的，那个人的眼神。从幼儿般孤独无依、苦痛与恐怖交织的眼神里，少女在那一夜，感到自己读到了比一位作家一生写下的几千页纸更多的事。

（《某个"一期一会"》）

与此同时，对同一场面的涩泽的回忆则是另一种论调：

某个正月，我正在镰仓的家里喝酒，杯盘狼藉中，三岛由纪夫刚好一跃而入。池田满寿夫和三岛之间，只能说这实在是稀罕的组合，事态究竟会如何发展，令主人我感到担心，好在二人在祥和的气氛里度过了一晚，实在值得庆贺。

（《艺术家与工匠》）

涩泽无忧无虑的口吻与矢川的叙述，似乎有云泥之别。然而，涩泽在三岛来的时候已经烂醉，翌日则是这样一副状况："欸，三岛来了以后，是什么时候回去的？"

三岛在1月12日，寄明信片给涩泽，内容如下：

正月的一夜，实在是愉快的瓦尔普吉斯之夜，瞻仰了与去年正月迥然不同的尊兄的另一面，我感到无比的快乐。也请代我向尊夫人问候。今后，愿仍有明明灭灭的鬼火飞舞的一夜。匆匆。

1965年（昭和四十年）的1月起，《秘密结社手帖》在早川书房的杂志《EQMM》上开始连载。怂恿涩泽接下这次到11月为止的连载的，是当时在早川书房编辑部的常盘新平。

美术评论《来自幻想画廊》在《新妇人》上连载，也是从这一年1月开始的。这次是十二回连载，直到12月。

同月15日，涩泽家举行了花牌大会。出口裕弘、加藤郁乎、秋山清、田村敦子，以及当时在现代思潮社工作的松田政男和其夫人前来，后来成为评论家的平冈正明也参与其中。这一天酒宴上，平冈正明头撞上窗玻璃受伤，放弃了第二天本该去参加的百货商店的就职面试。

关于矶田光一的第一本批评集《殉教的美学》的书评，发表于1月的《图书新闻》。涩泽将矶田贬低为"卫生思想发达的批评家"、"彬彬有礼、优等生评论家"，还写到如果对这一书评有异议，请以私信的形式回复。

考虑到此后涩泽与矶田的交流，事实上二人说不定这时候已有书信上的往来。

涩泽还在这篇书评中写道："像我这种生来的浪客，完全没有被硬塞进战中派①一代的必要。"

2月，在石井恭二的款待下，涩泽与矢川二人和谷川雁一同去箱根和伊豆游玩，接着造访了京都。

3月，《快乐主义的哲学》作为河童丛书的一册由光文社刊行。

河童丛书是当时出版了多部畅销书的新书系列。附有"探求现代人的生活意义"这个涩泽厌恶的、自我启发类读物风格的副标题的这本书，来自光文社的委托。作为"小众""异端"的代表闻名于世的涩泽接到河童丛书的单行本约稿后，他本人也感到意外，他向当时是光文社编辑的种村季弘询问道："听说那里会把稿子拆得零零散散，改写得

①　指出生在大正末期至昭和初期，在两次世界大战间度过青少年时期的人。

惨不忍睹，真的吗？"

刊行时，"涩泽龙彦这个人，写了一本多么庸俗的书！"愤怒的野中友理出语挑衅涩泽。涩泽答道："我没有当学校的老师，所以这种工作也不得不做。"

按照矢川所言，多半是为了修建新居，接下来的《快乐主义的哲学》，初版印量三万部，最终卖了八万部以上。定价为二百四十日元。我手边的这一本，末页记录着昭和四十年三月五日发行的"第8版"（初版为同年三月一日发行）。这部书在涩泽生前一次也没有再版。

《快乐主义的哲学》的封底，印有三岛由纪夫的推荐文。

在萨德审判后威名远扬的涩泽氏，或许会被猜想那是怎样的一种怪物，但从相貌上看，却是温和娇小的白皙青年，美少年的容貌尚存，透着楚楚风情。然而，不要被外表所蒙蔽。他胆识过人，岂止是叼着烟斗悠悠地迟到裁判所，甚至一度无故缺席，令那一日的审判被迫取消。酒量无底，一醉酒便卷起汉服裙裾起舞，从宴席小曲到 It's a Long Way，从昭和维新歌到革命歌曲，日语、英语、法语、德语，他拥有无论是什么歌词听过就能背下来的可怕的头脑。在被奇书珍本淹没的书斋里探讨杀人、谈论颓废美术，其博闻强识令人难以捉摸，也因重情义和宠爱妻子而闻名。这个人若不在了，日本该是何等寂寞的国度啊。

作为推荐文可谓是无可挑剔的文章。然而，若翻阅三岛全集，便会为这类昂扬的推荐文的数量之多，多少感到吃惊。

据种村所言，《快乐主义的哲学》的责任编辑、光文社的古岛一男是一位有具备某种破坏型心理的人物，涩泽欣赏他的无政府主义，书出版后他也出入涩泽家，而在"一夜化身为神圣的醉汉后，二人便断绝了往来"（《全集6》解说）。种村只写到此为止，详细经过暧昧不明，但我觉得是一桩有趣的逸事，且在这里记录。

这年3月，诗人高桥睦郎初次造访小町的涩泽宅。

高桥睦郎于1937年（昭和十二年）出生于福冈县。因1964年（昭和三十九年）出版以男色为主题的诗集《蔷薇树虚假的恋人们》而备受瞩目。读了这位高桥睦郎的《包含第九脱落的十个诗篇》后，高桥的友人三岛由纪夫叫他去拜访涩泽，请涩泽给他看蒙苏·德西德里奥①的画集。三岛当场打电话给涩泽。高桥就是在这样的原委下来到涩泽宅邸，但事实上，前一年11月默斯·坎宁安来日公演时，高桥已在会场的大堂上经歌人深作光贞②介绍结识了涩泽。

那时的印象，高桥睦郎这样写道：

　　大堂内，涩泽先生的肤色近乎苍白，娇小的身体上挂

---

① 蒙苏·德西德里奥（Monsù Desiderio, 1593—1644），即弗朗索瓦·德诺梅（François de Nomé），17世纪早期以特殊风格绘制那不勒斯建筑场景的法国艺术家。
② 深作光贞（1925—1991），日本文化人类学家、评论家、歌人。

着条纹西装三件套，叼着石楠木烟斗，像是少年在装模作样模仿大人，这便是那位令人生畏的萨德侯爵的坚定介绍者，我无法想象。

（《交友的方法》）

涩泽为来年出版的高桥第三诗集《污秽者需行更污秽之事》撰写跋文，内容如下："在我看来，高桥氏纵身跳入罹患观念过剩型贫血症的日本现代诗坛，像是一匹优雅的野兽、傲慢的野兽。"

到了秋天，涩泽和矢川在赤坂的草月会馆偶遇高桥睦郎，有些强硬地拉着他前往一位居住在四谷的画家的公寓。虽说是画家，据称也只是因为没有装饰自己房间的东西，所以才在画画。墙壁、椅子和家具都被统一成黑色的房间里，装饰着大量干花，也有几只停摆的时钟。

那是金子国义。1936年（昭和十一年）出生在埼玉县的金子，当时是未满三十岁的青年。

涩泽望着挂满墙壁的金子的绘画，"这是原始派。不，是巴尔蒂斯[①]"，连外套也没有脱就开始讲话。结果在房间里逗留了四个小时，金子用现有的食材做了夜宵端出来，涩泽说了一句"好吃"，夸奖了他的厨艺。金子麻利地做了拉面，滴了几滴芝麻油，涩泽欣喜。

① 巴尔蒂斯（Balthus，1908—2001），本名巴尔塔扎·科索夫斯基·德·罗拉（Balthasar Klossowski de Rola），波兰裔法国现代艺术家。以绘制青春少女的性感形象，作品拥有优雅、梦幻般的形象品质而闻名。

在归途的电车里，涩泽与矢川决定起用刚刚见面的金子，为即将出版的《O 的故事》绘制插画。第二年，涩泽委托金子画一幅等身大的画。这便是一直装饰在北镰仓涩泽邸客厅的那幅"甜美得近乎痴呆"的大作《如鲜花般盛开的少女们》。

7月，《爱欲的解剖》由桃源社刊行。

同月14日，涩泽与矢川出席了三岛府邸扩建开放的派对。森茉莉、高桥睦郎、堂本正树以及横尾忠则同席。在面向扩建后的三楼阳台的圆形房间里，《美丽之星》[①]的作者手指向丹泽的群山："你看，涩泽君，飞碟出现在了那座山的山顶。"

8月，在土方巽的石棉馆一角的 GIBBON 酒吧举行了聚会。从浅草叫来了表演转碟子和剪纸的艺人，丸山（美轮）明宏演唱了《YOITOMAKE 之歌》[②]，涩泽在这里也遇到了三岛。

某日，三岛面向石原慎太郎，指着土方巽说道："那个人很可怕啊。说不定，他杀过人。"

GIBBON 的铜版会员卡由野中友理制作，但由于土方和工作人员都喝醉了，所以很快就派不上用场了。

---

① 三岛由纪夫1962年出版的长篇科幻小说。
② 《YOITOMAKE 之歌》是美轮明宏在1965年发布的单曲，也被译为《苦力之歌》。美轮明宏（1935—），本名丸山明宏，日本歌手、演员，与三岛由纪夫、大江健三郎等文化界人士交好。

1965年8月18日，于加藤郁乎《终末颂》出版纪念会。穿女装的涩泽、
土方巽

加藤郁乎的《眺望论》与《终末领》的出版纪念会在8
月18日举行，涩泽担任给加藤献祝福花束的角色，因此女
装出席。从白石嘉寿子那里借来宽松礼裙的涩泽穿上丝袜，
戴上假发，涂上厚重的睫毛膏和口红。据本人称："我摇身
一变，成为就连我自己也感到吃惊的、像奥黛丽·赫本的凄
艳美人。"（《关于衣裳交换》）

从8月29日到9月1日，与前一年一样，涩泽和矢川一
同去位于轻井泽的加藤家的山中别墅。野中友理、加藤光
于夫妻一同到来，本应无法前来的土方在31日突然现身。

大家在早餐时围坐吃纳豆饭，一个人先吃完的土方突
然用东北方言怒骂。包括涩泽在内，大家都不明所以地放
下筷子陷入呆滞。后来询问他生气的理由，土方答道："要

是慢慢吃纳豆饭，嘴里的舞蹈不就腐烂了吗？"

9月上旬，去参加三岛自编自演的电影《忧国》的内部试映会。位于京桥的大映本社的试映会场里坐着高桥睦郎、横尾忠则、堂本正树和云野良平等人。到了电影里的切腹场面，血浆飞溅、肠子溢出的时候，涩泽几乎犯了贫血。放映结束后在茶席上听闻此事的三岛，不停取笑涩泽。

在试映会席间，三岛将他为矢川和种村合译的《作为迷宫的世界》写的推荐文交给了云野。1966年9月，美术出版社出版了三岛翻译的邓南遮①的灵验剧《圣塞巴斯蒂安的殉教》，为出版牵线的是涩泽。

从9月26日号起，《朝日艺能》开始连载专栏风格的书评文章《快乐图书馆》。连载至翌年3月6日号。

10月，桃源社的《新萨德选集》开始刊行。比旧版增加了两卷，全八卷。翌年11月完结。

11月14日，三岛以涩泽的《萨德侯爵的生涯》为素材写下的戏剧《萨德侯爵夫人》，开始由剧团NLT②公演。在第一天公演结束后的休息室里，涩泽经三岛介绍，与东京艺大教授、作曲家矢代秋雄相识。涩泽与同样居住在横须贺沿线的逗子的矢代，此后保持了密切的交游。

成为三岛代表作之一的这部戏剧的公演宣传册上，涩泽写了一篇文章（《萨德与三岛文学》），还为次月出版的

---

① 加布里埃莱·邓南遮（Gabriele d'Annunzio，1863—1938），意大利诗人、剧作家。
② 三岛由纪夫于1964年1月10日创建的剧团。1968年，三岛等人退团后，剧团开始以喜剧为中心展开活动，直至今日。

《萨德侯爵夫人》单行本执笔了序文（《萨德侯爵的真实面孔》）。正如后来涩泽自己所写的，涩泽与三岛见面最频繁的年月就是1965年（昭和四十年）。

如果说昭和三十一年，最初的萨德选集（彰考书院版）出版时获得的序文成为机缘，是我与三岛氏结交的开端，那么四十年的《萨德侯爵夫人》（这次相反，由我作序）的完成，说不定是这场交友最后的成就，如今我这样想。距离他的死还有五年，这期间，我们的友谊没有断绝，但在那时，三岛氏已将我留在原地，向着遥远的世界疾驰。

（《〈萨德侯爵夫人〉的追忆》）

11月27日，暗黑舞踏派的公演《蔷薇色舞蹈——A LA MAISON DE M. CIVEÇAWA（去涩泽先生家那边）》如期举行。地点是信浓町站附近的葬礼会场千日谷会堂。

土方巽似乎认真地考虑过在舞蹈的舞台上起用涩泽。《蔷薇色舞蹈》的内容与涩泽著作并无直接关系，而副标题却包含了土方对涩泽的极大致敬。美术由中西夏之、加纳光於、赤濑川原平负责，横尾忠则制作的公演海报中使用了一张小巧的涩泽照片。

涩泽曾是石棉馆无须付钱的看客，他后来回顾这一时期，说在自己20世纪60年代的微明的透视图里，屹立着土方"漆黑的影子"，接着还写道："或许我的60年代，绕过土方巽便无法谈论了。"（《关于土方巽》）

年末，接受了公库融资①，北镰仓的新居终于开始施工。

戴着帽檐宽大的帽子、优雅地套上白手套的矢川澄子，与涩泽在由比滨的海边玩"来来"花牌，那张出自细江英公之手的著名照片，也拍摄于这一年。

5 | 昭和四十一年 / 皿屋敷②事件与暴风雨的一夜 / 《异端的肖像》/ 唐十郎 / 世界异端文学 / 古典文库 / 北镰仓的新居 / 高桥和子

披头士乐队与萨特访日的 1966 年（昭和四十一年）——

这一年正月二日，是广为流传的"皿屋敷事件"和"暴风雨的一夜"的日子。

在镰仓小町的家的二楼，当时除涩泽外，三岛由纪夫、松山俊太郎、高桥睦郎、金子国义、横尾忠则与堂本正树也在场。三岛的脑海里都是前一年 9 月开始连载的《丰饶之海》，不停就唯识的阿赖耶识向专家松山俊太郎提问。

涩泽记下那时的情景。

［……］那一晚三岛沉浸在唯识学说里，一张口便是阿

---

① 即得到了日本政策金融公库的资金。
② 屋敷，即院子。"皿屋敷"是日本著名鬼怪故事，一个叫阿菊的女佣因打破了主人家的碟子，坠井而亡，自此井底夜夜传来数碟子的声音。

赖耶识、阿赖耶识。明明在就阿赖耶识进行说明，却缓缓拿起桌上的两只小碟，将一只放平，另一只垂直立于其上。"总而言之所谓阿赖耶识，就是时间轴与空间轴像这样呈十字形交叉时产生的原点吧。"他说道。

（《关于三岛由纪夫的断章》）

三岛由纪夫瞪圆双眼，两只手捧着碟子忘我地说明，神态实在滑稽，涩泽忍不住打趣道："三岛先生，这不是阿赖耶识（アラヤシキ），是皿屋敷（サラヤシキ）吧。"同席的人都捧腹大笑。"够了够了。我不说了。被这般嘲弄我只能回去了。"三岛说完，就匆匆忙忙地离开了。

暴风雨席卷是发生在这以后的事了。

听说三岛将溃灭思想唯识学说用作小说的骨架，"不吉的预感骤然上涌"的松山，醉酒后变得狂暴。

再读读同席的高桥睦郎的文章吧。

首先，客人中的一人被压迫得发出尖叫后离开，接着矛头指向横尾、金子和我。松山先生喜爱金子的画，尤其是涩泽夫人收藏的那幅手持捕虫网的少女像，所以金子姑且在暴风雨圈外。暴风雨不停地呼啸，吹向横尾和我，横尾的海报和我的"诗"都被攻击得体无完肤。而涩泽只是笑着让烟斗升腾起烟雾。

高桥接着写道：

> 这一夜的暴风神的可见形态是松山先生，但真正的主角难道不是涩泽先生么？涩泽先生始终微笑地看着，时而揶揄一句，就像这样，涩泽先生的存在成为一个场，我想这个场是松山暴风雨狂风肆虐的第一原因。
>
> （《涩泽龙彦家暴风雨的一夜》）

那一夜成为"决定了我今后的某种事物的一夜"，高桥坦言。

高桥睦郎写道，他曾被涩泽严厉地呵斥过一次。讲完他人的流言后，高桥说："A 先生与 B 先生的关系似乎很差呢。"听后涩泽抬高声音愤怒地说："那种事最蠢了！"苦于不知如何回答的高桥羞得请矢川铺好被褥，钻进去睡了。

涩泽从不牢骚满腹，对他人的评价就如同"那个人很好！""那个人是笨蛋！"那般，他是迅速得出结论的性格。

从 1 月起，开始在《文艺》上连载《异端的肖像》。隔月连载，共六回。由路德维希二世、葛吉夫、罗贝尔·德·孟德斯鸠[①]、威廉·贝克福德、吉尔·德·雷、圣茹斯特六人的评传构成的这个系列，在次年单行本出版时，增补了曾经录入《神圣受胎》的赫利奥加巴卢斯传一篇。

[①] 罗贝尔·德·孟德斯鸠（Robert de Montesquiou，1855—1921）法国象征主义诗人、画家、艺术收藏家、艺术翻译家。

涩泽在单行本的后记中写道："我自许久前便想写关于从古代到近代欧洲的形形色色的绝对探求者的评传，将他们集结成册。"而三岛由纪夫寄给涩泽的1959年（昭和三十四年）6月8日的书信中，可以读到如下的句子：

　　异端列传的企划，最令我感兴趣。我需要迅速向《声》的同人们传达这一意旨。只有帕拉塞尔苏斯①小生没有听说过，至于萨佛纳罗拉②和切萨雷·博尔贾③，我通过戈比诺伯爵与他们亲近。

　　就连三岛也不知道帕拉塞尔苏斯，不免令人感到时代的影响，对此暂且不谈，从这封信来看，这时涩泽已经在筹备路德维希二世传。即涩泽至少在七年前，就已经在内心里埋下《异端的肖像》的构想。刊登在《声》上的文章最终只有赫利奥加巴卢斯传一篇，这一年在《文艺》上的连载，可谓实现了他的夙愿。

　　"厌恶正统，厌恶文学史的正道，顽固地选择小径、后门，这种黑暗与微明的一贯性，绝非寻常。"上述出口裕弘的书评，刊登于《日本读书新闻》。

　　"异端"一语似乎成为涩泽延续至20世纪70年代的代

① 帕拉塞尔苏斯（Paracelsus，1493—1541），瑞士医生、炼金术士、神秘思想家。
② 萨佛纳罗拉（Girolamo Savonarola，1452—1498），意大利多明我会修士，在佛罗伦萨主张神权政治，被誉为宗教改革的先驱者。
③ 切萨雷·博尔贾（Cesare Borgia，1475—1507），意大利文艺复兴时期的军官、贵族、枢机主教。他参与的权力斗争为马基雅维利的《君主论》提供了素材。

名词，大概有许多人倾向于将《异端的肖像》视作涩泽仅次于《梦的宇宙志》的20世纪60年代的代表作。与70年代以后相比，这一时期涩泽的文体接近某种"型的美学"，这本书不妨说形成了这一文体的高峰。

论及这本书时，种村季弘指摘道："然而，如今重读时，我感到成为这些肖像的模特的与其说是异端者，不如说是在生物学上的neoteny（幼态延续）状态下生活，然后死去的人物。"种村接着写道："将这些无论到何时都如同孩童、不得不通过延长幼儿期滞留才能活下去的、例外的人物的荣光与悲惨的戏剧进行肖像化的珍品收藏室。甚至可以说，他们在某些地方与作者自身的自画像重合。"（《全集7》解说）

《异端的肖像》中的七人中有五人都是明显有同性恋倾向的男人，这一点意外地从未被指出。

3月，《秘密结社手帖》作为"早川丛书"的一册，由早川书房出版。

这年春天，唐十郎成为小町的家最后一个时期的客人。

唐十郎于1940年（昭和十五年）出生在东京。与天井栈敷的寺山修司、早稻田小剧场的铃木忠志被人并称为"地下御三家"。后来成为芥川奖作家的唐在这一时期寄宿在土方巽家，在都市角落的酒馆里一边进行金粉演出[①]，一边钻研剧本。

① 全身涂满金粉的舞蹈表演。

唐将完成的剧本给土方过目后，土方建议唐去见涩泽。不久后土方打来电话："现在涩泽在我这里，请快来。"那时是午夜 0 点。唐从他与李礼仙（李丽仙）[①]一同居住的西荻洼公寓搭上出租车一路飞驰，安静地出现在涩泽、矢川与土方喝酒的地方。涩泽记下了那时的情景。

　　初识已不知是多少年前，他居住在目黑的传说中的暗黑舞踏教祖、我的好友土方巽的练习室二层——不，与其说是二层，不如说就像歌剧剧场的包厢，从中楼突出，是奇妙地悬在半空的空间。不知吹的什么风，唐十郎站在那里，登场时穿着端庄的礼服，形状俊俏、鹅蛋似的脸散发出耀眼的光芒。像是恶魔化身的美少年绅士。"这不是个普通人类吧"，我在心里暗忖。

（《唐十郎〈导盲犬〉解说》）

　　这一年 6 月，涩泽去新宿的日立大堂观看了剧团状况剧场的剧目《阿里巴巴》。涩泽和矢川打开带来的盒饭，一边喝酒一边看表演。10 月，二人也去了户山高地住宅区的野外音乐堂，观看了《束腰小仙 忘却篇》。观众只有二十五人左右，在寒风呼啸的野外观剧，涩泽为了抵挡严寒带了一升装的剑菱[②]和纸杯。20 世纪 70 年代，迎来座无虚席的盛况

① 李礼仙（1942—2021），日本演员，被誉为"地下戏剧的女王"。本名李初子，"李礼仙""李丽仙"皆为其艺名。唐十郎是她的前夫。
② 一种日本酒。

的状况剧场，当时的观众席仍门可罗雀。

关于《阿里巴巴》公演时，坐在正数第二排观剧的涩泽的身影，唐十郎这样写道：

> 剧目演到高潮后，总算要迎来终局之际，二楼的坐席间涌来蛮横地大肆破坏的人群，演出已无法继续，演员们跑上二楼，与大肆破坏的集团展开乱斗。扭打成一团时，我数次偷看涩泽先生有没有回去。涩泽边用他独特的高音说"我就知道事情会变成这样！"边握住心神不宁的矢川小姐的手，"我们就坐在这里，没有什么可怕的"。

> （《涩泽先生的观剧体验》）

从这一年3月起，桃源社的"世界异端文学"开始刊行。虽没有留下涩泽的名字，但这套丛书实际上由他负责监修。桃源社的矢贵升司向涩泽提起"不如筹划个古怪的文学系列"，涩泽亲自决定收录的作品，相关翻译则委托了出口裕弘和种村季弘等友人。

以"从十九世纪末至二十世纪初，名字耳熟能详却未被介绍的作家、因晦涩清高而被外国文学研究者敬而远之的作家［……］，逐次且系统地介绍诸如此类被遗忘的作家的策划"为意旨的"世界异端文学"，至1967年2月，共刊行了六册（《"异端文学"的推荐》）。具体书目如下：

一、于斯曼《大伽蓝》出口裕弘译

二、歇尔巴特①《小游星物语》种村季弘译

三、雷尼耶②《活着的过去》洼田般弥译

四、于斯曼《逆流》涩泽龙彦译

五、于斯曼《彼方》田边贞之助译

六、皮埃尔·克罗索斯基《肉之影》

第六卷的卷末广告中，预告了涩泽翻译的比亚兹莱的《美神之馆》将作为第七卷刊行。这一卷翻译迟迟没有完成，1968年（昭和四十三年）9月作为独立的单行本由桃源社出版。另外，于斯曼的作品共三册，使得丛书的平衡多少被打破。第四卷原本预定为雷蒙·鲁尔的《孤独之所》，也决定由涩泽翻译，最终未能完成，由已经出版过限定版的《逆流》的普及版填补空缺。至于鲁尔，涩泽一生都没有完成他的翻译。

稍作一提，1975年（昭和五十年）开始由白水社出版的"小说的超现实主义"系列丛书中，这部鲁尔的小说决定由生田耕作来翻译。然而，它也未能出版，最终，这部天下奇书的日文译本，在涩泽离世的1987年（昭和六十二年）由冈谷公二③完成（乌羽玉工房刊）。

《全集年谱》的这一年里写道："五月，岩谷国士初次来访。饮酒后留宿了一夜。我建议他翻译完整版的傅立叶《四运动的理论》，充当现代思潮社正在策划的'古典文库'中

---

① 保罗·歇尔巴特（Paul Scheerbart, 1863—1915），德国推理小说家、画家。

② 亨利·德·雷尼耶（Henri de Régnier, 1864—1936），法国象征主义诗人、小说家。

③ 冈谷公二（1929— ），日本的法语文学研究者、美术研究者、翻译家。

的一册。"可以看出这一时期"古典文库"丛书的策划已经在推进。

由现代思潮社刊行的"古典文库",如同其系列名称所示,是发掘并翻译世界上的文艺、哲学、思想、宗教、社会科学等领域中的古典作品的一个系列,于1967年(昭和四十二年)5月开始刊行。"古典文库"这一名称,沿袭了涩泽十分喜爱的"世界古典文库"(战争结束后不久,由日本评论社刊行)。经现代思潮社的石井恭二证实,这一套制衡岩波式古典的丛书,由涩泽策划敲定。

据石井回想,某次两人喝酒时,涩泽说:"石井先生,我们出古典吧。"石井回答道:"好啊。"于是涩泽说无论是自己熟悉的还是不熟悉的,总之先把书名写好,一周左右他就完成了书单。"这是什么?"石井慌张地问。一大张纸上写了密密麻麻两百多种书的书名,他的回忆便是这样。(《"萨德审判"前后》)

以这份书单为基础,涩泽、石井、出口、粟津则雄和白井健三郎举行了编辑会议,探讨刊行的作品和译者的人选。涩泽甚至去信给东大法文时代的恩师之一铃木信太郎,以及素未谋面的林达夫商量,为这一策划尽心竭力。

标榜"新的正当性(orthodoxy)"的这一丛书,到1974年(昭和四十九年)为止总计刊行了五十一种。"在我们深感精神的一切指导原理丧失其根基,既成的诸思想均暴露出其无效性时,古典究竟在向我们诉说什么?"以这段话为开端的古典文库刊行宣言,经石井证实乃由涩泽执笔,此事我也曾从涩泽那里听过。

不过，到了2004年（平成十六年），在我为制作藏书目录彻底调查涩泽藏书的过程中，在一楼书库发现了写有"古典文库目录（试案）"的一张纸。那是写在两张B5大小的纸张上的书单，笔迹毫无疑问出自涩泽之手。推测是制作于缩小"古典文库"收录作品范围的某一阶段的"目录"。

这份珍贵的目录的全貌记录如下：

❶瓦莱里《泰斯特先生》粟津则雄

❷奈瓦尔①《幻视者们或社会主义的先驱者》入泽康夫（《东方旅行记》）

❸米什莱《妖术论》藤本治

④尚福②《省察·箴言·逸事》涩泽

⑤沃尔内③《废墟》原宏

⑥孟德维尔《蜜蜂的寓言》上田辰之助

⑦贝卡里亚《论犯罪与刑罚》星野

❽康帕内拉《太阳之都》大岩诚

⑨维柯《新科学原理》

⑩列奥纳多《列奥纳多·达·芬奇手记》杉浦明平

⓫切利尼《切利尼自传》黑田正利

⑫利希滕贝格《箴言》川村二郎

① 热拉尔·德·奈瓦尔（Gérard de Nerval，1808—1855），法国诗人、小说家。
② 尼古拉·尚福（Nicolas Chamfort，1741—1794），法国作家。
③ 沃尔内伯爵（Comte de Volney，1757—1820），法国哲学家、作家。

⑬塞万提斯《模范小说集》会田由

❶笛福《疫病流行记》泉屋治

⑮乌纳穆诺《生命的悲剧意识》高见

⑯奥尔特加《旁观者》

❶斯威夫特《书的战争》山本和平

⑱爱尔维修《论人》《论精神》高桥安光

⑲拉·梅特里①《伊壁鸠鲁的体系》杉捷夫

❷格拉贝②《唐璜与浮士德》小栗浩

㉑霍尔贝尔③《尼尔斯·克利姆的地底旅行》

㉒马拉尼翁《唐璜及其传说的起源》

㉓梅列日科夫斯基《诸神之死》

㉔佩特《享乐主义者马里乌斯》

㉕道元④《语录》

㉖别尔嘉耶夫《俄国共产主义的起源和意义》

㉗斯宾格勒《人类与技术》

㉘荣格《现代的神话》

㉙索雷尔《暴力论》

㉚T. E. 休姆⑤《思索》

---

① 拉·梅特里（Julien Offray de La Mettrie, 1709—1751），法国哲学家、医生，启蒙运动时期法国最早的唯物主义者之一。

② 克里斯蒂安·迪特里希·格拉贝（Christian Dietrich Grabbe, 1801—1836），德国剧作家。

③ 卢兹维·霍尔贝尔（Ludvig Holberg, 1684—1754），挪威 – 丹麦小说家、历史学家。

④ 道元禅师（1200—1253），日本禅僧，在日本开创曹洞宗禅法。

⑤ 托马斯·欧内斯特 – 休姆（Thomas Ernest Hulme, 1883—1917），英国批评家、诗人、美学哲学家。

㉛司汤达《罗马、那不勒斯和佛罗伦萨》富永明夫

㉜埃克曼－沙特里安①

㉝戈比诺《文艺复兴》《昴星》山崎庸一郎

㉞萨德《书简集》

㉟但丁《地狱篇》平川祐弘

㊱梅里美《农民起义（札克雷暴动）》

㊲列维－布留尔

　　［以下项目记录于栏外］

　　德·昆西《论谋杀》

　　阿雷蒂诺②（一桥）

　　瓦萨里（高阶③相关）

　　伏尔泰《老实人》

　　赫伊津哈

　　曼海姆

　　如上所示，书名与作者名有四十多个，候选译者的名字也记录了半数左右。序号标黑的是实际由现代思潮社刊行的作品，令人意外地只有八种。或许是在策划迈向实现的过程中灵活地变更了收录作品，与浓厚地体现了现代思潮社特质的实际刊行的"古典文库"相比，涵盖了利希滕

①　埃克曼－沙特里安（Erckmann-Chatrian），法国作家埃米尔·埃克曼（Émile Erckmann，1822—1899）和亚历山大·沙特里安（Alexandre Chatrian，1826—1890）的共用笔名，善于写作超自然恐怖故事。
②　彼得罗·阿雷蒂诺（Pietro Aretino，1492—1556），意大利作家、诗人。
③　高阶秀尔（1932— ），日本美术史学家、美术评论家。

贝格、佩特、霍尔贝尔、戈比诺、德·昆西等人的这份"试案"，更贴近涩泽的特色。

关于"古典文库"，有一件逸事留在我的记忆深处。我想那是在探讨理应出版日译本的作品的时候，涩泽说斯卡龙的《滑稽小说》格外有趣。"京大的渡边明正先生大概有这部小说的译稿。"涩泽说道。我当时对斯卡龙毫无了解，话题就此中断，但在涩泽离世后的1993年（平成五年），在不可思议的缘分下，我接下渡边译《滑稽小说》的出版工作（日译版书名为《滑稽旅行演员物语》），那时从译者那里听说，这份译稿原定收录在"古典文库"系列里。

后面的章节还会详细记述，涩泽在1970年后半，开始筹备出版个人选集《世界文学集成》。在这套丛书的试案中也能看到这部斯卡龙的长篇小说的名字。

保罗·斯卡龙的名字在日本知者甚少。他是17世纪法国讽刺诗人，年少时患有严重的风湿病，四肢严重扭曲，他驱使不便的身体登上舞台，接待客人，写诗，还留下了这篇格外有趣的小说。因异乎寻常的戏谑精神而广为流传的这部热情乐观的小说，究竟在哪一方面吸引了涩泽呢？思考这乍看令人意外的交汇，也颇有趣味。

对此暂且不论，这一时期，贯彻了涩泽一生的选集编者式思考，似乎正活跃地运动着。

7月，去纪伊国屋大堂观看土方巽的《性爱恩惩学指南图绘——番茄》。野中友理负责制作公演的海报与请柬。

8月初，镰仓市山之内的新居落成。木结构二层建筑，是二十七坪的别致洋楼，当时的价格是四百万日元。庭院里的树木是石井恭二的礼物，是从石井父亲在镰仓的宅邸移植过来的。

涩泽与矢川，以及涩泽的母亲节子三人从小町的出租屋迁至新居。

负责设计宅邸的有田和夫自1955年（昭和三十年）前后就是涩泽的友人。追根究底，是因为有田的妻子曾加入镰仓的《新人评论》团体。

起初涩泽向有田提出，利用石砌或砖瓦的特质，可否将房子修建得像城堡或是修道院。但这怎么想在预算上都难以实现。涩泽又提议，那就建成在乡下学校和停车场常见的、将隔板横向交叠拼贴的木质建筑如何？这一提议得到了采纳。这种建筑术语叫"英国壁板"或"南京壁板"的建造方法是很少见的。

关于住宅，有田与涩泽确定了如下方针：

一、不去顺应当下潮流。

二、材料、施工、色彩等需加以限制，不至过于华美。

三、室内装潢需与人的活动空间、古典家具及日用器具实现调和。

四、但饮食和卫生相关诸设备需具备最新的便捷性。

五、总体上不陷入对古物的乡愁，而是重新发现其优点，还要有正当地评价新事物的态度，等等。

或许有人会对第四项感到意外，前一年，涩泽去抢先一步建成自家宅邸的出口裕弘家的平房做客，据说他最为羡慕的，是当时最新式的冲水马桶。

8月25日，举行了新居的落成庆祝仪式，出口裕弘、加藤郁乎、多田智满子、富冈多惠子、野中友理、岩谷国士、加纳光於、美年子夫妻、土方巽、白石嘉寿子、堂本正树等人来访。

26日，在银座的煤气大堂，涩泽观看了土方弟子笠井叡的公演《笠井叡处女璃祭他琉》。

10月，三岛由纪夫为庆祝涩泽家新居落成前来拜访。其间出口裕弘同席。身披皮衣、系着宽腰带的三岛一进门，便用粗厚而不避讳他人的大嗓门说道："这不是很好的房子吗？这很好。"

涩泽在这年秋天，与小说家高桥和子相识。

高桥和子因身为作家的丈夫高桥和巳[①]被聘为明治大学讲师，前一年秋天从京都搬到了镰仓二阶堂住。翻阅高桥和子的著作，会发现高桥家移居镰仓后，去派出所请人帮忙时，留下了这样的记述——"有一位姓矶部的人，不是帮佣，是好人家的太太因为清闲想找点事做，就来了。"（《高桥和巳这个人》）这位"矶部"竟是涩泽一家在战争结束那年寄宿的那户人家的夫人，也就是涩泽龙彦舅舅的妻子。

根据高桥和子的自作年谱，1968年（昭和四十三年）一项中记载道："这一时期，我深受涩泽龙彦的影响。"

11月，波莉娜·雷阿日的《O的故事》的译本由河出书

---

① 高桥和巳（1931-1971），日本小说家、汉语文学研究家。

1967年，于北镰仓的家。后排从左起依次为杉山正树、森茉莉、土方巽、加纳光於、加藤郁乎。前排从左起依次为山田美年子、白石嘉寿子、野中友理、池田满寿夫、矢川澄子、富冈多惠子、涩泽

房新社刊行。它是集结了萨德、巴勒斯、纳博科夫、亨利·米勒等古今情色文学的"人类的文学"系列中的一册，插画由金子国义绘制。

这本书的译文先由矢川翻译出了大略。虽然也有以涩泽和矢川合译的名义出版的计划，但考虑到这部色情的小说可能像《恶德的荣光》那样引起司法纠纷，于是作罢。

11月19日，在日生剧场观看三岛由纪夫的戏剧《一千零一夜》。

同月25日，赤濑川原平制作的千元纸钞"模型"涉嫌伪造货币，在所谓"千元纸钞审判"上，涩泽作为被告方证人出庭。这场审判成为20世纪60年代艺术审判的代表，涩泽在证人席上落座后，辩护人席上的泷口修造一边假装拍手一边说："今天的焦点！"

当律师问到"对审判的最终意见"时，涩泽当即只说了

一句:"这是在浪费税金。"

6 | 昭和四十二年 / 四谷西蒙 / 林达夫 / 争端

Twiggy[1]访日,迷你裙风靡一时的1967年(昭和四十二年)——

正月,在金子国义的引荐下,弱冠二十二岁,未来的世界级人偶制作师四谷西蒙初次来到北镰仓的宅邸。

四谷西蒙于1944年(昭和十九年)出生在东京。1965年(昭和四十年),十岁就开始制作人偶的四谷西蒙走进书店,在偶然翻开的《新妇人》中,读到涩泽关于汉斯·贝尔默[2]的文章,受到强烈冲击。在看过贝尔默痉挛般的人偶的照片后,他立刻挟着杂志飞奔回家,丢弃了自家的人偶材料。他想:"如果那就是人偶,这些东西已经不需要了。"

从那一天起,对四谷西蒙而言,涩泽龙彦的名字就有了特别的意义。

四谷西蒙从这一年5月起,五年间都在唐十郎的状况剧场作为旦角活跃在舞台上,1973年(昭和四十八年),第一回个展《未来与过去的夏娃》在青木画廊举办。那时,涩泽写下赞词——"四谷西蒙的人偶,古老并且新奇,比肉身

---

[1] 达姆·莱斯莉·霍恩比(Dame Lesley Hornby,1949—),昵称Twiggy,英国模特、演员、歌手。

[2] 汉斯·贝尔默(Hans Bellmer,1902—1975),德国画家、球形关节人偶师、摄影家。

的少女更情色，是古希腊以来的人工美女的纯血种。"

我想在当时，对制作东西的人来说，能得到涩泽先生的笔墨，便有了夺取天下般的力量。背水一战的我，无论如何也想得到涩泽先生的文章。

（《人偶制作师》）

从四谷西蒙的话里可以读出，对当时新锐的年轻艺术家们而言，涩泽是何等特别的存在。

2月9日，加藤郁乎的《形而情学》出版纪念会在筑地的滩万举办。涩泽与西胁顺三郎及池田满寿夫等人一道，罕见地作了演讲。

3月，到国立剧场观看《樱姬东文章》(郡司正胜①补缀、导演)。"它绝对值得一看"，后来涩泽频频向三岛由纪夫和堂本正树推荐，通过这次舞台，涩泽初次接触并注意到十六岁的阪东玉三郎的美丽身姿。

4月2日，去赤坂的草月会馆大堂观看及川广信②主办的阿尔托馆公演《葛斯勒、退尔群论》。舞台上，土方巽在披头士的《昨日》响起时伴舞。

涩泽第一封寄给林达夫的信，是在这个4月写的。那是关于现代思潮社"古典文库"的洽谈。后来在林达夫悼文

① 郡司正胜（1913—1998），日本歌舞伎研究家、演出家、戏剧评论家。
② 及川广信（1925—2019），日本舞蹈家、舞台导演，他是阿尔托馆的创建者。

中，涩泽提起这时的事，"我作为某出版社古典系列出版计划的策划人与林先生商量时，意外地一拍即合，我收到林先生恳切的回信"云云。然而，在矢川的记忆里，林达夫对最初一封信的回应是"你我之间没有任何情分"，是不留情面的、近乎拒绝的文字。

无论如何，以此为契机，林达夫与涩泽通过书信及电话维系着友谊。

5月，《异端的肖像》与《萨德研究——"监狱文学"备忘录》两种书由桃源社刊行。前者仍旧为函盒装，各页饰有紫色墨印刷的绘画，是制作考究的书。

5月7日起，开始《色情》的连载。刊载于创刊不久的周刊杂志《潮流期刊》。每周连载，至9月17日为止共二十回。

6月，翻译的《布雷斯特的暴动者》收录于新潮社刊行的《让·热内全集》第二卷。

同月，《性爱人》收录了迄今为止没有录入单行本的作品，由现代思潮社出版。

7月，观看了高井富子的《形而情学》（新宿纪伊国屋大堂），8月，观看了石井满隆的《舞踏热内》（日比谷第一生命大堂）。两位舞蹈家都是土方的弟子，前者是参考了同名的加藤郁乎的诗集，后者是以涩泽刚刚翻译出版的热内《布雷斯特的暴动者》为蓝本的舞台演出。

9月，银座的青木画廊举办了金子国义的首次个展，涩泽撰文《如鲜花般盛开的少女们的丑闻》致敬。将金子的画介绍给青木画廊，正是涩泽的功劳。

画廊主人青木外司忧心忡忡，但个展取得了很大成功，金子国义的绘画全部卖出。

这年秋天，曾是筑摩书房工作人员的诗人吉冈实[1]初次访问北镰仓的涩泽邸。

出口裕弘曾写过这一时期在镰仓二阶堂的高桥和子家发生争吵的原委。

涩泽与矢川、出口与生田耕作四人，在高桥家留宿了两夜。丈夫高桥和已去了京都大学，玄关旁书架上的和已著作《文学的责任》，其书名受到了涩泽的质疑。"文学家的责任我知道。可是，文学的责任又是什么？文学没有责任。"出口接着写道：

喝了酒后，我似乎找上了涩泽的茬儿。我已经记不清了，后来根据高桥和子的证词，我对涩泽说了许多诸如"你的文学没有冲突纠葛，所以才不行"之类的话。涩泽终于血气上涌，朝着我的脸就是一拳。他戴了婚戒，我的眼睑下方留下一道细小的伤口。……

"这酒真差。今天就到这里吧。"

第二天，涩泽百无聊赖地说。

(《涩泽龙彦的书信》)

然而，若参照高桥和子的发言，"涩泽大怒，二人扭打

---

① 吉冈实（1919—1990），日本诗人、装帧家，战后的现代派代表性诗人。

1967年前后，北镰仓的家中的接待室。从左起依次为矢川澄子、涩泽、青木外司、画家横尾龙彦

成一团，涩泽的指甲挠破了出口的脸，流了血"（《*涩泽龙彦的精髓*》）。与出口所说的"朝着我的脸就是一拳"之间存在很大差异。

　　虽说火灾与吵架乃江户之花，但在血气方刚的20世纪60年代，围绕在涩泽身边的争端与暴力也如同家常便饭。土方的暗黑舞踏集团和唐的状况剧场原本就是肉体派，这点容易理解；在武斗派团体以外，俳人加藤郁乎，是将打人一拳当作打招呼的喜爱打架的无赖；说到梵语文学家松山俊太郎，魁梧的身躯和东大空手道部出身的腕力令真正的黑道也退避三舍。还有这样的传说，唐十郎殴打了自己的老大土方巽，为劝架介入其间的德语文学研究家种村季弘在唐"揍这小子"的命令下，被围上来的唐的党羽狠狠地群殴了一顿（虽说这是发生在70年代的逸事）。

关于以新宿为中心的60年代独特的鲁莽光景，岚山光太郎[①]的小说《听见口哨曲》将其变形，诙谐生动地加以描述。其中三岛由纪夫和池田满寿夫，以及方才提起的土方、唐、加藤、松山等人与涩泽均多次以实名登场。在这里对这部小说稍作引用。红帐篷[②]忽然出现在新宿花园神社，那是1967年的光景。

> 帐篷里铺设了稻草席，一坐上去，就热得大汗淋漓。[……]帐篷中的客人们汗流浃背。
>
> 开演前的观众席上，美女演员与筱山纪信并排而坐。他们的左侧是戴着墨镜的涩泽龙彦，以及围坐在他身旁的土方巽、松山俊太郎、加藤郁乎、富冈多惠子、白石嘉寿子、种村季弘、细江英公。涩泽组一带，给人以黑暗沼泽一族之感。
>
> 后方的寺山修司带着随从四五人，宛然相扑屋里的老前辈般端坐。

从这段引用来看，这段时日里涩泽时常佩戴墨镜。

然而，虽身处暴力集团的中心，却没有涩泽自己被殴

---

① 岚山光太郎（1942— ），日本编辑、作家、随笔家。
② 唐十郎剧团的移动剧场会支设红色的帐篷。

打的逸事流传。或许因他是萨德审判的主角而受到周遭人的敬仰，但也正如岩谷国士所说，身高说不好不足一米六、面容白皙的涩泽太过虚弱，实际上没有人会想动手。据池田满寿夫的说法，就连嗜好斗殴的加藤郁乎，在和涩泽扭打成一团的时候也会故意输给涩泽。

关于涩泽在60年代打架时的光景，四谷西蒙写道：

说起冲突，倒是有几次声势浩大的斗殴。每次我都不知为何身在现场，从头奉陪到尾。那时涩泽也斗争到最后一刻，但毕竟是体格不够大、腕力也不够的涩泽，他没有用躯体搏斗，而是在嘴上辩驳。"是你先动手的，是你不好。"他一直说到最后。对方是黑道，我想理应可以沟通，就用温柔的口吻搭话："那个，哥哥讨厌麻烦的事，拜托您就此收手吧。好吗？"对方转身面向我："你是人妖吗？"他稍作休息，而身旁的涩泽又使劲推搡，事态恶化成声势浩大的恶斗。那是一场搞不好会有多人被捅的真正的恶战，所幸争斗在擦伤和肿胀的阶段平息了。而对方的黑道受了伤，头上淌血，我们倒也神清气爽。

（《镰仓的一寸法师》）

涩泽曾说状况剧场的看板演员、身躯魁梧的麿赤儿很"纯洁"，是"打架时一定要保护起来"的人。

10月30日，在第一生命大堂观看了笠井叡的舞蹈演出会。

12月，金子国义负责装帧的《色情》由桃源社出版。美术评论集《来自幻想画廊》由美术出版社出版。

在《日本读书新闻》上刊登的关于后者的书评中，诗人大冈信写道：

我是涩泽龙彦文章的热心读者的另一个理由，是涩泽氏使用的日语没有故弄玄虚的暧昧，也没有被虚假的狂热笼罩。换言之，这位反日常的、幻想世界的居民，在用极为严谨且正确的日语来表述。而对谈论幻想的事情和现象的人来说，这本应是必要条件。

多年后（1987），大冈提起自己的这篇论涩泽："在我写它的时候，世间因所谓大学纷争而动荡不安。虚假的狂热与故弄玄虚的文章有如洪水。我大概是想起了那些文章，才写下这篇书评。"他接着写道："那些文章的执笔者中，一定也有许多涩泽龙彦的信徒和模仿者。但原版与模仿之间相去甚远。"（《永远是少年的面影》）

1967年（昭和四十二年），数年来的工作逐渐尘埃落定，包括译著在内，共刊行了六种书。

这年涩泽三十九岁。

第六章

HOMO EROTICUS（1968—1970）

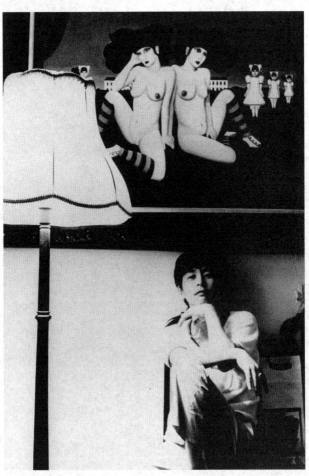

1969 年，于北镰仓自家的客厅，金子国义的画前（四十一岁）

1 | 与矢川澄子离婚

我刚刚兴致勃勃地读完文艺^①的《F104》、新潮的《奔马》和批评^②的《太阳与铁》。

时至今日，尊兄的风格已完全是自我中心的、权力意志的、尼采的风格。

从我站立的地方望去，尊兄似乎已飞向了遥远的高处。敢问尊兄何时才会再次降落到地面上？

这样说虽有些狂妄，我与尊兄相反，正考虑着逐渐向无伦理的动物性退化。

① 指河出书房的文艺杂志《文艺》。
② 指1965年由南北社复刊的季刊同人志《批评》。

1968 年（昭和四十三年）1 月 18 日，涩泽去信给三岛由纪夫，写了如上的内容。两天后的 20 日，三岛寄给涩泽的回信中，有如下的段落：

　　您阅读了多部近作，小生不胜惶恐，依您的感想，我不由生出被涩泽塾逐出师门之感，不无寂寥。小生近日里一心追求可称之为"钢铁的温柔"的 tenderness，您是否能理解？

　　　　　　　*　　　　　　　*　　　　　　　*

　　1968 年 3 月 31 日，涩泽龙彦与矢川澄子协议离婚。

　　1965 年（昭和四十年）2 月，涩泽与矢川在石井恭二的邀请下与谷川雁一同旅行，谷川雁恋慕矢川。矢川也不知不觉被谷川吸引，两人发生了关系。涩泽得知了这一事实，这一年的 2 月至 3 月发生了诸多纠纷，涩泽与矢川分手。

　　以上，是这次离婚的关键事实。

　　"其后还发生了许多事，少女某日突然离开了那个家。对哥哥而言，那是如同晴天霹雳般无可挽回的背叛吧。那时并非可以冷静交谈的状态，身为妹妹的我也只能将一切原封不动地留下，沉默地走远。"（《哥哥》）——到了 1988 年（昭和六十三年），矢川这样写道。

　　涩泽和矢川被种村季弘称为"一卵双生儿"，中井英夫则说"虽说是天使般的男孩子与女孩子住在一个家里，但矢川同时也像是守护涩泽的圣像，'娇生惯养'一语形容的便是这二人"。这两个人的关系突然破裂，对周围的友人们而言如同晴天霹雳，大家自然也议论纷纷。

谷川雁于1923年（大正十二年）出生在熊本。作为"革命诗人"，谷川在20世纪60年代被全共斗①视为领袖人物，民俗学家谷川健一是他的哥哥。涩泽对矢川的异变浑然不觉，谷川亲自给涩泽打电话告知了这件事。

据称矢川在这一期间，对于涩泽，她一直在想"你为何什么都没有发觉"。

关于与涩泽离婚一事，矢川在多年以后，用各种形式几度在文章中提起。她也在座谈会和访谈中留下许多发言。从各种意义上讲与涩泽截然相反，在说话带九州口音的魁梧男子谷川雁身上，矢川似乎看到了昔日里自己父亲的身影。至于与涩泽离婚的幕后要因，在那些发言中矢川主要列举了如下几点，有拒绝要孩子的涩泽不为避孕负责，导致矢川四次堕胎，以及涩泽追求反世俗，二人间的关系变质成像是母子关系等。

简单来讲就连执笔时，那个旧人也讨厌独自一人。身旁有少女陪着才能安心埋头工作。如今想来，那说不定是两个人从八张榻榻米大小的房间里开始的生活方式孕育的悲伤习性。有趣的是刚搬到新家以后。在那以后起居室、

① 全学共斗会议的略称。1968至1969年，日本新左翼大学生在斗争过程中组成的大学内部联合体。

书斋和寝室均为独立空间，明明是实现了凤愿建成的家，但我只是在其他房间里小坐，少年就一定会来找我。

"你在做什么？为什么在那里？"

就像是跟在母亲身后的孩子。

（矢川澄子《少年、少女，与几本书的故事》）

此外，1966年（昭和四十一年）结识的高桥和子与涩泽间有了关系，这件事涩泽向矢川公开了。矢川不仅容许了这样的关系，甚至为了不让同居的涩泽母亲节子察觉到长子出轨，对婆婆也拼命掩饰。

十年来，那个男人担任了我的神明的代理，男人如果望着其他的女人，说她比我出色，那个女人在我眼里就真的比我优秀。男人如果有抗拒为人父母的顽劣，我就匆忙地，一个接一个地将腹中的胎儿埋葬在黑暗里。

（矢川澄子《这是我的……》）

矢川离世的2002年（平成十四年），杂志《尤里卡》的增刊号策划了矢川澄子特集。那时，高桥和子发表了讲述她与涩泽间的往事的文章。

过了数十年这般漫长的岁月，高桥与矢川均已年过花甲，她们在1996年（平成八年）再会。高桥去黑姬的矢川家里留宿，拜访矢川前，她收到了矢川送来的"自传小说"（大概是《失去的庭院》）。写着"见面前，请读这本书"的纸片夹在了书里。高桥和子写道：

> 留宿的两晚期间，我们谈到了许多过去的人的事情。昔日里寡默的澄子小姐变得健谈起来。对我而言澄子就像是姐妹——她给我的感觉与实际年龄相反，我是姐姐而澄子是妹妹，再次认识到这一点后，我也感到我们二人之间有一个缄默的禁忌。我们明明毫无隐瞒，无话不说，却有什么绝对不能说出口。那是什么，对二人而言都无法诉诸言语。

接着高桥描述了如下场面：

> 我想那是一九六八年的春天，澄子她突然一声不响地离开了涩泽家，我大惊失色。涩泽龙彦与其说是大惊失色，不如说是受到了打击，号啕大哭。"澄子不在了。"他说。知道那一幕的只有我一人，所以记录在这里。
>
> （《无法言说的故事中的，一句》）

高桥和子于1976年（昭和五十一年）发表的短篇《结晶体》，是以涩泽、矢川、高桥三人的关系为蓝本写成的小说作品。

这次离婚，没有分给矢川任何财产。这件事激怒了二人共同的好友白石嘉寿子。在矢川的委托下，松山俊太郎与她一同去见白石。而矢川中途逃走，松山只得一个人去拜访。松山仿佛是涩泽的化身，白石怒火中烧。其后，松山说起了这件事，涩泽答道："可是澄子说这样就好。"

离婚一事推进的过程中，矢川原本计划和谷川雁再婚，却未能实现。在离婚不久前她与涩泽有欧洲旅行的计划，于是她同意了涩泽"只有这次旅行要一起去"的请求。在矢川说起作为最后的职责，想跟随涩泽一同去旅行后，谷川暴怒，这便是决裂的原因。

据称矢川在3月离开涩泽家以后，仍在誊写自己手头上的涩泽原稿（《美神之馆》）。

和涩泽在一起的时候，矢川的著作只有小说集《架空的庭院》（1960）一册，孤身一人以后，为了维持生计，她不仅翻译绘本，还活跃在诗、小说、随笔和文艺评论等领域，有多部著作和译作问世。关于涩泽的文章，到了1995年（平成七年）汇总成《哥哥——回忆中的涩泽龙彦》一书。

矢川澄子在2002年（平成十四年）离世。享年七十一岁。自杀身亡。

《失去的庭院》（1994）和《被唤作兔子的女人》（1983）的序章《羽翼》，是矢川以她与涩泽间的关系为题材的小说。《羽翼》中，"翅膀"这一避孕器具发挥了重要作用，实际上翅膀是矢川自己"埋入体内"的。

对于不生孩子，涩泽在1972年（昭和四十七年）发表的《乱伦，我的乌托邦》等文章中写下了自己的信条，此外，他也在大约十年前的1963年（昭和三十八年）的对谈中这样讲道：

若是讲与日常生活的关联，举一个例子，比如说，我不想成为父亲。在日常生活中，我希望自己一直是孩子。况且现在的父亲已经与封建时代不同，没有什么权威。至少不要孩子这一点，是与我的精神相符，且可以实现的。包括孩子的事在内，如此说来，我啊，没有生活在现实之中。

（《爱媛新闻》7月11日）

矢川离开家后，涩泽对高桥和子说："我、谷川雁、高桥和巳，我们三人都是与埴谷雄高有联系的男人。导演了这一出的人，不是埴谷雄高吗?"二人跟着笑了。

涩泽在翌年的贺年卡片上，就离婚事件使埴谷为难，给他带去麻烦一事道歉。

关于这场离婚，涩泽在公开场合几乎没有诉诸笔端。而在矢川离家后仍在誊写原稿的《美神之馆》一书中，日期为1968年（昭和四十三年）6月的译者解说的末尾，涩泽为翻译推迟辩解，写道："从今年年初起，我身边发生了尘世间的俗事，所以才一拖再拖。"同年年末与丸山（美轮）明宏的对谈开头处也略微触及了离婚，均是极少数的例外。

然而，从这一年涩泽的工作状态上，并非窥察不到离婚事件的影子。在《别册小说现代》四月号上连载的《妖人奇人馆》的原稿《血腥的伯爵夫人》，是《世界恶女物语》中《伊丽莎白·巴托里》一篇的旧事重提，恐怕是身处离婚骚动无法写出新素材的缘故（只有《血腥的伯爵夫人》在单行本刊行时没有被收录）。并且，这一年的作品中有几篇是涩泽极罕见的、将不明真伪的个人性体验以露骨的方式记录下来的文章（同为单行本未收录的《CRITORIS》《关于〈砂上的植物群〉中的性描写》等），不难设想这些与涩泽当时的心理状态有一定关联。

对此姑且不提，即便没有前述高桥和子的记录，也不难想象说出"澄子不在了"，痛哭流涕的涩泽慌乱的姿态，与十年来像是一卵双生儿中的一人般相伴左右的矢川离别，对涩泽而言是很大的变故。

这不单是最爱的人离去带来的内心创伤。即便将关乎内在的重大问题放在一边，每天生活中的诸多琐事，涩泽都完全不能适应。虽说同居的母亲当时只有六十出头，洗衣烧饭等最低限度的照料想必由母亲负责，而从辅助工作，到外出一下都有矢川伴随，滴水不漏地照料，中井英夫说的"娇生惯养"的世界，突然崩塌了。

关于这一时期北镰仓的逸事，妹妹幸子写道：

哥哥和第一任妻子离婚，与母亲两个人在镰仓的家里生活的时候，我去拜访时，哥哥和母亲吵嚷着要叫电工过来。听他们讲，是厕所电灯的墙壁开关弄坏了。我用螺丝刀打开盖子一看，不过是小事一桩。我跑去附近的电器商店买来零件，一点点修好。

"欸——你会做这种活吗？"

哥哥用发自内心的、震惊的神情望着我。

"欸——哥哥连这种活都不会干吗?"

我目瞪口呆地说。

(《涩泽龙彦的少年世界》)

"大抵上孩童的全部优缺点都在少年身上十分明显。"矢川澄子这样评价涩泽。正如幸子列举的各种例子中所强调的,涩泽"在实际生活中有些地方几乎可以被称为笨蛋"。虽说母亲节子因涩泽是长子,所以不让他料理家事,但不仅如此,"那是天赋的问题",长妹断言。

家人不在时,他一个人工作,口渴不知道自己倒茶,饿了也不知道打开冰箱找吃的,冰箱里塞满了食物也不知道取出来吃(要是流落至无人岛,无疑是会最先死去的)。查阅《全集年谱》,这一年,涩泽记事本 6 月 2 日的一项中记录着"札幌一番拉面"。虽说是母亲入睡后的夜宵,这大概是涩泽有生以来第一次自己开伙。

2丨昭和四十三年 / 接近日本文学 /《美神之馆》/ 石棉馆

1968 年(昭和四十三年)发生了三亿日元事件①,也是《归

---

① 1968 年 12 月发生的现金劫案,日本犯罪史上最有名的事件之一,犯人尚未落网。

来的酒鬼》①风靡的一年，这一年2月，作为《全集·现代文学的发现》系列的第三册出版物，第九卷《性的追求》刊行。这一卷的解说由涩泽负责。

学艺书林出版的全十六卷、别卷一册的《全集·现代文学的发现》是按照主题编纂的文学全集，以年轻人为中心，广受读者喜爱，被誉为"世界上没有先例的选集"（安原显）。全集的责任编辑为大冈升平、平野谦②、佐佐木基一、埴谷雄高、花田清辉五人。各卷的收录作品基本由这五人选定，而第九卷的篇目选择采纳了涩泽的若干意向。收录作品记录如下：

《卍》谷崎润一郎/《我想拥抱大海》坂口安吾/《望远镜之春》室生犀星/《鸽子》大江健三郎/《砂上的植物群》吉行淳之介/《色情从业者们》野坂昭如/《僧侣》吉冈实/《未青年》春日井建/《A感觉和V感觉》稻垣足穗

如果篇幅容许，还想收录犀星的作品《蜜的哀怜》和川端康成的《睡美人》，涩泽在解说中写道。通过这样的言说和收录作品的喜好，可以觉察到篇目选择似乎超乎寻常的想象，采纳了涩泽的许多意向。

然而，比起选定的作品更令人惊讶的，是刊登于卷末、

---

① 日本民谣组合 The Folk Crusaders 于1967年年末发售的单曲。
② 平野谦（1907—1978），本名平野朗，日本文艺批评家、明治大学教授。

题为《现代日本文学中的"性的追求"》的解说文。八十张稿纸的分量自不必说，它体现了涩泽独特的眼识，是笔致严正的力作。涩泽也毫无保留地将目光投向所收录作家的其他作品，令人不由赞叹，而更为重要的是，书中横溢着不受既往日本文学史观桎梏的新鲜的感性。涩泽身为法语文学研究家，到这时为止发表过的日本文学相关文章只有书评一类，为这位与众不同的外国文学研究家潜藏的力量而瞠目的读者，在当时想必不在少数。

从20世纪70年代中期起，以《思考的纹章学》(1977)为代表，涩泽开始展露出他对日本文学的独特见解。《性的追求》的解说文，印证了他在这一时期已经充分具备了完成此类工作的基础。

证明涩泽对日本文学的眼识的工作，在这一年还有另外一件，即11月以泉镜花为主题的涩泽与三岛由纪夫二人的对谈。这是当时中央公论社刊行的文学全集"日本的文学"所附别册①的相关工作。

对谈的开头，三岛说"所谓镜花拥趸，总有些叫人反感，所以我就拉上了可以让人不生厌地理解镜花的涩泽先生"，并盛赞了当时无人重视的戏剧《山吹》(涩泽是他遇见的头一个读过《山吹》的人，参与对谈的三岛感到惊讶)，在这里也能看出对于镜花的作品，涩泽的造诣之深。

这次三岛与涩泽的对谈，是1970年以后镜花"复兴"

---

① 通常在全集里附赠的以月为单位制作的与出版相关的小册子。

的先声，成为具有划时代意义的对谈。

1973年（昭和四十八年），由《现代诗手帖》的主编桑原茂夫策划，学艺书林编纂的泉镜花新选集正在筹备。但这一计划因岩波书店再版了镜花全集，最终未能实现，这部选集的编辑委员原本预计加上涩泽和种村。而那时涩泽的计划，在近半个世纪后的2019年（令和元年），由国书刊行会出版成书。

4月，种村季弘的电影评论集《怪物的乌托邦》由三一书房出版，涩泽为该书作跋。

种村季弘首部著作的出版纪念会于5月20日在新宿的CAPRICORN举办。涩泽不知为何没有出席，松山俊太郎、加藤郁乎、唐十郎、矢牧一宏、电影评论家小川彻、电影导演大岛渚和足立正生、担任了种村著作的编辑的松田政男等，一张张肃然面孔在此聚集。这时，在第二波聚会地的酒吧独角兽里，发生了60年代的传说般的斗殴。关于人称"独角兽之乱"的这次斗殴，我将从曾经隶属于状况剧场的电影评论家山口猛的书中引用。

在那里，唐与足立背靠背坐着，足立说着"我要杀了那个人！"之类的话，唐错以为是说给自己听的，便开始和他扭打。唐把足立踢下楼梯，举起泽庵石[1]跑上楼梯，朝着

---

[1] 用于制作腌菜的石头，非常沉重。

柜台扔了出去。上前阻止的加藤郁乎肋骨骨折，足立在马路上疼得晕倒过去，唐掉了三分之一的头发，场面惨烈。

（《红帐蓬青春录》）

山口猛接着这样写道："涩泽龙彦意外地喜欢发生在酒馆里的斗殴，偶尔遇上那种局面，他非但不去阻止，还去煽风点火。"

捎带一提，这场乱斗过后，匆匆赶来的警车带走了二人，主宾种村亲自去四谷警局领回足立和唐。这位足立正生于1974年（昭和四十九年），远渡巴勒斯坦，与日本赤军合流后遭国际通缉，其后在黎巴嫩被逮捕拘留，结束三年监禁后被强制遣返日本。多年后，足立说道："在日本赤军那里，我虽说吃尽了苦头，但凄惨程度远不及新宿的酒馆。"

6月起，《血与蔷薇》的编辑工作开始了。关于这部传说中的杂志，我将在下一节中讲述。

7月3日，涩泽前往草月会馆大堂，观看了芦川羊子的第一回独舞演出。芦川是土方门下最出色的女弟子。

岩谷国士在初夏时节拜访了北镰仓，涩泽手里拿着一册杂志，开口的第一句话便是："这个好厉害！你看过吗？"他递给岩谷的是 TSUGE 义春①的漫画《螺旋式》。

9月，奥伯利·比亚兹莱《美神之馆》的翻译由桃源社刊行。

---

① 本名柘植义春（1937— ），日本漫画家、随笔家。他的妻子曾在唐十郎的剧团做演员。

如前文所述，这部译作原本预告是作为"世界异端文学"之一出版的，因翻译延期才在这一年单独出版。1984年（昭和五十九年）该书再刊之际，涩泽提起《逆流》与《美神之馆》是自己的译作中他最为喜爱的，他写道，自己尤其喜爱"这部小说里彻底的人生的不在场、道德的不在场，以及视觉上的感觉绝对优先的特征"。

　　同月，涩泽前往京都，时隔八年与生田耕作一同探访稻垣足穗。

　　10月9日、10日，在千驮谷日本青年馆大堂观看《土方巽与日本人——肉体的叛乱》。美术由中西夏之负责，海报则是由横尾忠则负责。

　　这场公演的舞台表演可谓土方的最高峰，戴上黄金制成的仿真男根的土方狂热地舞蹈，舞台的结尾，他手脚被绳子吊起，如基督般升天。

　　同月23日，涩泽在六本木的小餐馆与三岛由纪夫碰面。此次碰面是为了商定《血与蔷薇》的卷首影印插画，而三岛顺应两天前的国际反战日里新左翼学生的举动，以身着卡其色军服、头戴钢盔、穿着长靴的装束到场。

　　三岛在前一年组成了楯会。涩泽每次遇见三岛，都取笑说："近来，军队过家家玩得如何？"三岛一向回答："嗯，一如寻常，像拉克洛①那样潜心军务。"

　　11月4日，前文中记述的涩泽与三岛由纪夫的对谈"泉

① 皮埃尔·肖代洛·德·拉克洛（Pierre Choderlos de Laclos，1741—1803），法国小说家、炮兵士官。

镜花的魅力"，在赤坂的法国餐馆 SHIDO 举行。涩泽与三岛一同去这一年新开的著名迪斯科舞厅 MUGEN，或许就是这次对谈过后。三岛与涩泽二人在夜晚的街道漫步，此前没有，此后也不再有，就只有这一次。

同月 23 日至 25 日，前往目黑的石棉馆。主要目的是为限定版诗画集《土方巽舞踏展 按摩》签名。《按摩》是将与土方交情甚笃的美术家六人和文学家六人的作品制成十张纸片，放入大型函盒中的豪华精装书籍，涩泽提供了安托南·阿尔托《赫利奥加巴卢斯》的译文。

关于当时涩泽小团体中的诸位面孔欢聚一堂的场景，吉冈实在日记里详尽地记述道：

过午稍晚，我在目黑站等候饭岛耕一，怎么等他也没有来。我循着地图前往油面①的石棉馆。泷口修造、涩泽龙彦、加藤郁乎、三好丰一郎等人正各自埋头签名。画家当中，中西夏之、加纳光於、池田满寿夫、野中友理、田中一光、三木富雄、中村宏等人看样子正专心于制作。大家得了闲稍作休息，开始饮酒。不单是弟子们，土方巽和夫人也来帮忙，运送菜肴。除了唐十郎、李礼仙、Li-Lan②、矢川澄子等女性为现场增添了华丽的色彩。桌上摆着的美食从金枪鱼刺身、拳螺、螃蟹、寿司到什锦火锅，堆成了

---

① 东京都目黑区的旧地名。
② 朱礼银，美国艺术家，其父为旅美华裔画家朱沅芷。

小山。大家喝着啤酒、威士忌、清酒和各自喜欢的饮品，好不热闹。入了夜，重新开始的工作十分艰难。为了将分散的作品放回原处，弟子们在诗人与画家间穿梭，留心不弄脏一个接着一个完成的绘画和署名，逐一整理。到了深夜工作也没有结束，大家都很疲劳，有人面露不快。不知不觉间，我看到饭岛耕一、种村季弘、松山俊太郎、矢牧一弘等面孔。过了两点，我实在疲惫不堪，就倒在铺了木板的房间里睡着了。好像有人为我盖上了被子。住在近处的人们过来吵架，我醒了过来，凌晨四点了。《按摩》似乎已经全部完成。大约半数的人已经回去了。留下的人正歇息，他们拿手的小学歌曲、军歌、吹牛和酒宴还在继续。临近正午，我抱着一册厚重的《按摩》回去了。

（《土方巽颂》）

以吉冈为首，来到这里的大批客人中的多数都在24日的上午回去了，剩下的几个人又在傍晚开始宴饮，在涩泽的领唱下，大家合唱加藤的《歌唱版进化论》（发现加藤的这首诗是怀旧金曲《在星河里》[①]的原谱填词的人，不是别人正是涩泽）。第二天25日，只有涩泽和加藤郁乎留到傍晚饮酒。

有关前文引用的吉冈的文章里出现的"面露不快"一语是这样的：23日，涩泽焦躁地将纸片撕碎了。不快的理由

---

① 《在星河里》（星の流れに）为1947年发行的歌曲。

1968 年冬，《按摩》的出版准备期间，于石棉馆。自左起依次为元藤烨子、涩泽、土方巽

之一，似乎是他和离婚后的矢川同席而坐，其后，土方等人为了不再让涩泽与矢川见面殚精竭虑。

　　位于幽静的住宅街区的石棉馆，不单是公演的漏音以及聚集在剧场周边的客人们带来的麻烦，他们还因为像这样在彻夜的酒宴里高唱军歌和打架等噪声，与附近居民间争执不断。像这样的纠纷，在方才吉冈的文章中也能读到。某次，闯进来的附近居民怒斥："我要向你头上泼水！"涩泽答道："想泼的话就拿盆子来！""把垫子拿过来！！"其后松山俊太郎站起身去小解，走到外面，看到那里贴着一张纸，上面用红字写着"你是人是鬼，明明邻居家的五岁男孩正受发烧之苦，眼里含泪……"。

这一年，涩泽从吉冈实那里得来一只巨大的剑玉。少年时代，面子和陀螺游戏都不擅长的涩泽，不知为何只有剑玉玩得心应手。"和编辑竞赛，也没人比我更娴熟。"他一脸得意地说道。然而，目睹一招招使出神技般精湛技巧的诗人，他也只得垂头丧气。

翌年的1969年（昭和四十四年）5月，《朝日新闻》晚报的《近况》一栏中，涩泽这样写道：

去年我只出版了一册比亚兹莱的译本（这是何等的时代错误！），像样的工作一件也没有做。到今年三月为止，我担任了豪华杂志的编辑，这说来也不过是嗜好。

世间因大学纷争和安保问题，接下来还会更热闹，而我对 actuality（现实问题）敬而远之，我感到自己那渴望一切事物都能在 allegory（寓意）和 metaphor（隐喻）里消解的欲求。这绝非对政治运动漠不关心的态度，而是在乱世中生存的知识分子的纨绔主义。

（《预定刊行著作集》）

关于这部"嗜好的豪华杂志"，将在下文说明。

3 | 《血与蔷薇》

涩泽龙彦任责任编辑的杂志《血与蔷薇》，是在天声出版供职的内藤三津子的策划。

内藤三津子于1937年（昭和十二年）出生于上海。从青山学院大学的英美文学科毕业，在新书馆等出版社工作后，成为刚设立不久的天声出版的编辑。当时三十岁。

内藤于《神圣受胎》刊行时起便是涩泽的读者，在此前已经通过工作见过涩泽两三面。内藤说："我一直热切期望着，无论如何也要在自己的编辑人生里迎来涩泽龙彦这个人。"

天声出版的赞助商是神彰（有吉佐和子[①]的前夫），他曾邀请俄罗斯大芭蕾团和大马戏团演出，并因此名噪一时。矢牧一宏担任副社长。1926年（大正十五年）出生的矢牧，是昭和二十年代的学生们创刊的文艺杂志《世代》的同人之一，这部《世代》，因吉行淳之介、饭田桃、小川彻、栗田勇、清冈卓行、菅野昭正等人的参与而知名。在萨德审判上担任辩护人的中村稔和大野正男，也是这部杂志的同人。矢牧辗转河出书房、七曜社、芳贺书店等出版社工作后，在天声出版供职，涩泽似乎和矢牧在大学生的时候就照过面。

这一年（1968）刚入职的内藤提出由涩泽龙彦担任责任

---

① 有吉佐和子（1931—1984），日本小说家、剧作家、演出家。

编辑的高级情色杂志的策划案后，神彰答道："有趣。如果涩泽先生肯接下工作，我可以出钱。"当时的天声出版，有昔日里就常和矢牧在新宿的风纹等地喝酒的友人松山俊太郎如社友①般参与其中，于是内藤拉拢松山，还委托与矢牧相识的种村季弘前来声援。内藤、矢牧、松山、种村四人前去拜访北镰仓的涩泽家，欢饮达旦，商量后涩泽点头同意了。杂志的名字，决定为由内藤提案的《血与蔷薇》。取自罗杰·瓦迪姆导演的吸血鬼电影。

刚好过上独身生活的涩泽也在寻求消遣，据称他还说："我想当一次主编。"到了晚年，在写给矢牧的悼文中，涩泽回顾了这一时期：

那刚好是六十年代即将结束的时期。于我而言，在那个时期，并非没有在新领域中尝试自身可能性的想法，于是对新杂志的策划，我欣然应允。那时我还年轻，若是在今日，想必不复那时的蛮勇。

（《与矢牧一宏之间幻觉般的交际》）

后日再度拜访北镰仓的内藤，在说起美术指导的候选人时提到了堀内诚一的名字，涩泽说："很好，他不是最有力的人选吗？"悬案得以顺利解决。据称内藤当时不知道涩泽与堀内是旧识。堀内的妻子路子，从二十几岁起就是

---

① 社友，指不是公司员工，却与公司有关并享受员工待遇的人，或指同家公司或结社的朋友、同事。

涩泽的友人，但堀内那时与涩泽还没有深交。

5月25日，最初的编辑会议在桧町的小餐馆桧苑举行。除了涩泽、堀内、松山、种村，加藤郁乎和中田耕治也被叫了过来，当场决定由三岛由纪夫担任首脑。涩泽打电话给三岛，三岛说首先想制作"男人之死"主题的相片画报。

1968年，《血与蔷薇》编辑会议，于北镰仓的家。左起依次为涩泽、堀内诚一、内藤三津子、矢牧一宏

在编辑工作开始之后，涩泽每周去两次赤坂的天声出版，洽谈结束后便是惯例的酒宴。到了深夜，有时大家大张旗鼓地乘上出租车去北镰仓，又在那里摆酒设宴。

当时对涩泽的印象，内藤这样写道：

把他关在山上的旅店里写作时，不是会邀请他去吃饭么。那个时候，进了餐馆，他就连看着菜单点菜也不会。况且，哪家餐馆好，他说他那个时候一家也不知道……是十分不可思议的人。

（《〈血与蔷薇〉那时》）

临近创刊号发售的 9 月 30 日，为了宣传杂志，涩泽上了电视。涩泽参演的是当时日本电视台的人气深夜档节目《11PM》，主持人是大桥巨泉。题为《爱欲不分时代》。涩泽宣称讨厌电视，与他同行的种村季弘回忆道："还是不要出场了，他闹别扭又喝起酒，上节目的时候已经意识模糊。不知道自己在说些什么。"然而，当时在日本电视台供职的加藤郁乎在当天的日记里记下，"第一次上电视的涩泽龙彦，表现出来的胆识与机敏，令人难以相信他厌恶此类电视连环画剧"。种村虽称自己也出演了节目，但在加藤的日记里，与涩泽一同出演的是池田满寿夫和加藤。

第一号在刊行前便满城风雨，版权页记录它于这一年的 11 月 1 日出版。特集大致为《男人之死》与《吸血鬼》。发行量为一万一千部。定价一千日元。前一年出版的涩泽的单行本《萨德研究》定价四百九十日元，《色情》为四百八十日元，可知它是何等昂贵的杂志。虽说如此，编辑会议仅进行了四个月，就编成了这超过二百页的豪华杂志，不禁令人瞠目结舌。

"本杂志《血与蔷薇》，不限于文学、美术及科学，是以无偏见地从正面探讨作为人类活动的情色领域的一切事物、现象为目的的杂志"——以这样的一段话开始的七条《〈血与蔷薇〉宣言》刊登于卷首。

11月23日的《图书新闻》上，爱德华·赛登施蒂克[1]发表了《阅读涩泽龙彦编辑的〈血与蔷薇〉》，批判了杂志如浮萍般漂游不定的性质。涩泽在同一刊物12月14日号上撰写《寻找本土的"蔷薇"》一文反驳。

1969年（昭和四十四年）1月1日，第二号刊行。特集为《物神崇拜》。

3月20日，第三号刊行。特集为《爱的思想》。

《血与蔷薇》销量虽不差，但在第三号编辑期间，神彰作为本职的戏剧邀演方面的资金周转变得可疑（据称原因是迈尔士·戴维斯[2]访日），神彰与矢牧间也发生了争执。矢牧被公司解雇，于是内藤三津子也一同辞职。内藤向涩泽报告事情原委，"那正好，就在三号结束吧"，涩泽说。

神彰与康芳夫一同，想说服涩泽在矢牧与内藤卸任后继续担任责任编辑，涩泽没有点头，于是《血与蔷薇》成了名副其实的"三号杂志"。

以上，便是涩泽龙彦任责任编辑的《血与蔷薇》，从创刊到终刊的梗概。

"这回，我辞去杂志《血与蔷薇》责任编辑一职，在此通知。今后，即便同名杂志继续刊行，也与我没有分毫干系。"涩泽在4月寄给相关人士内容如上的明信片。寄给堀

---

① 爱德华·赛登施蒂克（Edward Seidensticker，1921—2007），美国日本研究专家。
② 迈尔士·戴维斯（Miles Davis，1926—1991），美国爵士乐手、小号手、作曲家。

内诚一的信里写道："我强行拉尊兄入伙，却落得这般结果，我感到抱歉。待想法变了，再作计议。"

当时，世人似乎都感到涩泽突然不再担任主编是叫人难以理解的事件。神彰的如下发言刊载在周刊杂志上：

> 的确，对于十八至十九世纪的情色，他［涩泽］是权威。他"全力投球"，制成了十分华丽的书。然而，那里没有现代政治。不触及现代政治是那个人的准则。当今的学生运动和年轻势力，他们分明没有胜算却被使命感与热情驱使，与机动队激烈冲突，被铁棒殴打，被人泼水。那里存在着与现代政治相关的异常被虐欲，以及情色。不过，我不会对他身为文学家的态度多嘴。
>
> （《周刊产经》1969年5月5日）

《血与蔷薇》在此后由平冈正明担任责任编辑，栗津洁负责装帧，出版了编辑方针和执笔阵容骤变的一册，这本"第四号"付梓后，很快控股公司与天声出版一同破产，书被扣押在印刷厂。

平冈正明记录下主编更迭时，去涩泽邸打招呼时的事。

> 《血与蔷薇》到三号为止是涩泽龙彦编辑，我成为"战败处理号"形式的第四号的编辑。登门拜访传达这件事时，涩泽龙彦这样说：
>
> ——吃亏的人是你。神彰没有钱。

我在接下工作后了解到实际情况，却已难以抽身，记得我当时答道请让我做下去。

不说"放弃吧"或是"做吧"，而是抱着胳膊直截了当地讲"吃亏的人是你"的涩泽，有种威严和侠义风骨。平冈回想道：

一般来讲，与自己一度执着的杂志的末路休戚相关时，知识分子会更情绪化，我本以为会听到些诸如"言语表达的一角会发生崩溃"，或是"有价值的事物会沾上污垢"这样的话，他却没有这样说。

（《涩泽龙彦的侠气——杂志〈血与蔷薇〉及其后》）

平冈登门拜访前三号的执笔者，委托继续连载，无一人例外，大家都一口回绝。

捎带一提，到了1970年，神彰创立了居酒屋连锁店"北方家族"，一举成名。

如今已在人们口中成为传说的这部《血与蔷薇》杂志，在三十多年后的2003年（平成十五年）出版了复刻版，后来还出版了重新编订内容的文库版（河出文库），如今也很容易接触其内容。

特集的主题和执笔者的选定，涩泽事必躬亲。看到《血与蔷薇》目录首先会注意到，这个时代涩泽文化圈的面孔济济一堂。写手以三岛由纪夫、种村季弘、松山俊太郎为首，另有加藤郁乎、堂本正树、高桥睦郎、出口裕弘、岩谷国士，美术、摄影及模特是金子国义、野中友理、池田满寿夫、横尾忠则、细江英公、土方巽和唐十郎。除了这些"酒席上的熟客"，还能看到稻垣足穗、埴谷雄高、吉行淳之介、吉冈实这些从前便与涩泽交情甚笃的长者的名字。

从那时涩泽的交友关系来看，可以划入"出乎意料"这一类别的是植草甚一[①]、中田耕治、堀口大学、杉浦明平、高桥铁、川村二郎、仓桥由美子、野坂昭如、武智铁二等人。选了中田耕治和植草甚一作为执笔者，涩泽似乎很得意。前卫歌人冢本邦雄开始执笔小说，契机也是《血与蔷薇》那时来自涩泽的委托。

据内藤所言，多亏了涩泽的名号，几乎无人拒绝执笔。然而查阅各卷卷末的次号预告栏，便会发现安部公房、武田泰淳、中村真一郎、石川淳、林达夫、吉本隆明、吴茂一、泷口修造等大人物的名字也在其中，但这些人的原稿并没有刊载。也许是因为没能赶上截稿期。

无论如何，《血与蔷薇》三册，"可谓呈现了在六十年代最后腾空而起的'异端的花火'般绚烂的暗黑趣味"（高原英理）的趣致。

到了21世纪，中心成员之一的种村季弘讲到一件趣事。他说《血与蔷薇》虽然是情色杂志，却并非衍生自美国嬉皮

---

① 植草甚一（1908—1979），日本爵士乐、欧美文学、电影评论家。

文化的性解放理论，彰显的主义主张与那时流行的时代思潮背道而驰。如今看来，那是永远的少年的世界、"孩童的国度"般的世界，种村说道：

> 说不定《血与蔷薇》就像将棋棋子中的桂马①，飞身跃过战后性解放与自由恋爱的风俗。视觉上有设计师堀内诚一匠人般一丝不苟的排版，写手也并非自由诗的诗人，而是以加藤郁乎和冢本邦雄等定型诗的诗人占主流。乍看新颖，实则守旧。
>
> 在全共斗一代（及其内在的经济界的）飞扬跋扈的成长幻想里，拒绝成长，热衷于孩童房间里的玩具摆设；这与经济增长停滞、蛰居一代出现的现在，在发生了一百八十度转变后，或许存在相通之处。
>
> （《孩童的国度或〈血与蔷薇〉那时候》）

4丨昭和四十四年 / 美学校 /《怪奇小说杰作集4》/ 萨德审判最高审判 / 再婚 / 蔷薇十字社

在这里，将目光移向《血与蔷薇》以外的1969年（昭和四十四年）的涩泽。

1969年，是全共斗占据了东大安田讲堂，阿波罗11号成功在月球表面着陆的一年。

---

① 在将棋中，桂马可以跨过棋子前进。

这一年4月，现代思潮社在新宿开设了美学校。讲授美术、音乐、媒体表现的这所独特的学校后来迁至新宿，脱离了母体现代思潮社，2019年仍在开展活动。

学校创立时的讲师阵容，是现代思潮社活用其丰富人脉的产物——唐十郎、埴谷雄高、粟津则雄、赤濑川原平、土方巽、种村季弘、松山俊太郎等人联名登坛，厌恶登上教坛的涩泽也讲授了四次课。

初期的美学校的学生中，似乎有着像这样独特的人才，如后来成为作家的村上龙、服部真弓（まゆみ）、平出隆，后来成为演员的佐野史郎。昔日里的学生之一，插画家南伸坊，记录下美学校中呆滞的涩泽讲师的模样。

在南伸坊眼里怎么看都像只有二十来岁，"戴着深色墨镜的天才男孩"般的涩泽，在教室中设置了王座般高高的讲坛，扑通一声坐在那里。

"哈哈，好潇洒。"

我这样想着，接下来会展开怎样的讲义呢，我仰头观望。然而，经校长介绍后，讲义本应开始了，老师却什么也没有讲。他睥睨四周。王座般的讲坛，是他说自己怎能与学生们在同一平面后才设置的。宛然一个顽童。

过了一会儿，老师开口说话了。

"有什么问题么?"

如此突如其来。

（《我听过的名讲义》）

2017年（平成二十九年），山口雄也注释、校勘的《黑死馆杀人事件》刊行。从这次出版追溯到近四十年前的1969年，关于由桃源社复刊的这部小栗虫太郎一生难得的大长篇小说，涩泽曾说解说文"请务必让我写"，亲自向矢贵升司要求执笔。涩泽写虫太郎的文章中，提到一位热切期望对《黑死馆杀人事件》作版本批评的"我的友人"，这个人自然是松山俊太郎。

在这样的背景下，山口雄也在21世纪经手了这本书的出版，是继承了一生执着于虫太郎与黑死馆的松山之遗志的一项大业。山口也是美学校初期的学生，不单是松山的讲义，他也体验过涩泽为数不多的珍贵课堂。在讲义的杂谈期间与涩泽相识的山口，在那年夏天与几位友人去镰仓游玩时，果断地打电话给涩泽家，询问道："我们想去你那里玩，可以吗？"很快得到涩泽的应允。不仅受到美酒佳肴款待，大家还留宿了一夜，带着涩泽的书作为礼物回去了。

如同众多友人熟人异口同声说的那样，涩泽异乎寻常地热情好客。对于交替走进涩泽沙龙集会的人们，种村曾坦率地说："也有我无论如何也不想靠近的人。"（《沙龙、庭园、书斋》）

如此热情地招待仅有一面之缘的二十岁左右的学生，正展现了高桥睦郎所说的涩泽的"盛情款待"，可谓愉快的逸事之一。

6月，这一年成立的青土社创办了杂志《尤里卡》。这

1969年6月，于京都的稻垣足穗宅。自左起依次为涩泽、足穗、生田耕作、土方巽

部创刊号上，涩泽提供了文章《天地异变的美术馆》。如同后来我们看到的，这部《尤里卡》成为涩泽二十世纪七八十年代年代最重要的文章发表舞台。

6月19日至22日，去京都旅行，他叫上东京的土方巽，生田耕作也在其中，一同去见稻垣足穗。现代思潮社开始刊行全六卷的《稻垣足穗大全》，也是在这个月。

同年6月，《怪奇小说杰作集4》由东京创元社出版。

这一册作为同社的五卷本文库系列"怪奇小说杰作集"的法国篇刊行，内容上是十年前的1959年（昭和三十四年）东京创元社出版的《列车〇八一》（"世界恐怖小说全集"丛书第九卷）的增补版。新版在旧版收录的十五篇的基础上，增添了七篇涩泽的新译，删除了旧版中收录的戈蒂埃两篇作品的其中一篇（《翁法勒》），共计二十一篇。

这部选集，为何采取涩泽与年纪差距悬殊如父子的法语文学研究家青柳瑞穗（1899年生）二人合译的形式？《翻译全集》的解说中，岩谷国士详细梳理了该书的成书过程，他推测道："青柳瑞穗做到一半的工作由涩泽龙彦接下并完成，或者，是以青柳瑞穗的几篇既有翻译为基础，涩泽龙彦后来进行了编辑，创造出了一个'谱系'。"

　　岩谷的推测中，似乎后者是正确的。青柳瑞穗的孙女、作为钢琴家和著述家也颇有名气的青柳泉子（いづみこ），如下文这样写道：

　　我从未听说因翻译莫泊桑和古董相关随笔留下些许名声的祖父，与怪奇、幻想文学的巨头涩泽龙彦生前有过往来，年岁上讲，他们也有三十年左右的间隔。虽然我认为他们的组合十分离奇，但最近，我在家里的书架上找到两册旧书，疑问随之消散。一册是昭和六年祖父在先进社出版的《怪谈·法兰西篇》。[……]另一册，是昭和三十四年作为东京创元社《世界恐怖小说全集》第九卷刊行的《列车〇八一》。

　　青柳瑞穗编译的《怪谈·法兰西篇》，是这个领域的先驱性出版物"世界怪谈丛书"的第三卷，收录了短篇十三篇。《列车〇八一》从这部书中再度收录了过半数的七篇。青柳泉子接着写道：

　　[《列车〇八一》的]内容，以先进社刊行的祖父的七篇翻译为基础。祖父新译了《长笛与竖琴》、施沃布的《列车〇八一》等三篇，涩泽增添了巴尔贝·德·奥勒维利的《罪恶中的幸福》、让·洛兰的《假面之孔》等五篇。[……]当时涩泽虽已在一本接一本地发表萨德的翻译，年纪却只有

三十一岁，想来是乘了六十岁的祖父翻译集再版的机会。

（《厌倦了肖邦，就去读推理》）

然而，这位孙女的推测并非完全正确。

青柳泉子在上文中写到瑞穗新译了三篇，但这三篇中，施沃布的《列车〇八一》与戈蒂埃的《翁法勒》两篇，均已收录在青柳瑞穗战前的其他译作里。余下的那篇阿方斯·卡尔[①]的《长笛与竖琴》，不是新译的可能性也很高。

不难想象，订立"世界恐怖小说全集"的策划时，出版社先向老练的青柳提出编法国篇的事。然而，青柳却说："那方面的译作我虽有几篇，但我并非合适人选，请委托年轻人负责编纂和解说。"就这样，经过一番周折，三十岁出头的涩泽受到提拔，这部书便成了今天我们看到的形式。根据方才岩谷的解说，涩泽的记事本里，在大学生时代的1952年（昭和二十七年）就已经有关于《法国怪异谭集》一类选集的记述。

无论如何，涩泽如愿以偿地将十年前的《列车〇八一》充实成如今这部《怪奇小说杰作集4》，与两年后出版的日本文学版的"怪奇小说杰作"《暗黑的童话》一同作为名选集，给嗜好幻想文学的年轻读者们带来了深远的影响。涩泽新写的卷末解说《法国怪奇小说的系谱》，是可以同前一年的《性的追求》的解说文匹敌的力作长文。

---

① 阿方斯·卡尔（Alphonse Karr，1808—1890），法国批评家、记者、小说家。

10月15日，萨德审判的最高审判下达。被告方的上诉被驳回，裁定有罪。石井恭二被处以罚金十万日元，涩泽被处以罚金七万日元。持续了近十年的审判至此终结，涩泽成为前科罪犯之身。

　　涩泽已经在几日前从律师那里接到判决有罪的联络。涩泽在北镰仓的家里与砂泽比基等友人欢饮达旦。翌日他在法庭上迟到，抵达法院时已是判决下达以后。电视台的人说如果没有留下影像他们会很为难，于是涩泽表演了走入裁判所的桥段。在日比谷的松本楼与石井恭二吃完饭后回家。沐浴着秋日午后柔和的阳光，是宁静的一日。

　　在最高审判下达后，在题为《萨德被制裁了吗》的文章中，作为写给60年代的精神分析，涩泽记下如下的话：

　　在我模糊的印象里，这十多年间，世界就如同萨尔瓦多·达利笔下的时钟（《记忆的永恒》），徐徐丧失了坚牢的形体，变软并开始融化。与其说是解体或是塌陷，说是溶解更贴切。它成为没有定型的事物。

　　11月24日，与前川龙子再婚。近两年的"独身时代"结束。关于这次结婚，我将择章详述，在这以后，涩泽外出时几乎都有新夫人同行。

　　作为华烛之庆，三岛送给涩泽附带了八音盒的小桌。

　　12月，科克托的《波托马克》的翻译由蔷薇十字社刊行。这是《劈叉》刚脱稿后，涩泽自1955年（昭和三十年）

着手，完成的十多年来躺在箱底的旧译。

蔷薇十字社，是从天声出版辞职后的内藤三津子在这一年创立的出版社，涩泽翻译的《波托马克》是第一部刊行物。决定创立出版社的内藤说出那个不寻常的社名后，"那很好，"涩泽说，"这个，是贺礼。虽然是年轻时的东西。"就将厚厚的一摞原稿放在桌上。那便是《波托马克》的翻译原稿。

12月23日，庆祝蔷薇十字社启航的宴会在涩谷的南国酒家举办。涩泽夫妻、种村、松山、加藤郁乎、中田耕治、野中友理、金子国义、四谷西蒙，以及创设深夜丛书社的斋藤慎尔，为内藤三津子全新的出发举杯。

蔷薇十字社的活动持续了四年，出版了三十六种书。其中，涩泽参与的除了这部《波托马克》，另有《偷孩子的人》(苏佩维埃尔的小说译本)、《黄金时代》(评论集)、《大坪砂男全集 I·II》(编纂与解说)、《受虐者们》(涩泽编的罗兰·托波尔画集)，共计六种。

该社的其他出版物中，有冢本邦雄《悦乐园园丁辞典》、种村季弘《吸血鬼幻想》、堂本正树《男色戏剧史》等在《血与蔷薇》上刊载了部分文章的作品，另有三岛由纪夫、加藤郁乎、中田耕治、久生十兰、于斯曼、巴尔贝·德·奥勒维利等人的作品问世。在读者眼中，蔷薇十字社是宛然将涩泽龙彦聘为顾问的出版社。

我刚才提到的大坪砂男的全集也是其中一部，20世纪60年代末到70年代初，出版界因怪奇幻想热潮而沸腾，稻垣足穗，方才提到的小栗虫太郎，以及江户川乱步、梦野久作、久生十兰、橘外男①等，"幻想文学作家""异端作家"的复兴活动方兴未艾。涩泽以各种形式参与了这些出版，是引领潮流的人物之一。

与久生十兰的相遇给二十岁的涩泽留下了深刻的印象，而久生十兰的全集，于1969年（昭和四十四年）开始在三一书房刊行，涩泽写了推荐文和出色的解说文。梦野久作全集在此前不久同样由三一书房刊行，它原本是现代思潮社的出版计划，似乎从那时起涩泽就参与其中。当时，鹤见俊辅②等人参与的《思想的科学》屡次试图重估梦野久作的价值，而涩泽从截然不同的"独自的观点"出发，讲述了久作再版在当今的意义。

临近20世纪60年代末尾，在12月22日号的《图书新闻》上，涩泽发表了题为《我的一九六九年》的文章。所写如下：

我的一九六九年，将作为耗费十年的萨德审判终于结束的一年，长久地留在记忆里。这总归是公共事件，是需要写在年表里的一类事件，而我的精神生活，却从未因此而昂扬，也绝未受到它的影响。[……]无论如何，我感到，认为只有观念才是武器的我们的六十年代，现在，终于要结束了。

---

① 橘外男（1894—1959），日本小说家，著有《苍白裸女群像》等。
② 鹤见俊辅（1922—2015），日本哲学家、评论家、政治运动家、大众文化研究者。

5 | 昭和四十五年 /《涩泽龙彦集成》/ 最初的欧洲旅行 / 三岛的死

大阪世博会与"淀号"劫机事件[①]发生的1970年（昭和四十五年）——

1月，《幻想的肖像》与《女人的轶闻》的连载，分别在《妇人公论》和《花椿》上开始。前者是卷首插画的解说，直到1972年12月为止共三十六回。后者到1971年12月为止共二十四回。

从1月7日到10日，受斋藤慎尔邀约，一同去山形旅行。

2月起，《涩泽龙彦集成》开始由桃源社刊行。最初计划一共发行六卷，在好评中增加为七卷。出版顺利进行，在这一年9月完结。

1951年（昭和二十六年）创立的桃源社，其前身和母体是1923年（大正十二年）创设的书籍贩卖公司矢贵书店。1940年（昭和十五年），公司内部创设了出版部门，该部门出版的川口松太郎的《爱染桂》成为畅销书。1959年（昭和三十四年），创始人矢贵东司的儿子升司进入公司，在迄今为止的大众文学路线的基础上，正式进军推理小说领域，在60年代出版了"新作推理小说全集""江户川乱步全集"，再版了包括国枝史郎和小栗虫太郎等在内的"大浪漫·系列"。

20世纪60年代涩泽的著译作共二十四部，根据出版社

---

① 1970年3月31日，日本共产主义者同盟赤军派策划的日本史上第一次劫机事件。

整理细目如下（再版书一类基本不包括在内）：

桃源社……十一部

现代思潮社……五部

美术出版社……两部

光文社、早川书房、河出书房新社、新潮社、蔷薇十字社、东京创元社……各一部

事实上，涩泽近半数的作品都由桃源社出版。这个数目没有涵盖新旧两版《萨德选集》，实际的数字在这之上。成为涩泽迄今为止工作之集大成的最初的著作集由桃源社出版，属于水到渠成。

《集成》的策划本身由矢贵提出，各卷构成最终由涩泽自己决定。单行本未收录作品的取舍全部由作者本人负责。《快乐主义的哲学》被舍去，《萨德复活》《神圣受胎》《性爱人》等一部分单行本经过拆散和整理。

内容宣传册里，石川淳、稻垣足穗、埴谷雄高、三岛由纪夫这些铮铮文士恳切的推荐文，乃是压卷之作。"即便全日本的人都不认同我，有这四人认同我也就够了。"涩泽说道。

在这里，我将援引题为《颠覆了读书界的男人》的稻垣足穗的推荐文：

涩泽龙彦，将他左手的手套翻了过来，原封不动戴在

左手上。接着将右手的手套翻卷包裹住右手。值得注意的是翻过来的手套未经调换，只是以翻卷的状态戴在同一侧的手上。毫无疑问，他就像这样进行自己的工作。似乎涩泽龙彦的名字在世上出现以来，读书界的嗜好在根本上发生了变化。我将其视为"时间性思考"（风俗与人情）被置换为"空间性思考"（物体与精神）的证据。

"我们需要站上世界的顶点，再度向群星宣战。"

这是未来派的话语，我不禁感到，我正处在它所预见的令人惊愕的黎明中。不妨一跃而起，先将《涩泽龙彦集成》全六卷放在身旁吧。我不是会为自己不愿读的全集吹捧的人，这点正如诸卿所知。

下文将援引矢贵笔下的《刊行寄语》中的一部分：

置身于眼下混沌的文学界，一个人悠然地创造恢宏的梦的宇宙的稀有之士中，有涩泽龙彦氏。

作为人类的夜之思想的博大探究者，涩泽氏通晓西欧中世纪魔道的奥义，沉潜于萨德侯爵的巨大哲理。可谓真正的魔术师。瘦削潇洒，与左手握住的烟斗上腾起的紫烟一同谈论泰西异端的肖像；热爱世纪末绿色的色调，且用透彻的目光缕析今日危机情况，他以把萨德的作品移译为考究的日语的工作为开端，还在研究、评论及创作上，自在地驾驭着典雅而尖锐的魔笔。

矢贵的这篇文章，似乎囊括了当时的读者与世人对涩泽的印象。

第一卷由种村季弘和土方巽首先在黄色纸张印刷的所附别册上执笔，此外还聚集了加藤郁乎、松山俊太郎、池田满寿夫、岩谷国士、出口裕弘等人，给人以涩泽的亲密友人共同出演之感。第三卷的所附别册中，作为《集成》的书评刊登于《共同通信》的匿名文章被节选后再次收录，这篇匿名书评，出自冢本邦雄的弟子、歌人须永朝彦①之手。

对涩泽而言成为"一个分水岭"的这套《涩泽龙彦集成》，将内文分成上下两列排版，收录了更多文章，因此价格相对低廉，得以将涩泽的著作广泛地渗透到迄今为止未能阅读昂贵的单行本的年轻读者群体中。对于在70年代初识涩泽的一代人来说，通过这套七卷本的《集成》开始喜爱阅读涩泽的读者有很多，这一代人对这个系列可谓感情深厚。作为杂志《幻想文学》的主编，在涩泽去世后编纂了两册别册《涩泽龙彦特刊》的东雅夫写下的追忆文章，我想将其作为这一代人的代表转录于此。1958年（昭和三十三年）出生的东雅夫，那时应当还是小学六年级的学生。

我的涩泽体验，始于我幼年时代居住的横须贺市的繁华街道，那是平坂书房站前店的二楼，走上楼梯，在我右手边摆放着文学全集的书架一角，散发着异样气息的桃源

①　须永朝彦（1946—2021），日本诗人、幻想小说家、评论家。

社版《涩泽龙彦集成》就在那里。

时值1970年，记得那时我在前往学生塾的巴士站台听到三岛由纪夫自杀的消息，不知为何心里感到一阵慌乱。

像是被蛇盯上的青蛙，或是被拉斯普京看中的贵妇人，我花光零用钱，将它们一卷一卷搬回了家，回忆起耽读细小的铅字紧凑地排成上下两列的这部书的那时，我感到墨绿色织布装帧使用的涂料散发出来的独特香味，正掠过鼻尖。

神秘主义、情色、怪奇幻想文学与美术……在不足一个月的时间里，我像是被绑在改造人专用的手术台上的本乡猛（假面骑士1号），六十年代的十年间作者编织的近乎全部的初期文学成就，都被集中植入我幼稚的头脑。我究竟理解了多少固然可疑，但那时的醍醐灌顶作用极大。那是世界观被彻底颠覆一般的体验。

（河出文库《妖人奇人馆》解说）

我同样无法忘记出现在东雅夫的追想中的野中友理的装帧。那是以绿色为基调的大理石风格的函盒，黑色硬织布上烫了绿箔和金箔的书籍。《集成》这一格调高雅的装帧在如今会被称为"哥特式"，它给人的印象过于鲜明，于是"涩泽龙彦的书＝野中友理的装帧"的形象深入人心，而令人意外的是，《集成》以前野中没有为涩泽的书做过一次装帧。话虽如此，但二人合作的书，有由佐佐木桔梗的PRESSE·BIBLIOMANE[1]出版的《狂王》。这个1966年（昭

---

[1] 由佐佐木桔梗（1922—2007）创立的刊行豪华限定本的出版社。

和四十一年）刊行的限定二百七十五部的豪华本，在涩泽的文章中插入了野中的九幅拼贴画作品。

如同前章所述，涩泽与野中相遇可以追溯至1959年（昭和三十四年）。关于那时的涩泽，野中这样回忆道：

> 当时的涩泽，在有某种倾向、想要做成某些事的人之间，是名字如同暗号般被常常念起的存在。仅是阅读涩泽龙彦，并且喜爱他，便会感到明白了那人的什么，就像是一种秘密结社似的默契……
>
> （《兄之力》）

3月，平凡出版（如今的 MAGAZINE HOUSE）发行了以年轻女性为受众的杂志《anan》。在杂志艺术总监堀内诚一的邀请下，从创刊号至九月号，涩泽在杂志上连载了以夏尔·佩罗的童话为中心的法国短篇译作。

3月30日的《读卖新闻》上，涩泽发表了对从这个月14日起开始举办的大阪世博会的批评文章《厌恶世博——或是"远人之爱"的谏言》。

同日，涩泽出席了细江英公《镰鼬》的艺术选奖文部大臣奖的获奖纪念庆祝会。地点是赤坂公主酒店。这部摄影集的拍摄对象是土方，出版社是现代思潮社。加藤郁乎、横尾忠则、高桥睦郎、田中一光、川仁宏、土方巽、泷口修造、三好丰一郎、细江和涩泽各自看向不同方向的著名合影，就是在这时拍摄的。

4月，编著的《性的深渊》由学艺书林出版。是先前的"全集·现代文学的发现"的姐妹版"全集·现代世界文学的发现"的第七卷。

从这个4月起，开始在自家二楼增建书库和新夫人的房间。6月竣工，房子扩建至三十八坪左右。

5月8日，在赤坂的法国餐馆 SHIDO 举行了涩泽与三岛由纪夫之间的对谈《足穗的世界》。与1968年（昭和四十三年）关于镜花的对谈一样，都是关于中央公论社"日本的文学"丛书所附别册的工作。

三岛在这时，对涩泽说了这样的话："我恐怕会在接下来的人生中表演愚蠢的行径。所有日本人大概都会当我是傻子，视我为笑柄。[……]要是做了那样的事，被日本的诸位笑话，只有一人会懂我，那人就是足穗，我有这样的确信。"

自7月起，《恶魔出没的文学史》开始在《尤里卡》上连载。持续到1972年（昭和四十七年）1月为止，是共计十四回的不定期连载。包括年初开始的《幻想的肖像》和《女人的逸事》连载，这一时期每个月有三个连载。

堂本正树的出版纪念会于7月3日在新宿的中村屋举行。与松山、种村、内藤三津子、四谷西蒙一同出席的涩泽，这一天在位于洗足^①的加藤家留宿，翌日睡在位于目黑的土方家的道场，回家时已是5日。

8月31日，与新夫人龙子一起，踏上对涩泽而言是第

---

① 东京都目黑区的地名。

一次的海外旅行。那是海外旅行仍极为罕见的时代，在羽田机场，除了母亲节子和家人，土方、种村、岩谷、野中、堀内诚一、谷川晃一等多位友人前来送行。

当天需要出席楯会例会的三岛由纪夫，身着楯会显眼的制服前来告别。喝了威士忌后醉醺醺的涩泽，若无其事地拿起三岛放在沙发上的帽子戴在头上，开玩笑说："向来以懒得出门而闻名的我，终于站起身来，说我要去欧洲了。说不定飞机会坠落，而我可能会奇迹般死掉呢。"三岛一如既往，豪放地哈哈大笑，接着说，"涩泽没有用"，向龙子再三叮嘱外国旅行需要注意的琐事。

夫妇这时的旅程，详尽地记录在涩泽死后发表的《滞欧日记》中。

涩泽夫妇停留的国家有捷克、奥地利、西德、比利时、法国、西班牙、瑞士、意大利、希腊等。涩泽向来是厌恶旅行的书斋派，在长达两个月的首次欧洲旅行中，大多数时间都消耗在前去观看他通过书籍熟稔于心的那些心爱的美术作品上。回国后，对路德维希二世的新天鹅城堡，以及通过芒迪亚格的文章熟悉的博马尔佐庭园等地的印象，都作为纪行文发表。

旅行期间，9月，吉尔贝·莱利的研究著作的译本《萨德侯爵——生涯及作品研究》由筑摩书房出版，10月，于勒·苏佩维埃尔的《偷孩子的人》的译本由蔷薇十字社出版。后者是在他作为作家初出茅庐的1955年（昭和三十年），虽出版无门依然译出，此后将原稿交给旧制浦和高校时代的恩师平冈升保管的长篇小说。

11月7日回国。

回国后不久的 11 月 25 日，三岛由纪夫和楯会的成员四人一同拥入市谷的陆上自卫队东部方面的总监室，在阳台上发表解说后，切腹自尽。

这次事件的经过，是晌午过后种村打电话到涩泽家告知的。龙子慌忙打开电视，叫醒正熟睡的涩泽。涩泽喃喃地说了"啊，果然"之类的话，朝着在自己身旁心神不安的年轻妻子说："我不会做那样的事。"

两天后的 27 日，涩泽、龙子和土方夫妻一同去三岛府上吊唁。

事件过后不久的 12 月 12 日，野坂昭如来访，二人进行了即将刊登在《周刊读书人》新年号上的对谈。题为《情色·死·反乌托邦》的对谈从三岛自戕一事开始，不料初次见面的涩泽和野坂二人都喝得烂醉，最后，他们对周遭发生的一切浑然不觉。

第七章　胡桃中的世界（1971—1975）

1975 年 2 月，与龙子，在网走、知床旅行（四十七岁）

1 | 前川龙子 / 昭和四十六年 / 三岛事件的余波 /《暗黑的童话》/《黄金时代》/ 石川淳 / 阿拉伯旅行

涩泽龙彦的新伴侣前川龙子生于1940年（昭和十五年）。通过名字我们便可以获知，她也出生于龙年，比涩泽小十二岁。

龙子是前川家的长女（有一个弟弟），在镰仓长大，当时也住在离涩泽家不远处，与涩泽邂逅是在1967年（昭和四十二年）。从早稻田大学人文学部毕业后，过了两年左右进入新潮社工作的前川，那时是《艺术新潮》的编辑。

龙子喜爱包括棒球在内的体育项目、车、帆船，憧憬体育栏目作者类的工作，与所谓文学少女正相反，是外向且活泼开朗的女性。她不仅在婚前没有读过涩泽的书，甚至曾是石原裕次郎的粉丝。关于初次见面时对涩泽的印象，她说："不是我喜欢的类型。"

在龙子的著述《与涩泽龙彦在一起的日子》（2005）中，关于她和自1969年（昭和四十四年）春天起关系骤然亲近的涩泽的结婚经过，她这样写道：

结婚的契机是出国旅行。听友人说要去法国旅行，我突然也想去，我想去稍稍学习些艺术，就对公司的上司说我想休假一个月。却受到呵斥："给你付工资我都觉得生气。我还想每个月领津贴呢。而你竟说想休息一个月。想去的话就辞了工作再去。"我把这些话告诉涩泽，他说："啊，那这世界上的任何地方我都会带你去，快把工作辞掉。"这或许就是求婚的话。

在上一章提到的1969年（昭和四十四年）6月涩泽去京都旅行，那次旅行就已有龙子同行。拜访稻垣足穗家时，在酒席间望着开朗且一直笑吟吟的龙子，足穗说："你啊，是蒙娜丽莎那样的人呢。"

结婚前的某日，两个人约定在银座的画廊见面。等到日薄西山涩泽也没有出现。怒火中烧的龙子回来后去涩泽家，"可是我很困，就去睡了"，涩泽若无其事地说。"欸！你的睡眠和龙子哪个更重要？"气愤地质问后，涩泽平静地说："可是，这个宇宙以我为中心旋转，此后也是一样。为这样的事生气就太奇怪了。"

对世上竟有这样的人而感到震惊的龙子，怒气瞬间消散，笑了起来。

如同上一章所讲，结婚是在1969年11月24日。涩泽四十一岁，龙子二十九岁。没有举行婚礼，双方亲属聚集在镰仓大佛附近的中华料理店华正楼吃饭。翌年1970年，如同前文所触及的那样，兼作新婚旅行，两个月里二人在欧洲各地旅行。

在这里也不得不提到一件事：为了大学时代加入过机动车社团且擅长驾车的龙子，涩泽家买了辆汽车。

*　　　　　　　*　　　　　　　*

1971年（昭和四十六年）——

轰动日本的三岛由纪夫切腹自杀事件的余波仍在持续。

涩泽的两篇三岛悼文《悼念三岛由纪夫》和《欲窥见绝对……》，分别发表于《尤里卡》一月号和《新潮》二月号。

2月20日，右翼人士的威胁信送到涩泽那里。信里写道，将三岛由纪夫的死视作将情色推向极致的观点令人感到不快，于是要杀了他，云云。

对于涩泽而言，他公开称未曾信奉过三岛的思想，说"政治"不过是三岛的不在场证明，媒体和世人躁动不安地探讨的三岛事件的政治、意识形态一面，全无关注价值。

不信任意识形态这点，我想三岛在我之上。三岛才是最激进的反意识形态者。也就是说，关乎虚无主义的深度。三岛自戕被讲得扑朔迷离，但在我看来，与世人接受的常识性见解相反，它意外地是单纯的问题。深远却单纯，单纯得近乎可怕。直截了当地讲，这正是虚无主义与激进主义的问题，不超乎也不小于这个范畴。

（《追溯原型的形象思考》）

在涩泽家书斋的一隅，保存了大量当时将三岛事件做成特集的周刊杂志和报纸。似乎可以窥见无可替代的尊敬先达、同时也是送自己走到世人面前的恩人三岛之死，带给涩泽无可估量的冲击的痕迹。

"如果说昭和二十年的战败报道，是宣告我少年时代终结的划时代事件，那么昭和四十五年的三岛由纪夫的死，对我而言是不亚于前者的划时代事件。"（《〈三岛由纪夫追忆〉后记》）1983年（昭和五十八年），涩泽如是慨叹。

土方巽、池田满寿夫、野中友理三人在目黑的池田工作室喝酒时，土方提议道："涩泽对三岛自戕的事没有说真心话。我们去镰仓质问他吧。"三人在夜里前往北镰仓，土方言辞激烈地诘问涩泽，涩泽怒视三人："不可以开玩笑。三岛是我的朋友。这就是全部事实。你有意见吗？"他语调激昂地回应。具体年月不明，大约是发生在这一年的事。

面对批评三岛之死的人，涩泽变得感情用事的逸事，小学时的朋友武井宏，以及松山俊太郎都曾提及。

与三岛在公私两面都关系紧密的堂本正树，在涩泽家这一年例行的新年会上，与松山和加藤郁乎等一同出席。堂本认为，导致过去涩泽也肩负了一部分任务的20世纪60年代前卫艺术运动迎来终结的，便是三岛事件以及随后发生的浅间山庄事件等一系列与日本赤军一派有关的事件。堂本如此讲述道：

　　让那个时代迎来终结的，直接地讲，是三岛的切腹和赤军派的清算。但这样讲未免大煞风景。大家都不想看到事情如此发展。我是说赤军派互相残杀。事情败露时的不愉快，不是憎恨，而是不愉快。只是因为我们做了我们说过的事，事情就会发展成那副样子。大家都想知道为了不至如此发展应该怎样做，迷惘地伫立在原地。我想三岛和赤军派，以及当时各种不定形的艺术作为噩梦，掳走了我们的梦。于是我们醒了。大家都意兴阑珊，看到了那般不想看到的事，大家都被震慑得几欲死去。

　　　　　　　　　　　　　　　　　　　　(《土方巽 绝后的身体》)

　　作为同行和在涩泽近旁的盟友，种村季弘将20世纪70年代前期，一个季节迎来终结，新的季节悄然开始时的涩泽的生活，以及发生在他周围的变化总结如下：

　　三岛的死、此前与前夫人澄子的离婚以及《血与蔷薇》的休刊，像是终结了一个季节。宴后的寂静蹑手蹑脚地迫近。与《血与蔷薇》时代频频见面的友人们之间的往来也戛然而止，除了偶尔在龙子夫人陪伴下去国内外旅行，他几乎都蛰居北镰仓。

像是在最后的大型烟花升空之后，《血与蔷薇》时代的友人们四散开去，归隐旧巢。矢牧一宏在数年后离开人世。加藤郁乎几近封笔，流亡到宗教团体中。土方巽也不知云隐何方。石井恭二的现代思潮社，在漫长的社内争端后，事实上已经陷入开店也没有客人上门的休业状态。像是在六十年代的极端充血后一举放血，衰弱与颓废飞快地悄然迫近。

（《涩泽龙彦·那个时代》）

这是只有种村才能写成的出色的归纳总结，但它也与种村的特质相符，有几点细微之处的谬误，在此补足。

与内藤三津子一同着手制作最后的"大型烟花"《血与蔷薇》的矢牧一宏，1974年（昭和四十九年）与内藤二人一起创设了新的出版社出帆社，但这次也过了两年左右便歇业了。矢牧早逝，涩泽也曾写过悼文。但矢牧病倒是在1983年（昭和五十八年），并非"数年后"。

加藤郁乎于1973年（昭和四十八年）从日本电视台离职，因真光教的相关活动开始引人瞩目。他与涩泽之间1960年般频繁见面的交际，在70年代前半期仍在持续，到70年代后半期才戛然而止。而且他在这期间仍在执笔，仍有著作出版，"几近封笔"不符合实情。

土方巽以1968年（昭和四十三年）的公演《肉体的叛乱》

1971年的新年会，于北镰仓的家。左起依次为涩泽、四谷西蒙、加藤郁乎、松山俊太郎、高桥睦郎

为顶点，1974年以后便不再登上舞台。如种村所写的那般"云隐"了，土方从1978年（昭和五十三年）起，似乎开始回避与涩泽等友人见面。

石井恭二的现代思潮社，鼎盛时期有二十多名员工，70年代初期社内发生了劳动争议，有大半员工辞职。出版物种类也随之锐减。最后到1972年（昭和四十七年），便再没有涩泽参与的新出版物。

1971年（昭和四十六年）1月2日，前文中提过的涩泽家惯例的新年会如期举行，松山、加藤、高桥睦郎、四谷西蒙等人来访。

同月7日至9日，去金泽旅行。龙子以外，同行人还有住在近处的平凡出版编辑部的年轻友人加藤恭一、加藤文子夫妻两人。

2月，《妖人奇人馆》由桃源社刊行。虽是承接《异端的肖像》的一种西洋奇人列传，但因发表媒体是介于纯文学和大众小说之间的小说杂志，与《异端的肖像》相比，是更为轻快的读物风格的笔触。然而，如今翻阅目录，在该书中登场的诺查丹玛斯、卡廖斯特罗、帕拉塞尔苏斯，以及《异端的肖像》中探讨的路德维希二世和吉尔·德·雷，他们的名字如今在日本已家喻户晓。我时常为涩泽领先于时代十年以上的感性感到惊讶。

4月2日，为了出席故人杉田总的周忌，以及其遗稿集《龙神渊的少年》的出版纪念会，涩泽乘上龙子的车与种村一同前往长野。

住在长野、担任高中教师的杉田总，是笔名为花藻群三的诗人，同时他也是在1968年（昭和四十三年）制作油印本《涩泽龙彦著作目录》的人。一年前（1970）的4月，他因小肠肿瘤病逝，离世时年仅三十三岁。涩泽那时也与种村一同出席了葬礼。《龙神渊的少年》收录了杉田尚未发表的小说与随笔，是死者家属刊行的私家版遗稿集。涩泽与生前的杉田未曾谋面，仍参加了葬礼，为这部书写下序文。

涩泽的这篇序文，如今阅读，有令人深感逾常的部分，是提及杉田的死的段落。文章虽长，仍引援如下：

　　然而，病中的他的文章中，最打动我的，是他竭尽自我意识最后的气力，试图将压倒性地猛扑向自己的苦痛与疾病，视为客观事物。在肉体时时刻刻濒临破灭的危险中，他的精神不忘幽默，以幽默为武器，抵抗这不祥的破坏。

比如，他说自己"变身成为吸血鬼"，自己的存在不过是"附着在污秽物上的生命"。对肠道穿孔，肠粘连闭锁，靠输血勉强维持体力活下去的人而言，这想必是实感。然而，将实感表达为语言，整理成文章时，他确乎战胜了病魔。他的幽默，守护了精神的自立性。我深深地认为，他将生涯献给文学非属徒劳。

种村自然也留意到单行本未收录的这篇涩泽的文章，在涩泽去世后不久发表的文章中，他引用了上文中的序文，写道："假托他者之死，预先完成了写给自己的悼词。"(《与某位书志学者在一起的涩泽龙彦》)

杉田的丧事过后，涩泽与龙子在秩父的种村家留宿了一夜。种村在这一年3月，辞去了都立大学和国学院大学的工作。

4月11日至15日，京都旅行。13日前往生田耕作家拜访。

5月，《暗黑的童话》由立风书房出版。这是涩泽编纂的一册日本幻想文学选集，收录了以泉镜花、坂口安吾、石川淳为首的十六人的短篇小说。

如同前文所述，不妨说这部著名的选集《暗黑的童话》是两年前的《怪奇小说杰作集4》的姐妹版。该书刊行时还

是学生的山尾悠子 [①] 在2016年（平成二十八年）写道："如果涩泽龙彦再编一本选集，写出可以录入其中的作品，是我的目标。"

通过山尾的一言便足以觉察，在"风格偏重主义"的旗帜下，以洁癖般的鉴赏眼力选录作品的这部幻想小说集，为当时年轻读者们的美学意识带来了无可估量的深远影响。另外，涩泽在十年前的《推理小说月旦》里极力主张"世人应该加深对这位作家力量的认可"，而日后坚实地推动了这位日影丈吉的复活的，正是收录了这位当时几近被遗忘的作家日影的名品《猫泉》的《暗黑的童话》，这是毫无疑问的事实，大坪砂男和椿实 [②] 的作品后来得以集成全集出版，与涩泽的这份工作也绝非没有关联。

状况剧场的排练室"乞食城"在山中湖平野村竣工，落成纪念派对于7月举办。土方巽、种村季弘、松山俊太郎、高桥睦郎、金子国义、吉冈实、白石嘉寿子、细江英公、铃木清顺、大岛渚、石堂淑朗、岚山光三郎、村松友视等，是聚集了五十余位知名人士的豪华阵容。酒宴似乎从7日起持续了三天三夜，涩泽和龙子从5日到10日一直留宿于山中湖酒店，仅参加了7日的活动。

山口猛的《红帐篷青春录》中，可以读到有关这时的涩泽的记述：

---

① 山尾悠子（1955— ），日本小说家、幻想文学作家、歌人。
② 椿实（1925—2002），日本小说家。

涩泽的妻子龙子和出版了《束腰小仙》的现代思潮社的著名编辑川仁宏玩追丁株[①]，大家随意地组成小团体一块儿喝酒。主宾土方、涩泽、松山、种村围绕着唐饮酒，唐和土方的争论眼见着要发展为斗殴，被涩泽阻止。接着涩泽和松山唱起军歌，歌声无休无止地持续着。

次月7日，在位于国分寺的笠井叡的"天使馆"落成纪念派对上，涩泽也露面了。

这个7月，《黄金时代》由蔷薇十字社刊行，皮耶尔·德·芒迪亚格的小说《大理石》的译本由人文书院刊行。后者是与高桥和子的合译。

作者亲自负责装帧的《黄金时代》，是再次收录前年《涩泽龙彦集成》中大半作品的单行本。原本是以"黄金时代"为思想理念编辑的自选集，而《朝日新闻》的文艺时评上，石川淳推介了该书。对当时在世人看来像是"小众"国王的涩泽而言，被主流报纸的文艺时评论及本身就属于特例。石川淳的书评中，8月30日和31日连续两回专门探讨涩泽的这部书。

涩泽与石川淳早有交流，二人间的往来始于1962年（昭和三十七年）赠送译作《逆流》之际收到的感谢信。涩泽自学生时代起就是石川淳小说的热心读者，涩泽的第一部出版物《劈叉》的赠书名单中也有石川的名字。初次会面大概

---

① 一种使用花牌的赌博游戏。

是《血与蔷薇》时代的 1968 年（昭和四十三年）。涩泽提起他想见自己敬重的石川淳，内藤三津子帮忙联络，石川回应说，十分乐意与涩泽交谈。二人在赤坂的 AKAHANE 旅馆的和室内，与内藤和矢牧一起饮酒谈天三个小时。

石川淳在《涩泽龙彦集成》刊行之际（1970）写了推荐文，涩泽也在 1971 年 7 月为学习研究社刊行的文学全集"现代日本的文学"的石川淳一卷写下长篇的解说。

9 月 18 日，作为解说文的答谢，涩泽受到石川淳的招待，在镰仓会餐。在这部文学全集的所附别册中与石川对谈的丸谷才一①也在席上。石川与丸谷二人回去时顺路造访了北镰仓的涩泽家，喝得烂醉的涩泽大声对丸谷喊"不对！"或是"电话！！"而以耍酒疯著称的石川淳，却说着"唉呀涩泽"，自始至终都在劝和。

20 日，与石川淳会餐的两日后，涩泽出发去黎巴嫩、伊拉克和伊朗旅行。10 月 2 日回国。

这次旅行是出于《太阳》编辑部的策划案，即所谓取材旅行。原本接到委托的是吉行淳之介，提不起兴致的吉行答道："那涩泽更合适，去问问他吧。"涩泽起先也不愿去，但可以目睹"巴比伦空中花园"令他动心。想必也是受到年少时喜爱阅读的《一千零一夜》中的图景带来的影响。那是从日本来看，中近东的国度远比今日更为遥远的时代。

这次旅行没有龙子相伴，令人惊讶。涩泽独自一人于

---

① 丸谷才一（1925—2012），日本小说家、文艺评论家、翻译家、随笔家。

20日从羽田出发，第二天一个人在贝鲁特①散步。22日在巴格达机场与摄影家石元泰博，以及当时《太阳》的主编祐乘坊英昭二人汇合。这次旅行的见闻，写在了这一年《太阳》十二月号的题为《一千零一夜物语纪行》的文章里，在纪行文中一路同行、作为Y君登场的祐乘坊，便是后来成为作家的岚山光太郎。

在巴格达碰头前，不大适应独自旅行的涩泽在异国他乡感到万分紧张。在熙熙攘攘的机场，喜欢恶作剧的岚山扮成阿拉伯人，说着"阿布达伽·巴伐利亚·穆罕默德阿里。巴格达·哈桑·萨德侯爵"一类的假阿拉伯语向他搭话，同时猛地擒住涩泽的手臂。"不行了，我要回日本。"涩泽那时想道。

到了1990年（平成二年），岚山发表了记录与涩泽间的旅行回忆的随笔《泥之王宫》。涩泽在伊斯法罕②买下了后来装饰在北镰仓客厅里的星盘（天文观测仪），他用抒情的笔调记下那时的事："我把沉重的青铜制星盘夹在腋下，在伊斯法罕深夜的街市上摇摇晃晃，心灵在《一千零一夜》时代的中世纪漫游。那时繁星璀璨。"而据岚山所言，被迫扛着沉重的古董，气喘吁吁地在夜里的街市上行走的人，事实上是岚山。

如同先前的久生十兰搬家和拜托三岛写推荐文的事，

① 黎巴嫩首都。
② 伊朗城市。

涩泽的文章里，常常含有像这种出于虚荣的"虚构"。有几个具体事例，被妹妹幸子在著作中指出。

从中近东归来后，涩泽打电话给吉行，哭诉说"无论走到哪儿都是没有铺好的路，屁股都磨破了，倒了大霉"。

10月25日至29日，首次到山阴旅行。这次归来时，他同样顺路去了京都的生田耕作府邸。

作为《尤里卡》的临时增刊号，涩泽龙彦任责任编辑的《特集·情色》于11月出版。涩泽以青土社编辑三浦雅士准备的名单为基础，完成了所有执笔者的甄择。刊行后，三浦去拜访北镰仓的宅邸，涩泽开口便是"足穗批评这期特集号，说那不过是书斋的情色。有趣得很，就如他所说"，甚是喜悦。

这个月25日，三岛由纪夫的周忌在丸之内的皇宫酒店举行，涩泽在那里遇到了他终其一生只见过一次的矶田光一。那时矶田说："三岛先生离世后，涩泽先生执笔的文章，不是也发生了一些变化吗？"

同月27日，在新宿花园神社会馆，加藤郁乎的出版纪念会隆重举行，涩泽与龙子一同出席。

这次活动留下一张细江英公拍摄的八十位参加者同聚一堂的著名照片。涩泽20世纪60年代交友关系中的核心成员，几乎全部出现在照片上。加藤、土方、松山、种村、池田、唐、西蒙、出口、岩谷、矢川、野中，此外还能看到泷口修造、吉冈实、中井英夫、内藤三津子等面孔。他们都像在拍摄同窗会的照片一样，露出温和的笑脸。然而，稻田奈绪美指出，照片中沉静的脸不是也悖论般地证明了如下的事实吗？即60年代他们之间浓厚的朋友关系，或者说是共犯关系，已经成为过去。（《土方巽 绝后的身体》）

这年涩泽四十三岁。

2｜昭和四十七年／鹫巢繁男[1]／《偏爱作家论》／《恶魔出没的文学史》

联合赤军的浅间山庄事件发生的1972年（昭和四十七年）——

1月11日，在新宿的厚生年金会馆小会堂观看笠井叡的舞蹈会。

3月2日，探访居住在神奈川县鹄沼的林达夫。此行的目的是借纹章诗相关的书籍。

在两章前提到，涩泽与林达夫的交游始于1967年（昭和四十二年），那是仅限于书信与电话的关系，在这时实际上是第一次碰面（其后二人也只见过一次）。龙子将从台湾旅行带来的夜来香花束，作为礼物送给了喜爱植物的林。这时从林达夫处借来的阿尔贝－玛丽·施密特[2]和米哈伊

---

① 鹫巢繁男（1915—1982），日本诗人、俳人。
② 阿尔贝-玛丽·施密特（Albert-Marie Schmidt，1901—1966），法国语言学家。

尔·巴赫金①的著作，运用在来年执笔的《关于纹章》(收录于《胡桃中的世界》)中。

这一年3月，24日美术家饭田善国②一家来访，27日音乐家矢代秋雄③一家来访，他们都在涩泽家前方的空地里采摘笔头菜。涩泽甚是喜爱笔头菜，常用油煸炒，或是做成佃煮④用来下酒。笔头菜焖饭也是他爱吃的。

5月，《女人的轶闻》由桃源社刊行。装帧与插画均由加纳光於负责。

6月3日，这一年3月从北海道移居埼玉的鹫巢繁男的定本诗集出版纪念会，于日本出版俱乐部召开。涩泽与高桥睦郎、种村季弘、加藤郁乎等，均是发起人。涩泽在这部《鹫巢繁男定本诗集》的宣传册上撰写了一篇文章，作为还礼，收到了鹫巢送来的细身宽突鳕。虽然涩泽通过稻垣足穗的狂热支持者、友人木之内洋二，对这位长年居住在札幌的"形而上学诗人"鹫巢的存在早有耳闻，但与他见面这时应是第一次。关于出生地横滨的魔窟，鹫巢倾注深厚的蕴蓄，用愉快的口吻讲述的故事令涩泽入迷。第二波聚会再度把酒言欢后，涩泽与鹫巢、安东次男一同前往加藤家，聊到深夜后留宿了一晚。

6月10日，美国的日本文学研究家约翰·内森来访，涩

① 米哈伊尔·巴赫金 (Mikhail Bakhtin，1895—1975)，苏联文艺理论家、批评家。
② 饭田善国 (1923—2006)，日本雕刻家、现代美术家、诗人。
③ 矢代秋雄 (1929—1976)，日本作曲家。
④ 用小鱼、贝类、海藻等食材，加入酱油、味精等调味料炖出的食物。

泽接受了三岛由纪夫传相关的访谈取材。

次月的 7 月 17 日，在银座观看内森夫人小田真由美的个展，与石川淳不期而遇。石川淳领着涩泽和龙子去并木大道的西餐厅胡椒亭，对店主介绍说："这位是涩泽，请多关照。"此后，涩泽常去胡椒亭。

《偏爱作家论》在 7 月出版。负责装帧的长尾信这一署名，是高丽隆彦①的本名。

由三浦雅士策划的这本书，是青木社第一部涩泽的单行本。这部书中提及的作家有石川淳、三岛由纪夫、稻垣足穗、林达夫、泷口修造、埴谷雄高、吉行淳之介、鹫巢繁男、野坂昭如、花田清辉、安西冬卫、泉镜花、谷崎润一郎、日夏耿之介、江户川乱步、久生十兰、梦野久作、小栗虫太郎、橘外男这十九人。后记中涩泽写道："这些是我喜爱的近现代日本作家，至于不喜欢的作家，我不曾写过文章，所以自始至终都是致敬。"

涩泽在该书中痛快地声称："我原本就有热衷风格显著、不落窠臼的作家这一癖性，只要风格出色且闪光，那么其他缺点我都能轻易放过，我就是这样的人，向来都是这样想的。"加藤郁乎则评论称《偏爱作家论》是"彻底以文体论为中心的漩涡状宣言"，"严苛的文明批评家写就的挚爱的文体批评书"。(《图书新闻》)

生田耕作还在杂志《海》上撰写了它与《恶魔出没的文

---

① 高丽隆彦（1947—），本名长尾信。日本编辑设计师、装帧家。

学史》两本书的书评，陈述了如下意见：

> 他的姿态中缺乏时评要素，给我留下深刻印象。批评家涩泽龙彦只探讨他嗜好的对象。在那些一接到委托，便不问青红皂白、玉石混淆，不作区分就大肆评论，用不得要领且不负责任的糊涂文章填满纸面，忘乎所以地数着客席座位的利欲熏心多才多艺的批评家横行于世的文坛，像他那样就凭一支笔杆谋生，却不迎合时代潮流，贯彻自己的偏好，挨过漫长年月，那些人绝不可能做到。

生田指出，涩泽强烈的"赞赏者"（Admirer）资质，若在日本找寻先例，则与"继承了上田敏①、日夏耿之介、矢野峰人学风的日本英文学界诸位逸才"相近，他接着写道："以上诸位均学识过人，有明敏的鉴赏眼力和卓绝的文章技巧，这究竟揭示了什么？"

这部《偏爱作家论》也为当时的年轻读者的趣向与感性带来深远的影响，名噪一时。1976年（昭和五十一年）及1978年（昭和五十三年）有所增补，增添了关于冈本加乃子、中井英夫、吉冈实、南方熊楠②和堀辰雄的章节。

8月，编著《受虐者们》由蔷薇十字社刊行。这部书是涩泽选编的法国异色③小说家、画家罗朗·托波尔的漫画。

---

① 上田敏（1874—1916），日本评论家、诗人、学者、翻译家。

② 南方熊楠（1867—1941），日本博物学家、生物学家、民俗学家。

③ 本书中"异色"，为别具特色、与众不同之意。

9月，编著《变身的罗曼》由立风书房出版。这是承接前一年由同社刊行的《暗黑的童话》的幻想文学选集，书中还收录了卡夫卡、安徒生和《聊斋志异》等外国作品。立风书房当时以"异色选集系列"为名，出版了数册文学选集，涩泽以外，筒井康隆和吉行淳之介也担任了编者。

10月，《恶魔出没的文学史——神秘家与狂诗人》刊行。以《尤里卡》上同名的连载为轴，增添了在其他杂志上发表的四篇文章。主要连载虽由青土社的杂志刊登，单行本却由中央公论社出版。除《快乐主义的哲学》这一例外，这是由大型出版社出版的第一部涩泽的作品。

这本书是探讨埃利法斯·莱维①、约瑟芬·佩拉当、彼得吕斯·博雷尔、格扎维埃·福内雷②等文学史上的"神秘家与狂诗人"的著作，除去萨德相关的文章外，涩泽有关法国文学的著作事实上只有这一册。正如文库版（1982）后记中所写的："这是我作为法语文学研究家的初心，一部纯然探讨法国文学的文集。"

关于这部书，种村季弘写了书评。

涩泽氏世界的远近感的独特魅力，在于无论是何等玄学的素材杂乱无章地簇拥成一团，它们中的每一个在与其他事物分离后，都不失明晰的轮廓，无论是在时间上何等

---

① 埃利法斯·莱维（Éliphas Lévi，1810—1875），法国密教家、诗人、作家。
② 格扎维埃·福内雷（Xavier Forneret，1809—1884），法国作家、诗人、剧作家。

具有现实意义的发言，嵌入其中时，都会失去其鲜活的时代性，轻而易举地与几个世纪前的事物并置，全体就如同鲜明的细密画般呈现于眼前，令人惊愕。童话般的中世纪与鲜活的现实若无其事地并置，这种历史的博物志式表达，还有时间的马赛克化的无政府状态，似乎向我们揭示了无意间回归野生状态的眼的快乐。

种村接着写道：

> 这无疑是因为涩泽在参考诸如米歇尔·福柯和吉尔·德勒兹这些当世流行的结构主义者文献的同时，引用角度及效果都与世上优秀的法语文学研究者大相径庭。
>
> （《周刊读书人》）

再介绍一则关于《恶魔出没的文学史》的书评。与涩泽的连载几乎在同一时期，西方浪漫派文学讲义《神话·乌托邦》也在《尤里卡》上连载，是英语文学研究家由良君美[①]的作品。

本书虽由轻快而味道极佳的文章连缀成篇，却道明了微贱之处，是可以真正找到惹人眷恋的小块纯金，以及隐藏在其后的苦涩的地方。如此悠然地陈说这一切，需要怎样可怕

---

① 由良君美（1929—1990），日本翻译家、英语文学研究者。

的修炼？可以说，这本书清晰地展现出了这一系列事物。

（《日本经济新闻》）

　　在这本书的后记中，涩泽写道："本书谈论的十多位西欧作家，大部分是日本未介绍过或是未知的作家。"其后，莱维、福内雷、博雷尔、拉斯奈尔、欧内蒂、德理文侯爵、蒙福孔·德·维拉尔、马索克都可以通过日文来阅读。这佐证了涩泽的先见之明，是为读书界带来深远影响的一个很好的例子。

　　这年10月，涩泽为当时还是新人的中国文学研究家中野美代子的评论集《作为迷宫的人类》作序。后来（1977），写下《恶魔不在的文学》的中野美代子，也写过多篇关于涩泽的文章。中野看似与涩泽有许多接触，但出人意料的是这二人一生都未曾碰面。

　　11月，在新宿文化艺术剧场，涩泽观看了土方巽的燔牺大踏鉴《为了四季的二十七个夜晚》。在新宿NOANOA的庆功宴（20日）上，涩泽抛给土方一束花。那一夜，涩泽与松山俊太郎、加藤郁乎一同留宿土方在目黑那宽敞的二层楼公寓，第二天的黄昏回家。

　　名为"日本文学中美与情念的水脉丛刊"的系列，从这一年12月至次年6月共出版了六册，第一卷《幻妖》的编纂由涩泽负责。

　　这部《幻妖》，也可以说是延续了《暗黑的童话》谱系的幻想文学选集，二十一篇收录作品中，从《堤中纳言物语》《今昔物语》《御伽草子》等古典文学中选择了十一篇，这是该卷的显著特色。

这本书成为涩泽参与的最后一部现代思潮社的出版物。

岁末的12月22日，内藤三津子的蔷薇十字社创立三周年纪念派对在赤坂的CRANE举行。虽说是对蔷薇十字社的印刷厂和装订厂的示威集会似的派对，以涩泽为首，松山、种村等多位相关作者纷纷露面，加藤郁乎担任主持。

*　　　　　*　　　　　*

说到与龙子结婚后，涩泽生活上公认的巨大变化，最主要的便数国内外旅行的显著增多。那么厌恶旅行的涩泽，仅在1971年（昭和四十六年）就三度出游，前往金泽、京都、山阴，1972年也三度出游。旅行的行程都详细记录在龙子的著作《与涩泽龙彦的旅行》（2012）中，此后的取材旅行之外的国内旅行，都略记于那一年的记述末尾，仅记录目的地和日期。

4月18日至22日，奈良、吉野旅行。

7月23日至29日，驾车去东北六县旅行。加藤恭一夫妻同行。恐山①是此行的主要目的。

9月11日至12日，日本平②旅行。同行人依旧是加藤夫妻。

---

① 青森县的火山。
② 静冈市名胜地。

3 | 昭和四十八年 / 青土社 / 别册新评《涩泽龙彦的世界》

第一次石油危机爆发的 1973 年（昭和四十八年）——

这一年 1 月，开始在《朝日新闻》上连载《今日映像》。7 月开始在《读卖新闻》上连载《空想诗画集》，像这样，涩泽逐渐成为从新闻大社接到连载工作的作者。

1 月，《小宇宙谱》开始在《尤里卡》连载，直至次年 1 月。单行本刊行时，题目改为《胡桃中的世界》。

《尤里卡》的连载，是从 1970 年（昭和四十五年）7 月开始的《恶魔出没的文学史》以后的第二回。当时《尤里卡》的主编三浦雅士，出生于 1946 年（昭和二十一年）。他在青森的弘前高中毕业后来到东京，在青土社创社的同一时期进入公司，1972 年（昭和四十七年）开始担任该杂志的主编。当时才二十岁出头的年轻主编，多年后成为知名文艺评论家的三浦，回忆起将从涩泽处拿到这份连载时，"心情像是上了天堂"（《直线的人 "SHIBUTATSU"》）。

《尤里卡》的出版商青土社，是曾在河出书房供职的清水康雄创立的新出版社。清水在河出书房 1968 年（昭和四十三年）第二次破产时辞职，于次年创立了青土社。那一年 6 月，《尤里卡》再度创刊。承接 1961 年（昭和三十六年）在四十岁时离世的伊达得夫[①]的《尤里卡》，是关于"诗与评

---

① 伊达得夫（1920—1961），日本编辑、出版人。

论"的杂志。

成为涩泽此后发表文章的重要平台的《尤里卡》，在《恶魔出没的文学史》刚开始连载时，是可以称之为小杂志的一百三十多页的轻薄杂志。《胡桃中的世界》刊载时，增加到二百页左右，与后来的杂志相比，长度缩短了约五毫米，宽度增加了约五毫米。

1月22日，举办了"林达夫著作集"获朝日奖的纪念派对，涩泽一个人出席。

4月，涩泽翻译的巴塔耶评论集《色情》由二见书房刊行。同月，以欧洲旅行的纪行文为中心的《欧罗巴的乳房》由野中友理负责装帧，在立风书房刊行。

《乔治·巴塔耶著作集》的第七卷《色情》，是涩泽耗费了三年岁月的苦心孤诣的译著。如第三章所见，涩泽在1958年（昭和三十三年）年初已在计划翻译该书。这部巴塔耶的主要著作，在1959年有另一位译者的日译本出版，然而它是"烂泥扶不上墙的糟糕翻译"，于是涩泽的新译得以问世。译著刊行当月的《朝日新闻》里，涩泽这样写道："翻译的问题，是出版社和译者的良心的问题，不应含糊。站在我的立场上，我向来做好了自我批评的准备。"（《翻译巴塔耶》）

4月4日，进行了与野坂昭如的对谈。这是《周刊朝日》的对谈连载《野坂昭如的清谈俗语》的第十八回。

涩泽一生中没有举办过演讲，出席对谈和座谈的次数也屈指可数。"理由很简单，一句话来说，太麻烦了所以讨厌。"涩泽写道。"我是写东西的人,我认为只需写文章便可,此外的服务都没有必要做。我想尽可能奢侈地生活。"(《关于奢侈》)

虽说如此,涩泽却接下了与三岛由纪夫以及野坂的这两次对谈。那时刚好临近野坂因"四叠半隔扇的裱糊纸事件"被当作"淫秽图书发布者"起诉的时期,与在这条路上走过的大前辈涩泽的对谈,也始终围绕这一话题。

在杂志卷首,作为"主人敬白",刊载了野坂的文字:

近来,知识分子一词,似乎不会带给人什么好印象。我想这实在是很严峻的,而见到涩泽,我向来感到平静。涩泽是本来意义上的知识分子、文化人,况且还是军歌高手,拥有出众的腹肌和背肌。

4月20日,在自家后山和龙子一同挖竹笋,两个人玩接球游戏。

8月,夏尔·佩罗的童话《穿靴子的猫》的翻译由大和书房刊行。作为收录了稻垣足穗、加藤郁乎、唐十郎、中井英夫的小说集的丛书"梦的王国"的一册,《美丽的时日》的画家片山健的插画令人印象深刻。书是接近正方形的精美一册。装帧出自供职于筑摩书房制作部的中岛薰(かほる)之手。

代替20世纪60年代的桃源社和现代思潮社,从70年代到80年代出版了诸多涩泽著作的出版社,可以列举出青土社、白水社、立风书房等小出版社的名字。大和书房也是这样的出版社之一，包括译书在内出版了涩泽的著作共计七册。平日里负责这些书的编辑山岸久夫，后来从大和书房独立出来，创立了王国社，到了1987年（昭和六十二年），再版了涩泽二十多岁时翻译的《猎鸭》。

这一年8月，蔷薇十字社破产。

9月2日，在涩谷西武剧场观看燔牺大踏鉴的《静谧的家》。这是最后一场土方巽个人作品的公演。

9月27日，足立正生来访。足立是《锁阴》的电影导演，也是若松制作所的多部粉红电影的制作者，在前一章中，他已经在种村的出版纪念会上作为与唐十郎展开激烈混战的对手登场。出发去巴勒斯坦前，足立为了归还从涩泽那里借来的书，与松田政男一同造访涩泽家。

足立通过石井恭二和松田，20世纪60年代初开始与涩泽有了交流，造访了几次小町与北镰仓的家。他作为电影作家，曾受到60年代涩泽思想的深远影响。足立回忆过这样一件事，涩泽在醉酒睡觉时，发出"汪汪"的狗的远吠，透过二楼墙上的窗子向着客人们不停地叫。

10月3日，前往日本青年馆大堂，观看麿赤儿等人的大骆驼舰①公演《阳物神谭》。这次公演是将涩泽的同名小说改编为舞蹈，涩泽也写下了舞台评论（《日铜罗花金龟与青空》）。因节目单中有记载"'铁匠'：涩泽龙彦"，吉冈

① 1972年以麿赤儿为中心成立的舞蹈团体。

实在日记里写到他原以为涩泽也会出演。

在这次公演中客串的土方巽，此后再没有站上舞台。

这年 10 月，《别册新评》的整版特集号《涩泽龙彦的世界》出版。

《别册新评》从 1973 年（昭和四十八年）到 1977 年（昭和五十二年），出版过野坂昭如、深泽七郎、唐十郎、筒井康隆、稻垣足穗、花田清辉等诸多异色文学家的特集号。这部《别册新评》，是第一次编辑了大规模的涩泽特集的杂志。

《涩泽龙彦的世界》中，包括了池田满寿夫、野中友理的拼贴作品，石黑健治的摄影作品在内的数十张照片刊载于卷首。正文部分再度收录三岛由纪夫、埴谷雄高、石川淳等与涩泽交情深厚的作家们的随笔和书评，矶田光一新写的作家论《凶器的纨绔主义》，以及中田耕治、种村季弘、高桥和子、四谷西蒙的座谈会和读者问卷调查，内容丰富翔实。成为杉田总遗作的涩泽评论《面露忧郁的革命家》也收录于其中。

因是 20 世纪 70 年代初期的刊行物，特集总体理所当然地渗透着浓郁的"异端与暗黑的涩泽龙彦"这一 60 年代的暗黑色调。涩泽在杂志卷首的印刷照中，竟全裸地表演了男根舞（根据内藤三津子所言，从《血与蔷薇》的印刷照那时候起，涩泽就好像有了暴露癖）。封面上涩泽的照片，也穿着罕见的红色民族服饰（似乎是内藤送的礼物）摆了造型。时至今日，对其意图感到疑惑的人想必不在少数，而这张封面的照片，记得在 1983 年（昭和五十八年），我初次造访涩泽家的时候，冠冕堂皇地装饰在客厅的门上。

《别册新评》刊行后的涩泽，在写给矶田光一的答谢信中，记述了自己这样的心境：

浑然不觉间，小生也登上中年的坡道，为了整理自己的心绪，表演了些脱衣舞秀（精神意义上的），想着把它当作我迈向下一阶段的落脚点。您能应允下这有些傻里傻气的策划，我深表谢意，尊兄的文章令我感慨万端。

为了这次特集，涩泽写下了《艾奥洛斯的竖琴》《三岛由纪夫的信》《涩泽龙彦自作年谱》，三篇新稿均是追考涩泽的生涯时不可或缺的贵重资料。

关于《艾奥洛斯的竖琴》，在第二章也有所触及，这是涩泽第一次积极执笔包含私生活要素的作品，是重要的随笔之一。

"直至近年，对于在文章中引入私生活杂事，我都顽固地自行禁止。这是年轻的我开始写文章时，为自己设下的禁忌。"涩泽在1979年（昭和五十四年）写道。"而近来，我倾向于令那个禁忌趋于缓和，并非我的洁癖随着年龄日渐稀薄。只是因为后来，我察觉到我的生活透明且抽象，无论怎样动笔，都无须畏惧世间一般称之为'生活'的事物的影子潜入我的文章。"（《BIBLIOTHECA涩泽龙彦Ⅳ后记》）

然而，若说涩泽在60年代完全没有执笔含有私生活要素的文章，事实并非如此。这一时期，涩泽也发表了《一无所有——我的青春期》、《东京感伤生活》以及《不谈自身》等为数不少的此类文章。然而，这些文章都被他的单行本严格地排除在外。

将出生至作家出道为止的事件以年表形式记录下来的《涩泽龙彦自作年谱》的末尾，涩泽写道："我想将生活的实质逐出生活。"年谱也能读到下文中的追记：

至于其后我的精神轨迹，还请参照此外的著作目录，自由地发挥想象。写下这些，我已经精疲力竭，感到无尽的痛苦。那是表演脱衣舞的苦痛。肉体的脱衣舞倒是还好，精神的脱衣舞，与我的性情不符。

10月，《梦栖居的房间》由桃源社刊行。它是收录了许多野中友理的拼贴画作品的大开本，装帧也由野中负责。

10月27日，四谷西蒙最初的个展《未来与过去的夏娃》于青木画廊举办，涩泽出席了开幕活动。

10月29日到11月1日，与平凡社编辑部一同前往京都、奈良和滋贺。此次为了执笔取材，涩泽观赏了包括圣众来迎寺《六道绘》在内的多幅地狱变相图。

写给加纳光於的11月10日的书信里，涩泽写道："我深感我们除幽闭在孤独的城内以外再没有能做的事了。"

这一年的旅行如下：

3月26日至31日，纪伊半岛。于施无畏寺得到涩泽喜爱的明惠上人的羊齿。

9月18日至20日，去往天龙峡、妻笼、飞驒高山、上高地等地。这次是与加藤恭一夫妻一同驾车旅行。

4 | 昭和四十九年 / 意大利旅行 /《胡桃中的世界》/ 吉田健一

神秘学风靡一时，三菱重工爆破事件^①发生的1974年（昭和四十九年）——

1月19日，举行了府立第五中学校的同学会。涩泽带着中学时代起的友人臼井正明在深夜归家。他和后来成为演员的臼井生日在同一天，是每年都互相发电报庆祝的亲密友人。

涩泽在这一年生日迎来四十六岁，相貌却与过去无异，年轻得不可思议。前一年，对谈之际，对涩泽异常年轻的风貌惊诧不已的野坂昭如问道："涩泽，你明明比我年长两岁，看上去实在很年轻啊。去法国的时候，别人都认为你多大年纪？""好像被当成高中生了。"涩泽答道。

在这次同窗会上，涩泽也一定被早已成为中年大叔的同窗们团团包围，受到许多夹杂着嫉妒的取笑："为什么只有你还那么年轻！"有一张涩泽五十七岁时的旧制浦和高校

---

① 发生在1974年8月30日的日本东京千代田区丸之内的一起炸弹恐怖袭击事件，由东亚反日武装战线"狼"所策划，是一起连续企业爆破事件。

1985 年 11 月，于旧制浦和高校同窗会，与同学们合影（五十七岁）

同窗会的照片。与秃顶且大腹便便、威风凛凛的同学们一起映在照片上的涩泽的身影，宛然是混入其中的异星生物。

五十一岁时，涩泽这样讲述自己看上去年轻的理由：

我常被人说年轻。甚至有人说，我与二十年前或三十年前相比，风貌没有分毫变化。这想必是谎言，然而，这种年轻，想来是因为我没有过上生活似的生活。因此，我才无论到何时都一副乳臭未干的乐天神情。

（《BIBLIOTHECA 涩泽龙彦 IV 后记》）

翻看涩泽头发最长的 1980 年（昭和五十五年）前后的照

片，他梳着像是娃娃头似的发型，使人不禁联想起"童女"的身影，关于这种童女发型，涩泽在《德拉科尼亚绮谭集》里这样说明：

"童女"的齐肩发型是童子的特征，也是山中行者的发型，与此同时，这种发型也无疑暗示了渴望永远停留在幼年的某种退化的愿望。我想无论伊吹童子和酒吞童子是否意识到这一点，他们都为了退化的愿望，不惜选择成为法外之徒。由于与生俱来的异能资质，他们被弃置山野或被驱逐流放，过上法外之徒的人生。若说童女发型是退化愿望的象征，那么不妨说深山就是无时间的世界。

（《护法》）

涩泽将上文分毫不差地写进了短篇小说《睡美人》。

种村季弘注意到，涩泽从这时起，不仅与石川淳和林达夫等年长者往来，也频繁出席少年时代的同窗会。就听听种村的解释，看他如何揭示了蕴含在《胡桃中的世界》中的精神秘密吧：

孩提时代的朋友，残存着红蜻蜓和枸橘花①盛开的原野的容貌。孩提时代的过去，以及年长者正切身体会的老之将至。时间在纵向上浓密地递增，与横向的同时代的接触

---

① 《红蜻蜓》和《枸橘花》均是日本经典童谣。

却愈加稀薄。幼年与老年的时间如同老人—小孩故事，呈圆环状骨碌骨碌打转。将极左、极右的意识形态视为两个极限，梦想着空间上的乌托邦圆环的青年，在老人—小孩的圆环时间构造里，终于开始发现别样的精神自由。

（《涩泽龙彦·那个时代》）

4月，译著《汉斯·贝尔默》（萨拉内·亚历山德里昂著）由河出书房新社刊行。是日法共同出版的系列画集"骰子的七面——超现实主义与画家丛书"的第三卷。该丛书的日语版监修人是泷口修造。

5月10日，观看电影《驱魔人》的试映后，《全集年谱》中记录了"去京桥南天子画廊的Li-Lan展的开幕会。遇见西胁顺三郎、泷口修造、堀田善卫等，相谈甚欢"。

Li-Lan是在池田满寿夫与富冈多惠子分手后，成为他的伴侣的画家，在聚会等场合下，涩泽似乎多次与西胁顺三郎打照面。包括池田、加藤郁乎、吉冈实以及泷口修造，涩泽身边与这位大诗人相交甚笃的人不在少数，松山俊太郎等人甚至在西胁的《桥上》一诗中登场。然而涩泽自身却没有留下与西胁或是西胁的作品亲近的痕迹。现代思潮社的"古典文库"刊行之际，通过加藤委托西胁写推荐文，是我找到的二者之间的唯一联系。但我想西胁顺三郎的作品里奇妙的自由无束的明朗感，与晚年涩泽的世界间不乏相似之处。

而涩泽的文章中，却一度出现了西胁顺三郎的身影。

在他的最晚年1986年（昭和六十一年）写下的文章《东胜寺桥》中，涩泽曾问战争时期暂时在镰仓落脚的西胁："先生的《旅人无归》里，我记得有'名越的群山'一语。您对名越附近很熟悉？"名越是涩泽曾居住过的小町的家附近的地名，而耳背的年老大诗人却答道："欸，名古屋？我的诗里才没有写过名古屋。"感到为难的涩泽没法再说下去。

5月16日至6月6日，与龙子一同踏上第二次欧洲旅行。

这趟旅行将目的地限于意大利，大部分时间都有在那里居住的美术评论家小川熙担任向导。小川是龙子在《艺术新潮》工作时期的同事。

在锡耶纳观赏西莫内·马丁尼那惹人眷恋的《圭多里齐奥的骑马像》，在普利亚大区探访了经由芒迪亚格的文章亲近的蒙特城堡，也探访了在行程预定之外的、歌德的《意大利游记》中出现的西西里岛的巴勒莫。在罗马，他遇到了同样在欧洲旅行的种村季弘。南意大利纪行后来被写进文章《佩特拉与弗洛拉》(收录于《旅途马赛克》)。

这次意大利旅行期间，前一年的取材旅行写下的《地狱绘》，作为"平凡社画廊19"由平凡社刊行。

7月5日，唐十郎、种村季弘、野中友理、四谷西蒙，以及成立了出版公司KAMARU社的桑原茂夫五人来访，邀请涩泽协助唐十郎任责任编辑的杂志《月下的一群》。

《月下的一群》是季刊杂志，创刊号（特集：人偶）于1976年（昭和五十一年）5月刊行，第二号（特集：幻兽）于同年12月刊行。执笔阵容包括涩泽、种村、松山、加藤、岩谷，似乎在重现昔日的《血与蔷薇》，但只发行了两期就休刊了。

9月23日，花田清辉离世。涩泽为两个月后出版的花田遗稿集《箱匣故事》的介绍页写了《花田清辉颂》。另外，在1977年（昭和五十二年）开始刊行的《花田清辉全集》的推荐文中，涩泽写道："我依旧认为，他是稀奇古怪类型的文人。"

这一年9月，译著《莱昂诺尔·菲尼①画集》(康斯坦蒂·耶伦斯基著) 以大开本画集的形式由河出书房新社刊行。

10月，《胡桃中的世界》由青土社出版。此外，《人偶爱序说》由第三文明社刊行。

作者亲自负责装帧的《胡桃中的世界》，题目修改自《尤里卡》上连载的《小宇宙谱》。后来，对于这本书卷气的博物志，涩泽回想道："它成了七十年代以后，我的工作的新出发点"，"我体尝到写随笔的快乐，任性地在自己喜爱的领域飞来飞去，从喜爱的书里拾起喜爱的主题"，它由这种方法写成。可谓是涩泽全部著作中具有划时代意义的杰作。

涩泽也明言，"了却多年来的夙愿，于我而言是在幸福的星中诞生的著作"。被评价为"那里不曾吹过夹杂着沙尘的现实之风"的这部作品，对作者自身而言，可见是满足的得意之作。外界的评价也颇高，丸谷才一、高桥英夫、出

---

① 莱昂诺尔·菲尼（Leonor Fini, 1907—1996），阿根廷画家。

口裕弘、中田耕治、田中美代子、日影丈吉等人的书评陆续见报，其中值得一提的是年轻研究者富士川义之在杂志《牧神》的创刊号上，写下的题为《事物的改变》的新颖书评。

富士川义之比涩泽年纪小了一辈（出生于1939年），当时乃三十多岁的新锐英语文学研究家。富士川后来发表了许多涩泽评论，而这篇长文书评，可谓明确地指出在迄今为止常被异端、暗黑、神秘学等恐怖的概念一举囊括的涩泽文学中，原本就具备的"整体上澄明且端正的古典主义特性"的第一篇涩泽评论。

刊登了《小宇宙谱》的《尤里卡》，到了20世纪80年代，成为刊登《德拉科尼亚绮谭集》和《我的普林尼》——两个对涩泽而言同样重要的连载的平台，而20世纪70年代该杂志的当家写手，与涩泽一同还能举出吉田健一的名字。涩泽的《恶魔出没的文学史》连载，承接了《尤里卡》自创刊号以来吉田健一的著名连载《欧罗巴的世纪末》，就在该连载结束的次月开始连载。而《小宇宙谱》连载的前半与吉田的《交友录》连载重叠，后半与吉田的《备忘录》连载重合。

20世纪70年代前半期，《尤里卡》的目录上，两大看板"涩泽龙彦"与"吉田健一"的名字频繁登场。这二人均以18世纪欧洲为文学上的一个重要的脊梁，一位是潜心于监狱文学家萨德的作家，另一位是在华托①的《雅宴》画及霍勒斯·沃波尔②的书简里看到他们所处的时代本身的完成之

---

① 让－安托万·华托（Jean-Antoine Watteau，1684—1721），洛可可时代法国画家。
② 霍勒斯·沃波尔（Horace Walpole，1717—1797），英国小说家、贵族、政治家。

姿的作家。他们乍看甚至像是对立的存在。

然而，涩泽与吉田间没有奇妙的类似之处吗？

姑且不论二人都出生在明治期伟人辈出的名门世家（吉田健一身为吉田茂家的长子，是牧野伸显的孙子。奇妙的是，他竟还是与涩泽荣一发生过冲突的大久保利通的曾孙），作为翻译家的吉田与涩泽都开启了文学生涯，其后探囊取物般写下博物志特质浓厚的文章，成为有些奇异的反时代文学家，活跃一时。此外，对自己厌恶的作家与作品不屑一顾的一贯态度，虽受到来自一部分人的"浅薄的半吊子"以及"闲暇人的浪荡"等批评，却也获得了少数狂热的读者。二人都在过早到来的晚年，执笔也许只能被评价为反时代或非时代的、形态奇妙的小说。

说来，看似可以长寿，却早早与世长辞（吉田在1977年，六十五岁时离世），以及死后，被贴上异色作家的标签，无法圆满地被日本文学史接纳，而读者数量却逐渐增加，以至比生前更多，在这些方面二人都惊人地相似。

1912年（明治四十五年）出生的吉田健一与涩泽间相差十六岁，涩泽出道文坛时，二人已有了交集，那便是从1959年（昭和三十四年）到60年代初期，在三岛由纪夫的引荐下，成为涩泽大展身手的首个舞台的《声》。这部高级同人志原本由吉田和福田恒存等人创刊。在涩泽发表了短篇小说《犬狼都市》的《声》的第七号上，刊载了吉田健一的《文学概论》，以及将波德莱尔用作题记的短篇小说《水流》。很难设想吉田会对当时的涩泽作品作出评价，但若是令出口裕弘感到"风雅"的《胡桃中的世界》，吉田难道不会青睐吗？对于涩泽的文字，多田智满子献上的绮丽赞辞——"不见一点苦涩的痕迹，即便是何等苦心孤诣的作品，读来也不像是，皆化身为愉快的读物"——也可以献给吉田健一。

我曾问过涩泽："您认为吉田健一如何？"涩泽"嗯——"地考虑了少顷后，答道："果然，还是那个文体……如果喜欢上那个文体，大家便会开始模仿。就像仓桥先生，还有金井君他们。"看来，吉田健一独特的蜿蜒绵亘的长文不合涩泽的胃口。

然而，喜爱涩泽的读者中有许多同样热爱吉田健一，这也是不容忽视的事实。比如，方才涩泽提到名字的仓桥由美子和金井美惠子的事例，此外还有前文中提过的富士川义之，以及矶田光一、池内纪、三浦雅士、松浦寿辉、四方田犬彦等人。石川淳和种村季弘说不定也能位列其中。若说更年轻的一代，我的脑海浮现出千野帽子和朝吹真理子的名字。普通读者想必更是不在少数。

二人将读书视为快乐的享乐主义的一贯姿态虽极易察觉，事实却不止于此。吉田健一厌恶"侍奉观念带来的庸俗、野蛮与滑稽"，他是位以这种精神为基准判断诸事物价值的人物。而对自己敬爱的普林尼，涩泽写下"没有任何现实作出保证的观念，他一概不去相信"(《死于火山》)，涩泽气质的基底，也有同样柔软而强韧的自由精神。

20 世纪 70 年代前半期的采访中，留有几则令我印象深刻的发言。涩泽在那时说，"在我身上无论怎样寻找，也找不到意识形态"，"若是问为何如此，便只得回答我反对观念，是一个普通人"。用强硬的口吻批判了在那个时代的大学纷争中狼狈不堪、故作深沉地自我批判的知识分子们那"虚伪的使命感"后，他接着说道："若问我是什么，我想我是审美家。"

对此说不定需要进行一些说明。即鱼铺商贩可以通过自己的知识，来分辨鲜活的鱼和快死的鱼，我要说的，便是这种意义上的审美家。在价值判断的基准方面。倘若不是鱼铺，车轮饼店亦可。面对"为什么要开始经营车轮饼店"这样的提问，深泽七郎先生答道："近来没有好吃的车轮饼，所以我就想着自己做。因为我喜欢车轮饼。"我认为，这一思想是美妙的，同时也是对知识分子激烈的批判。

（《追溯至原型的形象思考》）

11月4日至15日，去冲绳、九州、山阴等地取材旅行。

这一时期，高桥康雄供职的潮出版社策划了"永远的少年文学"系列，涩泽与中井英夫、松山俊太郎等人一同参与。涩泽为这一策划的宣传册写的原稿保存完好，却最终未能见到它的出版。

每天，我都幽居镰仓，如隐者般地生活。现在，适逢黛德丽来到日本，等到圣诞节，我也要去太平洋酒店听她唱歌。啊，目前我只为这样的事外出，已经许久没有去过新宿附近了。不过，那里想必也一如既往地聚集着些喧闹的人吧。

这一年12月13日，写给旅居法国的堀内诚一的书信上，涩泽报告了自己平稳的近况。正如信中所述，涩泽去观看了24日到访日本的玛琳·黛德丽的晚宴秀。"涩泽感动得落泪。"龙子在日记里写道。

这一年的国内旅行如下：
1月8日至11日，从金泽开始的北陆旅行。
7月1日至2日，伊豆旅行。

5 | 昭和五十年 /《尤里卡》特集号

越南战争结束的1975年（昭和五十年）——
1月，《幻想博物志》开始在《野性时代》上连载。直到来年12月，连载持续了两年。

当月去青森，2月去北海道旅行。承接前一年11月的冲绳旅行，这次也是1月开始在日本交通公社的杂志《旅》上连载的《新·风景论》的取材旅行，除最后的北海道旅行外，龙子都没有同行，一同旅行的是该杂志编辑部的石井昂。

为了全面检查心脏等器官，5月7日至17日，涩泽住进顺天堂大学医院。没有发现任何异常。

这一年5月，《贝壳与头盖骨》以及《超男性》刊行。

前者由桃源社出版，后者由白水社出版。

阿尔弗雷德·雅里的小说《超男性》的翻译，在白水社全十二卷的"小说的超现实主义"系列的第一期中发行。在野中友理使用罗夏墨迹测验图进行装帧的这套丛书中，涩泽起初还计划翻译阿尔托的《赫利奥加巴卢斯》，但因劳碌只得放弃，这本书在涩泽的推荐下由多田智满子担任翻译（而原本涩泽译《赫利奥加巴卢斯》，还出现在现代思潮社仅出版了一册就中断的"阿尔托全集"宣传册的预告栏上）。

1975年，不仅有这个"小说的超现实主义"系列，纪田顺一郎[①]和荒俣宏编纂的"世界幻想文学大系"也开始由国书刊行会刊行。"过去难以想象的不寻常策划"得以实现，涩泽写道："与十年前，我开始着手筹备'世界异端文学'的时候相比，不免有隔世之感。无论是什么，我做的事都早了十年。"（《奈瓦尔与幻想文学》）不过实际上，包括方才提及的国书刊行会、蔷薇十字社的后身出帆社、生田耕作的私家印刷所奢灞都馆，以及牧神社、创土社、森开社、南柯书局、青铜社等，筹备出版涩泽自20世纪50年代起孜孜不倦地涉猎并介绍的"异端文学"和"幻想文学"的小出版社是自1970年初开始陆续出现的。

5月24日，府立第五中学校的同学会在镰仓的相扑火锅店鸟一召开，涩泽有生以来第一次担任了干事。并非被周遭的人强迫，不知是怎样的心血来潮，是涩泽亲口说出"来

---

① 纪田顺一郎（1935— ），日本评论家、翻译家、小说家。

年，我来也可以"（不过预约场地等事务，涩泽似乎还是交给了龙子来做）。

同学会当日，臼井正明等几个来不及回家的人涌向了涩泽家。其中，混入了一位不属于平日里的小团体的男人。那个男人突然聊起政治话题，诸如此次竞选候选人之类的选举动员的事脱口而出，涩泽突然怒火冲天："怎么让这种男人进了这间屋子。快回去！"男人就在深夜里被驱逐了出去。

6月，解读西欧绘画中女性形象的《幻想的肖像》由大和书房刊行。是一册收录了三十六张彩色插图的精美的书。

《尤里卡》的《特集·涩泽龙彦——乌托邦的精神》于9月刊行。

前年出版的《别册新评》涩泽特集里，再录的文章占了篇幅的大半，这次的特集则全部是新稿。

卷首刊载了吉冈实的诗作《示影针（日晷）》。在此试引副标题为"涩泽龙彦的小宇宙"的这首诗中的一节：

"在我的幼年时代 MERRY MILK 的牛奶

罐的标签上 绘制了

女孩抱着 MERRY MILK 罐子的身影"

望着屋中抱住罐子的女孩

我患上水疱疮

橡子和软荚豌豆构成

乡野的日子

在做体操的少女那悠远的视线中

我变得矮小
"位于动物与植物中间
贝壳、骨骼与珊瑚虫"
正向着石灰质的世界
尝试通过仪式

此外，松山、土方、出口、加藤、唐、西蒙等友人写了人物论式的文章，种村季弘、富士川义之、川本三郎、田中美代子、郡司正胜、有田忠郎、中野美代子等人执笔了正式的作家作品论。其中，种村的《置放公尺原器的庭园》，可谓到这一时期为止的涩泽评论中最出色的文章。

在评论的开头，种村指出，在战后普遍的文化状况中，涩泽的存在是"为我们带来巴黎的国际度量衡局一室里的那座黄金制的公尺原器般的事物"。

我的某个友人，看到涩泽龙彦，说他是"无芥蒂之人"，也有友人说他是行"王道"之人。说他是没有自卑感的人也是一样吧。[……]一般而言，从事表达活动的人，都被轻微或是严重的二元论所侵犯。他们的内部与外部、影与光、过去与现在之间存在难以调停的落差，作品世界就由这些对立物间的纠葛构成，寻得形成纠葛的主要原型主题，便能从中窥知作家的全貌。然而在他那里，却不存在那种纠葛。换言之，彻底欠缺二元论。因此，涩泽常常看上去像是"白痴"。

种村问，确如风评所言，涩泽是"异端"吗？这与以往随意地贴在涩泽身上的标签大相径庭。涩泽难道不是世上罕见的"异端审问所"吗？种村接着问道。

换言之，异端在他那里首次获得了自己作为异端的勋位，异端可以肆意坦白，甚至吹嘘自己异端性的场所，便是涩泽龙彦的所在，但人们不是常常将他与异端混淆吗？我不禁这样想。他写下路德维希二世以及赫利奥加巴卢斯的评传，在六十年代的文化状况中，他位于奇娇的艺术家及异端诗人、文士集团的中心。然而，那是因为他本人是怪人吗？正如罪犯宣扬自己的罪行，怪物近乎本能地探求可以证明自身怪物性的场所。怪物性被那个场所映衬并析出，那是仅身处那一磁场，便能正确地突显怪物自身的歪曲与畸形性的磁场。也就是说那是万物的测定器公尺原器，更坦率自然地讲——那是遵循快乐原则建成的公堂。

在这期特集号中，涩泽接受了心理学家马场礼子的罗夏墨迹测验。对于涩泽的测试结果，马场得出如下结论："逃避赤裸的情感交流的特征，与在此同时热爱睿智的观念世界，可以敏捷且自动地进入那个世界的特征，都彰显得淋漓尽致。""那般热爱观念，为观念倾注能量，却没有扭曲现实的能力实属稀有。"（《观念式情色的梦》）

四年后，回顾这次测试，涩泽说："我感到自打出生以来，我没有说过一句实话。""简单来讲，我是无法赤身裸体

的人。"他还说道："心理学难道不是一种神秘学么，这种疑惑无论如何也无法从我的心底消失。"（《测验以后》）

《现代诗手帖》九月号的书评栏目中，涩泽写道："沉溺于独创性的迷梦，妄称实现了对言语的破坏，事实上他们散布的并非破坏，也绝非其他，仅是些发育不全的言语、支离破碎的谵言呓语。当今的年轻诗人们！（啊啊，拜托今后请不要再寄给我新诗集了！）"

松山俊太郎曾说："涩泽难道不是不需要诗的人吗？"他也曾说："归根结底，他懂诗吗？"

10月，开始在《现代思想》上不定期连载《萨德侯爵的书信》。到1978年（昭和五十三年）7月为止共十三回。

《思考的纹章学》在《文艺》上的连载同样始于10月。至翌年9月为止共计十二回。

《思考的纹章学》最初的连载《洋灯旋转》，将三岛由纪夫辞世前的评论《小说是什么》置于文首，探讨了涩泽钟爱的泉镜花的幻想小说《草迷宫》。《涩泽·三岛·六〇年代》（1996）一书中，缜密地探寻涩泽与三岛之间联系的美术评论家仓林靖，注意到涩泽在开始这部划时代的连载时，对三岛的文学观提出的细微异议。仓林指出，与"将现实与概念矛盾地予以保留并进行接合"的三岛由纪夫相比，在初期体现出相近性向的涩泽，以三岛的死为契机，开始引导自己去往自身内部与三岛式事物相反的方向。接着他指出，那"使得涩泽的个性开始真正朝着涩泽的方向发展"。

11月13日，观看电影《午夜守门人》。其后，在六本木的青画廊观看野中友理的《灵光集》展，与野中、种村聚餐。

12 月，《东西不思议物语》开始在《每日新闻》连载。是一周一次的连载，到第二年 11 月为止共四十九回。

这一时期，涩泽同时执笔的连载共有四个，呈现出旺盛的执笔意欲，也能窥见这时涩泽的读者群体正明显扩大。四个连载虽主题多样，长短不一，均充实饱满，化作芳香四溢且丰饶的秋日果实般的书。其中也有像《思考的纹章学》和《东西不思议物语》那样，探讨了涩泽昔日里几乎不曾触及的日本古典的作品。涩泽似乎已将日本和东洋的古典收入囊中。

12 月 16 日，前往新宿艺术村观看芦川羊子等人的白桃房公演。公演结束后，与泷口修造、森茉莉、唐十郎、池田满寿夫等人汇合。

岁末的 12 月 31 日，龙子为正月的准备忙得焦头烂额，涩泽在睡衣上披了长袍，将积攒了一年的书信、材料与落叶一并点燃，整理书籍和杂志。"汪汪"的犬吠从遥远的北镰仓站传来。远吠渐渐临近，玄关现出了松山俊太郎巨大的身躯。

这一年的旅行如下：

4 月 22 日至 26 日，京都旅行。

9 月 4 日至 5 日，山形旅行。出席了谷川晃一展的开展仪式。在郊外的禅寺领到厚卡纸的涩泽，写下"魔"一字。

11 月 7 日至 9 日，奈良旅行。观看了正仓院的御物展。

第八章　记忆的远近法（1976—1979）

1977 年 6 月 8 日，于萨德侯爵的城堡（四十九岁）

1｜昭和五十一年 / 怪人松山俊太郎 / 音乐

　　洛克希德事件①甚嚣尘上的1976年(昭和五十一年)——

　　上一章末尾，1975年的除夕夜，一边模仿犬吠一边现出巨大身躯的松山俊太郎来涩泽家过年。元旦，池田满寿夫和 Li-Lan 来访，与姗姗来迟的加藤周一会合。三人都刚从同样住在镰仓的音乐评论家吉田秀和②家出来。

　　与中村真一郎及福永武彦同为诗朝③(matinee poetique)

---

①　又称洛克希德贿赂事件，是美国航空制造巨头洛克希德公司于1976年2月曝光的一起全球性大规模贪污事件，主要涉及该公司旅客机的订单问题。

②　吉田秀和(1913—2012)，日本音乐评论家、随笔家。

③　1942年以实践日语十四行诗等定型押韵诗为目的的文学运动。中心成员为加藤周一、中村真一郎、福永武彦、洼田启作、原条明子。正式对外宣称成立则是在1946年，于杂志《世代》的创刊号至第六号上刊载《CAMERA EYES》。

成员的评论家加藤周一，与涩泽是初次见面，似乎是加藤表示了对涩泽的兴趣，便被领了过来。池田满寿夫在电话里问，加藤说他想过去，可以带他过去么？涩泽答道："当然可以，可是松山在我这里。"池田再三恳求："拜托了，请不要让俊太郎缠上加藤……"涩泽笑着答应了下来。

关于六人围坐吃正月料理那时的场景，龙子记录道："松山像是管理新囚的老囚犯，趾高气扬地盘腿落座，口中说着不着边际的极右派发言，令加藤惊诧不已。"（《与涩泽龙彦在一起的日子》）后来加藤周一问池田满寿夫："那人究竟是什么人？"

与松山俊太郎因萨德结缘，维系了一生的来往，即便在涩泽充斥了奇人、异人、怪人的热闹非凡的交友关系中，或许也是最值得一提的一件。

在第三章中援引过的《美神之馆》的解说文的最后，涩泽简单介绍了松山的生平后写道："与他几度推杯换盏的逸事，权当是他日的话题按下不表。"然而，涩泽却没有动笔描摹松山的正式肖像，若是寻找关于松山的惟妙惟肖的肖像式随笔，种村季弘留下了题为《绝对的探求》的名文。在这里引用其中一部分。

大学时代的老友种村说："往来了三十余年，我却不知道他究竟在做些什么。"关于松山不明真相的怪人行径，他在下文中这样介绍：

我知道他是大学者，嗜酒如命，还是空手道达人，却不知道至关重要的学问的内容。在最初相识的学生时代，他说是在研究"时间"和"莲"。不久后他说"时间"那边，海德格尔和爱因斯坦也在做，看来没有什么做不到的，于是那边就交给他们，他将目标缩小为"莲"。

集中在一件上，事情似乎会变得简单，但那是不知道松山这等怪人的人会说的话。研究方法绝非寻常。

《伐致呵利》等古梵语诗姑且不论，从大藏经到海涅诗集，从《群书类从》到南方熊楠全集，他从古今东西、和汉洋、唐天竺的万卷古书中挑出"莲"一语出现的全部章句，制成卡片。仅是这项研究的基础工作，依照他本人所言，粗略估计少说也要花上三百年。

我去拜访松山在世田谷野泽的公寓时，发现散乱在房间各处的书籍天头，或多或少地留有被黑色马克笔涂抹过的痕迹。无论是佛教书籍还是武士小说集，"莲"字出现之处均有黑色马克笔的印记代替便笺。燠热的季节里向来只穿一条内裤在家里走动的松山的解释，夹杂着些天性里的诙谐："所以呢，要是莲实重彦论那种书，整本书的天头都要被涂成黑色啦。"

虽说涩泽没有用文章描摹松山的正式肖像，但在涩泽的几篇随笔里，这位盖世无双的怪杰印度文学研究家却以各种方式登场。例如，下文中的《关于圣母子像》（1974）开头中出现的"友人"，无疑是松山俊太郎：

我的友人里，有位发丝早已斑白，尽管年过四十五，仍旧有着极端的恋母情结，一旦醉酒便吵嚷道"胸部，胸部"，鲁莽地伸手想要触碰身旁女性的乳房（当然是在衣服之外）的男人。在这个男人的脑海中，作为幼年时备受母亲疼爱的象征，女性的乳房想必成了无法被任何事物替代的事物。

　　这是被独臂的松山称为"摘葡萄"或"直取派"的妙技（？），与松山一同饮酒时，涩泽骨子里的幼稚也彰显得淋漓尽致。二人的酒宴一旦渐入佳境，涩泽时常毫无缘由地大叫"Tornasuk！　Tornasuk！"。这一不知所云的咒文，是涩泽少年时代爱读的南洋一郎的《海洋冒险物语》中出现的。

　　涩泽的文章中描述的他与松山在酒席间的举动，正如本人也认同的那般，二人都幼稚得可怕：

　　我使出得意的"Tornasuk！"，松山俊太郎便像是在对决，扯开嗓子大喊"怪外人达布拉！！"来应对。我对这个词没有印象，据他所说，那是山中峰太郎的小说中出现的古怪人物的名字。若从一旁观望说着这么幼稚的话，愉快饮酒，出生在昭和初年的我们，一定觉得是丑态毕露。被质疑脑子不好我们也无计可施。

　　　　　　　　　　　　　　　　　　　　　　　（《读书遍历》）

　　在这个1976年（昭和五十一年），松山于四十六岁时晚婚。对象是种村的青梅竹马。

在涩泽死后举行的对谈（《涩泽其人》）中，松山俊太郎说自己与涩泽并非朋友关系。年长两岁的涩泽是"兄长"，松山称他全无对等的朋友这一意识。若是对等的关系，那么早晚会发生争执，与涩泽的关系也会破裂。

岩谷国士称松山是"罕见的道德家（人类观察者）"，他写道，他曾问松山："涩泽这个人，和他写的文章相比，哪个更好？"而松山却从未认为自己是喜欢涩泽文章的读者，对涩泽的兴趣"百分之九十九，都是从涩泽的人品上感到的魅力"。涩泽则评价松山："乍看幼稚，却能触及本质问题，时常乐于娓娓道来的我的友人。"（《余白》）对于涩泽这个人的形象，松山说，他"没有逻辑颠倒、迂回蜿蜒之处，是非常刚直的人"，"总体来说是直线的、结晶性的，几乎没有什么湿润的地方"。最为重要的是，涩泽是"明晰的人"，他补充道。

"涩泽像是从某颗星球降落，落下的地点在冲击下化作沙地，他一个人在那里摆弄物件玩耍。"松山这样讲道。在另外一次采访中，他还说："坦白来讲，我不知道涩泽是不是需要朋友的人。""孤独的人，或是独自一人，在周围汇集起森罗万象中他喜爱的事物，他处在一种柏拉图式立体似的物体的正中央。"（《尽是谜团的人》）

这些发言，均捕捉到涩泽和周围友人之间的距离，可谓映在人类观察者眼中的敏锐洞察。

1976年（昭和五十一年）3月2日至5日，为《太阳》的取材去九州旅行。摄影家细江英公一路同行，那时的纪行文题为《玻璃幻想行》，收录于《记忆的远近法》。

4月10日，出席了在横滨的成佛寺举办的矢代秋雄的告别仪式。1965年（昭和四十年），在《萨德侯爵夫人》公演之际，涩泽经由三岛由纪夫的引荐与矢代结识。对涩泽而言，他是难得的音乐方面的友人。

涩泽的亲戚尾高家，有作曲家尾高尚忠和尾高惇忠，以及指挥家尾高忠明，是以人才辈出著称的音乐一族。然而，涩泽虽有许多美术方面的友人，音乐方面的密友却只有矢代一人。虽说同一辈的外语文学研究家兼评论家中，不乏粟津则雄、川村二郎、筱田一士这样的通晓音乐的文人撰写音乐评论，涩泽却从未选取音乐作品写过正式的评论。涩泽是视觉型文学家，而非听觉型，不仅他本人这样主张，也被读者广泛认同。

然而，也有稍显不同的说法。

二十多岁时最亲密的友人小笠原丰树回忆道，涩泽"在我看来，是非常热爱音乐的人"。小笠原接着说，那时他遇到看完音乐会归来的涩泽，涩泽正愉快地哼唱着方才在演奏会上听过的勃拉姆斯钢琴协奏曲的旋律。（《非正统派，去往战后初期的翻译界》）他还提起，以意大利歌剧团的首次来日公演为开始，涩泽三十岁前后常常去看维也纳少年合唱团和阿姆斯特丹皇家音乐厅管弦乐团等的演出，以及当时十分少见且票价昂贵的海外音乐家来日公演的演奏会。

小学时代的朋友武井宏说，涩泽从小学起就是"喜欢歌

唱、擅长歌唱的少年","声腔婉转动听,听一次就会唱",
"他小学歌曲、国民歌谣和军歌的歌词都记得很牢,颇有名
气,古典的正确鉴赏方法,说不定也意外地了如指掌。这
也能证明他并非单纯是'视觉性'的人"。(《半个世纪的吾
友涩泽龙彦》)

妻子龙子也说涩泽"耳朵非常灵敏,从古典到爵士、香
颂、军歌到童谣他都十分喜爱",还讲述了他与矢代的逸事:

英年早逝的作曲家矢代秋雄先生,曾带着一家人来到
我家前面的空地摘笔头菜。他是我们和三岛由纪夫先生共
同的友人,关系亲近,见面时的话题果不其然是音乐。"那
支曲子的钢琴这样加入的部分",涩泽哼起小调。"乐感真
的很好呢。为什么不写音乐相关的文章呢?有机会我们二
人一起写歌剧吧。""嗯好啊。"他们像这样开心地交谈。

(《与涩泽龙彦在一起的日子》)

在北镰仓的涩泽宅邸,二楼的寝室摆着一台古老的唱
片机,密纹唱片的数量大约有三四十张。其中古典乐的唱
片,与涩泽为数不多的音乐随笔《古典音乐谈义》里提到的
他喜爱的唱片——"夏尔·孟许指挥的柏辽兹的《幻想交响
曲》、卡尔·奥尔夫的《布兰诗歌》、卡尔·李希特的《巴赫
管风琴独奏会》、莫扎特的《安魂曲》、安塞梅指挥的斯特
拉文斯基的《春之祭》、库普兰和拉莫的羽管键琴乐曲、格
里高利圣咏……"的目录一致。

我曾与涩泽交流过古典音乐谈义之事。"先生没有写过正式的音乐评论吗?"我问。涩泽轻笑着说:"可是,大致我都知道。我想埃里克·萨蒂今后一定会流行的。"他还说出了自己最喜爱的作曲家的名字。令人十分意外,竟是加布里埃尔·福雷。福雷的部分特质使得他像是19世纪末的莫扎特,如此想来涩泽令人感到意外的发言也并非无法理解。然而与涩泽最相衬的、同为法国作曲家的音乐人,难道不是莫里斯·拉威尔[①]吗?

　　4月20日,涩泽写信给旅居法国的堀内诚一说,"近来,《O的故事》在日本像是中了头彩,小生翻译的文库本卖了三十万部,多了许多不义之财,实在令人感激"。1966年(昭和四十一年)翻译的小说被改编成电影,于是收录于角川文库的原作销量走俏。

　　6月,在《尤里卡》的临时增刊《超现实主义》特集号上,涩泽发表了《超现实主义与尸体解剖》。涩泽在文中写道:"如今,我感到在超现实主义方面,没有任何新发现的无聊的书籍显著增多。无聊的发言也与日俱增。[……]这篇文章便是最后,我将不会再对超现实主义发表看法。这便是我的精神卫生法。"

　　同月,纪行文集《旅途马赛克》由人文书院出版。

　　同月21日的《读卖新闻》上,涩泽写道:"萨德侯爵在

---

① 莫里斯·拉威尔(Joseph Maurice Ravel,1875—1937),法国作曲家。

巴士底狱写下《索多玛的一百二十天》时，他身处于最大限度的自由当中。谷崎润一郎在没有出版途径的条件下，却仍继续写在《中央公论》上被禁止刊载的《细雪》，也是自由的。弥留之际仍在写《断肠亭日乘》的荷风散人，又如何是不自由的？我想作家的自由，本就是那种东西。'表现的自由'不过是个议题。具体来讲需是'自由地表现'。"（《不是"表现的自由"，而是"自由地表现"》）

7月，编著《马克斯·瓦尔特·斯万贝里》由河出书房出版。这是1974年（昭和四十九年）的《汉斯·贝尔默》所在的译丛"骰子的七面"系列中的一册，是涩泽编纂并写下文章的日本版独有的别卷。

涩泽宣称这位瑞典美术家是"这世界上尚健在的画家中，我最喜欢的一位"的文章，开头如下文：

> 马克斯·瓦尔特·斯万贝里的绘画，并非让观者感到不安、强烈的刺激、深刻的动摇或是灼热的昂扬感的绘画，我想那是令我们陶醉的一类绘画。我认为，不妨称这位画家是憧憬乐园的画家。[……]斯万贝里的世界如同子宫，是螺旋且向心的。从那里散发出甘美的怀乡情绪，那是可以使我们获得无限净福的世界。
>
> （《女人的乐园》）

种村季弘注意到，从这时起，涩泽"开始吐露从正面肯定幼儿退行和neoteny（幼态延续）学的言说"（《涩泽龙彦·那个时代》）。

　　8月，美术评论集《向着幻想的彼方》由美术出版社出版。

　　11月6日，举行了小规模的自印版种村季弘《壶中天奇闻》的出版纪念会，涩泽和龙子出席。地点是麻布十番的永坂更科①。登上二楼的吉行淳之介说："选在荞面店二楼，倒像是四十七义士的复仇。"

　　涩泽时常在友人们的出版纪念会上露面，却不曾举办过自己的书的出版聚会。原因之一，恐怕是厌恶不得不准备的演说。

　　12月，目黑石棉馆宣布闭馆，在20世纪60年代的夜晚，那里曾是涩泽高唱军歌的地方。

　　这一年的旅行如下：

　　2月2日至5日，鸟取旅行。和《旅》编辑部的石井昂夫妻一起吃了螃蟹。归来时途经神户，和多田智满子见面。

　　4月27日至28日，去伊豆下田。

　　7月29日至31日，京都旅行。与生田耕作会面。

　　10月7日至10日，长野旅行。

① 荞麦面老店。

2｜昭和五十二年/《思考的纹章学》/法国、西班牙旅行/《世界文学集成》

王贞治创造本垒打世界纪录的1977年（昭和五十二年）

《尤里卡》二月号是科克托特集，涩泽写了卷首文章，在前一年的12月12日寄给堀内诚一的书信中有如下一节：

> 不知为何——大约与新艺术运动（Art Nouveau）、马戏团、埃里克·萨蒂或佳吉列夫①的流行有关——科克托突然备受瞩目。如今，庸俗的文化人类学家都开始评点科克托了。他们的观念在前。即并非因为喜爱科克托才谈论科克托，而是为了小丑或祝祭等命题，才去援引他们分明就不熟悉的科克托。实在是古怪的现象。

接着，他还这样写道：

> 若说到流行，在怪奇幻想以后，还有爱丽丝、童话、大人的童话和鹅妈妈（尊兄无意间也成了孕育流行的元凶），这些事物的泛滥令我深感厌烦。快些衰落才好，我只得这样想。尊兄想必也是同样的心境罢。

---

① 谢尔盖·佳吉列夫（Sergei Diaghilev，1872—1929），俄国艺术评论家、活动家、芭蕾舞团经理。

对世事变迁，嘀咕着满腹牢骚，说不定也是我上了年纪的证据。

3月3日起，在《产经新闻》上不定期连载《玩物抄》。至次月11日为止，共连载了十八回。

这年3月，筑摩书房的《筑摩世界文学大系》中，收录了涩泽翻译的萨德《美德的不幸》及其他作品。这是萨德第一次被选录进世界文学全集。到了5月，讲谈社刊行的《世界文学全集》中，也同样收录了萨德的《食人国旅行记》。

3月26日涩泽写给堀内的书信里，有下文这样值得注意的一节：

> 我自己仍过着不变的日常，读些江户时代的随笔，转念间又翻起西班牙十六世纪诗人贡戈赖的书读上几句，事到如今，我已没有心思再去写骇人听闻的神秘学之流，这样的状态再持续下去，不是除了写小说再无别处可去了么，我甚至开始这样想。尊兄恐怕也有过类似的体会，将自己逼到绝境，果然是刺激的事。自己看上去宛若他人。

《思考的纹章学》的连载在上一年9月完结，距《唐草物语》开始连载还有两年，从这时起，涩泽似乎便已预感到在不远的将来，自己将重返虚构创作。

5月22日至25日，为《新剧》上的连载《城》参加取材旅行的涩泽，与白水社编辑部的和气元以及摄影家井上修，参观了彦根城、安土城、姬路城。《新剧》在当时刊载了纪行文系列的《日本风景论》，和气向涩泽提出请求，希望涩泽在这样的策划中写作长篇随笔，涩泽当即答应接下《城》的工作。

这次旅行罕见地没有龙子同行。24日，在神户与多田智满子会面。多田在这月的4日曾与高桥睦郎、金子国义、四谷西蒙一同造访北镰仓。

这个月，《思考的纹章学》由河出书房新社刊行。这部书由作者亲自负责装帧。

集录《文艺》上十二篇连载的《思考的纹章学》，在涩泽的全部作品里，无疑称得上是一个高峰。涩泽自己也说："于我而言，从某种意义上讲，是穷尽了脚下道路的作品。"（《BIBLIOTHECA涩泽龙彦Ⅵ后记》）

涩泽还在文库版（1985）的后记里写道："我的目光迄今为止都朝向西欧，从这部作品起开始朝向了日本。从这种意义上来讲，这部作品也成了一个转机。"与之照应的是，单行本的后记里，他提及写欧洲或写日本，"总之对我而言，它们是一回事"。

松山这样解释这一时期涩泽的日本文艺相关知识：（一）以露伴、镜花、谷崎、折口、柳田等为中心的近代作品，有三十年的蓄积；（二）以翻阅岩波版《日本古典文学大系》为主的古典作品，有近二十年的接触；（三）江户时代的随笔则通过《日本随笔大成》等短时间内集中吸收，"形成三层"构造。（《全集15》解说）

而（二）似乎与事实不符。松山推测，涩泽从《日本古典文学大系》于1957年（昭和三十二年）开始刊行时便购入阅读，时间上是"近二十年"；而查阅涩泽书库中的藏书实物时，我发现《日本古典文学大系》大都不是初版，而是1970年（昭和四十五年）前后的加印版。这说明涩泽应当是在1970年以后才开始迅速且集中地接触日本古典文学，比松山预想的迟了很久。

《思考的纹章学》的书评不在少数。其中德语文学研究家川村二郎在《文艺》上的文章，指出涩泽"用阿波罗的精神探求狄俄倪索斯的领土的孤独"（《amor figurae》），意蕴深长。《东京新闻》7月5日的《大波小波》栏目，刊载了一篇署名是"Paradoxa"的文章，标题为《"涩泽学"的解释》。仅省略一小部分，将文章摘录如下：

> 涩泽龙彦的《思考的纹章学》（河出书房新社）似乎评价颇高。通过《洋灯旋转》及《环形的枯渴》等题目便可觉察，那仍是一如既往的"涩泽学"，但涩泽那向来如同万华镜般的绚烂，到了这里，似乎开始向着某个"决定性的瞬间"收拢。[……]
>
> 如果迄今为止伴装对涩泽龙彦毫不在意的文坛开始对他表现出兴趣，那么，在《思考的纹章学》上似乎没有这个机会，不过事态的发展也难以预料。而用长远的目光来看，在此处公正地评价涩泽，对文坛而言想必没有损失。丧失了好奇心，只剩下耄耋长者的文坛，已可以看到末路。
>
> 而"涩泽学"却有些难以处理的部分，报纸上的多篇书

评粗劣至极，涩泽想必也承担了一半责任。《思考的纹章学》是连声称赞"有趣有趣"便已足够的书，这些书评流于表面的介绍，装模作样且只顾眼前，是因为他们想说"辛苦了"，却无法这样说。涩泽除了拥趸与崇拜者，不是也开始需要批评者了么？看着涩泽著作相关书评的惨淡情形，我很难不这样想。

褒奖与否多少有些微妙，这篇匿名评论可谓意味深长。事实上，从这时候起，开始稀稀落落地出现了些批评涩泽的文章。对此我将在下一章集中探讨，而涩泽本人在这部书刊行时，在副标题为"谈论我的著作"的文章中表明了态度：

我并非文艺评论家，只是一介随笔家，这本《思考的纹章学》，也是作为随笔来写的。我也不是学者，不想把自己的工作视为一种死板的文学研究。这样的误解我想是需要订正的。也就是说，作为随笔作家，我只要让读者拥有愉快的阅读体验就足够了。

6月1日至7月7日，与龙子一同去法国及西班牙旅行。历时一个月有余的第三次欧洲旅行，由当时在索邦大学留学的出口裕弘，以及当时一家四口居住在巴黎郊外的堀内诚一担任向导。

6月8日，探访了位于法国南部拉科斯特的萨德城堡的

1977年6月，于法国兰斯美术馆。左起依次为龙子、涩泽、出口裕弘、堀内诚一、平凡出版的社长清水达夫、负责介绍和翻译的贝尔纳·贝罗

遗迹。这一天的日记的最后，涩泽记录道："这是有意义的一天。定会成为一生的回忆。"

种村季弘自这一年的6月起旅居西德的沃普斯韦德，6月28日起的四天里，拜访了人在巴黎的涩泽。

在这次旅行期间的6月，《东西不思议物语》由每日新闻社刊行。装帧与插画均由藤本苍负责。

7月28日，将筑摩书房的《世界文学集成》最初的草案交给同社的编辑淡谷淳一。

由涩泽龙彦依照他的个人趣味编纂世界文学全集的计

划，原本是筑摩书房一方的邀约。这一策划在这年年初启动，最初构想的规模是全三十六卷，其后变更为二十卷。

包括在这年 7 月完成的三十六卷案，涩泽共留下四份《集成》相关草案，于涩泽去世后的翌年（1988），与淡谷的访谈一同在《别册幻想文学 4 涩泽龙彦特刊 I》中公开。疑似是最终方案的"二十四卷草案"已收录于文库本（《西欧文艺批评集成》），故本书选录标注了 1977 年（昭和五十二年）11 月 21 日的"全二十七卷（第二案）"。

1　但丁《地狱篇》
　　马基雅维利《曼陀罗》《恶魔长贝尔菲格》
2　西班牙流浪汉小说
　　塞万提斯《玻璃硕士》
　　埃斯皮内尔《侍从马科斯·德·奥夫雷贡的一生》
　　克维多《骗子外传》
3　托马斯·布朗《医生的宗教》《传染性谬见》《瓮葬》
　　尚福尔《格言集》
　　利希滕贝格《箴言》《英国信笺》
4　西拉诺·德·贝热拉克《日月世界旅行记》
5　斯威夫特《一只桶的故事》《仆人须知》《书的战争》
6　霍尔贝尔《尼尔斯·克利姆的地底旅行》
7　萨德《恶德的荣光》
8　傅立叶《爱的新世界》
9　霍夫曼《卡洛风格的幻想》

10 德意志浪漫派

　　圣文德

　　克莱斯特

　　富凯

　　诺瓦利斯

11 奈瓦尔《晨曦女王与精灵王的故事》

12 戈比诺《昴星》

13 坡

14 德·昆西《瘾君子的自白》《论谋杀》

　　波德莱尔《人造天堂》《玩具的伦理》《巴黎的忧郁》

15 福楼拜《圣安东尼的诱惑》

16 刘易斯·卡罗尔《爱丽丝梦游仙境》

　　王尔德《快乐王子》《作为艺术家的批评家》

17 利尔·亚当《未来的夏娃》

18 马塞尔·施沃布《黄金假面之王》

　　皮埃尔·卢维《波索尔王的冒险》

19 布尔日《诸神的黄昏》

20 于斯曼《逆流》《大伽蓝》

21 雅科布森《尼勒斯莱尼》

　　罗登巴克《死都布鲁日》

　　延森《格拉迪瓦》

　　迈耶《僧侣的婚礼》

22 普鲁斯特《所多玛和蛾摩拉》

23 雅里《超男性》

　　　　阿波利奈尔《被虐杀的诗人》

24　卡夫卡《在流放地》《乡村婚事》《俄德拉代克》①
　　　　博尔赫斯《虚构集》

25　科克托《骗子托马》
　　　　热内《葬礼》

26　布勒东《娜嘉》
　　　　芒迪亚格《大理石》

27　《一千零一夜》

　　如上所示，这与既存的众多世界文学全集存在根本
上的不同，是非常大胆的、聚焦于涩泽个人趣味的异色选
篇——或许这样的发现会令人感到几分诧异，全集显著的
特色之一，便是几乎没有爱情小说入选。

　　若是通常的世界文学全集，以男女恋爱为主题的名作
俯拾皆是。《帕尔马修道院》《少年维特的烦恼》《安娜·卡
列尼娜》《查泰莱夫人的情人》《窄门》《呼啸山庄》《克莱芙
王妃》《罗密欧与朱丽叶》《飘》……不一而足。而涩泽的选
篇，从"全二十七卷案"来看，仅有第二十一卷收录的四
部作品以爱情为重要主题。即便是这一卷，《格拉迪瓦》和
《死都布鲁日》虽说是爱情小说，却是独辟蹊径的爱情小说。
《所多玛和蛾摩拉》、《葬礼》及《未来的夏娃》或许也可以
被称为爱情小说，但它们的主题并非男女间的恋爱，而是

---

①　此处指卡夫卡的短篇小说《家父的忧虑》，"俄德拉代克"是小说中的一个幻想生物。

男性间的爱，或是男人与人偶间的爱。矶田光一在谈论涩泽时说："留给二十世纪末的最后的贵族的热情，说不定是一种'不育崇拜'。"（《城与牢狱》书评）

涩泽似乎对这一策划倾注了许多心力，敲定了几位译者。涩泽昔日里十分喜爱的《尼尔斯·克利姆的地底旅行》的译者内定为野泽协，涩泽还欣喜地寄明信片给野泽协，说可以借此机会温存旧交。然而遗憾的是，这项策划因1978年筑摩书房破产而被迫中止。若是按照计划逐一实现，或许会引起相当的话题，无疑会成为涩泽留下的重要工作之一。

从年少时就怀有强烈的编撰选集志向的涩泽，以《列车〇八一》为开端，留下了《暗黑的童话》《变身的罗曼》《幻妖》等优秀的编著，此外还有"古典文库"等策划。涩泽似乎说过"在编纂选集方面，没有人比我拿手"，而在几乎同一时期（1975），豪尔赫·路易斯·博尔赫斯也着手了个人编辑的世界文学全集《巴别塔图书馆》，由意大利独树一帜的出版社弗兰科·玛丽亚·里奇出版。涩泽在1970年后为博尔赫斯倾倒，这一世界文学史上意味深长的类似，值得玩味（说起来，博尔赫斯的世界文学全集里，也几乎没有收录爱情小说）。

1985年（昭和六十年），我告诉涩泽，正在筹备《巴别塔图书馆》的日文版，涩泽应道："欸，那可好。这个系列我有几本法文版。帕皮尼有趣得很。"话虽如此，在筑摩书房做全集策划时，想来涩泽大概还不知道博尔赫斯的丛书。

筑摩书房版的选篇基本限定为欧美作品，松山在检验了《东西不思议物语》里涩泽对东洋文艺的精进收效后说道："涩泽若是再有十年寿命，东西文学的知识比率将会实现逆转，若再有二十年，会成为史上稀有的'世界文学通达之士'。"（《全集15》解说）

涩泽辞世后的1990年（平成二年），以这个未能实现的《世界文学集成》的草案为基础，"涩泽龙彦文学馆"的策划丛书由重建后的筑摩书房刊行。全十二卷，编辑工作由出口、种村、岩谷三人负责。刊行时，荒侯宏在推荐文中说了下文这番风趣的话：

一个作家留给这世上的最珍贵的作品，难道不是他读破的藏书目录吗？［……］在这里汇集的名著群，事实上，全部是涩泽龙彦回到过去，用笔名完成的创作。

（《通往涩泽的世界》）

8月12日，出席泷野川第七寻常小学校的同窗会。

次日，为庆祝池田满寿夫的小说《献给爱琴海》获芥川奖，与龙子一起去二子玉川。宴会在雕刻家冈崎和郎的家里举办，主人冈崎却身在美国，主宾池田因妻子生病需要前去照料，中途离开。涩泽在那里和加藤郁乎、土方巽碰面。三人实在是长时间未见，因而在素不相识的冈崎夫人面前，烂醉如泥。加藤穿着一条短裤跳舞，土方把音乐声调大，涩泽像是回到了自家，怒骂道："酒——拿酒来！"

龙子常叫醉酒后的三人"三笨蛋",关于三笨蛋的无礼与放纵,同席的吉冈实写进了文章(《郁乎断章》)。面对假寐的冈崎夫人,吉冈说了些算不上辩解或道歉的话打算离开,夫人微微苦笑着说:"这可真是非常愉快的夜晚。"

涩泽对池田的小说持批评态度一事,被池田通过编辑之口得知,池田对涩泽的评价非常不满。

9月,《洞窟的偶像》由青土社刊行。涩泽负责装帧。

10月4日,吉冈实与筑摩书房的同僚淡谷淳一一同来访。涩泽给吉冈看了许多他喜爱的情色杂志,随后在镰仓站前的天妇罗店HIROMI吃饭。

同月25日,稻垣足穗逝世,涩泽在《读卖新闻》写下悼文。

11月1日,涩泽参与编纂的矢代秋雄遗稿集《俄耳甫斯之死》的出版纪念当天,他被邀请到矢代家做客。与中井英夫、作曲家三善晃,以及这部书的出版商、深夜丛书社的斋藤慎尔等人同席而坐。

这一年的国内旅行如下:

4月19日至23日,京都旅行。坐着龙子驾驶的租赁车辆绕丹后半岛一周。

9月27日至28日,去往西伊豆的户田。

11月2日至5日,与武井宏夫妻去那须高原、盐原温泉旅行。

3 | 昭和五十三年 / 《玩物草纸》 / 《记忆的远近法》 / 藏书 / 日本古典

糖果合唱团①解散的1978年（昭和五十三年）——
这年涩泽迎来五十岁。

1月，《玩物草纸》开始在《朝日JOURNAL》连载。至
7月为止，共三十回。

对于"包括精神与肉体在内，关乎我自身这一小宇宙的
一种宇宙志"的这一连载，在前一年写给堀内诚一的书信
（日期为12月23日）中，涩泽写道："这次我考虑采用与以
往略有些不同的风格。虽不是袒露自我，但想依循具体经
验，倾吐些气质上的东西……啊，这件事我正在筹划。"

连载开始前涩泽问种村："来了一个连载的工作，我已
经没有什么可写。该写些什么好？"种村答道："那么，写写
自己如何呢？"种村想，从以往的涩泽的气质与信条上来讲，
这一提案理所当然会被驳回，但与想象相左，涩泽答道：
"唔，这样。"

涩泽一贯对于谈论自我的拒绝，成了《玩物草纸》探讨
的对象。对此，在连载至一半的第十五回，题为《体验》的
对话体文章中，涩泽这样写道：

——你也上了年纪啊。直到近来，你都是绝不会袒露自

---

① 20世纪70年代在日本活跃的三人女子偶像组合。

我的男人，我也作为那样的男人，在漫长的时日里望着你，而最近，你不是在一味地吐露自己的体验吗？这也是心境上的变化么？

——哈哈，在你看来是这样的啊。若是这样，不免令我感到遗憾。且不论心境如何变化，于我而言，体验本身就没有任何意义。在这世上，自然有各式各样的体验。比如在冬夜，行走在道顿堀，突然，莫扎特的交响曲的旋律响彻脑海的体验。也有居住在巴黎，日复一日地眺望巴黎圣母院的体验。然而，这般了不起的体验，我一次也没有。你说，我究竟在什么时候提到体验了呢？

——欸，也不必凡事张口便要争论。原来如此，了不起的体验，说不定不适合你。我想说的，是极其日常的体验。

——所以说呢，那种事对我来说，如同不存在，就像是梦。不，与梦相较太过浪费。我认为梦境才是更为珍贵的。

1月21日，涩泽和小说家金井美惠子以及她的姐姐久美子一同观看大相扑的主要比赛。那是北之湖和轮岛在相扑台上蝉联横纲的时代，而涩泽喜爱的却是旭国和鹫羽山。这两位力士个子小，性情坚毅，倔强的气质深受涩泽喜爱。金井姐妹在前一年10月也来过北镰仓，还去建长寺里采摘米槠子和零余子。

金井姐妹来访时，问起品尝珍馐美味、色欲和体面里，哪个最重要。涩泽当即答道："体面。"

2月，译作《魔术》（弗朗西斯·金著）出版。该书是平凡社刊行的"形象的博物志"系列中的一册，这个系列的译者还有种村和松山。

4月，《记忆的远近法》由大和书房出版。使用保罗·乌切洛的绘画作封面的装帧出自长尾信之手。

关于《记忆的远近法》这一题目，涩泽作出如下说明：

并非有了现在才有记忆，不如说是有了记忆才有现在，记忆先行于现在——这种荒谬的细微差别，便是我通过这句话想要揭示的。

所有体验都不过是一种 jamais vu（未视感），我最近产生了这种印象，它慢慢深化。即隐藏的记忆先行，它经由某种操作，被轻而易举地转换为 déjà vu（既视感）。所谓某种操作，便是《与押绘一同旅行的男人》[①]中的望远镜，即我说的"记忆的远近法"。

（《倒持望远镜》）

从这时起，涩泽屡次谈到通过倒持望远镜来窥伺事物的"记忆的远近法"。翌年刊载的《唐草物语》第十回的《蜃气楼》，便是以此为主题，将中国古代的徐福传说用作典故写成的故事。

5月，电影评论集《银幕的梦魔》由潮出版社刊行。《机械装置的厄洛斯》由青土社出版。后者的装帧由高丽隆彦负责。

① 江户川乱步的短篇小说。

吉冈实与涩泽。左侧为龙子
摄影：青木外司

　　7月9日，在舞蹈家大野庆人夫妇的筹划下，在横滨的大佛次郎纪念馆举办了老友恳亲会，涩泽和龙子一同出席。大野庆人是土方巽的盟友、舞蹈家大野一雄的儿子。土方的友人们久违重逢的那一日的光景，被吉冈实记录在日记中。"阳子"是吉冈的妻子。

　　清晨，阴转小雨。午后放晴，变得闷热。三点左右，乘坐接送的车辆前往目黑元赛马场。与松山俊太郎夫妻一同走出车外乘凉时，土方巽夫妻从新建的文化住宅区走了出来。我们许久没有往来，不知他们已搬到此处。虽说如此，我想这也是与他形象不符的住所。汽车驶入第三京滨公路，朝向能看到横滨港的山丘公园。在大佛次郎纪念馆的一室集合的面孔，有涩泽龙彦夫妻、种村季弘夫妻、唐十郎与李礼仙夫妻两人以及四谷西蒙等人。阳子身体欠佳未能列席，实在遗憾。我望着海港小憩，权当参观学习，绕馆闲逛了一周。接着在安静的和室里，酒宴摆好了。近来，大家变得疏远，今夜的叙旧显得格外愉快。会费五千日元，酒和菜肴都很丰富。

(《土方巽颂》)

酒与话题既尽，一行人移至咖啡店，喝着咖啡听四谷西蒙唱歌。散会后走到室外，已经入夜了。

这次聚会三天后的7月12日，吉冈实供职的筑摩书房破产。日本最大的书店、东京站前的八重洲图书中心在这一年开业，那是距离出版产业凋敝尚遥远的时代，筑摩书房作为良心的文艺出版社代表着出版文化，它的突然破产，在社会上也是大新闻。涩泽倾注心力的个人编辑的《世界文学集成》的策划，也因此停滞。

8月19日，出席了在高轮王子酒店举办的旧制浦和高校的同窗会。

11月25日，出席第五中学校的班级聚会。

同月30日，唐十郎的泉镜花奖获奖宴会在九段下的大皇宫酒店举行。按计划要进行演讲的涩泽到了时间却不见踪影，吉冈实只得代替他拿起话筒。宴会正酣，有人告诉终于现身的涩泽，是吉冈接替了他的职务，涩泽狡猾地笑了。原来他是因为讨厌演讲才故意迟到。

不再跳舞的土方，从这时起开始逃避与友人会面。妻子元藤烨在六本木经营了几家卡巴莱酒馆，便让弟子们在那里演出。"那个人，如今已经是酒馆的保镖了。是过去的人了。"涩泽的话传入土方耳中使得涩泽十分介怀一事，被写进了稻田奈绪美的土方传。

12月15日，《幻想博物志》由角川书店刊行。该书由池田满寿夫装帧设计。

《全集年谱》里记载，"这一年，在《唐草物语》动笔以前，对日本、东洋古典的研究逐渐走上正轨"。

涩泽的《群书类从》《续群书类从》《续续群书类从》《广文库》《大语园》《古事类苑》《日本随笔大成》等，庞大的关于日本古典的丛书，是从这个时期开始一册册备齐的。这些书籍最后大多都侵入二楼的寝室，被收纳在狭窄的房间中靠床一侧的书架上。龙子证实，书店的结款从某一时期起，日本书开始多过西洋书。

北镰仓的宅邸建成时，一楼设立了宽敞的书斋以及鳗鱼的寝床般狭窄的书库，全部藏书暂时在那里收纳，但书斋的地板上也渐渐堆满了书，便在二楼增设了一间书库。虽说如此，涩泽的藏书数最终达到一万五千册（其中外文书约三千册），称不上是多得异乎寻常。世上被称作藏书家的人中，拥有涩泽数倍以上藏书的人也不在少数。

在制作涩泽的藏书目录《书的宇宙志》时，我仔细检查过书架后，印象最深的一点，便是几乎没有一册所谓杂书。

北镰仓的涩泽邸，二楼书库的书

书籍保管妥善，却并非收藏家或爱书家，几乎没有精装书籍和珍稀的初版书。杂志包括外国杂志在内都极少见。

近代日本作家中，大部头的全集被摆在架上的有森鸥外、幸田露伴、泉镜花、永井荷风、谷崎润一郎、芥川龙之介、木下杢太郎、冈本加乃子、小林秀雄、石川淳、花田清辉、堀辰雄，再加上柳田国男、折口信夫、南方熊楠这样的学者。

而涩泽开始迅速亲近日本及东洋古典的契机之一，似乎是来自现代思潮社石井恭二的循循善诱。萨德审判以来与涩泽交往甚笃的石井，感到涩泽"若是再不了解些关于日本的知识，这家伙就无法更进一步了"，劝诫涩泽要阅读各种各样的典籍。松山俊太郎评价石井恭二是"一生都站在花花公子和小少爷的立场上"的人，这位激进的出版人至少结了三次婚，并在20世纪90年代完成了《正法眼藏》现代版。他在与松山的对谈中，回想起这一时期，说了些趣事：

> 涩泽他对欧洲，已经厌倦了。欧洲呢，大体上就是彻底地思考，深究下去便会通晓一切，对西欧事物的思考方式就是如此吧。然而，涩泽其实对此并不擅长。而对东洋呢，起初什么都不懂，因为是不懂也是理所当然的领域，对涩泽来说更好处理。被古典打得落花流水，不是正适合他么？我想也有这部分原因。

> (《"萨德审判"前后》)

涩泽自己也在晚年和池内纪的对谈中，被问起兴趣转向中国和日本的理由时，作出如下回答：

> 归根结底是在三岛去世以后吧。或许是对西欧的二元论感到厌烦了。厌倦了绝对主义。老庄思想要好得多。

> (《向涩泽龙彦氏提问》)

这一年的旅行如下：

3月14日至18日，九州旅行。在长崎购入空竹。

9月11日至15日，北海道旅行。

11月2日至4日，与武井宏一同去广濑温泉。

4 | 昭和五十四年 / 时评 /《恶魔的中世纪》/ 《BIBLIOTHECA 涩泽龙彦》/ 著述的分量

伊朗伊斯兰革命爆发，游戏《太空侵略者》风靡一时的1979年（昭和五十四年）——

这一年从1月起，涩泽开始在《太阳》上连载社会时评《本月的日本》。至12月为止共十二回。

这一时期，涩泽的著述中开始频频出现时评类文章。与其说涩泽想将这些主题诉诸笔头，不如说新闻界要求涩泽扮演这种角色，涩泽也没有拒绝这项要求吧。"不擅写时事要闻和潮流时讯"的涩泽写下的这类文章，虽说是时评，却从不涉猎政治问题及社会大事，而是在写反对数字化，或是围绕着词语的误用展开。

写下多篇关于涩泽的文章的英语文学研究家高山宏，在《俄德拉代克的跋扈——德拉科尼亚的一九六〇年代》一篇长文评论中写道，涩泽在1970年大阪世博会时写下的社会时评《厌恶世博》，令他"体会到遭遇背叛之感"。他接着写道："离开抽象思考和具体物体后的涩泽的一类'时评'，无非多是些背叛读者的虚伪文章，我很讨厌。"高山断然舍弃了涩泽的时评。

而与此同时，1993年（平成五年）写下《涩泽龙彦的时代——幼年皇帝与昭和的精神史》的批评家浅羽通明指出，将涩泽视作"范式转换，知识变革的先驱者"的高山，忽视了涩泽的社会时评中的某些方面。在涩泽晚年的时评作品中，浅羽发现了涩泽表现出的"道德家的面貌"，这是"表面的理解所无法捕捉的涩泽龙彦骨子里的另一副相貌"，并对此给予了很高的评价。

这位浅羽也提到，涩泽的这一类时评中，妻子龙子不时以绝妙的方式出场。

在中非犯下累累罪行的博卡萨皇帝的政权垮台后，别邸的冰箱内发现了大量被切断的尸体。涩泽讲述了这个骇人听闻的消息后，龙子没有显露出丝毫讶异，只是说道："欸。果然他是食人族么。"

"原——来如此，"涩泽想，"如此想来，的确没有发生任何不可思议之事。没有丝毫令人感到惊讶之处。食人族吃人，这理所当然。"（《本月的日本》）

刊登在报纸上的某人类学家的电影评论短文中，"paradigm（范式）一语出现了五次"，"'知性'一语出现了四次"，死板的精神使得涩泽捧腹大笑。因为实在古怪，涩泽也给龙子看了那份报纸，说道："喂，你看，太有趣了。快读读这篇文章。paradigm 出现了五次。"

于是龙子说："paradigm 是什么？哦，我知道了。是 paradise（乐园）误排了吧。"

涩泽愈发愉快，扔下报纸开怀大笑。（《一页时评》）

并且，在与时评稍显不同的场所，另有这样的登场方式。

——说到底，刊登在那种文艺杂志上的所谓纯文学，谁会去读呢？

——一小撮时评家，还有赋闲在家的家庭主妇吧。

——嗯——可是我妻子就不会读呢。不过，这种事倒是无所谓。

（《奈瓦尔与幻想文学》）

这年1月，以《鸟与少女》为开端，《唐草物语》开始在《文艺》连载。至翌年1月，共十二回。

从《犬狼都市》中收录的小说算起，《唐草物语》是涩泽时隔二十年的虚构类创作。这部作品说是随笔风格的小说更妥帖。在前一年6月27日写给堀内诚一的书信里，涩泽吐露："明年起，须在《文艺》上连载随笔。"如此看来，最初的计划并非执笔小说。

后来涩泽写道："《唐草物语》，我想是个很好的题目。"事实上，在连载开始前，得知同一书名也用在了鸷巢繁男的好友和田彻三的诗集上，他便去信给和田彻三："直接夺取了您的书名，我感到不安和歉意，请允许我使用这个题目。"（1978年11月20日）这封写给和田的书信里，涩泽对自己的书名说明道："是所谓 conte arabesque[①] 的意思，我的脑海里浮现了一些短篇缠绕交织的形象。"

2月，《恶魔的中世纪》由桃源社出版。《玩物草纸》由朝日新闻社刊行。《玩物草纸》由栃折久美子负责装帧，收

---

① 阿拉伯花纹般的小品集之意。此外，爱伦坡有小说集《异述集》（*Tales of the Grotesque and Arabesque*）。

录了在《朝日JOURNAL》连载时加山又造①绘制的插画。

《恶魔的中世纪》主要论及罗马风格艺术和哥特美术中的恶魔像，是在1961年（昭和三十六年）发表的连载的基础上，着手增补后成书。在这点上，在涩泽的著述中有着特殊的成书经过。

涩泽似乎想全面重写青年时期的连载再成书，却未能完成，仅增补了一章左右的篇幅。无法全面改稿，恐怕不仅是因为这本书的主题是恶魔学，涩泽已无法像往昔那般对这门学问倾注热情。如同《全集》解说中种村的解说，与近二十年的岁月一同，涩泽的文体本身也发生了变化，续写昔日的文章变得艰难了。

桃源社自1961年《黑魔法手帖》以来，包括再版和限定版在内出版了超过四十种涩泽的著作和译作，《恶魔的中世纪》成为最后一册涩泽的著述。

3月6日，于第一生命大堂观看笠井叡的舞蹈《索多玛的一百二十天》。

5月，从涩泽的短篇小说中取材的《唐版犬狼都市》在状况剧场上演。

6月，译著皮耶尔·德·芒迪亚格的《博马尔佐的怪物》由大和书房刊行。装帧由高丽隆彦负责。

7月1日，泷口修造逝世。第二天，去西落合的泷口家守夜。守夜过后，与高桥睦郎、四谷西蒙、金子国义、野中

① 加山又造（1927—2004），日本画家、版画家。

友理、合田佐和子等人去麻布的中华料理店，喝着老酒谈笑风生。在《尤里卡》上写了给泷口的悼文《美丽的笑颜》。

8月10日，与种村季弘对谈。这是《BIBLIOTHECA 涩泽龙彦》刊行之际，在涩泽家举行的对谈。种村在这时指出，涩泽在60年代留下的文章的多样性特质，难道不是以三岛的死为契机，毅然地决定了其"自身命运的自觉"的方向吗？后来涩泽也写道："不愧是种村，'命运的自觉'，我认为他说了绝妙的话。至少三岛由纪夫的死，对我而言的确有这种分量。"（《〈三岛由纪夫追记〉后记》）

这年8月，还发生了一头老虎从千叶县的寺院经营的动物园中脱逃，最终被发现并遭射杀的事件。有报道称，听闻老虎被枪杀后，一个孩子含着泪说"好可怜"。少年时代阅读南洋一郎狩猎猛兽的冒险小说长大，有"人类与野兽殊死搏斗的场面，如字面意义，让我感到热血沸腾"这种经历的涩泽说道："这是否有些不健康？"

狩猎野兽，是在帝国主义殖民地的全盛时代，由欧洲人创设的野蛮游戏，当然，如今已不再举行。如今世界上的大多数人，都支持保护野生动物。我想这是很好的事，也是必要的。然而，正如存在捕鲸绝非恶事的时代，也存在狩猎猛兽并非那般残酷的时代，记住这样的事也无可厚非。

让高丘亲王被老虎吞下的涩泽，在时评栏里如是写道。（《本月的日本》）

9月7日，出席了旧制浦和高校的同窗会。一周后的14日，出席了泷野川第七寻常小学校的同窗会。

10月，《BIBLIOTHECA涩泽龙彦》开始由白水社刊行。全六卷，来年3月完结。

第二次出版涩泽著作集的策划，是白水社的千代忠央发起的。离开京都大学法文科，1959年（昭和三十四年）进入白水社的千代出生于1934年（昭和九年）。他作为唯一一位可以和难以相处、令编辑困扰的生田耕作打交道的编辑，在同侪间十分出名，似乎他也从进入出版社起，便与涩泽有着很长时间的交往。

桃源社的《涩泽龙彦集成》汇总了涩泽在20世纪60年代的工作，而白水社的《BIBLIOTHECA涩泽龙彦》，是将1977年（昭和五十二年）的《思考的纹章学》视作涩泽著作的一个分水岭，"为了具体化一九七〇年代的涩泽龙彦的世界"（内容宣传页上的"刊行语"）策划出版的新著作集。从1971年（昭和四十六年）刊行的《黄金时代》到1978年（昭和五十三年）的《机械装置的厄洛斯》，十二种单行本以一卷收录两种的形式收入著作集，《女人的轶闻》和《妖人奇人馆》等被排除在外，也没有收录《东西不思议物语》和《记忆的远近法》这两部新出版的作品。

石川淳和斋藤矶雄二人写了推荐文。与日夏耿之介交情甚笃的斋藤矶雄是涩泽尊敬的法语文学研究家，他的维利耶·德·利尔－亚当和波德莱尔的名译，涩泽从年少时起就爱不释手。

下文是为斋藤矶雄的推荐文补出部分注音①的全文。文章不仅格调高雅，指摘也极妥当：

　　从前在后汉时，市中有老翁卖药，悬一壶于肆头，实为谪仙人。及市罢，辄跳入壶中，游赏壮丽的日月星辰。——涩泽龙彦氏拥壶中天。悠然独戏，别有天地。

　　他的精神中的显著特征是充沛的好奇心。永远用最初的眼观察事物的少年时代，他至今也未失去。波德莱尔曾说："天才即希求便能重返的少年时，即是如今具备表达自我的强韧器官与分析精神的少年时。"他拥有不被任何事物束缚的enfance。"一人怡然自乐"，这是镌刻于他的所有探究、全部思考的璀璨纹章。——与世俗意义上博学多闻的权威主义者、在时流之辈中左顾右盼的文化人，或是日夏耿之介诗伯爵所谓"不安分的外语文学研究家"，都判若云泥。

　　他对奇闻异事不知厌倦的渴求，不仅是其天赋资质，而且还吸收了在意外与惊奇中窥见"美"的本质性一面的坡、波德莱尔、利尔-亚当等人的思想。他探求奇异的执念，不断滋长并纯化，甚至发展到厌恶现代诗的似是而非的奇异地步。从同流、凡庸、群居中脱出的意志，便是诗之精神的根源，他的散文里诗的含有量极大，便也理所当然。

　　汝南人费长房，不单在偶然间目睹卖药老翁跳入壶中，还与老翁俱入壶中，引至金楼玉殿，宴飨佳肴珍馔，临辞

① 日文为生僻字注音，译文略去。

去之际还获赠了小小酒壶，甘醇美酒，滚滚饮之不尽。我亦愿与谪仙龙彦子相伴，共游那壶中天。

对比收录于《BIBLIOTHECA 涩泽龙彦》的那些著作与《涩泽龙彦集成》所收录的作品，便能发觉20世纪70年代涩泽工作的特质与特征清晰可见。集录20世纪60年代工作的全七卷版《集成》，按照主题分成诸卷，下面试将《集成》各主题与收录在《BIBLIOTHECA 涩泽龙彦》中的著作进行对照。不过《黄金时代》《银幕的梦魇》《机械装置的厄洛斯》几部单行本中的几乎全部收录作品均已收入《集成》，《人偶爱序说》则是大杂烩式的一册，这四本不纳入统计。

第 I 卷　　　　手帖系列篇→无符合者

第 II 卷　　　　萨德文学研究篇→无符合者

第 III 卷　　　　情色研究篇→无符合者

第 IV 卷　　　　美术评论篇→《胡桃中的世界》《幻想的肖像》《向着幻想的彼方》

第 V 卷　　　　创作·评论篇→《恶魔出没的文学史》

第 VII 卷　　　　文明论·艺术论篇→《旅途马赛克》《偏爱作家论》《欧罗巴的乳房》《思考的纹章学》（第 VI 卷为《翻译篇》，故省略）

《胡桃中的世界》是承接《梦的宇宙志》谱系的作品，

所以与第 IV 卷相符，但此时《思考的纹章学》应被置于怎样的位置等，细究起来没有止境，暂且采用这种分类。一看便知的特征，是神秘学、萨德、情色等成为 60 年代涩泽代名词一类的著作已不见踪影。

其中，涩泽在 1970 年后频频提起，对"手帖系列"代表的神秘学已不复往日那般强烈的热情。"事到如今，我已没有心思再去写骇人听闻的神秘学什么的。"正如方才援引的涩泽写给堀内诚一的信中所写，出口也写道，他曾在巴黎的书店听涩泽说起："我不要再写恶魔学了。"（《这珍奇的生涯曲线》）此外，在 1985 年（昭和六十年）的采访中，涩泽回顾 20 世纪 60 年代自己的著作时说："我的工作扩展到了神秘学和恶魔学等与我自身资质不相符的方向。"（小笠原贤二《涩泽龙彦"螺旋的运动"与"东洋的虚无"》）

顺带一提，涩泽从某个时期起，对巴塔耶也说"感到厌烦，不愿读了"。

虽说如此，不单是萨德，无论是神秘学还是情色，像 20 世纪 60 年代那般主题以赤裸的形态贯穿全书的单行本都销声匿迹，这一时期的著作中，那些主题变得愈发洗练，含有大量结晶体般的真髓这一事实，自然无须多言。

《BIBLIOTHECA 涩泽龙彦》的装帧由涩泽亲自负责。涩泽对装帧极为挑剔，很厌恶风靡一时的杉浦康平等的花里胡哨的设计风格。1971 年（昭和四十六年）的《黄金时代》是涩泽自己负责装帧的第一本书，此后，以青土社的书为中心，总数达到七种之多。虽均是出自外行人之手的简单设计，这部《BIBLIOTHECA 涩泽龙彦》以及函盒上使用了埃及的圣甲虫画的《思考的纹章学》都做得极漂亮。

关于《BIBLIOTHECA 涩泽龙彦》古雅的装帧，涩泽本人在第 III 卷的《后记》里作了详细解释。函套背面和封面上烫金的蜗牛图案取自古老的动物志书籍，衬页和扉页的图案则选自 17 世纪的铜版画。封面是泛黄且厚实的硬麻布，涩泽常说："书的封面可以选用各式各样的材料，但还是硬麻布最好。"

说来，涩泽在 20 世纪 70 年代究竟写了多少原稿呢？

以《全集》的页数为基准，大致换算后，四百字一张的原稿纸约有八千七百张。但涩泽译作的工作量也不容小觑。按照如上的算法，《翻译全集》约有三千张。创作与翻译合计约一万一千七百张，即一年约一千张，可以得出每月的动笔产出数量约为八十张。

接下来，再看看 20 世纪 60 年代的数字。创作的原稿约一万张，分量与 70 年代相比稍多一些，译稿则有两倍之多，约七千五百张。合计约一万七千五百张。

顺带一提，涩泽一生的原稿总计约三万六千张。

对于就如同字面意义，一生仅靠笔杆生活的涩泽而言，这个数量绝不算少。尽管几乎没有篇幅极长的作品，死后刊行的全集，包括翻译篇在内总计达到了四十册。涩泽完全没有作家这种职业中常见的无法写作的低谷期，一向安定地推进着工作，我想这是他可以完成庞大的工作量的最大原因。

与晚年的涩泽对谈的德语文学研究家池内纪，在那次对谈中说道："暂且不谈文章，我觉得涩泽先生非常厉害，虽说这在本人面前讲不免失礼，因为您没有当过教师。""一次教师也没有当过，仅用一支笔杆生存的人。这是很厉害的。大概，只有您是这样不是吗？就连小林秀雄也做过明治的教师。现代的状况恐怕还是不说为好。"(《去问涩泽龙彦氏》)

那么，仅靠一支笔杆支撑的涩泽家，经济状况如何呢？我在制作藏书目录的空闲，问过龙子夫人这个意味深长却难免有些冒昧的问题。她答道："涩泽的话，在杂志上写的稿子一定会收入单行本，在我结婚以后，收入比同时代的上班族的平均薪水还要高。在这种意义上，没有为钱困扰过呢。"

涩泽并非骄奢淫逸之人。与出口对谈时，种村说，他认为涩泽"从根本上讲是个禁欲的人"。"不是个根本不要钱的人么？"一旁的出口也应道，"那个人不是会去玩乐的人。"(《涩泽龙彦的幸福的梦》)即便是书，也不嗜好初版或是豪华本，更不是收藏家。

话虽如此，到了20世纪70年代，涩泽依旧与NHK策划的电视节目特集，或是《文豪野犬》中角色原型的知名人气作家相去甚远，在世人眼中，仍是卞和识玉般的小众作家之王。著作还没有出过一册文库本。实际上，《BIBLIOTHECA涩泽龙彦》各卷的初版册数只有三千至四千册左右。我记得曾从涩泽口中听到"普通的单行本大致上三千册"，这个数字，与当时我作为编辑着手的小众外国文学译著的册数半斤八两。与现在相比，涩泽的几乎全部著作都刊行了文库本，热闹地铺满书店的书架，文库本累计售出数万、数十万册，海外也出版了翻译版，不免有种隔世之感。

涩泽曾说："虽然是大出版社的稿费多，但果然还是和那些有了解自己作品的编辑在的小出版社共事更愉快。"

＊　　　　　　＊　　　　　　＊

11月27日，在宝生能乐堂观看狂言。激起了涩泽浓厚的兴趣，此后也常常观看狂言。他还在休息室被介绍给野村万作①。

12月26日，起床后做自创的柔软体操时，腰部严重扭伤。似乎是因为模仿了瑜伽动作。就这样，五天里，涩泽倒在床上不能动。疼得无法翻身，厕所也去不了。

1979年（昭和五十四年）的旅行如下：
5月8日至11日，东北旅行。游览会津若松的荣螺堂。
10月2日至5日，京都、宇治旅行。去见生田耕作。
这一年12月发表的《唐草物语》连载的第十一回《远隔操作》，便是取材于这次旅行的逸事。在作品中登场的

---

① 野村万作（1931— ），和泉流狂言师。

"保持着一次也未曾去过法国，这一法语文学研究家的骄矜"的 K 大学教授"麻田"，其原型自然是京大的教授生田。

在这篇小说的开端，"我"不愿作为译者去见来访日本的萨德的子孙，匆匆逃往京都，似乎是以当年 10 月皮耶尔·德·芒迪亚格访日时的实际经过为蓝本。

第九章　魔法神灯（1980—1986）

1982 年前后，与四谷西蒙制作的人偶，在北镰仓的自家书斋（五十三岁左右）

1 | 涩泽的日常 / 昭和五十五年

　　1988年（昭和六十三年）的一篇题为《与"眠者"的日常》的访谈中，龙子回忆她与涩泽的婚姻生活，说1970年（昭和四十五年）以后，涩泽的后半生几乎没有发生可以称得上是事件的事件。日常生活的循环近乎固定，新婚不久后发生的三岛由纪夫之死便是唯一一称得上是事件的例外。"十七年间，仿佛时间就此停止，没有发生过任何事"，龙子回忆起二人平静的生活。

　　下文将对从20世纪70年代到80年代，涩泽安定宁静的日常稍作探讨。

　　涩泽基本过着昼夜颠倒的生活。夜晚起床白天睡觉。

他常在午后两点起床，但并非一直按这个规律。在工作临近截稿期，需要集中精力时，会三十到四十个小时不眠不休地连续写作。然后，他会不吃不喝地睡上两天两夜。

起床后通常吃些面包等简便食物，若有来客便和人碰面，也去院子里闲坐。晚8点左右吃第二餐，接着边喝红茶边读书。红茶是保温杯里泡的立顿红茶，不放砂糖、牛奶或柠檬。在家中他一贯喜欢穿舒适的睡衣，天凉时会添上一件长袍。向来一字不漏地翻阅五份报纸，几乎不看电视。

每个月一两次，乘坐着横须贺线的绿色车厢[①]前往东京看展览或是戏剧。和龙子结婚后，涩泽开始显著增加的旅行，像是在调节一年份的外出次数——尤其是自1977年（昭和五十二年）起，涩泽开始一定时间内在书斋里闭门不出，也养成了极力避免与人会面、集中精力写作的习惯。

读书时，涩泽常仰卧在客厅的沙发上。撰写稿子，必定在家中书斋的大书桌上。桌上有地球仪、CROWN[②]以及大修馆的法日词典。最陈旧的白水社《规范法和大辞典》从1948年（昭和二十三年）起便开始使用，皮革封面已破烂不堪。涩泽并非在哪里都可以写稿的人，他从未在自己的书桌以外的地方写作。书籍的摆放方式也令他介怀，用来工作的房间每年只允许清扫四五次。他只使用自己的藏书，几乎从未从图书馆或从他人处借书来读。

---

① 日本国有铁道和 JR 铁道中比普通车厢更舒适豪华的一等车厢。
② 1978 年由三省堂出版的法日词典。

原稿先用2B铅笔书写。拿用旧了的旋转手柄的转笔刀来削铅笔。铅笔写好的原稿再用派克钢笔修改。也有印上涩泽手书名字的专用稿纸。经过推敲后的草稿由龙子誊抄（龙子感到最幸福的时光便是此时）。涩泽检查誊清的纸稿，最后自己写上标题和名字。将不留推敲痕迹的完美稿子交给编辑，这是涩泽不变的风格。

涩泽不是什么美食家，不喜欢同时吃几种美食，而是坚持一品豪华主义。年轻的时候他喜欢炸猪排和牛排，随着年纪增长开始喜欢吃鱼。他也喜欢虾、鳗鱼和螃蟹。南瓜和胡萝卜绝不入口。不喜欢大多使用奶油的法国菜。

虽没有晚酌的习惯，但无论威士忌、烧酒、红酒或是日本酒，他都爱喝，对品牌也都不讲究。大体上必不可少的是清晨时分，在就寝前饮酒。

不抽纸卷烟，只抽雪茄和烟斗。石南木烟斗一定要用火柴点着，不用打火机。清理烟斗时爱用纸捻，制作纸捻是妻子的职责。外出时，他左手必定握着烟斗。

涩泽家在北镰仓的半山腰，一年四季都能听到鸟啼虫鸣。涩泽也不忘在记事簿里记录他最初听到树莺、虎斑地鸫、暮蝉、蛞蟖啼鸣的日子。

涩泽经常做梦，也常是好梦。

包括附近的寺院和镰仓的徒步旅行路线在内，涩泽常和龙子在自家附近散步。

涩泽和龙子常常吵架。涩泽总是说，"龙子真是傻""笨蛋龙子"。龙子说涩泽的口头禅是"你真是个笨蛋"。

不生孩子，是两个人最初的约定。

回顾十七年间与涩泽共度的生活，龙子在《与涩泽龙彦在一起的日子》里这样写道：

重新审视和涩泽共度的日子，我怀疑其中是否存在世人一般来讲的家庭生活。虽说如今也是如此，与其说是脚踏实地、一丝不苟地经营日常生活，我想倒不如说像是活在幻想里，活在梦中的生活。与此同时，涩泽也是为每天的生活感到愉快、珍惜生活的人。

文艺批评家川本三郎在发表于1978年（昭和五十三年）的涩泽评论《作为思想的趣味》中，将涩泽比作卢基诺·维斯康蒂的电影《家族的肖像》的主人公，一位有隐士风度的老教授。这位老学者在罗马古老宅邸的书斋中，被自己偏爱的大量书籍和绘画包围，如沉静的隐者般生活。

1986年（昭和六十一年），成为涩泽对20世纪60年代的总结的《黄金时代》收录进河出文库时，涩泽在后记里写道："乌托邦、终末观、颓废派、幻想。我想我可真是不厌其烦，竟反复探讨了那么多次这些主题。然而，为正面论述这些主题而倾注热情，就到这部《黄金时代》为止了。70年代以后，我急速丧失了谈论大问题的兴趣。"从1970年后期直到晚年的涩泽，就如同川本三郎联想到的某种隐者，这种形象也映在更多世人的眼里。或许就像涩泽翻译成日文的《逆流》中的德塞森特，或是《德拉科尼亚绮谭集》中描绘的圣希多尼乌斯·阿波利纳里斯，"遮住望向现实的眼，幽闭在孤立的精神世界中"（《关于拉丁诗人与蜜蜂》）。

与高丘亲王同样"厌俗尘喜幽居"的涩泽，不知是否认定了"红旗征戎非吾事"。然而，这种形象，与过去令世人耳目一新的异端地下教祖，或是在关乎淫秽的审判上与权力抗争的时代形成的过激煽动家的肖像间，存在着巨大的隔阂。

1979年（昭和五十四年），在时评连载《今日日本》中谈论全职和兼职问题的涩泽，提到现代女性在参加工作时，其理由多是想要"与社会的联系"。"我一点也不想拓宽社会性视野，倒是常常觉得'与社会的联系'尽是胡扯的那一类人。"在这篇时评的接下来几行，涩泽写下了自己的如下信条：

说实话，我不明白"与社会的联系"或是"社会性视野"的意义，也不明白追求这种东西的人的心情。战争时期亡命美国的托马斯·曼曾说"我在之处就有德国"，我便效仿他，想说"我在之处就有社会"。即便是与妻子二人幽居家中，但谁能说，我所在的地方是没有社会的呢？

*　　　　　　*　　　　　　*

1980年，于四谷西蒙的工作室观赏人偶。正中间为四谷西蒙，右侧为涩泽
摄影：青木外司

竹之子族①登场的1980年（昭和五十五年）——

自1月起，在《文艺》上开始连载《一页时评》这一读书时评。到这一年12月为止，共连载十二回。

《每日新闻》的匿名评论《变化球》，在这年秋天提到涩泽的这一时评时写道："虽说他已老迈，文章却仍耐读。"（9月13日《涩泽龙彦的一页批评》）

《BIBLIOTHECA 涩泽龙彦》的完结庆祝活动，于2月29日在赤坂的河豚料理店鸭川举行。种村季弘、野中友理，

---

① 兴起于20世纪80年代初的日本街头文化，年轻人穿着独特的花哨衣服，播放着迪斯科音乐跳舞。

还有白水社编辑藤原一晃、千代忠夫等出席了活动。后来成为白水社社长的藤原，与种村是东大德文科的同窗。

4月19日，出席了堀内诚一《巴黎的来信》的出版纪念会。地点是六本木的西之木。与出口裕弘、岩谷国士夫妻等一同在六本木痛饮。

《德拉科尼亚绮谭集》从5月起开始在《尤里卡》上连载。到第二年6月为止共连载了十二回。这是时隔七年的《尤里卡》连载。

6月，《城与牢狱》由青土社出版。作者亲自负责装帧。

7月12日，与旧制第五中学校的同窗们一同拜访在战争年代勤工动员时每天都去工作的板桥的大和合金工厂。战争时期的社长如今年逾八十，却仍精神矍铄，还记得当时只有十六岁的涩泽以及他的同学们。

9月，为野中友理的画附上文章的《妖精们的森林》由讲谈社出版。此外，《太阳王与月之王》由大和书房刊行。装帧由高丽隆彦负责。

四谷西蒙的第二次个展《机械装置的少年》于12月举办。涩泽在个展即将开始的不久前造访了西蒙的工作室，观赏了那些人偶。

12月，译作《萨德侯爵的书信》由筑摩书房刊行。

该月17日，去涩谷的西武百货店观看野中友理的个展。在那里碰上鹫巢繁男的涩泽，将这位身着和服的诗人介绍给碰巧同席的中村真一郎。

池田满寿夫负责装帧和插画的三百五十部限定豪华版

的《女·男》由出版21世纪刊行，也是在这一年，涩泽翻译了魏尔伦的好色诗篇。

这一年的旅行如下：

5月13日至17日，京都、室津、赤穗、冈山旅行。

12月31日，前往京都，在旅馆柊家过年。

2 | 昭和五十六年 / 奥斯卡 / 希腊、意大利旅行 / 涩泽的旅行 / 《唐草物语》与泉镜花赏

巴黎人肉事件①发生的1981年（昭和五十六年）——

涩泽和龙子在岁末前往京都，在那里度过了正月的三天。前一年的11月23日，在写给堀内诚一的书信里，涩泽向堀内传达了这个正月计划，他写道："我从现在起便已经高兴得忘乎所以了。我这大半辈子，五十多年，还一次都没有在家以外的地方过正月，便想着一定要试一次。"除夕夜，在旅馆的电视里，看了看唱片大奖和红白歌会。涩泽平时几乎不看电视，龙子说这或许是涩泽有生以来第一次观看红白歌会。

3月4日，观看君特·格拉斯的小说改编的电影《铁皮鼓》的试映。心怀退行意志的少年奥斯卡登上街市塔楼的塔顶，

---

① 1981年发生在法国的杀人事件。犯人是日本留学生佐川一政，他杀害了一位荷兰女性友人，奸尸后吃掉了她的肉。

击鼓并发出尖叫时，建筑物的大窗一扇接着一扇摔得粉碎。看到电影里的这个场景，涩泽想着"奥斯卡就是我。他就和我一样"，几乎要掉下眼泪。

这年7月发表的电影评论中，涩泽这样写道：

> 奥斯卡是心理延缓偿付期（moratorium）的人么？我不这样认为。若问为何，他是凭借个人意志退行为幼儿。［……］一个无力的、处于心理延缓偿付期的人，断然无法如奥斯卡那般在顽强的意志下退行。
>
> （《铁皮鼓——或退行的意志》）

看完电影，涩泽和法国电影社的川喜多和子、当时在中央公论社做编辑的安原显等一同去了南千住的尾花，大啖鳗鱼。

在世田谷区羽根木的中井英夫家中，5月23日举行了"蔷薇会"，涩泽和龙子一同出席。此外，吉行淳之介、出口裕弘、住在附近的岩谷国士夫妻、作曲家武满彻夫妻也受到招待。

此次集会原本是要来欣赏中井英夫精心照料的蔷薇花，一个任中井助手的年轻男人不懂装懂地开始探讨军歌，涩泽突然暴怒："像你这样的人怎么会懂！"喝得烂醉的涩泽唱起军歌，武满夫妻也加入进来。同辈人的武满和涩泽几乎是第一次见面。武满极擅歌唱（那是自然），保留曲目也广大无边，感到心满意足的涩泽与这二人仿佛展开了唱歌比赛。夜深了，左邻右舍打来电话诉苦，只得将宴席挪到家中客厅。

中井英夫没有加入唱歌，他一边苦笑，一边向岩谷征求意见："你也是文弱之徒吧？"主人中井后来称自己头痛，上二楼睡觉去了。

涩泽在这次大骚乱的四天后，写信给出口。"本想着这次可以慢慢聊天，却又喧闹了起来。我好像一喝了酒，就没完没了地想唱歌，这是哪里来的恶魔的把戏。"

6月23日，与龙子踏上为期一个月的欧洲旅行。这次的目的地，是希腊和意大利。

最小的妹妹万知子和丈夫坂斋胜男当时在希腊居住，涩泽到7月1日为止都留宿在塞萨洛尼基的坂斋家。6月30日，与堀内诚一一家相聚，参观克诺索斯的遗迹和德尔斐的神殿。

7月9日起，与堀内夫妻、坂斋夫妻一同造访威尼斯、佛罗伦萨、博洛尼亚、拉韦纳、圣马力诺等地，最后去了巴黎，造访了沙特尔圣母主教座堂，于7月24日回国。

第四次欧洲旅行，成为涩泽最后的海外旅行。1970年以后频繁的国内外旅行，为涩泽及他的作品带来了怎样的影响，颇有探寻的价值。

岩谷国士身为纪行作家，将热切的目光投向涩泽后半生的旅行，极为激进地强调旅行所起到的重要作用。他将到某个时期为止，"就这样一生都不会去外国，对此有所觉悟"的涩泽，在70年代后缓慢地变化与成长，视为从"庭园"迈

向"旅途"。岩谷说:"不正是旅行,开始将涩泽文章的存在方式缓缓地导向别的方向吗?"接着他如下文那般写道:

当然,不单是实际上的外出旅行增多了,这些旅行或漫游的日子,或许更应视为结果。但无论如何,迄今为止旗帜鲜明地作为一类乌托邦主义者,一味地专注于维持和强化壁垒森严的小宇宙般空间的涩泽龙彦的文学,开始向着时间、向着水、向着流动的自我溶解并扩散,不是正与旅行这一契机相关么?

旅行改变了他,抑或说,他将自己的变化托付给了旅行,抑或说,他发生了变化所以开始旅行,任何一种都无妨。

(《涩泽先生》)

岩谷对撰写《高丘亲王航海记》的涩泽的意大利半岛南下之旅尤为重视,他在《涩泽龙彦考》和《涩泽龙彦的时空》里,提出涩泽作为"在作品中赌上自己的旅途的作家"的形象。

将不喜外出的书斋人带去旅行的龙子本人,也认为涩泽因旅行而发生了变化。在妻子的著作中可以读到如下的言论:"以[1970年的]欧洲旅行为分界,我想涩泽发生了变化。我不知道该如何说明,感觉从内向外,有什么东西变得豁然开朗。"(《与涩泽龙彦在一起的日子》)

认为涩泽"变得豁然开朗"并非因为旅行,而是因为龙子的观点也不在少数。考虑到片刻也不曾分离,旅途中常伴左右的爱妻的证词和写下大量且细致的涩泽评论的岩谷的意见，旅行的问题似乎迎刃而解。但如果翻阅更多回忆录和评论研究，便会发现不能得出这类结论。也存在口吻稍显不同的证词和对立的视角。

例如，据在1977年（昭和五十二年）的法国、西班牙旅行中与丈夫堀内诚一同行的堀内路子所言，去巴勒莫时，她说起在街市上偶遇的人偶剧实在出色，涩泽气恼地说："我就不会有那种偶遇。因为我会乘出租车直接去目的地。"据称，那时涩泽断言道："没有偶然的相遇！"（《欧洲旅行的逸事》）

涩泽只会根据计划旅行。即便并非如此，翻阅龙子的回忆录，便会发现身着西装的涩泽在旅行途中，买车票和付钱等杂事一概交给他人，就连时间表也不看，给人以大名旅游之感。当然他也从未一个人踏上旅途。岂止如此，不仅从未一个人在外国的街巷里漫步，甚至直到最后也没有尝试用不擅长的外语和人交谈。没有妻子"便没有了去旅行的想法"，《远隔操作》（收录于《唐草物语》）中"我"的心境，看作是涩泽本人的意见也无可厚非。

与堀内夫妻一样，在1977年的欧洲旅行时与涩泽同行的出口裕弘，在《涩泽龙彦的书信》中写下名为《巴黎的涩泽龙彦》一章。据担任涩泽海外旅行向导的出口所言，涩泽认为旅行是"看些有趣的东西，吃好吃的东西，避开讨厌的人和事，再心情畅快地回日本。这样不好么？"据称涩泽还对身为留学生的出口说："你像是要与欧洲格斗，我倒觉得格斗很麻烦。只看些好东西就准备回去了。"

在出口看来，涩泽最终也未能融入巴黎。"原本无论对'街道'还是'人'，他都只有隔着一块玻璃观望的兴趣，他的资质便是如此，倒也理所当然。"与涩泽的资质截然相反、十几岁时便与涩泽相识的友人这样写道。接着对于旅行与涩泽之间的关系，他得出了如下结论：

> 涩泽这个人，就如同人们所言，是书斋的人。离开了书本便手足无措，我记得他曾在巴黎漫步时对我吐露过这一类话。日复一日，不懈怠且不知厌倦地读喜爱的书，从书中汲取灵感，制作自己的书。在这种循环中结束了五十九年生涯的他，无论行走在巴黎还是布拉格，实际上都不过是在书籍之间行走。

松山俊太郎谈论《高丘亲王航海记》时，在"从庭园到旅途"这一岩谷的结论的基础上，将涩泽的变化视作"从卵到鸟"。松山在此之上，提出了如下观点：

> 然而，在"旅行"中目睹的是更辽阔的"庭园"，当感到自己孵化成鸟，正欲振翅高飞时，却发现了被囚禁在更大的"卵"中的自己，这难道不正是涩泽的感触么？

（《全集22》解说）

*   *   *

中岛薰负责装帧的《唐草物语》由河出书房新社出版，是在涩泽离开日本去欧洲旅行的7月上旬。这本书腰封的宣传语——"从日本王朝时代到文艺复兴、意大利，将古今东西的典籍自由地脱胎换骨，在虚与实、小说与文章间穿梭，如唐草（arabesque）般绘出螺旋且样式化的、不可思议的讽喻宇宙。仿佛妖异的'人工之花'般的12个幻想物语"，出自涩泽之手。

涩泽在后记中写道："这部《唐草物语》中的十二篇故事，均有典据或故实，我援用它们作为底本。"后记中公开了几处典据的具体实例，也有在正文中明示的情况。

卷首的作品《鸟与少女》，是从瓦萨里的《艺苑名人传》和马塞尔·施沃布的《虚构传记》的《保罗·乌切洛》中汲取的灵感，这点也在正文中有所提示。原本施沃布的作品就是将瓦萨里作为典据来使用的，使得事情更为复杂，而《鸟与少女》的典据，并非仅有明示的两部作品。穿插在故事中间的，青铜像怪兽从壁龛中一跃而出，主人公从它身下搭救少女的故事，典据是阿方斯·阿莱的短篇小说《圣诞日夜话》。关于阿莱的这部短篇，涩泽也在年轻时的文章《雪的记忆》（1961）中写道："我尤为喜爱这个梦境般的故事。"该作另有涩泽生前未发表的译稿。

另外，与这些典据稍有不同，作品结尾处"我"与折纸鹤的少女间美好的故事，并非我们透过文中想象的那般是涩泽自身的体验，而是借用了堀内诚一在书信里写下的个人经历，这一事实因涩泽与堀内的书信集《旅行的伙伴》的出版而变得明朗。

在《唐草物语》刊行后不久的采访中，涩泽提起马塞尔·施沃布的名字，他对这位19世纪末英年早逝的作家"感到非常亲近"。涩泽曾说，他想写像施沃布的作品那样"不知该称为学识还是知识与诗的合体、考证与诗的合体"的艺术家小说。在《唐草物语》中，尤其是前半部分作品，乌切洛、藤原成通、普林尼、纪长谷雄、花山院、藤原清衡纷纷登场，体现了对这些东西洋历史人物虚实交织、进行杜撰捏造的《空想传记集》的浓厚趣致。此外，像是《六道十字路》的主人公马卡贝那样在历史上不存在的、杜撰出来的人物故事，也不禁令人想起施沃布的《虚构传记》中，令《阿拉丁的神灯》中的人物成为主人公的小品文《泥土占卜师苏夫拉》。

岩谷国士指出了《鸟与少女》中涩泽的自传要素，不单是乌切洛，或许在普林尼、藤原成通、纪长谷雄身上也能得出相同的结论。在这一层意义上，便不能忽视涩泽在《飞翔的大纳言》中写到成通时说的，"我不禁想象，他是让·科克托那样的人"。

9月19日，出席泷野川第七寻常小学校的班会。

10月10日，在自家中接受正在进行创刊筹备工作的杂志《幻想文学》的采访。采访者是东雅夫，上文中提到的关于《唐草物语》的采访便是这次（《〈唐草物语〉——物体张灯结彩的幻想谭》）。

这个月的15日,《唐草物语》入选泉镜花文学奖的通知电话,由评审委员之一的吉行淳之介打来。

这一天,涩泽和龙子,与居住在逗子的三门昭彦夫妻一道,四人在镰仓郊游。接电话的人是留在家中的母亲节子,她答道不知儿子是否会接受奖项。母亲想必十分理解独子的气质。评审委员中,似乎也有人担忧涩泽会拒绝领奖,谁知傍晚回家的涩泽爽快地答道:“我接受。”

1973年(昭和四十八年)金泽市制定的泉镜花文学奖,是颁给“与镜花的文学世界相通,弥漫着浪漫史之馨香的作品”的奖项,涩泽获奖的第九回,是与筒井康隆的《虚人们》一同获奖。奖金与筒井平分,得到二十五万日元。这时的评审委员除了吉行,还有五木宽之、井上靖、奥野健男、尾崎秀树、濑户内晴美、三浦哲郎、森山启。

该文学奖初期与“天界的作家”泉镜花之名相衬,弥漫着浓郁的幻想文学奖项的色彩,第九届以前,以第二届的中井英夫为首,森茉莉、高桥和子、唐十郎、金井美惠子等,涩泽的友人纷纷获奖。涩泽以后,仓桥由美子和日影丈吉也摘得奖项,1999年(平成十一年),种村季弘也成为获奖者。

11月3日,涩泽与龙子出发去金泽,4日,在金泽市的县社会教育中心讲堂举办了颁奖仪式。

厌恶演讲的涩泽,在当天会进行怎样的获奖演说,周围的人似乎大多半是担心、半是兴致勃勃。引人瞩目的演说是这样开始的:

欸——对我来说，文学奖里，即便是诺贝尔文学奖也会拒绝。但一说是泉镜花，不由自主地就答应了。与诺贝尔相比，泉镜花要厉害数倍。再说，诺贝尔那个男人又算什么？发明了硝化甘油，赚了一大笔钱的男人对吧。不过我素来有无政府主义者的一面，虽然也不讨厌发明硝化甘油的人就是了……

关于涩泽令观众捧腹大笑的演说，当时在河出书房新社担任涩泽编辑的诗人平出隆写道："话题以滑稽剧的风格破坏性地加速，接着伴以手舞足蹈，仿佛卓别林扮演的独裁者现身兼六园，出现了这种程度的空间歪曲。"平出隆说，这次演讲"对涩泽而言，也许可以称为一生一次的表演"，接着他这样写道：

我与身旁的人一同捧腹大笑，与其说是卓别林，不如说是基顿[1]，对讲坛上的人，我改变了看法。如今站在台上的，该如何讲呢，甚至令人想起三岛由纪夫临终的"大演说"。

（《外出的涩泽龙彦》）

涩泽的文学生涯里虽收获了众多热心读者，却与文学奖一类世俗的名誉桂冠无缘。不过他本人也向来不追求这类荣耀，对此近乎洁癖地漠不关心。像这样一贯的精神，

---

[1] 巴斯特·基顿（Buster Keaton，1895—1966），美国喜剧演员、电影导演、编剧。

也体现在金泽那次空前绝后的大演说上。上一年年末刊登在《东京新闻》的文章中，为追悼在这一年长逝的萨特，涩泽这样写道：

　　此外，萨特在七十四年的人生中，没有接受任何公家荣誉，我想强调这点。或许，在这点上他是旧式的有洁癖的人。他没有进入学院，就连诺贝尔奖也拒绝受领。在一九八〇年代的日本，出现谢绝无聊的文学奖的人士，并没有任何值得惊讶之处。

　　随着价值逐渐多样化，我想文学奖也理应让作家可以享受选择的自由。就像军人的勋章，我想文学奖也应该可以挂在胸前。这便是我对文学奖的意见。

（《八〇年的 à la carte》）

　　遗作《高丘亲王航海记》虽获了读卖文学奖，却是在涩泽死后得的，在他一生中，唯一一次被选中获得的奖项，便是冠有被涩泽深深敬爱的镜花之名的这个奖。

　　颁奖仪式后的酒宴上，出现了"下回的镜花奖得主会是谁"的话题。奥野健男说："想颁给石川淳或埴谷雄高。"涩泽则说："我觉得芒迪亚格和博尔赫斯也不错。"

　　5日，乘车去白山兜风，6日从金泽回家。

　　这年11月，《城——梦想与现实的纪念碑》由白水社刊行。吉冈实负责装帧。

1981年6月，与龙子，在京都高山寺

这一年的国内旅行如下：

6月1日至4日，关西旅行。参观了京都的"明惠上人辞世七五〇年"展，探访高山寺。

7月30日至31日，前往轻井泽，观看了西武高轮美术馆的马塞尔·杜尚展。

3 ｜ 昭和五十七年 / 翻译 / 反核调查问卷 / 河出文库

新日本旅馆发生大型火灾的1982年（昭和五十七年）——从1月起，开始在《潮》上连载《西洋镜》。至翌年8月为止共二十回。单行本出版时题目更改为《狐狸的布袋——我的少年时代》。

对于这一时期涩泽的文章,法语文学研究家、小说家松浦寿辉评价道,那是"如空气般轻盈的文章"(《探寻"文学与哲学的边境"》)。

四谷西蒙人偶展的开幕会,于2月22日在青木画廊举办,涩泽与四谷西蒙、金子国义、小筱顺子等人在麻布的庖正用餐。在这次个展上陈列的少女人偶,后来被搬到北镰仓的涩泽宅邸,安置在涩泽的书斋里。

金井美惠子曾在随笔中提到一则逸事:吉冈实说"我要严肃认真地说,现在,我最喜欢涩泽氏",听了这话,涩泽大笑道"现在,么?"说不定就发生在这一天。(《与吉冈实见面》)

3月,《恶魔出没的文学史》收入中公文库。不算译著,这是涩泽著作第一次出版文库本,令涩泽过去的热心读者们又惊又怒。

这个月,《法兰西短篇翻译集成》第一卷由立风书房刊行。另外,皮耶尔·德·芒迪亚格的小说《城中的英格兰人》译作由白水社刊行。4月出版《法兰西短篇翻译集成》第二卷,5月,玛格丽特·尤瑟纳尔的评论《三岛由纪夫,或空的幻景》译作由河出书房新社出版,时隔许久又有译作接连出版。

然而,《法兰西短篇翻译集成》是从涩泽与青柳瑞穗合译的《怪奇小说杰作集4》(1969)中挑选出的自己的译作编纂而成。该书的出版预告刊登在20世纪70年代后半的南柯书局的出版目录上，从后记中可以看到该书局的渡边一考的名字，想必有一定渊源。此外，《城中的英格兰人》也是历经十四年岁月，终于补缀了1968年(昭和四十三年)在《血与蔷薇》上刊登的三分之一左右的节译，完成全译，而真正称得上是新译的，便只有《三岛由纪夫，或空的幻景》。

翻译是涩泽一生打心底喜爱的工作。他留下的翻译作品，换算成四百字一页的稿纸，能有一万三千余张。死后出版的《翻译全集》共十六册，一位作家的翻译能够出版全集是自森鸥外以来的壮举，虽令人惊讶，但在质与量上，可以说这些工作是非常有价值的。

对于翻译，涩泽向来不会动摇他苛刻的目光，对翻译者的好坏向来直言不讳。身为编辑的我们，也听过许多不留情面的刺耳的话。我曾问涩泽，翻译在校样阶段是否会大幅度修改。"我几乎不改。因为已经完成了，就不需要修改了。"他答道。

一次，我问他最喜欢谁的翻译。"那当然是堀口大学，"他接着说，"可以译得那般艳美的人，实在少有。"(旧制高中或是浪人时代，涩泽曾经从《月下的一群》等堀口大学的译诗集中挑选出自己喜爱的作品抄写，制成笔记本。)

涩泽贬损翻译时常说，"冷漠的翻译，为何会译得如此冷漠无情"。"艳美"与"冷漠"，似乎是涩泽评价翻译好坏时的一个尺度。

我听过多次涩泽夹杂着具体实例品鉴翻译，比如"霍夫曼的小说，石川道雄的译文读来很有趣的"，他像这样盛赞石川道雄的霍夫曼翻译（这位日夏耿之介门下的独特的文学家，也在《德拉科尼亚绮谭集》中出现）。对当时正在刊行的《科克托全集》中收录的朝吹三吉新译的《存在困难》，涩泽说那是"漂亮且简洁的好译文"，给我留下了深刻的印象。

《关于翻译》收录于《人偶爱序说》。涩泽在文章开头写道："像我这样，肆无忌惮地公言喜欢翻译这个工作的人，在所谓外语文学研究家当中，我想不是很少么？"涩泽认为，翻译在完全抹杀独创性之处分胜负，所以才有趣，并非次善之策，它自身即为目的。接着他这样写道：

> 对我而言，写文章的我，向来不过是在翻译涩泽龙彦的、一个无色透明的人。写文章的我，没有人格或是思想，只是在尽可能忠实地翻译涩泽龙彦的人格和思想。这是悖论么？

尤瑟纳尔的三岛评论，成了涩泽体量庞大的翻译中的最后一部。涩泽常说，还有许多想着手翻译的作品，如马塞尔·施沃布和皮埃尔·卢维的短篇等，遗憾的是时间不够。在他的一生中，完成以《恶德的荣光》为首的萨德小说全译的意志最为强烈，有几篇随笔中也提到了此事。

涩泽说这部尤瑟纳尔的书，实际翻译时却不如想象中那么有趣。"为了它花费时间，不如翻译其他我喜欢的东西。"涩泽罕见地牢骚不断。

这一年，文艺杂志《昴》的五月号上，策划了《文学家的反核声明：我这样思考》的调查问卷特集。这次调查问卷的制作是出于这样一种危机感：如果美国里根政府向欧洲提供新型战略核武器，那么核战争的发生将难以抑制。问卷承接由大江健三郎、井上厦、小田实等三十六人联名在1月发表的《控诉核战争危机的文学家声明》。下面引用以中野孝次为代表的声明文章中的一部分：

为了人类的生存，我们在这里，愿跨越所有国家、人种、社会体制和思想信条的差异，以废弃核武器为目标，向各国的指导者或责任人要求，请即刻中止新的扩军竞争。同时，向日本政府要求严守非核三原则。

调查问卷的提问内容是：本声明共有四百六十五名文学家署名，但其中也包含了表明不赞同和保留意见的人，说明问题有复杂的一面，您怎样想？

回答包括刊登在《昴》六月号上的部分，合计约一百四十份。从"我由衷希望这场运动不是一时性的，它能够百折不挠地存续，一点点扩散开去。最终成为全世界人民的声音"（富岛健夫）的全面赞成论，到"与大多数赞同者的朴素的意志相反，这种做法反而会助长核战争危机，而不是让我们远离它，这点需铭记于心"（黛敏郎）的反对论，内容各异。也出现了"坚信这种糟糕的玩笑需要强制施加给素不相识的他人，'《昂》编辑部'的这种不自知的傲慢，非猛烈抨击不可"（莲实重彦）这种独特的回答。其中，涩泽超然的回答，格外引人注目。

涩泽的回答是如下的简短文字：

> 我不参加选举也不参加署名运动。从昭和二十年八月十五日起，不参与团体运动成了我的信条。我不打算改变我的决定。

对于涩泽的这份回答，浅羽通明写道："他在战后这个异乡，作为亡命者活着。"（《涩泽龙彦的时代》）

种村等人是拒不回答调查问卷主义人士，而涩泽却一向规规矩矩地配合回答，包括女子高校同人志的问卷在内，《全集》共收录了六十一篇问卷调查的回答。

同样在这一年10月，《披头士和我们的时代》的问卷调查由《别册太阳》发起，涩泽也交出了答案。然而，却是"没有听过披头士，所以不喜欢也不讨厌"这类爱不理的冷淡回答。那时的问题中还有"你如何看待60年代"这一提问，对此涩泽这样回答：

> 我想那是个土里土气的时代。我对此没有记忆。

关于涩泽的这个回答，《每日新闻》的匿名批评《棱镜》

中写道:"只得赞叹他是卓绝的反时代之人。"(11月12日《反披头士考》)

上一章,我们回顾了涩泽将自己划定为"审美主义者"的发言。在同一访谈中,涩泽谈道:"文学对现实是无力的,如果不能深入骨髓地领会这一点,好的文学也就无法诞生。"这一信条的一贯性,在涩泽早期的文章中也能窥见一二。比如,下文中引用的是1960年(昭和三十五年)发表的,三岛由纪夫小说《镜子之家》的书评中的一节:

> 就如同我不认同民主主义艺术家这等可疑存在,我也不认同法西斯主义艺术家这种存在。作家可以使现实产生些微动摇的天真迷信,在这种时候,还是彻底放弃为好。
>
> (《〈镜子之家〉或一个中世纪》)

此外,在1968年(昭和四十三年)的文章中,有谈论家喻户晓的天才美少年歌人春日井建的一节:

> 集录春日井建从十七岁到二十岁期间作品的歌集《未青年》,附以三岛由纪夫的序文刊行,如今想来是奇妙的暗合。那是安保骚动那年,也就是一九六〇年。然而,吟咏易碎的青春憧憬和绝望心情的这部闪耀的歌集里,不必说安保骚动,就连对社会的兴趣也不见分毫。这是不是少年纯洁的斯多葛主义,在此不作深究。然而,像这样隔着一定的历史距离眺望,它作为事实实在有趣。无论如何,有这样

一位少年，有这样的作品留存了下来。

（《现代日本文学中的"性的追求"》）

从5月起，开始在《文艺》上连载后来录入单行本《睡美人》的数篇小说。此后，以三个月一篇的速度，到第二年8月为止，共发表了六篇作品。

某日，责任编辑平出隆来到涩泽家，看到涩泽正翻开自家订阅的晚报，翻阅刊登了几篇自己撰写的小说书评的文艺时评栏目。"这可不行！"涩泽发出"嘎嘎嘎"的高亢笑声。

6月是《东西不思议物语》，接着在12月，《世界恶女物语》收录于河出文库。

河出文库创刊不久，涩泽的两种书销量不错，此后涩泽的著作便陆续文库本化。细细端详着文库本化的策划人、河出的内藤宪吾带来的与自己先前的著作截然不同的书本，涩泽说："文库本可真是个奇怪的东西。"

总之，就这样通过文库本一举开拓了年轻读者群，然而在最初，"不要把涩泽龙彦的书出版成文库本！"昔日的忠实读者愤怒的来信纷至沓来，涌入河出的编辑部。

两年后的1984年（昭和五十九年），在当时堪称权威的《朝日JOURNAL》杂志上，刊登了关于涩泽作品文库本化的如下发言。这是《朝日JOURNAL》的文化栏目作者们举办的座谈会中的一部分（8月31日）。

阿：我想，在看不见的地方，神秘现象、神秘主义志向相当强盛。如今涩泽龙彦的一系列著作的文库版卖得很好。

辰：国书刊行会和人文书院出版的神秘主义系出版物也极有销路。

阿：高桥岩的施泰纳①研究，那个，也有很多粉丝，出版了就会热卖。

刚：然而，涩泽龙彦的书不是作为文库本，而是作为漆黑、昂贵的书来卖的时候的读者，和如今轻松购入文库本的读者可不一样。六十年代他作为倡导者积极探讨的萨德问题，破坏生产性的逻辑，还有间接批评日共的文章，阅读这些文章的读者，我想是赋予了异端和黑色以象征价值的一代，但没有以黑色的形式给出肯定。而现在无论哪本书的装帧都是白色。不单是书，街景和剧场也是这样。

隗：昔日里被视为异端的事物，如今走在大路上。

桃：涩泽的形象，之所以一以贯之地保持了纯粹，是因为他从不夸大自己。也不上电视。

辰：涩泽没有变。完全没有。

6月，《魔法神灯》由立风书房刊行。装帧由中岛薰负责。装在白色的函盒里，书很漂亮。

7月，亨利·特罗亚的《法兰西怪谈》由青铜社出版。这部译著，是将1957年（昭和三十二年）出版的《共同墓地》修改书名后的再版。

---

① 鲁道夫·施泰纳（Rudolf Steiner，1861—1925），奥地利哲学家、改革家、建筑师。

这个月 29 日，涩泽出席了在神田复活主教座堂举行的鹫巢繁男葬礼的守夜。其后，悼文发表于《飨宴》。

矢牧一宏于 11 月 19 日去世。享年五十六岁。涩泽参加了 21 日在中野宝仙寺举行的告别仪式。

12 月，《德拉科尼亚绮谭集》由青土社出版。是作者亲自负责装帧的一册白色的书。

同月 15 日，去看涩谷西武的金子国义展。涩泽和高桥睦郎在麻布的庖正一起用餐。

这一年的旅行如下：

5 月 6 日至 10 日，游览了京都、姬路、奈良。动身回家那天，在奈良旅馆偶遇石川淳。

8 月 24 日至 29 日，去米原、伊吹山、京都、绫部等地旅行。

11 月 7 日至 9 日，从金泽出发去湖东旅行。在胜乐寺拜访了心爱的佐佐木道誉[①]之墓。

4 | 昭和五十八年 / 晚年的土方巽 /《追忆三岛由纪夫》/ 乌恰

东京迪士尼开园的 1983 年（昭和五十八年）——

---

① 佐佐木道誉（1296—1373），镰仓时代末期至南北朝时代武将。

1月，暂时从德国回到日本的笠井叡，久违地造访了涩泽邸。

关于那时的回忆，笠井用如下的文章作为开头：

> 涩泽龙彦氏这样的人存在于俗世，本身便是一种奇迹，他常带给周遭的人这种氛围。是天使而非世俗的存在，仿若"绽放在虚无的夜空中的花火"，只在一瞬，在这俗世显出物质的身影……

> 每逢醉酒的涩泽信口开河"才没有什么'神'"的时候，这位舞蹈家都被奇妙的感情席卷。若问为何——

> 从未怀疑过世界是"善"的孩童说"才没有什么'神'"的时候，那几乎和说"我就是'神'"的意思相同。土方巽氏曾问我："涩泽不是'神'吗？"对于这样的话语，会产生诸多解释。然而那绝不意味着土方氏将涩泽氏神格化了。那是人类土方巽对在俗世遇到的人类涩泽龙彦的一则"致敬"之言。

> (《涩泽龙彦氏的回忆》)

笠井叡与涩泽的碰面，在这个夜晚就是最后一次。笠井于2019年（平成三十一年），将《高丘亲王航海记》改编成舞蹈。

笠井曾经的师傅土方巽的《病舞姬》的出版纪念会，在

4月9日于御茶之水的山上旅馆举行。种村季弘、松山俊太郎、岩谷国士、唐十郎、李礼仙、麿赤儿、中西夏之、大野一雄等，汇集了七十多人。涩泽一个人出席。

负责装帧这部书的吉冈实提议干杯后，在京都的和服店特别订制了华贵和服的土方，诵读了写在纸帖上的如下致辞：

这段时间，我就像干瘪的土豆那般失魂落魄，一点儿气力也没有。而今天我要激励自己，接下这个活动站在这里。我虽消失了一次，但还想跑上舞台，活着走到大家中间。

赤坂的第二次聚会后，涩泽久违地留宿目黑的土方宅。

5月4日，涩泽在日历中这一天的框格里记下"寺山修司死"。寺山这一年四十八岁。"像这样记入讣报的例子，在那时还很罕见。"《全集年谱》里补充说明道。

涩泽从最初便与唐十郎的状况剧场交情深厚，出人意料的是，没有迹象能表明他观看过寺山修司的天井栈敷。在现代的年轻读者眼中，比起唐，《草迷宫》的导演寺山难道不是与涩泽更相近的存在吗？

有迹象表明，寺山修司对涩泽抱有浓厚的兴趣，比如1977年（昭和五十二年）发表的文章《涩泽龙彦最近的工作》。作为《洞窟的偶像》和《东西不思议物语》的书评写下的这篇文章中，寺山写了些有趣的发言。寺山指出，涩泽试图通过把握"劈开现实后浮现的幻想"与"劈开幻想后浮现的现实"之间的双重意义来关注后者——涩泽"若能像处理书籍那般，将东京的开膛手杰克事件、少年使用球棒杀害兄弟等事件的经过写成虚构作品，我很想一读"，这位地下戏剧的大魔王说。接着，书评以下述文字结尾：

渐渐地，涩泽的故事不是再不出现真正的幽灵便无法开始了吗？在这种场合下，并不会出现名为马克思主义的幽灵，只有这点倒是清楚。

这个月15日，土方和元藤在刚刚置入的热海山庄中举办了宴会。涩泽以外，吉见实、种村季弘、池田满寿夫、三好丰一郎、鹤冈善久都在各自夫人的陪同下参加。松山俊太郎与芦川羊子也出席了宴会。

令满座宾客大吃一惊的是，这座山庄是为伊藤忠商事和丸红打下根基的大实业家伊藤忠兵卫的旧居。土方夫妇说，他们是继居住在这里的伊藤忠商事的园丁夫妇后，成为这座宅院的住民。那是豪华壮丽得惊人的宅邸和庭院，从宅邸环顾四周更是景致绝佳。在遥远的一边，邻居正在举办游园会。那是岸信介的别墅。

宴会从2点开始，涩泽和龙子的车遇上严重拥堵，傍晚5点才抵达。等到涩泽到达，重新举杯庆祝，酒宴瞬间热闹起来。

"我喉咙痛，最近一直去附近的医院"，含着水果糖的涩泽在半夜归家。深夜，在倾盆大雨里目睹了土方巽跳舞的身影，种村这样写道。然而，那时与种村在同一现场的吉冈实却写道："说不定那是只有种村季弘看到的，土方巽的舞姿的幻影。"(《土方巽颂》)

6月25日，《云母姬》完稿。至此，从前一年5月开始在《文艺》上刊登的小说集《睡美人》的连载正式结束。

7月28日，和岩谷国士一同去神奈川真鹤的种村宅，观看贵船祭。

9月22日，《工匠》完稿。这是后来收录于《虚舟》的八篇短篇中最早完成的一篇。

作为国书刊行会的新人编辑，我第一次造访北镰仓的涩泽家，是这一年秋天的事。

当时，国书刊行会正在筹备出版涩泽喜爱的美术史家巴尔特鲁萨蒂斯的著作集，我将编辑及部分翻译工作交给了涩泽。然而，这套著作集在涩泽生前，一本也没出。

10月1日，与三门昭彦夫妇一同前往逗子，从浪子不动①沿着海岸步行前往小坪。在途中的岬角脚底一滑，险些坠入大海。涩泽慨叹自己老了。

11月，《狐狸的布袋——我的少年时代》由潮出版社刊行。装帧由野中友理负责。同月，《睡美人》由河出书房新社出版。这本由作者个人负责装帧、封面是花哨粉色的书，与迄今为止涩泽著述给人的印象截然不同。

---

① 即高养寺，为小说家德富芦花的人气小说《不如归》的舞台，因主角"浪子"得名"浪子不动"。

刊行时，我对这个装帧吹毛求疵。睡衣上披着长袍的涩泽身旁的龙子嬉笑着说："这个，可是那个人亲自负责装帧的——"涩泽辩解道："好像是我这边的指示没有很好地传达给对方。"

12月，《追忆三岛由纪夫》由立风书房、《余白》由福武书店刊行。前者的装帧由中岛薰负责装帧，后者则由菊地信义负责。

《追忆三岛由纪夫》，是将迄今为止已经收入单行本的有关三岛的文章重新汇总的集大成之作，同时也收录了两三篇新稿。尤其是被置于卷首的《关于三岛由纪夫的断章》，是这年7月刚发表在《昂》上的文章，采用了1980年后的涩泽喜爱的断章形式，将他与三岛之间的诸多回忆连缀成文，也记录了几件着眼点犀利的事。

断章之一，是处理"对三岛而言我是什么"这个沉重的问题。

眼光敏锐的法语文学研究家、练达的翻译家、在思想和气质上与自己一脉相承的友人。我想三岛或许是这样看我的，但作为一个表现者，他显然不会认为我是一流的。在三岛生前，我没做过什么像样的工作，勉勉强强开始做称意的工作，也都是在三岛死后。

接着，涩泽提到三岛的《晓寺》中登场的德语文学研究家——"被不健康的性妄想附身，搬弄些愚蠢妄言的知识分子"的今西的原型是涩泽的说法。"被认定是这样的人物的原型虽令我难以接受，然而令三岛这样想，不得不说一部分责任在我身上。三岛似乎将我误解成很不健康的人物，我在三岛面前，也不能不说施展了一些演技。"

接着，涩泽这样写道：

无论我怎样谈论千年王国、乌托邦和末世思想，我生来便决定性地欠缺无名怨愤，就好比博尔赫斯探讨宗教和哲学，不过是将其视为一种思想的构思，不过是将其视作构筑观念之迷宫的一种材料。三岛无法看穿我这种本质。而我，过去为了不被看穿而努力，所以倒也无计可施。

仿佛是自白的这一段落，常被探讨涩泽的讨论者所引证，被视为问题所在。

旧日里的文学挚友出口裕弘，是最早识破涩泽的这种"无纠葛性"的人，就连这位出口（或者说，正因是出口）也对这篇文章提出了疑问："然而，他如果说到那种程度，我反而产生了怀疑。"他接着补充道："没有无名怨愤的协助便能实现的文学，不过是好事者的滑稽小文。"(《涩泽龙彦的书信》)

然而，更意味深长的是，这篇引发争议的文章包含了涩泽自己在1978年（昭和五十三年）发表的博尔赫斯评论关于"脱胎换骨"的部分。五年前，在题为《埃利亚的芝诺——或博尔赫斯的原理》的文章中，涩泽已经这样写道：

这种唯我论思辨的基础，毋庸赘述，是对妄图在世界背后寻求意义的所有宗教与哲学的根深蒂固的怀疑念头。对博尔赫斯而言，世界没有意义，或者说没有人类可以想出来的意义。所以，博尔赫斯喜爱在作品中不停列举那些中世纪基督教异端和阿拉伯神秘主义、犹太的拉比和波斯诗人抱有的形而上学意见等，他都不过是把它们视作游戏，视作文学，视作构筑观念迷宫的一种材料，而并非超越这个层面的事物。

换言之，令出口惊讶地说出"我并不知道涩泽还有别的用这种口吻阐释的文章"的一节，实际上是重复利用了一部分旧稿的文章。如同探囊取物的这篇出色的博尔赫斯评论中，涩泽接着说，博尔赫斯就像阅读普林尼和弗雷泽的《金枝》那样阅读荣格。他提到，博尔赫斯曾说自己把荣格当作一种神话，或是很有趣的传承博物馆，或是百科全书来阅读，并说了如下的感想：

这不是很有趣吗？我绝非讽刺或韬晦。

　　*　　　　　　　*　　　　　　　*

12月3日，与种村夫妻在镰仓散步，吃了天妇罗。

12月18日，涩泽家玄关的门铃响了，听到"这是您的快递"的声音，龙子走了出来。玄关前，一只兔子被放进箱子遗弃在那里，红色的眼睛就像红宝石，是只可以托在掌心里的小白兔。

涩泽原本只喜爱印刷在动物图鉴里的动物。他曾写道："饲养动物，这么麻烦的事我坚决不干。"(《猫与形而上学》) 起初他拼命要送给别人，慢慢地开始觉得它可爱又难以割舍，便在房间里放养。这只小兔子似乎是被一个身为涩泽读者的女孩子丢在这里的，它喜欢啃书，尤其喜爱阿部良雄个人全译版的波德莱尔全集。

兔子被取名为乌恰①。

这一年的旅行如下：

5月6日至9日，去京都、和歌山、河内旅行。

8月5日至6日，在箱根富士屋旅馆留宿一晚，造访了伊豆高原的池田20世纪美术馆。

10月4日至8日，去京都、尾道、大三岛、生口岛、福山、鞆之浦旅行。

这一年，涩泽五十五岁，妻子龙子四十三岁。

5｜涩泽龙彦批评

第八章中提到，在1977年（昭和五十二年）《思考的纹

---

① 兔子是由被按响的门铃送来的，乌恰（ウチャ）这个名字可能是取兔子（ウサギ）和门铃（チャイム）的发音组合而成。

章学》刊行之际，匿名批评《大波小波》上可以读到涩泽也开始需要批评者的这一发言。

实际上，从20世纪70年代中期开始，已经能读到许多"涩泽龙彦批判"类文章，包括涩泽逝世后的批评在内，我想在这里概述那些形形色色的批评。

在20世纪60年代，还找不到直截了当的"涩泽批判"文章。虽有三岛由纪夫和埴谷雄高写下的简短却诚恳的书评，但这个时期却没有认真探讨涩泽的作家评论。从现在涩泽的人气来看几乎难以想象，但那时涩泽还被视为"古怪人物"（据称筱田一士曾说"那不过就是地下文化"），被文艺批评家们认为是没有批评价值、被忽视也无可厚非的人，所以才没有被批评，这种说法更符合实情。

1973年（昭和四十八年），《别册新评》出版了涩泽特集号。在这里矶田写下第一篇正式的涩泽评论，在这部特集号上也仅有这一篇。

1975年（昭和五十年），《尤里卡》的涩泽特集号出版。在这里，终于刊载了一定数目的涩泽评论。其中不仅有致敬，也有几篇以"涩泽批评"为旨趣的投稿。三岛由纪夫的研究者田中美代子，在题为《神与玩具》的涩泽评论中这样写道：

他〔涩泽〕始终不过是通过形象，来享受变身（metamorphosis）的自由。所以，涩泽龙彦的世界，是一间为了不去接触赤裸的"现实",悉心布置的假想房间。那里没有杂乱无章的自然界诸多事物,提炼后的诸事物的形象一直横亘在现实与他之间、他与人群之间。那是原本已经被埋葬的民间故事的世界,在那里,人们被设计成各自孤独而绝对的存在——享受着如同孩童般的特权。

田中接着指出,涩泽龙彦的世界"虽一直倡导反智主义,却停滞于理智主义",涩泽"在本质上,无法侵犯存在的戒律"。

涩泽所描绘的世界的形象,与现代的经济大国日本巨大而温热的胎内微妙地照应,其后也有很多从与田中美代子类似的观点出发的涩泽龙彦批评。在这一号上写下批评《佯作不知的时代中的"涩泽龙彦"》的川本三郎也指出,"对我们而言,已不再可能得到拥有'虚构世界'的现实感的那种幸福",他接着写道,事实上"涩泽龙彦氏已经死去"。

第二种涩泽批判同样与方才的田中和川本的论点关联紧密,即与"萨德审判"在20世纪60年代同为"反时代"的涩泽,到了70年代,从"前卫"的地位跌落,与此同时发生了变质,文章失去了往日的雄健。批判的主旨在于涩泽不知从何时起,开始与时代以及现实脱节。

据称黛哲郎曾当面对涩泽说:"说不定到萨德审判为止的涩泽才是真的。"这位《朝日新闻》学艺部的记者这样写道:"不与时代交锋,涩泽的世界还存在被接纳的价值吗?我不知道这种说法与这个人的资质是否相符,然而如果没有

令价值观发生错乱，故事就会变得过于融通无碍了。"(《变化的时代当中……》)

第一任妻子矢川澄子，对1976年(昭和五十一年)的服饰杂志《装苑》上刊载的涩泽的文章(《这个月的10本书》)讽刺道："过于堂堂正正的论调，说是不知是哪里来的大学教授，当成财经界名士的发言也不足为奇。""涩泽究竟是从什么时候起，就连在这个饱食终日的时代里只有'安居于日常世界的人们'才读的杂志，也要大笔一挥粉墨登场了。"矢川接着写道：

> 他从什么时候起开始鼓吹人生之道了。［……］二十几岁的涩泽，绝不会做这样的事。至少到三十多岁为止，那时候的涩泽还作为萨德审判的被告，摆出一副令辩护律师们头疼的"想获罪"的顽皮做派。
>
> (《朴素与情念》)

第三种批判，迄今为止通过各种形式被再三提及，即涩泽固守着被喜爱的事物包围、做喜欢做的事的这一风格，被当作"御宅族"的先驱者般存在的一类观点。这种观点认为"人生的不存在，道德的不存在"的"什么都没有"，象征了将感觉置于绝对优先地位的御宅族的精神性。

这类批评，也难说与前面两者毫无关联。

然而问题本身，是对"御宅族"一语的理解，更进一步讲，是对"御宅族"这一存在持全面否定的蔑视态度，还是不采用这种简单的看法，由此对涩泽的态度与评价的细微之处，自然就会出现很大的差异。

法语文学研究家鹿岛茂[1]写道："在涩泽龙彦面前，无论是右翼还是左翼，代代木还是反代代木[2]，正统还是异端，时代还是反时代，都像是失去了意义，他是绝对自由的存在。"（《关于涩泽龙彦这种精神》）他还在其他文章里，将涩泽列入《四种运动理论》中的乌托邦主义者夏尔·傅立叶、写《不只是人类》的科幻作家席奥多尔·史铎金、《逆流》的主人公德塞森特，这些"在感情中生活的幸福"的"消费之人"的血脉，他写道，21世纪这个时代，必定是继承了御宅族谱系的人们的时代。（《注定到来的傅立叶世界》）

涩泽在晚年的访谈中说："我更亲近那些热爱衰亡的精神，我相信那种世纪末的精神，比起创造新事物的盛气凌人的自我主张更为强韧。"（《每日新闻》1986年1月13日）而将涩泽视为御宅族之神的说法，包含了多重的视角。

在某种意义上讲，对七十年代以后的少男少女而言，选择涩泽龙彦，就像是老一辈的人选择马克思主义，是世界观上的选择。从过去来讲，马克思主义不单是经济学和政治学，还包括历史观和艺术理论、语言学和哲学，是囊括了生物学和宇宙进化论的一个大宇宙。涩泽龙彦也作为

---

[1] 鹿岛茂（1949—　），日本评论家、法语文学研究家。
[2] 20世纪60年代至70年代日本政治领域的称呼。代代木指日本共产党及其指挥部，反代代木指日本新左翼。

包含各种学的大宇宙，震慑了新一代的年轻人。[……]在截然不同的意义上，对作为政治思想的一环来阅读涩泽龙彦的一九六〇年代的读者来说，涩泽龙彦是引导他们的思想家。因为他们从涩泽那里，学会了世界观和生存的方式。

如上文所示，巧妙地概括了"第一代御宅"（1960年前后出生）的涩泽观的浅羽通明《涩泽龙彦的时代》，是用了近四百页篇幅，执拗地追问和剖析涩泽与御宅族问题的著作。然而，书中捕捉到的涩泽肖像与御宅族们截然相反，即不时显露出"藏匿在超俗且反社会、背德而耽美的文人这一形象的阴影里，刚毅的道德主义者的相貌"。

与浅羽属于同代人，同为"第一代御宅"的作者仓林靖的评论《涩泽·三岛·六〇年代》，就方才的主题得出了相同结论。与浅羽的观点相同，在仓林看来，御宅族陷入的内面化，与涩泽最终抵达的精神状态，乍看相似，实则"在根本上不同"。他接着提出如下观点："如果说我们正面临自我观念膨胀、自我意识如皮膜般将世界包裹的状况，那么后期的涩泽所居住的世界恰与此相反，他消解了自己的'内面'，让自己向着外界扩散。"

此外，还有出自和方才论述的三种都不同的角度，频繁指向涩泽文学活动的批评。那是与涩泽的文章里"素材"过多这一事实有关的批评。

到目前为止，最为严苛地抨击这一问题的是批评家山下武的文章。《幻想文学》上连载的《分身文学考》中，山下提到了涩泽的《镜与影》(收录于《德拉科尼亚绮谭集》)，比较了以南宋时期的中国为舞台的这篇涩泽的故事和20世纪意大利作家乔瓦尼·帕皮尼的短篇小说《泉水中的两张脸》。"直截了当来讲，这是剽窃。这般案情证据一应俱全的剽窃也实属稀奇。"在这篇文章里，山下还引用了涩泽同样提及镜子的《镜湖》(收录于《高丘亲王航海记》)中的一节，如下文写道："这一节散发着浓郁的改编外国素材的味道，分身故事特有的深刻荡然无存。[……]虽说原本也不该在涩泽龙彦那里期待什么深刻，那是生性的半吊子爱好者的悲哀，即便剽窃别人的小说也要给人展现精湛技艺，勤勤恳恳只为制造伪币，殊不知终有一日原形毕露。况且，硬扯上中国神仙故事，无疑是智力犯罪的伎俩。"

涩泽全集的编辑委员中的出口裕弘等人，也多次明确指出，因为涩泽的文章中"借用的东西太多"，而对到某个时期为止的涩泽的工作持有怀疑的态度。法语文学和美术史相关的学者当中，将这类涩泽批评挂在嘴边的人不在少数。美术史家若桑绿(みどり)[①]，在1988年(昭和六十三年)发表的《关于没有注释的文章》，是从学者的立场上，说明为何许多美术史家都对涩泽保持缄默。

面对这些"素材批评"，最激进的反驳者仍是岩谷国士。岩谷在自己的多篇涩泽论中，将下述引文中的一贯主张展开探讨：

① 若桑绿 (1935—2007)，日本美术史学家。

涩泽这个人，是大多数作品实际上都有数十册、数百册素材的作家。[……]使用数十册、数百册素材，意味着没有这些素材，这位作家的作品便无法成立。那么，它们自身就是涩泽龙彦所谓"特异之处"。这是与他的自我相关的特殊情况，也与日本的近代问题相关。那正是涩泽龙彦的存在意义，甚至可以说是他的伟大之处。有数十册、数百册素材，却那般富有魅力的文章究竟是什么？将这一点视作问题才好。

（《作为选集的自我》）

顺带一提，《全集》中松山俊太郎的解说，是关于涩泽小说作品的素材的具体案例的力作，还有《夜窗鬼谈》现代版的解说中，译者之一高柴慎治有趣的指摘。此外，关于涩泽的典据问题，涩泽研究家、日本文学家迹上史郎发表的《涩泽龙彦与 A. P. 德·芒迪亚格》等这样的文章，如今甚至被当作学术论文的题材来探讨。

此外，还有一种批判一定要在此论述。

那便是批评涩泽的文学是欠缺了"人类的内面"这种深远事物的文学。这与方才举出的四种批评有着紧密且深入的关联性。或者说，将先前的四种统合后，便会产生这种批评。

所谓"半吊子爱好者的文学""轻巧的游戏文学""少爷的文学""不过是童话""游离于现实之外的艺术"等。先前引用的山下武的文章中的"原本也不该在涩泽龙彦那里期待什么深刻，那是生性的半吊子爱好者的悲哀"云云，可以说是此类批评文章中的典型。

涩泽本就公然写道："处理人类灵魂这一领域的作家，我感到很难对付。"(《伐楼拿之锁》)与御宅族的问题相仿，"涩泽内面的缺失"的这一问题，将它单纯地作为批判来否定，或是与此相反，作为赞辞来肯定，自然而然地出现了截然相反的评价。我想起第八章中提到的和审美主义者相称的音乐家、作曲家拉威尔，也频繁地被评价为"没有内面的音乐家"。

无论如何，涩泽作为文学家，缺乏某种内面，对于这一点他身旁的人似乎一致认同。与告白、心理描写、过剩的思虑的感情主义等近代文学的拿手把戏相去甚远的涩泽，种村季弘对他的定义不是"表现者"，而是"写作家"(écrivain)，接着如下文那样写道：

> 那个人作为翻译家启程，直到晚年，还在说："我想做翻译。已经没有什么东西可写了。"我认为这是真心话。翻译，是把我们没有经历过的事，仅凭言语的现实性构建出来，所以没有内容上的实体。所以，他或许在小说家和翻译家之间，来到了让自己难以作决断的地点。
>
> *（《涩泽龙彦的幸福的梦》）*

松山俊太郎在《全集》的解说中，分析了《睡美人》所收录作品的典据后，写下了如下结论：

发端是借来的东西，结尾的形式也在起初就被决定了，意味着作者即便有智识上的创作欲，却没有表达自身的体验或愿望的、感情的冲动，作品无论好坏，都成了"装饰"。

（《全集19》解说）

我想起松山常讲，"涩泽写的不是'大文学'"。

题为《邻居涩泽龙彦》的出口裕弘与岩谷国士之间的对谈，从正面探讨了涩泽的内面问题，极为可贵。

岩谷：隐藏起内面的虚构作品，由日本文学的风气来讲，再好懂不过了。压抑内面污秽浑浊的事物，用意志的力量将其统一，创造出有些抽象的，或是立刻便能与读者共享的独特的世界。这便是小宇宙。这样讲更易说明。然而，那个人，他真的曾经隐藏过内面吗？事实上他没有隐藏任何事物。不妨说，至少那是迄今为止的日本文学中没有的内面，在他的内部生根发芽。

出口：嗯，这是个有趣的问题，所以，他也是时代造就的人，这点非常明了。

岩谷：至少，这个人不可能在战前出现。

出口：对。战前的风气不会允许的，像那个人那样的存在。

岩谷：有些难以想象。

出口：不会有约稿的，如果是战前（笑）。即便有，可能也止步于极其小众的范围内。

出口在这里说的"即便有，可能也止步于极其小众的范围内"，或许与战前的小栗虫太郎的位置相近。

无独有偶，"战后登场的诸位之中，只有涩泽龙彦一人，可以说是完全的新式文学家"（《关于涩泽龙彦》），《血与蔷薇》的执笔者之一中田耕治如是说。中田还提到"涩泽龙彦若无其事地提出的悖论""最大的诡计"，指出"日常生活里，我们眼中许多有用的行为、在世俗意义上愉快的事物，或是对孕育新事物的行为心怀感激的精神，涩泽都漠不关心"。接着他还写道："对这样的作家来讲，毒药和炼金术的确不过是审美的对象。"（《涩泽龙彦事典》）

在肯定和否定间微妙地踌躇，自始至终都在思考这一问题的出口，在《有涩泽龙彦的风景》临近结尾处，如下文那样写道：

写到这里，便很难不发出感叹。无论怎么说，那是多么奇妙的文学家啊。那个人，看起来不是好似没有内面一样吗？彻底凝视自己，或是为内心的纠葛烦恼得近乎发狂，或是无论人类的深渊何等深杳，都向着那里垂下铅锤，像这种文学家的风度，他一点也没有。若是有观照自己的闲暇，不如熟读少年皇帝赫利奥加巴卢斯的评传；若是有精心描写失恋经历或挫折故事的气力，不如为翻译科克托粉骨碎身，他像是在这样说。

*　　　　　　*　　　　　　*

方才引用的涩泽批判，均是从完整的涩泽评论以及关于涩泽的对谈中摘取的内容。而除此之外的只言片语，也有我想在这里介绍的内容。篇幅虽简短，我想这些发言仍是不容忽视的。

一个是浅田彰[1]的发言。

浅田于1988年（昭和六十三年）出版的与岛田雅彦[2]的连续对谈集《天使通过》的第四章"三岛 仿制仿品"的注脚中，提到涩泽的三岛悼文《欲窥见绝对……》，他这样写道：

阅读这篇单纯得叫人难以置信的文章，我感到涩泽龙彦不过是个高度成长期以前的文学家。近代社会的方针原则相对完善，只要稍转过身，便能摆出"异端文学家"的作态。况且，欧洲还很遥远，入手外文书也很难，即便是那种程度也能让外行人目眩神迷。

浅田此文，作为脚注异常地长，他接着这样写道：

然而，到了我们这一代，要说涩泽龙彦有趣，那可是相当天真的人了（与此同时，涩泽龙彦也放弃了"异端"的做派，开始坦率地讲述反世界的"美"破碎后的"绮"的世界。那些"绮谭"，不复曾经的力度，读罢虽不觉羞赧，但

① 浅田彰（1957— ），日本批评家。
② 岛田雅彦（1961— ），日本小说家、法政大学国际文化学部教授、演员。

这也无非意味着它们既无毒也非良药）。就这样，在涩泽龙彦坦率地消失后，依旧厚颜无耻地端坐在原地的丧尸，那便是三岛由纪夫。

浅田彰在与柄谷行人、莲实重彦、三浦雅士的共同探讨《近代日本的批评Ⅱ》（1991）中提到涩泽时说："最过分的是幽居密室，一味地赏玩荣格原型的涩泽龙彦。大体上，我认为只是给人看稍显扭曲的地方，就可以乔装成异端文学家的家伙，需要被彻底地蔑视。"

我进入出版社的1983年（昭和五十八年），也是浅田彰凭借《构造与力》初露锋芒的那年。种村季弘称，这位"精分儿童"[①]的登场是"超越了天皇《人间宣言》的巨大冲击"，"出现了那样的家伙，我们相当于已经被抹杀了"，他边笑边戏谑地说。我把种村说的话讲给涩泽听，"种村君，又说这种话——"涩泽也豪爽地笑了。

某日，涩泽家中的话题从阉伶讲到假声男高音，我给涩泽看我刚好带在身上的光碟，说"这张碟，浅田彰也推荐了，请一定要听"（虽说涩泽家中并没有光碟放映机之类的东西）。涩泽有些愤慨，"为什么我要听浅田的意见"，又添上一句，"不过，他也是审美家，他也喜欢皮埃尔·卢维……"

---

① "精分儿童"（スキゾ·キッズ），浅田著作《逃走论》的副标题。浅田将人的特性分为"偏执人"（パラノ人间）和"精分人"（スキゾ人间），前者热衷于一件事，完全不考虑其他，后者对各种各样的事情感兴趣。

当然，上文引用的浅田的两次发言都在涩泽逝世以后，而过度激烈的口吻，反而令人窥探到某种近亲憎恶的情绪，引人玩味。而"开始坦率地讲述反世界的'美'破碎后的'绮'的世界"这样出色的评语，若非细读涩泽之人，恐怕也很难写出。

另外一位涩泽批评的发言者，是生田耕作。

生田在《双莲书屋日历》这一日记体裁的文章的最后一篇中，对出版社送来的涩泽的遗著《高丘亲王航海记》，如下写道：

十月三十日

开始读昨晚送来的《高丘亲王航海记》。忍了十几页，无法再读下去。极其幼稚，傻里傻气的，无法继续。和近来《幻想文学》杂志周边成群结队的那些"童话少爷"乳臭未干的现实逃避没有任何区别。眼见昔日里敬畏的盟友凄惨的退化境况，觉得黯淡。荷风先生常说的那句"那人已经无望了"，我也要不时挂在嘴边的事态，终于来到了吗？呜呼！……

生田耕作作为涩泽少有的意气相投的法语文学研究家，与他从二十多岁起持续了近三十年"盟友"的关系，还是涩泽每度访问关西都不辞辛苦地创造面谈机会的对象，当他发表这一言论时，比浅田彰的文章更令涩泽的读者愕然。

生田在 1993 年（平成五年）出版的《生田耕作评论集成

Ⅲ》中，也有"洗净虚饰的萨德侯爵那简洁的文体，也被篡改成与原文的澄明相去甚远的'啰嗦乏味'的拙劣文章，甚至还被追捧为'名译'的现代日本"，此类在私底下批判涩泽翻译的文章。

以编纂《拜劳斯画集》被检举为淫秽图画的事件（不过最终并未被起诉）为契机，1980年（昭和五十五年）从京大辞职的生田，此后发行了以"无名怨愤"为旗号的个人杂志，被年轻的仰慕者们环绕，重复些信口开河似的言论。尤其是他曾说松冈正刚等人简直是屎，对生田的这一言辞，我想起涩泽曾语气平淡地说："生田啊，性子里的确有那种地方。松冈正刚戴不戴耳环，那种事不是根本无所谓嘛。"

说起来，我曾听种村季弘说过"我今后也想写涩泽批判"，那是在20世纪90年代初。种村还说："不过现在还没到时候。"

如同前文所讲，涩泽与种村开始交往迟得令人意外，不单是迟于出口和松山，就连年少的岩谷也比种村早。二人的来往变得密切，似乎是在涩泽疏于交际的晚年。

被涩泽取了绰号"超级知识分子"的种村，在二十世纪七八十年代与涩泽同为"异端文学的两个车轮"，被外界视作同类的文学家。然而，其文学实质，却几乎与涩泽没有相似之处。出口裕弘在关于涩泽的对谈中，将问题抛向种村本人："博学多识、记忆魔鬼、异端爱好，林林总总，你们二人无论是生活方式还是工作，从世人的角度看来都很相近。然而，主观上不是有很大的不同吗？"（《涩泽龙彦的幸福的梦》）通过勾勒与涩泽间的对比，写下种村评论《凹型的自画像》的岩谷国士，也在关于涩泽的对谈中说："老实说起来，种村先生与涩泽先生完全是不同类型的文学家，不如说是截然相反。"他追问种村："你们难道不是对立者吗？"（《涩泽龙彦·纹章学》）

种村向来都能巧妙回避对谈方的这类问题，但若是二人的热心读者，自然可以察觉到涩泽与种村之间根本上的差异。浅羽通明和川本三郎也在他们的涩泽评论的结尾，引出种村作为涩泽的"对立者"来进行探讨。

浅羽通明指出，在一众奇人传中，"少年皇帝"涩泽"将那些奇人都当作他自身全能且玲珑的镜像"来描绘，最终，"在那里，互为镜像的他们与涩泽龙彦如群星般闪烁，任何他者的存在都不被允许"。浅羽说，相对应种村这边，"妖人奇人们被当作可疑人物追至天涯海角，作者在赏玩那种可疑"。

接着浅羽说，涩泽"似乎无法忍受和普通人一起注视着俗世中的他们"，他将奇人们的可疑"作为佐证其超俗性的圣痕来描述"，接着如下文那般，他指出与之相反的种村的迷宫世界的特征：

然而对种村氏而言，至关重要的是描绘在普通人之间游走的他们［奇人们］，在历史的世俗中活过的他们。这样清晰映照出的，绝非他们也是普通人，这一通俗的伟人真相似的平庸结论，而是在对立面上，指出他们这些异常的人，实际上与普通人毗邻而居的这个令人战栗的真实。

称他们作为我们自恋的镜像，已不再恰当。

（《涩泽龙彦的时代》）

本章的开头引用的将涩泽比作维斯康蒂电影中的厌世者的《作为思想的趣味》中，川本三郎也简明扼要地探讨了同一个问题：

对涩泽而言，对形式、秩序的偏执，被升华为一种道德；而对种村而言，形式、秩序不过是进行游戏的手续。即对涩泽而言，形式、秩序本身就是他自身的审美意识的对象，具备完结性；而对种村来说，形式、秩序不过是在谎言、虚构的舞台上玩耍的"游戏的手续"。与其说是"是否美"，"是否有趣"才是种村的价值基准。

接着川本写道，"在失去'秩序'的社会整体化为'自然'的时代，种村可以将'自然'化的社会视作游戏的舞台，或许可以比涩泽更为坚固地度过现代"，结束了这篇涩泽与种村的比较论述。

涩泽虽作为矫饰主义在日本的介绍者而知名，却如同种村巧妙地指出的那般，从本质上讲，保留着浓厚的古典主义者的特质。而种村却是彻头彻尾的矫饰主义者。

2017年（平成二十九年），高桥睦郎公开了三岛由纪夫令人错愕的发言。三岛在最后的日子里偷偷对高桥说："我认可的人并非涩泽龙彦。"据称三岛曾说涩泽的用典和资料的出处都看得分明，在这层意义上，更喜欢典据出处不明的种村。（三人谈《水晶与模型的梦》）

1968年（昭和四十三年）的《周刊读书人》上，种村与三岛由纪夫、矶田光一三人进行了座谈。大概就在那时，三岛对种村说："涩泽君虽有趣，却不色情。"

种村季弘公言要写涩泽批判，最终却没有动笔，于2004年（平成十六年），七十一岁时逝世。我听种村说"我今后也想写涩泽批判"，是在只有我们两人的席上，且是在喝酒的时候。然而，我却不认为种村的话是酒席上的戏言。

6 | 昭和五十九年 / 巴尔蒂斯展 /《涩泽龙彦典藏》/ 博尔赫斯 / 签售会

格力高、森永事件①的1984年（昭和五十九年）——

1月，涩泽作为照相机公司美能达的广告模特登场。涩泽并非对相机兴趣浓厚，在这个公司似乎也没有熟人，说不定是美能达公司里有涩泽的书迷。杂志上的宣传语分别是，"我不喜欢随波逐流"和"也就是说，好奇心令我雀跃"。

---

① 发生在1984年至1985年的一系列针对日本阪神地区食品公司的企业恐吓事件。

这个月5日，去涩谷西武观看金子国义的《爱欲展》。与松山俊太郎、四谷西蒙一同在赤坂鸭川用餐。

庆祝堂本正树获得观世奖[①]的庆功宴于2月6日在新宿的中村屋举办，涩泽出席了宴会。

3月5日至8日，为小学馆的单行本《东大寺取水》取材，前往奈良和京都。这次取材之旅，除了龙子和小学馆的编辑，松山俊太郎也罕见地同行。松山俊太郎和涩泽一同旅行，仅此一回。

那是在寒冷的冬夜里一直持续到凌晨1点半的佛事。涩泽在半路叫苦不迭，"冷得我就要失神了"；松山只在意时间，不停问"现在几点？现在几点？"。总算看到最后，回到旅馆，四人饮酒至天明。次日原本预定在清晨观看在食堂进行的佛事，涩泽与松山宿醉，没能起床。这时的事写进了随笔《水与火的行法》。

3月，从《水彩画》春季号开始连载美术随笔《形象》。连载在1986年（昭和六十一年）秋季号的第十回中断。同样是美术随笔的《世纪末画廊》，也从这个月起在国书刊行会的"法兰西世纪末文学丛书"所附别册上开始连载。

涩泽对写"范式"一语的学者嘲笑不停，却又对20世纪70年代刊行的顶级思想杂志《知识型》之艰深"感到切肤的恐惧"。他在这一年3月的《国文学》上发表的题为《关

---

① 观世寿夫纪念法政大学能乐奖，表彰体现了世阿弥的"花"的思想的演员、研究者、评论家。

于根茎①》的文章里，称甘露子是根茎的元祖，调侃了盲目追随德勒兹、加塔利的人。"日本人在过去，就喜好正月里吃根茎，我在喜欢根茎这件事上，向来不落人后。"

《日本读书新闻》的匿名批评《乱反射》中提到了这篇文章，这样写道："这不是很痛快吗？最近的龙酱日渐威风凛凛了。只会只言片语的日文便耽于观念游戏的大学法文教师们，在涩泽彻底的具体主义面前，怕是只得垂下头来。"

4月25日，林达夫去世。涩泽虽未出席葬礼，但在《日本读书新闻》上发表了悼文《愉快的知识的秘密》，他写道："近来，在年轻学者之间，gai savoir（愉快的知识）一语似乎就像宣传语，而最早在日本实践这一理念的人，我想是林达夫。"

6月9日，出席府立第五中学校的同窗会。

同月13日至14日，去伊豆长冈旅行，留宿了一晚。出口、种村、岩谷由各自的夫人相伴同行。四对夫妻共计八人在温泉留宿一夜的旅行，从这一年起持续了三年。这原本是龙子和岩谷夫人二人发起的，她们说想留宿伊豆的著名旅馆三养庄，机会难能可贵，不如也邀上出口和种村，旅行便这样开始了。

旅行途中，中年夫妇八人如同修学旅行的学生般凫趋雀跃。

6月26日，观看了在京都市立美术馆举办的巴尔蒂斯展。

---

① 根茎（rhizome），法国哲学家德勒兹与精神科医生加塔利合写的《千高原》中所提出的有关现代思想连接性的概念。

1984年6月，于伊豆长冈三养庄。自左起依次为岩谷国士、涩泽、种村季弘、出口裕弘

巴尔蒂斯是一名画家，他似乎是在涩泽的介绍下才首次在日本扬名的。各家杂志理所当然地向涩泽发出了关于展览会稿件的邀约，他却尽数拒绝了。"倒也并非有什么明确的理由。对流行事物敬而远之，是我的怪癖。我虽不是内田百间，但讨厌的事物就是讨厌。"（《我的巴尔蒂斯礼拜》）后来涩泽这样写道。

在宽敞的会场，涩泽什么也没有想，放空大脑，任由自己沉浸于巴尔蒂斯的绘画带来的感觉上的陶醉中。

"况且道出面对绘画和音乐时强烈的内心感触，本就不是我的兴趣。"涩泽这样讲，接着如下文那般，写出面对绘画时自己的态度：

在这世上，似乎常有人大言不惭地写道，感动至极，在绘画前动弹不得，像是脑袋被钝器殴打。我始终完全无法相信这类蒙昧主义的言辞。我只会顿觉扫兴，"欸，是这样吗？"搪塞过去。与其将这等自命不凡的内容诉诸笔头，我想倒不如默不作声。

（《关于西班牙绘画》）

走出美术馆，初夏的太阳让人头晕目眩。

旅行回来的第二天，29日，出席了浦和高校的同窗会。

7月8日至21日，写了收录在小说集《虚舟》中的作品《虚舟》。

《弄笔百花苑》从这个月起开始在《太阳》连载。两年间，共连载二十四回，在单行本出版时改题为《芙罗拉逍遥》。

9月，《华丽食物志》由大和书房刊行。装帧由菊地信义负责。

这个月7日，法语文学研究家田边贞之助离世。田边贞之助是涩泽的恩师平冈升无二的好友，浦高时代的涩泽也师从田边学习法语。我是田边贞之助最后一部译作的责任编辑，谈到那一日葬礼的事，我便问涩泽："老师身体如何？"一旁的龙子愉快地告发道："这个人啊，有痔疮——"

涩泽从三十多岁起就有痔病，似乎一直持续到晚年。龙子曾写过，涩泽在国内旅行的时候，旅馆若没有马桶绝不留宿。乘飞机旅行时"屁股的不快"，出现在《德拉科尼亚绮谭集》(《假面》)里。这一年9月起，涩泽频繁头痛呕吐，接受了多次检查。

10月14日至21日，执笔收录于《虚舟》的《鱼鳞记》。

11月，《涩泽龙彦典藏第一卷 梦的形状》由河出书房新社刊行。装帧由菊地信义负责，责任编辑是平出隆。

包含《梦的形状》《寻求物体》《从天使到怪物》三册纯白色书籍的《涩泽龙彦典藏》，仅由古今图书的断章式引用构成，尤为特殊。这原本是河出编辑部提出的策划，却是涩泽以外无人可以胜任的作品，涩泽本人也对这个策划抱有极大兴趣，愉快地投入工作。涩泽制作《典藏》的原稿时，即便是原封不动转引他人的翻译，也不使用该页的复印件，而是全部亲手誊写，不惜精力与时间进行"惊人的劳作"（岩谷国士）。

起初，《典藏》预计出版七卷，但那时经营状态不乐观的河出一方提出"规模不宜过大"，最终定为全三卷。

记录在涩泽的笔记本上的最初的七卷方案如下。系列的题目为《绮想选集》。

①梦的形状

②寻求物体

③不存在的空间（时间的悖论）

④在幻想动物园

⑤旋转的东西（环形的枯渴）

⑥情色

⑥畸形 疾病 倒错

记录最初方案的涩泽的笔记本中,《博尔赫斯怪奇谭集》和《天国·地狱百科》这两册博尔赫斯日译本的书名,被写在"参考"一项。博尔赫斯的《梦之书》的日译本由国书刊行会出版,是在《梦的形状》出版的前一年,即1983年(昭和五十八年)9月。在筹划阶段,涩泽大概没有参照与自己《典藏》最初卷的题材、方法和气质都如出一辙的兄弟般的博尔赫斯版梦选集。1984年9月,得意洋洋地向我展示《梦的形状》亲笔目录的涩泽说,"与博尔赫斯的可大不相同。博尔赫斯在《圣经》里也选了许多,那种东西可没什么趣味",让我看到了他对平日里敬爱的阿根廷前辈作家的一点竞争心。

回顾涩泽1970年以后的工作,便会发现与博尔赫斯著作间不容忽视的共通点。

被金井美惠子称作"快乐的宝石箱"的《涩泽龙彦典藏》全三卷,与同样搜集了文学作品断章的博尔赫斯的《梦之书》《天国·地狱百科》《简短而不寻常的故事(博尔赫斯怪奇谭集)》三册对应。不仅如此。涩泽的选集《暗黑的童话》《变身的罗曼》《幻妖》,也同博尔赫斯编纂的选集《幻想文学选集》《杰作侦探小说选集》《阿根廷古典文学选集》对应。涩泽的《幻想博物志》,是与博尔赫斯的动物志《幻想动物提要(幻兽辞典)》的应和,涩泽试译的《幻兽辞典》的原稿也保留了下来。此外,与此相关的还有最终未能刊行的涩泽的《世界文学集成》与博尔赫斯编纂的全三十卷的《巴别塔图书馆》,这两部前无古人的文学全集的存在也尤为重要。

博尔赫斯曾写过"无限的文学世界，在一个人的体内"，而涩泽在悼念博尔赫斯的文章中吐露了名言："阅读博尔赫斯的愉悦之一，是和博尔赫斯一同阅读古今中外的文学作品的愉悦。"（《追悼博尔赫斯》）这两人有许多不同之处，甚至也有截然相反的地方。然而博尔赫斯的名言"文学是幸福的诸多形态中的一个"，若是作为涩泽龙彦留下的话语，恐怕也没有什么不可思议的。

1984 年（昭和五十九年）临近尾声的 12 月 15 日，在东京神田的三省堂书店，举办了涩泽的第一次签售会。

那是纪念《梦的形状》发行的活动，而说出"我想办签售会"的竟是涩泽本人。听到这句话的平出感到惊讶，河出的营销部更是惊诧不已，书店听到消息也是大吃一惊。

当日盛况空前，年轻读者中以女性居多。涩泽自始至终都高兴地签名，书迷若是提出握手的请求，也与他们一一握手。

签名的速度也令人大吃一惊，涩泽骄傲地说："一共五十多画呢。"

这一年的旅行如下：

6 月 26 日至 28 日，前往京都、近江。就是在这次旅行时去看了巴尔蒂斯的展览。其后去湖东巡游。

9 月 12 日至 15 日，京都旅行。去看了佐佐木一弥担任店主的古书店阿施塔特书房的策划展"涩泽龙彦的小宇宙"。

7 | 昭和六十年 / 《我的普林尼》/ 富士山义之 / 幻想文学新人奖

日航的巨型喷气式客机在御巢鹰山坠落的 1985 年（昭和六十年）——

正月依照惯例，松山俊太郎和四谷西蒙来访，但涩泽一直身体不适，客人来了也在熟睡。7 日到 9 日，在热海的老字号旅馆蓬莱住了两天休养生息，头痛和不快感却未能消失。

同月，开始在《尤里卡》上连载《我的普林尼》。这是在《尤里卡》上最后的连载，一直持续到涩泽住院后的第二年 10 月，总计二十二回。

古罗马军人、《博物志》的作者普林尼，对 1970 年以后的涩泽而言，是最为重要的作家之一。种村季弘曾说："在涩泽龙彦执笔他全部著作的过程中，前半是萨德侯爵，后半是普林尼发挥了守护神的作用。"（《全集 21》解说）

涩泽的这部长篇随笔，就这样以钟爱的普林尼为题，细心强调普林尼"吹牛这一点"，以及"剽窃家"和"改编家"的一面，成为以"作为幻想文学的《博物志》"为主题的著作。从 2014 年（平成二十六年）起，与鸟干合作，画漫画《普林尼》的山崎万里说，"在欧洲无论怎样寻找，也不存在如此出色的《博物志》的解说，因此《博物志》也不曾被人用愉快的方式阅读过"（《愉快的涩泽》），她提到自己从涩泽的著作中受到过很深的影响。

在这本书中，涩泽这样写道："令人近乎愕然的是，普林尼避免了追求独创性这一近代的通病。"岩谷国士提及此文，指出距今超过一千九百年的古人普林尼"本就不存在什么'近代的通病'"，这里是有意识的时代错置，不如说是"作为映照出涩泽龙彦自身的'我'的镜子而写的文章"。(《关于博物馆》)

前文提到，涩泽常招致"剽窃家"和"改编家"等非议。有一份重要资料可以作为涩泽面向这种问题的一个宝贵回答。那是在2008年（平成二十年），为纪念涩泽生诞八十周年，在神奈川近代文学馆召开的涩泽大型回顾展上展出的一封信件，是涩泽写给一位读者的回信。这位读者指出了《睡美人》里的《狐媚记》与法国19世纪末作家让·罗兰的短篇小说《曼德拉草》之间的类似，日期为1984年（昭和五十九年）2月3日。书信原文无标点，这里将其补足，并录全文：

谢谢您宝贵的来信。指出拙作《狐媚记》与让·罗兰《曼德拉草》间类似的，您是第一个。

我写的东西，几乎全部都有原型。大家都知道《犬狼都市》的典据是芒迪亚格的《钻石》。《唐草物语》中的诸作，几乎全部有典据，我自己公开倒也无妨，但我想先藏起来，待读者去发现也是一种乐趣。

就像久生十兰用司汤达的《情契》作底本写下杰作《无月物语》，或是博尔赫斯用 H. G. 威尔斯的《水晶蛋》作底本写下杰作《阿莱夫》，我也想用让·罗兰为底本写个好作品，而遗憾的是，在仁兄眼中，似乎写得不太好。我想我不得不去反省了。

《狐媚记》不仅有让·罗兰，此外，还有几处其他用典。对我而言，称得上是原创的东西，恐怕就只有日语的文体了。

关于《狐媚记》与《曼德拉草》之间关系的具体分析，《全集》的解说里已有松山俊太郎的详细记述，而作为自己笔法的先驱，涩泽举出久生十兰和博尔赫斯的名字，实在很有意思。话虽如此，从书信末尾的"对我而言，称得上是原创的东西，恐怕就只有日语的文体了"，便足以窥察涩泽对自己的文章深切的自信。

2月6日，和四谷西蒙在自己家中举行对谈。这是为了筹备6月出版的涩泽监修的《四谷西蒙 人偶爱》。

在与西蒙的对谈中，涩泽讲到贝尔默、莫利尼耶、巴尔蒂斯、杜尚。"超现实主义者，其实没有那么前卫，不就是奇怪的病人们聚集起来了吗？［……］也就是说，即便说那是二十世纪的前卫运动，也不过是病人们聚集起来了。""他们要是不去创作作品，怕是都去犯罪了。"涩泽说。

最终二人烂醉如泥。

3月，《涩泽龙彦典藏第二卷 寻求物体》出版。

4月11日，同样居住在北镰仓的富士川义之初次来访。

与那时写过几篇涩泽评论的富士川见面，是在涩泽的期许下才得以实现的，得知富士川是我的友人，涩泽说："那下次带富士川过来吧。"关于那时的情景，富士川这样记录下来："初次拜访那座传说中的白色洋房时，身穿红毛衣，一向纨绔的涩泽氏这样说：'想做的事几乎都做了。今后便只想读爱读的书度日。'"（《纨绔的反近代主义者》）

翌年，为富士川的评论集《幻想的风景庭园——从坡到涩泽龙彦》的宣传册献上《克己的审美家》一文的涩泽写道："我想，倘若让我夸口，我与富士川之间，不是有些共通的爱好么？比如喜爱柏拉图主义者的观念，说是喜爱博尔赫斯也罢，偏爱坡和王尔德也无妨。"

后来，富士川将涩泽龙彦视作以《快乐论》的幸田露伴为鼻祖，继承了谷崎润一郎、石川淳、吉田健一的"愉快思想"谱系的人，这一文学家谱系对于"自我如何，内面又如何，对这些近代以后日本文学的重要问题，贯彻了一种超然，或者说是漠不关心的态度"（《愉快的思想》）。

4月15日，出游，由龙子驾车，带着野中理一同兜风。赏过根府川的樱花后，去真鹤的种村家。吃荞麦面。

5月10日至20日，执笔收录于《虚舟》的《护法》。

同月31日，《四谷西蒙 人偶爱》的出版纪念会在青山的BROOK举行。吉冈实、松山俊太郎、金子国义、桑原茂夫、岩谷国士、小林薰，以及筱山纪信、南沙织夫妻二人等出席，最后由女演员江波杏子的车送回家。

6月10日，开始撰写《高丘亲王航海记》的第一章《蚁冢》。到这个月23日为止，整整两周，涩泽都关在书斋里写作。《蚁冢》刊载于《文学界》八月号，单行本刊行时题目改为《儒艮》。

6月30日，为出席第一届幻想文学新人奖的颁奖典礼，来到新宿的随园。

"幻想文学新人奖"是杂志《幻想文学》在这一年创设的文学奖。这个旨在"为挑战去创造新的幻想文学的人们，提供自由的发表场所，给未知的才能以登场的机会"的奖的诞生，主要有中井英夫作为后盾。中井在20世纪50年代前半期作为短歌杂志的编辑，发掘出了冢本邦雄和寺山修司等人未知的才能；在幻想文学领域，也常常向该杂志的主编东雅夫极力主张创设发掘新人的平台。担任评审委员的中井说，"若要合作，就非涩泽莫属"，坚持要求另一位评审拜托涩泽担任，还亲自搭桥牵线。

在那时，似乎有几次美术相关奖项的评审委员之类的工作探听过涩泽的意向，但他全部委托都拒绝了。不过，他能接下这个幻想文学新人奖的评审，自然有中井亲自邀请的原因，也出于他对那些志向在自己孜孜不辍地开拓的领域，年龄上刚好是自己孩子般的年轻一代的期待。川岛德绘（石堂蓝）和东雅夫创办的杂志《幻想文学》，起先是以早稻田大学的社团"幻想文学会"的成员为中心创办的同人志为母体的，当时还不是公司。令人吃惊的是，这项很难说是不繁杂的评审委员工作，中井和涩泽都无偿地接了下来。

有趣的是，涩泽对《幻想文学》始终不遗余力地协助，而与此同时，同时期诞生的同一领域的杂志，乌羽玉工房的《夜想》的执笔工作却一次也没有接下（这是我直接从主办乌羽玉工房的今野裕一处听来的）。

涩泽龙彦与中井英夫，第一届幻想文学新人奖迎来这个世界的两位巨擘担任评审委员，参赛作品达到一百七十五篇。怎么说都是小众杂志，虽打着文学奖的名号，却没有进行任何广告宣传，也没有奖金。之所以收到这么多的参赛作品，大概都是参赛者们强烈地想让涩泽和中井阅读自己的作品。

第一届设获奖作品一篇，次席入选作两篇，佳作四篇，刊登于这一年5月刊行的《幻视的文学1985》。

涩泽评选的开端，是如下的犀利评论：

幻想小说的概念因人而异，陷入总之就是嗜好问题的这一僵局，便是如今的风潮。一旦涉及古今，便一口咬定"古老的故事有趣""古老的故事才喜欢"的话，讨论便到此为止了。"故事"如何如何，"文本"又如何如何，即便搬弄些新潮的词句，如果小说无趣，就没有人会去读。若是小说足够有趣，这些自作聪明的小花招便无关紧要了。

虽是打着"幻视的文学"旗号来征集作品，这次的投稿作品里，我期待看到的，是与一般小说相比，别具一格、能在现实的深处窥见另一种现实的作品，或是如木片拼花般精致的作品，或是发现华丽的文体措辞，遗憾的是，这样的期待落空了。描写梦境般的氛围便能成为幻想，如此相信的人似乎不在少数。再多些几何学精神吧！我想这样讲。没有明确的线条和轮廓、细致描摹的细节，便无法成为幻想，我希望他们能明白。

因涩泽发病，幻想文学新人奖只办了两届便不得不中止。然而，这两届共十二名的入选者当中，有加藤干也（小说家、文艺评论家高原英理）、牧野 MICHIKO（科幻作家牧野修）、小畠逸介（推理作家芦边拓）、土井喜和（奇幻作家阿部喜和子）等人，可谓人才辈出。

第一届的获奖者高原英理，在 2018 年（平成三十年），发表了题为《女孩遇上涩泽》的小说（收录于《英理亚绮谭集》）。过去是哥特萝莉的女性，从冥界出发去见憧憬的涩泽龙彦，在这篇设定奇妙的中篇小说中，有关涩泽晚年小说中奇妙的"不近人情"之感，当中的女性如下文那般讲述了自己的感想：

登场人物们遇到不可思议的事物，不可思议的事件随之发生。故事本身分明是现代人的创作，但主人公们的心意是否相通、爱或信赖，以及人生目的，这些我们在平日里珍视的自我意识和感情纷纷脱落。

顺其自然，登场人物轻易就会死去。没有发展也没有进步。也没有凭意志力与命运斗争的故事。用挚爱的心改变对方的事也不曾发生。明知做出那样的事就会招致终结和破灭，主人公仍无法抑制好奇心和欲望，最终还是做了。

接着就结束了。贪得无厌的人只行贪得无厌之事，好色之人不会顾及后果。公主直到最后仍是公主。强大的男人就只是强大，不去自省或探求自我。像是民间故事。

曾是编辑的这位少女，接着也说了这样的话：

涩泽龙彦的小说为何写了这样的故事，我不明白作者存在的必然性。不，大概，就仅是由着兴致和空想，让故事变得有趣，就只是如此。

长篇中的高丘亲王因是主角，所以不到最后不会死去，不知为何总是能顺利踏上旅行，在各地遇上有趣的事物，这与近代人的彷徨与探求不同，就只是眼前的事物如走马灯般飞逝的感触。体验不会蓄积。接着，他没有抵达目的地天竺就死去了。即便如此，也像是以一种无所谓的形式结束。像这样，虽异想天开，却是飒爽且没有执念的世界，给二十一世纪的我们带来不近人情之感。一切皆是他人事，故事的深处，几乎感觉不到需要故事的感情。

高原英理描绘的这位哥特萝莉，也留意到涩泽在《德拉科尼亚绮谭集》等书里，开始频繁运用"我想"。"我之所以留意到'我想'，是因为我感觉到'啊，这时候涩泽先生已经自由了'。"晚年的涩泽"一定是开始察觉，他就只想循着'有趣，就只是这样，你有意见吗?'的方针前进"，少女这样想。

照搬他人的词句已经让他感到厌烦。就这样，读些昔日里的珍奇文献，不写理由，而是任性地写出自己的见解，再用"我想"来代替理由，他形成了这种写法。这种写法被正式启用是在《德拉科尼亚绮谭集》中。题目本身便体现了"这里是我的王国，我写下什么全凭心情"的肆意妄为。

（《女孩遇上涩泽》）

与这位少女的感想相同，仓林靖也注意到这一点。涩泽的后半生逐渐倾向"文学旨在形成游离于现实之外的孤独王国的这种思考模式"，在三岛自裁后的三岛评论中，时常流露出"这与我无关，我的兴趣是其他事物"的态度，即"若无其事地抽身而退，迈向逻辑的彼端"。指出这种态度本身，是"'写作'这一宿命之于涩泽的重要因素"的仓林，接着这样写道：

只身承受观念与现实间的矛盾，深究逻辑之所在，便会招致毁灭，说不定涩泽在目睹三岛之死后，已有所体悟。涩泽是在向着胎内回归—东洋的虚无主义对"无"的欲动这一人类存在的本质方向前进。他不是在那里发现了人类存在的自然方式——发现了"自然"吗？在"书写"当中，涩泽难道不是滋养了自身的精神运动的自在性吗？

（《涩泽·三岛·六〇年代》）

接着，仓林这样作结："我想只有在那里，去寻找对涩泽而言的'写作''生存'的意义，才是有价值的。"

          *   *   *

这一年6月，《涩泽龙彦典藏第三卷 从天使到怪物》刊行，次月27日，在池袋西武的书店LIBRO举办了完结纪念签售会。

9月5日，为吊唁两天前去世的斋藤矶雄前往田无。涩泽最终也未能见上斋藤矶雄一面。翻阅斋藤矶雄的日记，1976年（昭和五十一年），杂志《书之书》曾策划过二人关于维里耶·德·利尔－亚当的对谈，却未能实现。涩泽在杂志《流域》的斋藤矶雄特集号（1986年7月）上，写了追悼文章《如能会面之记》。

9月12日至23日，执笔《高丘亲王航海记》的第二章《兰房》。

10月12日至23日，执笔收录于《虚舟》的《菊灯台》。

11月13日至19日，执笔收录于《虚舟》的《鬼剃头》。

11月29日，在浦高二十期学生的十周年纪念祭上露面。

12月，浦高时代的恩师平冈升离世，涩泽出席了4日的守夜。席上，涩泽与中村真一郎长谈。

回去的路上，涩泽最终留宿在出口裕弘家。涩泽与出口醉酒，在大音量的摩登爵士唱片伴奏下，胡乱地跳起摇摆舞。

12月6日至17日，执笔《高丘亲王航海记》的第三章《獏园》。

这一年的旅行如下：

5月27日至29日，京都旅行。野中友理同行，观看了阿施塔特书房的《野中友理小品展》。

6月28日至29日，与出口、种村、岩谷三对夫妇去伊豆下田旅行。

8月27日至31日，京都、近江旅行。

12月23日至24日，新潟旅行。

留给涩泽龙彦的时间，只有不到两年了。

第十章　太阳王与月之王（1986—1987）

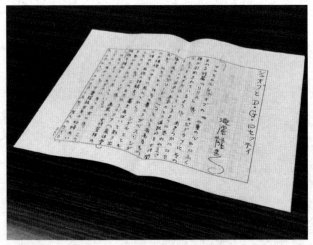

涩泽亲笔原稿《施沃布和 D.G. 罗塞蒂》（《世纪末画廊》），作者藏

1 | 平日里的面孔

正如第六章所讲，涩泽的长妹幸子曾写过，哥哥"在实际生活中有些地方几乎可以被称为笨蛋"。在妻子龙子的回忆里，也出现了对日常琐事很生疏，在意想不到的事情上显露的涩泽那"笨蛋"似的面孔。

比如他在银行看到自动取款机吐出的钱后大惊失色，说自己也想试试，便一次次按动按钮，把钱取得一点不剩；不认得美工刀和收录音机；在车站的自动贩卖机买了车票回来就得意洋洋；严重路痴，出了旅店房间就走向出口的反方向；在异国的旅途中经人讲解钱币的事，他也完全记不住，只有"这张纸币好漂亮"的反应。涩泽此类令人莞尔的逸事还有许多。

一次，岩谷国士对我说："涩泽先生完全不记得自己不感兴趣的事。以前客厅的地毯被换掉了，我说到这件事，他惊讶地问'为什么你连那种事都会知道？'"我说："我也有类似的经历。之前看到龙子夫人换了一辆与以前的颜色和型号都不一样的车，就跟他说'换了车呢'，他一脸震惊地说'这种事情你都可以发现！'"我和岩谷一同大笑。

　　1984年（昭和五十九年）7月23日，我为了取稿子，在黄昏时分来到涩泽家，福武书店的编辑小山晃一正和涩泽喝酒。那大概是他来取刊登在《海燕》上的小说原稿的时候，或许是小说脱稿和酒让气氛变得放松，在客厅放养兔子的涩泽把乌恰抱到膝上，一边抚摸一边说："兔子是笨蛋，多好。"正端着自制的饭菜走进屋的龙子听到这句话，间不容发地攻击道："我们家的笨蛋还有另外一只呢！"涩泽佯装没听见。

　　这个场景记录在《与涩泽龙彦在一起的日子》里。高中生时代将涩泽奉若神明、当时二十出头的我得知"欸！在夫人看来，就连涩泽先生也不过是个笨蛋‼"，受到了颠覆人生观的激烈冲击。

　　前文中提到的生辰八十年回顾展的图录里，松山俊太郎、加藤郁乎等数位友人写下了简短的几页回忆。其中岩谷国士写道："一次，他大叫道：'我就是心直口快！'竟连涩泽先生自己也这样说，但事实也正是如此。"

　　岩谷的发言虽短，却极具洞察力，而能窥见涩泽"心直口快"的面貌的美丽回忆，我想再介绍两则。

金井美惠子的一则短文曾写道："涩泽真的是很有魅力的人，他时常会说些和做些让人觉得他真的是笨蛋的事，但无论怎样讲，我很喜欢涩泽。"（这篇文章的题目不知为何也是《涩泽其人》）

某次集会时，一位"旧式的文艺批评家"对金井美惠子当时连载的长篇小说吹毛求疵。在铺设榻榻米的店内狭窄的桌子旁，涩泽夫妇也在，那位批评家从另一张桌子过来开始刁难金井——

找茬说那种（像是把文坛流通的文章当作笑柄的）小说写不得，那不是文学，只是括号里的部分没有说出口，我便没有理会。但那时，涩泽先生对批评家说，烦死了，谁写什么不劳您费心吧。话里没有责备老一辈批评家的世界里不受用的文坛式幼稚，或是进行文学上的讨论，或是这并非席间合适的话题的这些意思，只是字面意思上，对烦人的人说一句不劳您费心，涩泽先生独特的稍显嘶哑的高亢嗓音、太阳穴暴起的几条血管，以及认真的态度，令文艺批评家非常震惊。我想，表达的方式应该有很多，但如此令人心情畅快的话，从一个人的口中实际说出来，在此前或此后，我都没有听过。

金井美惠子在文中写道，这次集会"我记得是土方巽的一周年忌辰"，但土方周忌之日涩泽已经住院，恐怕是金井的记忆出了偏差。即便如此，这也无疑是涩泽晚年的情景。

金井接着，这样结束了文章：

当然，写什么不劳您费心，像这样呵斥批评家（即便那是和别人写的小说有关），需要对绝对的自我世界的偏爱般的自负（即便对方是低能批评家），我把它当作是涩泽龙彦那完满的、有些孩子气的自恋的一个美好的例证，这是我喜爱的逸事之一。

另一则是平出隆讲述的逸事，出现在他与岩谷国士的对谈中。平出说，对诸事不计较的涩泽无法理解歧视一语，让他忆起如下的逸事，就直接引用这次对谈吧：

平出： 我忘了那是什么时候，刚好有一些关于歧视问题的事件发生，我和内藤君［河出的编辑内藤宪吾］两个人在涩泽先生面前探讨这个问题，我说北九州有许多被歧视的部落，我小时候有一些难忘的经历。内藤君刚好出生在那时的事件发生的地点附近，于是我们就说起了如上的话题。涩泽先生听得一脸茫然，接着有些罕见地渐渐不悦，他说："我不明白。大家和睦相处不就好了！"（笑）"可是这样的现实也是存在的"，无论我怎么说他都……

岩谷： 这是在他心里本身就不存在这种问题（笑）。

平出： 他不认为这是问题。所以倒也不是发怒，他重复了好多遍，"我不懂，这种事情"。

岩谷： 大概到了八十年代，就没有见过涩泽先生生气了。

平出： 没有过。但是，对夫人倒是偶尔生气（笑）。

（《胡桃的内与外》）

三浦雅士曾说，如果要用一句话来评价涩泽龙彦，便是"没上色的木量器"。无论如何，这句"我不明白。大家和睦相处不就好了！"，是多么的"涩泽龙彦"啊！

2 | 昭和六十一年 / 土方巽的葬礼 /《虚舟》

《男女雇用机会均等法》开始实施的 1986 年（昭和六十一年）——

上一年除夕，被叫到热海的池田满寿夫家的涩泽和龙子，在池田家度过元旦。

这一年，吉行淳之介和矶田光一等人担任编辑委员的小学馆的《昭和文学全集》开始刊行，决定将涩泽的作品收入第三十一卷。这一卷收录的作家名单，除涩泽外，有中井英夫、中野孝次、三木卓、色川武大、田中小实昌、金井美惠子、三田诚广、青野聪、立松和平、村上龙，共计十一人，是吴越同舟般混乱的一卷。

"先生的作品也终于被收进文学全集了呢"，我天真地为涩泽感到高兴，他却说，"可是，我不管在什么时候都是前卫的"。

1月18日，种村季弘打来电话，涩泽得知了土方巽身体状况恶化的消息。夜里，和四谷西蒙一同去东京女子医大医院看望土方。涩泽说了大约半小时的话，那是他和土方最后的交谈。

同月21日，土方的状况进一步恶化，涩泽在傍晚5点左右，再度赶赴医院。他与吉冈实、种村季弘三人走进病房，土方说请扶我起身，大家齐力搀扶土方。土方盘腿打坐，向着虚空伸出双手，突然双手合十。

土方在那一天午后10点34分逝世。与涩泽同年出生的土方，享年五十七岁。

23日，在目黑的石棉馆举行了告别仪式。

土方住院期间，因宗教方面的理由未来探望的加藤郁乎早早来到石棉馆。加藤问涩泽："好久不见，你身体可还好？"涩泽答道："有些发不出声音来。"二人长谈。加藤郁乎在2001年（平成十三年）的交友录《后方见闻录》增补版出版之际，写到1964年（昭和三十九年），在涩泽打盹儿时，他在小町的二楼和矢川澄子发生了关系，令读者震惊。

涩泽担任了这场告别仪式的葬礼委员长。那时的光景，保留在珍贵的录像中。涩泽起身，双手插在丧服口袋里，抬着头望向上方，断断续续地念着悼词。声音比平常更嘶哑。平日里不做演讲的涩泽哽咽道："那个，突然……就升天了……我想这真像是土方巽所为……虽说我也感到惊讶，瞠目结舌……"

涩泽写道："我的60年代，恐怕缺了土方巽就无法谈论了。"他又说："在我们周围，已经再无法找到土方巽那般破天荒的人了。"让涩泽说出"战后疾风怒涛的时代孕育的一个天才"的土方巽，究竟是一个怎样的人？

面对这样的问题，现在的我们很难给出回答，一个不小的原因是，土方巽是在舞台艺术这个无法重现的领域中活跃的艺术家。到了今天，曾经亲临现场看过土方巽演出的人寥寥无几。如同施加魔法般俘虏了许多作家、诗人、美术家，如萨满般的人类艺术，最终却只能通过保存下来的舞台照片和录像细嗅余香。

对涩泽而言，土方究竟是什么呢？

在东北的秋田，作为十一个兄弟中最小的孩子出生的土方，虽和同样出生于1928年（昭和三年）的涩泽属于同一代人，但他与涩泽的出生和生长环境都大不相同。关于土方巽，池田满寿夫写道："最初的一瞥，就让我生出自己的妻子将被强奸似的恐惧。"从外貌上来讲这两人也大相径庭，几乎可以形成鲜明的对照。土方说涩泽是"白皙的小个子"。

可以将这位舞蹈家与文学家的关系看作是来自乌克兰的尼金斯基①和巴黎人科克托的关系么？人们常说，初期的暗黑舞踏的表达与萨德审判的被告人涩泽的思想有相通之处。如果仅是如此，那便不过是局限在60年代的故事。在那以后，与"无可替代的同志"昔日里作为战友的友情，是否延续到这位舞蹈家去世呢？

种村季弘对这一问题的解答，是在涩泽和土方间共同

---

① 瓦斯拉夫·弗米契·尼金斯基（Vatslav Fomich Nizhinsky，1890—1950），波兰裔俄罗斯芭蕾舞者和编舞家。

的虚无性——"虚无，却无比明朗的虚无"中探求。那是土方在"美貌的蓝天"一语中揭示的虚无。

种村在与唐十郎的对谈中，就涩泽与土方的共同点，如下文般讲道：

> 也就是说，那一代的青年经历了战争中的空袭，或者是到了要加入特攻队的年纪，死亡一直近在眼前。然而他们却没有把死考虑得那么晦暗，他们毕竟还是少年。死去这件事，就像是接下来要跨过门槛走向下一个房间，而在下一个房间里，已经迅速铺好了新席，他们就只是"去去就回"的感觉。我想，曾是少年兵的土方巽，以及去学生动员的涩泽先生的那一代人都有这种感觉。
>
> （《60年代的"紧张"表现》）

然而，土方在战时，仅在中岛飞机制造所参加过学生动员，"少年兵"不过是传闻。

松山俊太郎说土方"并非像天才，他就是天才"，而涩泽却并非天才，接着他在访谈中率直地道出了如下的见解：

> 涩泽和土方的领域不同，涩泽从未嫉妒过土方。即便他不能跳舞，他也可以站在高处评论，也为此感到满足。对土方而言，他自己没有自觉的许多优点，都是涩泽开口认定的。涩泽后来虽说自己也在创作，但他比起创作家，更接近批评家、鉴赏家。此外，他的知识源泉以法国为中

心。这段关系中土方受益更多，恐怕比起泷口修造，对土方而言涩泽才是最令让他感激的人。

（《土方巽 绝后的身体》）

土方自1973年（昭和四十八年）以后不再登上舞台，深藏在传说的面纱背后死去。据称涩泽曾屡次问土方，为什么不再跳舞了。土方诡谲的沉默，被涩泽比作马塞尔·杜尚晚年的沉默……

2月9日至16日，执笔收录于《虚舟》的《骷髅杯》。北镰仓的家门外白雪皑皑。

同月25日，为《尤里卡》五月号的三岛由纪夫特集，与出口裕弘进行对谈。

出口说希望对谈的地点选在东京某地，涩泽却问是否可以在自家举行。"你怎么回事，要传唤我过去吗？"出口勃然大怒。涩泽看上去十分疲倦，在编辑部的解释下，出口才勉强应允。

此次对谈的内容广泛且深入，最后，"担心气质和体质都不同的二人之间的对谈会如何发展，结果却意见一致"，顺利结束了。涩泽说他已经没有解开三岛谜团的意欲了，"只是，三岛的文学，到了如今……能去熟读玩味就很好了"。

涩泽与出口也有着不可思议的关系。他们是同年生人，虽是"与其说文学青年，毋宁说从文学少年时起就在一起"的友人，气质和体质却大不相同。"从根本上来讲，追求的工作不同了"，二人才得以长久地维持关系。出口曾说，他同涩泽是若即若离的特别友人。对涩泽而言，姑且算得上是可以争吵到大打出手的友人，不也就只有出口一人吗？

出口在涩泽死后写道："我在很久以前就公开说，涩泽是快乐王子，引得人们一脸错愕地望着我，可我这不是说中了七分嘛？我如今仍感到得意。"（《这珍奇的生涯曲线》）

3月，《裸妇中的裸妇》开始在《文艺春秋》连载。这一美术随笔，预计要在一年内连载十二回。

这个月8日，留宿热海的旅馆古屋，次日出席了土方巽的七七佛事。

同月11日至21日，执笔《高丘亲王航海记》的第四章《蜜人》。

4月1日，在涩谷和岩谷国士见面，受到四谷西蒙的招待，在并木桥的小川轩用餐。其后，在生越烨子做店主的艺术空间美蕾树集合，观看皮埃尔·莫利尼耶的电影《我的腿》。

4月7日至12日，在京都、宫岛、山口、萩旅行。

4月15日，让·热内逝世。涩泽在18日的《朝日新闻》上写了悼文。

同月26日，博尔赫斯逝世。涩泽在《新潮》八月号上，写了以下文为开头的悼文：

　　两个月前为让·热内起草悼文，这回是博尔赫斯。看到敬爱的作家相继幽明异路，从此阴阳两隔固然痛苦，但博尔赫斯的死却有着奇妙的明朗。稻垣足穗离世时我写道，足穗在世时，就像是在许久之前就已经迈入永恒的世界，因而即便他离世，我也没有涌起那么悲恸的心情，面对八十六岁的博尔赫斯的死，我的心境与那时相仿。

6月，《虚舟》由福武书店刊行。装帧由菊地信义负责。

6月12日至22日，执笔《高丘亲王航海记》的第五章《镜湖》。

7月2日，在磐梯热海的旅馆一力留宿一晚。这是和出口夫妻、种村夫妻、岩谷夫妻的第三次旅行，也是最后一次旅行。3日，去了喜多方，吃了拉面。

这一时期，堀内诚一与涩泽同样感到咽喉的异常，接受了详细检查。涩泽面向出口，用嘶哑的声音说："堀内君呢，性格阴暗，说不准是癌症。"

同月19日，脸部和手脚浮肿。

8月15日，为了《周刊住宅信息》上的栏目，从童年居住的田端步行前往驹込。龙子同行，摄影家高梨丰也在。涩泽参观了自己昔日就读的泷野川第七小学校现在的校舍，吃了令人怀念的和果子铺里的著名特产南蛮烧。

与昔日相比，街景已变了样子，令他失望，但从中里桥一路绵延到富士见桥的坡道上，还残存着昔日里的枸橘篱墙，发觉树梢上结了青绿的果实，涩泽欢欣雀跃。

这一天是涩泽最后一次散步。

3 | 住院、手术、死

夺去了涩泽生命的病症，其征兆很早就已开始显现。1984年（昭和五十九年）9月起，涩泽时常说自己头痛不适，便打起瞌睡。他去慈惠医科大学医院接受了CT扫描和脑电波检查，却没有发现异常。第二年的1985年（昭和六十年），这次是喉咙痛，比起之前的头痛和不适感，相对好些，涩泽起初不以为意。

在那期间，也接受了镰仓市内的医院和医生朋友的许多检查，却查不出身体不舒服的原因，诊断结果均显示不是恶性病。

1986年（昭和六十一年）3月起，每周去两次镰仓的芋川诊所，7月做了声带息肉手术，身体状况却完全没有好转。

这一年，我在筹备马里奥·普拉兹《肉体与死与恶魔》的出版，向涩泽约推荐文，5月22日收到了如下的明信片：

前略 息肉让我发不出声音 还有一种叫溶链菌的细菌感染了喉头 真叫人没辙但我食欲旺盛 请放心 M.普拉兹的事深蒙关照 不写文章可不行 虽说有些担心翻译的完成度…… 截稿期临近时请给我打个电话

我事前已经在电话中，从他夫人那里听说了其咽喉的状况，大概在约推荐文的信里，也询问了病情，但从书面上看，涩泽似乎完全没有预料到，半年后要做一次大手术。

为昔日里受到极大影响、喜爱了多年的翻译的完成情况感到担忧，实在符合涩泽的气质。

过了五十岁，涩泽就时常把"时间已经不多了"这句话挂在嘴边。他说"不想见无聊的人呐，那是浪费时间"，减少了外出，"没什么时间了，要做真正想做的事"，拒绝的约稿也增多了。他谢绝会面，不接电话，埋头执笔发表在文艺杂志上的小说。"像是被什么东西附身了，完成一篇后，他看上去十分疲倦。"（《与涩泽龙彦在一起的日子》）龙子写道。

1986年（昭和六十一年）8月25日，这一天原本决定夫妇一同去高野山旅行，涩泽的喉痛恶化，只得中止。到了夜晚，鼾声更响了，咳嗽也变得严重。龙子去诊所取药，询问了医生的意见，医生说那说不定是咽结核或癌症，龙子感到不能再这样下去，托人介绍了慈惠医科大学医院的医师。

9月6日，在慈惠医大医院就诊，被告知疑患恶性肿瘤，须即刻住院。涩泽对龙子说："早点来就好了。"说完这一句就陷入了沉默。

涩泽暂时先回家，将正在连载的《裸妇中的裸妇》的第九章《雌雄同体的女人》完成。

同月8日，在慈惠医大医院住院。在只有龙子和出口夫人在的病房里，涩泽说起撰稿的事。"复发前想再写一篇，死前想再写一篇，"并嘟囔道，"说这样的话可真是令人讨厌啊。"

随后，涩泽主动找了一些话题，三人沉浸在愉快的杂谈里。然而，病房里突然进来几位医师，说喉咙被咽癌压迫，容易引发呼吸困难，要尽快切开气管，需要获得涩泽的许可。涩泽停顿了一瞬，没有半点犹豫就同意了。他很快被担架抬走，消失在手术室中。

接受支气管切开手术的涩泽，颈上被开了洞，从那里伸出一根细细的塑料管，从此需要靠此来维持呼吸。失去了声带，此后只能笔谈。

手术结束后，搭乘出租车却遇上堵车的出口裕弘终于来到了病房。被纱布包扎的喉咙处一直涌出混着血的气泡，就这样，涩泽递给出口一张写了"呀！"的纸，接着写道："幻觉很有趣呢。"

同月10日，妹妹幸子和种村季弘夫妻前来探病。13日，岩谷国士夫妻来探病。涩泽把写着"我变成赛博格了唷！"的纸条递给岩谷。

在那以后，亲近的友人和出版社相关人士的探访络绎不绝，涩泽却拒绝母亲节子探望，母亲也理所当然地遵从了儿子的决定。

同月16日，检查结果出来了，涩泽被告知是下咽癌。

涩泽在纸上写道："那么，就不能不完成《高丘亲王航海记》了，明天请把资料和稿纸拿过来。"他开始写下需要取来的书名，仔细画出书籍所在书架的地图。涩泽过去便赞成安乐死，写过多篇相关文章，他声音沙哑，气若游丝："绝对不要为了延命做无用的事，到了那时候，龙子你要明确地说出来。"他又郑重地把这些话写在便签上。潸然泪下的龙子勉强答道:"嗯,我知道了。"

面对正和前来探病的一位客人探讨文学现状的出口,涩泽递给他写有大字的纸片,"我对那种现实的事情没有兴趣,因为我可是正在直面死亡",我想这桩逸事就发生在这一天。随后,涩泽递给出口的纸片上写道:"你可要好好地看着我衰弱的样子。"

18日,平出隆前来探病。涩泽很快地写下:"可爱的护士接连出现,是我唯一的抚慰。"连同夹纸的垫板一起推给平出看。在平出道别时,涩泽还将他送到电梯口,平出不让,涩泽便在纸上写字给他看:"这种程度的纨绔主义,我身上还保留着。"

19日,开始接受放射治疗。

同月21日,面对第二次来探望的岩谷国士,涩泽委托他接下《裸妇中的裸妇》的连载。

他通过笔谈,我通过抬高音量,就开始了凌乱无章的杂谈。突然,他在纸上写道,希望我接下那个连载,"务必拜托你"。我感到吃惊,答道那可不好。因病停载不就好了吗?原本就是由一位作者甄择喜爱的对象、写喜爱的事物的策划,由别的作者接下来续写,不是很奇怪吗?

再者说,为什么后援投手非是我不可呢?

他说:"非是你不可。"我反驳道才没有这种事,他失去了声音,只是用铅笔写下必要的事项。再写三回,连载就结束了。到那时候想整理成书。有一本合著的书也好，他写道。

我无法拒绝。

（岩谷国士《关于〈裸妇中的裸妇〉》）

9月24日，剪了头发。

10月12日，涩泽在日历上记录"鲇川信夫死"。此后，开始在日历上做这种记录。

同月25日至28日，在医院的病榻上校对《我的普林尼》。在病榻上完成的该书的后记里，涩泽写道，他由衷喜爱与维苏威火山大爆发一同死去的普林尼，那是与自然爱好者相称的死亡："我梦想着自己也可以那样死去，但近来领悟到那不过是无法实现的愿望。"

同月29日，通过笔谈接受《朝日新闻》的采访。采访者是黛哲郎。

习惯了医院生活后，涩泽像是把北镰仓的自家书斋移到了病房，床榻边堆起书山，他写下篇幅较短的稿件，考虑装帧事宜，与前来探病的客人们在笔谈里谈笑风生，过着同居家时无异的日子。涩泽将想说的话都写在纸上。

"在精神层面，我几乎忘记了他是病人，为看护病人去医院的印象很稀薄，我感觉就像是每天去他在东京的工作室。"龙子写道。

11月11日，手术在上午8点半开始。一直持续到夜里11点，是漫长的十五小时的大手术。体重骤降至37公斤的涩泽是否能撑过这场大手术，令执刀的医师们提心吊胆。

手术刚结束，"涩泽先生，涩泽先生……"在护士们的连声呼唤中醒来的涩泽依旧是躺在床上的姿势，他突然握住面前一位护士的手，在手上留下一个吻。接着又坠入沉沉的睡眠。

医师说手术成功，癌细胞已全部清除。

同月13日至15日，出现幻觉。原因似乎是用来止痛的点滴药剂喷他佐辛。

手术后，涩泽这样描述第一次在镜中看到自己的脸庞时的情景：

> 我不禁想，这真是我的脸么。它因为手术浮肿得难看，与我从前清俊的面貌已判若两人。南无三宝，我丢开镜子，合上了眼。
>
> 　　　　　　　　　（《于市中心医院目睹幻觉一事》）

涩泽将自己的号定为"吞珠庵"。寓意是"咽喉长了肿瘤，是因为吞咽了美丽的珠子，珠子卡在喉咙里，才发不出声音"。涩泽请了专业的中国人，将这个号刻成豪华的印章。

同月18日，术后，涩泽第一次下床走路。

12月19日，矢川澄子被石井恭二带来探病。

同月24日，院方下达了出院许可，涩泽回到北镰仓的家。年末道路拥堵，花费了很多时间，涩泽却因为久违地坐上龙子驾驶的车，喜出望外。

第二天，煮青花鱼和味噌煮萝卜作下酒菜，喝了兑热水的清酒。涩泽身体好转，还整理了书籍。

这年12月，《我的普林尼》由青土社刊行。涩泽亲自负责装帧。

1986年（昭和六十一年）临近岁末的28日，北镰仓落了些涩泽喜爱的雪。

1987年（昭和六十二年）——

元旦，高桥睦郎在除夕送来麻布庖正的年夜饭，涩泽几乎没有动筷。这天没有前来贺年的客人。

年初，涩泽潜心撰写《高丘亲王航海记》第六章《真珠》，10日，在慈惠医大医院接受检查后顺路去了八重洲的图书中心。

11日，"昨日的外出令他非常疲倦。他说自己'疲倦、瞌睡、无精打采'"，妻子在笔记里写道。

同月25日，将《真珠》的稿子交给《文学界》编辑部。

同月31日至2月6日，住进镰仓的佐藤医院。强撑着执笔《真珠》时感到身体不适，严重腹泻，接近脱水状态。偷偷瞄到自己的病历簿上写了OPIUM的涩泽，欣喜地告诉龙子："我，沾染上鸦片了。"

2月5日，矶田光一去世，涩泽受到讣告的巨大冲击。后来他写道："矶田死去，我感到失去了百万读者。"（《有空洞的肉体之事》）

同月7日，在慈惠医大医院就诊。浮肿严重，需再次住院做检查。

翌日，涩泽写了如下的书信给东野芳明：

就如同俄耳甫斯 从死者的国度归来 我虽回到镰仓的家 却像是 推动了旋转门 来到了另一个世界似的 奇妙心境 如今 也缠绕着我

做了手术 喉咙和内脏 都被切得粉碎 自己宛然 不是人类 像是成了一种赛博格

即便如此也要讲些笑话 贪慕虚荣 人类可真是无药可救了

今晚就着扇贝 和 银鱼的 刺身 喝了一杯

啊呀 实在是 美味啊

《鲁滨逊夫人与现代美术》住院的时候 我放在枕边愉快地读了 是近来少有的力作

待到春天 变得稍微像人 一些了 愿那时能再见面……

10日住院，13日开始打点滴。

同月14日，执笔《于市中心医院目睹幻觉一事》。这篇随笔刊载于《文学界》四月号。

这个月24日，在涩泽写给埴谷雄高的书信里，可以读到如下的文字：

咽头喉头和食道 还有肠子的一部分都被切除了 我感到自己仿佛成了机器人 我从未想过以五十八岁为界自己的人生会发生如此剧烈的变化 却也从中发现了许多小小的愉悦

埴谷先生所说的"怀着遥远的时空感觉，埋头于日常的一瞬"我想就是这样一回事

同月28日，得到外宿许可，回到家里。路过八重洲的图书中心，购买了许多书。

3月1日，吃了什锦锅，夜里回到医院。

同月5日至8日，回到家里。7日，池内纪为对谈的工作前来拜访。

这是为《国文学》的涩泽特集号举行的笔谈形式的特殊对谈，也是涩泽第一次与池内纪会面。室外大雪。"我勒紧脖子也不会死了，也不能上吊自杀了。"和池内交流时不时掺杂些涂鸦的涩泽还写道："我变得愈发亲近观念，'人生如梦'的意识愈发强烈……我最终会像做梦那样死去吧。"

这时的对谈被原封不动地刊登在杂志上，涩泽只是在校对校样时在文末补充了一句："今天，我以为自己会被问起些女性关系的事，一直提心吊胆，所幸没有出现这些闲言碎语，我才放下心来。"

招待池内吃了荞麦寿司。在大雪中，踏上归途的池内，在涩泽家门前的坡道上摔了两跤，走到北镰仓站时已经像个雪人。

同月8日的夜里，涩泽回到医院。14日出院，19日将《有空洞的肉体之事》的稿子交给《海燕》。

涩泽厌恶病魔斗争记和病床日记一类的文章，曾说写这样的东西"我还不如去死"，但他支撑着患上不治之症的

身体写下的《于市中心医院目睹幻觉一事》和《有空洞的肉体之事》两篇文章，不单是杰作，也成为思考涩泽龙彦其人时的重要作品。将自己的肉体视为一个物体，取了中世说话风格题目的两部作品，正如岩谷国士所言，它们"与《高丘亲王航海记》最后两章一同，在涩泽龙彦的著作中，是具有特殊意义"(《〈全集22〉解说》)的作品。

4月8日，举行了每年惯例在涩泽自家小院里举行的牡丹樱赏花会，出口夫妻、种村夫妻、岩谷夫妻，还有堀内夫妻受到招待。在涩泽去世的十二天后，堀内诚一也离开了人世，就连病名也和涩泽相同。

涩泽左颈到肩部肿胀，无法扭头，但这一天心情不错，大家作为礼物带来的藏青色山羊绒睡袍也披在身上。

坐在赏花席最前方的出口，拿到涩泽递过来的纸片："在胎儿的时候死去，还是在八十岁死去，都是一样。都是一样。"

这个月20日，《高丘亲王航海记》的最终章《频伽》脱稿。

涩泽身体衰弱得几乎无法起身，龙子几度想打电话给《文学界》编辑部提出拒绝。然而，涩泽紧贴在桌上继续写作。关于这时的景况，龙子曾说："就像是鹤呕心沥血，也要用自己的羽毛编织。"20日深夜，在涩泽说"完成了"的时候，龙子欣喜万分，不禁抱住了涩泽。然而，她也感到这就是最后了。

同月30日，《新编BIBLIOTHECA涩泽龙彦》的第一卷由白水社刊行。十卷本，涩泽生前只出版到第三卷。

这套新的著作集由野中友理负责装帧。在第一次手术的十天前，野中为商议装帧事宜来到医院，涩泽递给她的纸上写着："我信赖你。一切都交给你了。"

5月2日，再次住进慈惠医大医院。

同月8日，收到癌症复发的通知。那天刚好是涩泽生日，他受到相当大的打击。

癌症复发迅速，面对震惊的医师，甚至需要涩泽叮嘱说："医生，您脸色发青才叫人为难啊。"涩泽继续接受放射治疗。即便如此，涩泽仍与往常一样执笔，开始阅读下一部作品《玉虫物语》需要的资料书。

这部《玉虫物语》是原本决定在《海燕》上连载的长篇传奇幻想小说，是名为玉虫三郎光辉的有超能力的主人公小人，在中世、近世、现代和未来间穿越时空，灵活地飞翔，大显身手的故事。

5月，生前最后的著作《芙罗拉逍遥》由平凡社刊行。装帧由中岛薰负责。

同月20日，前来探病的出口说，他读了完结的《高丘亲王航海记》后十分感动。"我没有想到你会夸奖那部小说。那种荒谬的小说。"涩泽在递给出口的纸片上写道。

1986年（昭和六十一年）9月住院以来，龙子一次也不曾休息，每天从北镰仓前往市中心的医院。向着来探病的石井恭二，涩泽得意地说："龙子一次都没有休息过。"

6月，《国文学》的涩泽龙彦特集刊行。

这个月20日，小学时代的老朋友武井宏，收到了涩泽如下内容的书信：

前些日子 您来医院探望我 不胜感激 能听到尊兄的故事 我度过了快乐的时光

您还特地送来剪报 多谢

兄长的信里 写尽了怜恤我的话 我虽欣喜 但对自己的病情 我没有受到那般深重的打击 也不认为自己不幸或运气不佳 不如说我感到自己的人生是得天独厚的人生 我如今也这样想 托病情所赐 我开始痛切体会生命的可贵 我过着充实的日子 对此还请放心

用另一个邮件 给您寄去国文学杂志的特集号 不怎么有趣 聊为纪念 请笑纳

6月23日，涩泽将他为单行本订正的《高丘亲王航海记》定稿交给文艺春秋出版部。

这个月，在寄给埴谷雄高的书信里，涩泽写道："不能旅行固然遗憾，但我在床上享受着空想旅行。"

同月24日，两天后将要出发去欧洲的岩谷国士来访。"虽说是超过三个月的漫长旅行，等我回来的时候，涩泽先生一定出院了，精力充沛，我们再一起去吃些好吃的东西……"岩谷说了这些话，涩泽像是在说"嗯！"，无法弯曲的头颈点了一下。

同月29日，东雅夫来访，涩泽告诉他自己要退出幻想文学新人奖的评审委员一职。涩泽在白板上写下"今后也请做有趣的杂志，我很期待"，递给东看。

7月4日，住在家里。在镰仓的二乐庄吃中华料理。

同月10日，医院允许他外宿，在镰仓的WINDS吃完了全套西餐。两天后，回到医院。

回医院的车里，龙子透过后视镜发现后排座位的涩泽有些异样，她问涩泽："怎么了？你还好么？""嗯，没什么。"龙子很快就听到回应，但涩泽似乎眼里噙满泪水。龙子只敢看着前方，握紧方向盘。

同月15日，进行第二次手术，结果没能将癌细胞从颈动脉剥离，手术以失败告终。

手术不久前，涩泽完成了《与土方巽初次见面》和《雨果·克劳斯〈猎鸭〉后记》两篇终成绝笔的稿子。

同月20日，食道破裂，无法再吃任何食物，开始打高卡路里的点滴。

同月31日，矢川澄子第二次来探病。

似乎除止痛外没有任何额外的处理，他的表情愈发平静且晴朗。是的，无比晴朗。这个人从前就喜欢这个词语，少女想。

这边说话，他就立刻用笔回应。两个人都知道这就是最后了，但久留仍旧无用。

（矢川澄子《哥哥》）

8月2日，与前来探望的出口在笔谈的时候，涩泽突然在纸上写了细小的字递到出口眼前，揶揄老友的老花眼。"能看见吗？是不是看不见？"出口答道："说什么蠢话。我能看见。字迹闪闪发光。"涩泽露出恶童似的表情。"真的吗？"他写道。

　　同月3日，长了颈动脉瘤，医生说，只剩一周了。

　　涩泽却依旧神采奕奕，忙着工作和读书。给龙子看迄今为止没有给她看过的创作笔记，并在便签上写道："下一部小说，是谁也没有写过的那种形态的小说，大家都会大吃一惊的。"接着，就像是脑海里那个故事已经完成，他愉快地用遥望着彼方的温柔神情，微笑看着龙子。

　　同月4日，计划中的第三次手术延期。

　　出口感到应该让涩泽见野泽协一面，便联系涩泽，涩泽答道："出口你前天过来，说了那么多话，到底怎么了？叫野泽过来，是觉得我马上就要死了，打算让我们见最后一面吗？"

　　这一天，种村来探病。半个月没有吃过固体食物的涩泽，如同绝五谷的入定僧，肌肤通透白皙，仿佛鹤发童颜的道者或高僧。

　　8月5日清晨，与儿子同住了一辈子的母亲节子，坐在北镰仓的家中望着庭院时，飞来一只黑色的蝴蝶，在她面前振翅徘徊。母亲看到它，直觉告诉她，儿子即将离世。

　　这一天下午3点35分，在市中心的病房里颈动脉瘤破裂，涩泽龙彦与世长辞。享年五十九岁。

一颗珍珠大的泪水从左眼掉落，是一瞬的死亡。死在读书的时候。

回到十多年前的1973年（昭和四十八年），面对女高中生们制作的同人志的问卷调查中的"如果一天后就死了"的问题，涩泽写道："像往常一样读书。"事实正是如此。

4 | 葬礼

龙子急忙联络了出口和种村。两个人和各自的夫人一起迅速赶到医院。岩谷国士的妻子小百合（さゆり）、金子国义和四谷西蒙、河出书房新社的饭田贵司和内藤宪吾、美术出版社的云野良平等人也来了。

通知抵达当时身在南斯拉夫杜布罗夫尼克的岩谷手上，已是8月9日。

涩泽的遗体，用车从慈惠医科大学医院运回北镰仓的家。龙子以外，金子国义和四谷西蒙也乘了车。车内，西蒙哼唱着涩泽教给他的歌，像是在唱摇篮曲。

池田满寿夫和野中友理已经在涩泽家里等候。车辆抵达家附近，金子、西蒙、池田和司机抬着棺柩运往家中，棺柩沉重得令金子不禁愕然。金子想："是不是装了两个人？"棺柩异常的重量，是为盛夏搬运而准备的大量干冰所致。

那口棺，被放在墙壁上挂满了涩泽最喜爱的画家们的绘画的客厅里。

那一夜，北镰仓的闪电仿佛要刺穿大地，雷声轰鸣。

8月6日，新闻早报将涩泽的死讯带给世人。萨德审判的被告去世，各家报纸均严肃应对。

守夜在自家举行，其后在北镰仓站附近的精进料理店钵之木设席，摆了丧酒和料理。

料理店的房间里挤了近百位前来守夜的人，出口起身，带头敬酒道："我是与涩泽君来往了四十二年的出口。人已经死了，也不要过度感伤。喝酒吧。"

白水社的千代忠央对下属说："和涩泽笔谈最多的人，在我们公司是鹤谷君对吧。"

从北轻井泽乘车来北镰仓的中井英夫在途中遇上大型交通拥堵，耗费了八个小时才来到这里，待他抵达时，守夜的客人们大抵都离开了。

8月7日，在北镰仓站附近的东庆寺举办了葬礼。

在参与者的休息室里闯入一位身着和服、梳平头的魁梧男子，突然，他宣泄一般怒吼道："我讨厌葬礼！"

这人是松山俊太郎。

出口和池田致悼词。"再没有人如你那般厌恶多愁善感了。所以我们也想像你那样大喊，我发现了启明星！"池田的声音从话筒传来。

我清楚记得那是盛夏晴朗燠热的白天，却不知为何在出殡时，仿佛天使们从天而降，太阳雨淅淅沥沥地下。

为悼念涩泽，多田智满子写了下面一首诗：

如现世里蝉蜕去蝉蜕

那人在此岸蜕下影子后

真的变得比灰烬更轻了

就让狗衔着残存的影子离开吧

这个风中莞尔有着笑纹的早晨

（《蝴蝶的形状》）

由岩谷国士、种村季弘、出口裕弘、松山俊太郎编辑
的《涩泽龙彦全集》全二十四册、《涩泽龙彦翻译全集》全
十六册，分别于1993年（平成五年）和1996年（平成八年）
起在河出书房新社刊行，收录了涩泽龙彦留下的全部文学
作品。

后记

涩泽龙彦在日本文学史上的位置，在他离世三十年后的今天仍旧很难说得清晰明了，而以回忆录为中心的涩泽相关资料却丰富翔实。

涩泽是在生前就拥有不少狂热读者的作家，并且在他死后，随着几乎全部著作相继出版了文库本，他的读者比生前更多，成了令更多人产生兴趣的人气作家，这自然是相关资料得以公之于众的一个理由。编纂涩泽特集的杂志种类，已经超过十指之数。

况且，涩泽去世时年纪较轻，当时主要的相关人士大都在世，很多难得的证词都在散佚前被保留了下来，这也是资料丰富的理由之一。尤其是河出书房新社刊行的出色的《涩泽龙彦全集》《涩泽龙彦翻译全集》的所附别册，以及在幻想文学会出版局刊行的力作《涩泽龙彦特刊 I》中刊登的众多访谈，如今，接受访谈的人们已相继离世，它们成为十分有意义的证词。

本书《龙彦亲王航海记》，是竭尽所能地涉猎了大量书写、讲述涩泽龙彦的生涯和作品的文章（当然，涩泽本人的文章最多），从中甄择，编辑剪裁而成的"传记"。

若非要将本书比拟成巴赫的受难曲，那么成为曲子核心的咏叹调、咏叙调和众赞歌，均已完成作曲，摆在我面前。所以，本书新写下的内容，无非就是于已经存在的优美的咏叹调与众赞歌之间以讲述衔接的"福音史家"（evangelist）的宣叙调部分，以及几段序曲和间奏曲。我充当的角色是"福音史家"，但小心翼翼地回避了福音史家亲口高声歌唱的愚蠢，更不用说那些传奇小说般的想象力，丝毫没有混入本书的叙述之中。

不过，在涩泽最后的三年这一短暂的时间里，我作为编辑曾直接与涩泽龙彦本人接触，但充其量也不到二十次。这意味着，以石井恭二和小野二郎为首的幸福的涩泽的编辑谱系中，我无疑位列末座。从涩泽那里听来的事，只要记得，我都写进了书里。当时还年轻的我与涩泽的交谈虽然大多微不足道，但放到今天，说不定也有些是不能说不重要的部分。

执笔本书，记述传记中事实的最重要的依据，是收录于《涩泽龙彦全集 别卷2》中由岩谷国士先生编纂的《涩泽龙彦年谱》。若是没有这份在涩泽逝世多年后制作的逾百页的辛苦之作，像本书这般追随前人脚步的作品一定无法写出。

我在北镰仓编纂藏书目录《书的宇宙志》（2003—2006）的超过两年的时间里，从涩泽龙子女士那儿听来了许多重要的事。在撰写本书期间，她不仅温暖勉励我，还在资料和照片方面提供了许多帮助。

已为故人的种村季弘先生、松山俊太郎先生、出口裕弘先生、矢川澄子女士，借由工作，在漫长的交往中，也给我讲了许多故事。矢川澄子女士于1993年8月在黑姬的家招待了池田香代子女士、东雅夫先生和我三人，其间，我将矢川女士两日来讲的话录音。从这六盒越过四分之一个世纪时间的九十分钟录音带里，我得到了不少写进书中的重要证词和信息。

对于上述的岩谷先生、龙子女士、种村先生、松山先生、出口先生、矢川女士，借此机会，我由衷表示感谢。

另外，三十多年前，我能与涩泽龙彦本尊接触，真的是一个"恩宠"。在这层意义上，我也不能不再次向本书的主人公涩泽龙彦先生，致以深深的感谢。

出版之际，承蒙白水社专务董事小山英俊先生、编辑部的金子千寻女士的殷勤襄助。虽至文末，我仍想向二位特别说声谢谢。

礒崎纯一

2019年8月5日

主要参考文献

◆ **全 集**

《涩泽龙彦全集》(全22卷·别卷2)，河出书房新社，1993—1995年。

《涩泽龙彦翻译全集》(全15卷·别卷1)，河出书房新社，1996—1998年。

◆ **年 谱**

岩谷国士编:《涩泽龙彦年谱》，《涩泽龙彦全集 别卷2》，河出书房新社，1995年。

矢川澄子编:《涩泽龙彦年谱(1955—1968)》，《涩泽龙彦特刊Ⅰ涩泽编年史》，幻想文学会出版局，1988年。

涩泽龙子编:《涩泽龙彦年谱补遗》，《涩泽龙彦 梦的博物馆》，美术出版社，1988年。

《涩泽龙彦年谱》，《尤里卡临时增刊号〈涩泽龙彦〉》，青土社，1988年6月。

佐藤秀明、井上隆史编：《年谱》，《决定版 三岛由纪夫全集42》，新潮社，2005年。

森下隆编：《土方巽年谱》，《土方巽全集Ⅱ》，河出书房新社，2016年。

郡淳一郎编：《矢川澄子年谱初稿》，《尤里卡临时增刊号〈矢川澄子·不灭的少女〉》，青土社，2002年10月。

斋藤靖朗编：《种村季弘略传》，《欺诈师的学习或游戏精神的绮想》，幻戏书房，2014年。

小林一郎编：《吉冈实年谱》，《现代诗读本 吉冈实》，思潮社，1991年。

◆ 文章集成等

《涩泽龙彦 回想与批评》，幻想文学会出版局，1990年。

《新潮日本文学相册54 涩泽龙彦》，新潮社，1993年。

《回忆中的涩泽龙彦》，河出书房新社，1996年。

《谈论涩泽龙彦》，河出书房新社，1996年。

《关于涩泽龙彦的文章集成》，全二卷，河出书房新社，1998年。

《书的宇宙志 涩泽龙彦藏书目录》，国书刊行会，2006年。

《涩泽龙彦的记忆》，河出书房新社，2018年。

岩谷国士编：《旅行的同伴 涩泽龙彦、堀内诚一往复书简》，晶文社，2008年。

◆ **特集杂志、期刊**

《别册新评〈涩泽龙彦的世界〉》，新评社，1973年10月。

《尤里卡〈涩泽龙彦 乌托邦的世界〉》，青土社，1975年9月。

《国文学〈涩泽龙彦 幻想的神话学〉》，学灯社，1987年7月。

《尤里卡临时增刊号〈涩泽龙彦〉》，青土社，1988年6月。

《涩泽龙彦特刊 I 涩泽年代记》，幻想文学会出版局，1988年。

《涩泽龙彦特刊 II 德拉科尼亚地图指南》，幻想文学会出版局，1989年。

《图书指南杂志〈涩泽龙彦的图书宇宙〉》，幻想文学会出版局，1990年8月。

《新文艺读本 涩泽龙彦》，河出书房新社，1993年。

《涩泽龙彦事典》，平凡社，1996年。

《幻想文学〈涩泽龙彦1987—1997〉》第50号，OCTA工作室，1997年7月。

《尤里卡〈涩泽龙彦 第二十年的航海〉》，青土社，2007年8月。

《生诞八十年 涩泽龙彦回顾展》，神奈川近代文学馆，2008年。

《文艺别册〈涩泽龙彦〉》(增补新版)，河出书房新社，2013年6月。

《文艺别册〈再一次涩泽龙彦〉》，河出书房新社，2017年。

◆ 文献

奥野健男：《"昭和的孩子哟" 涩泽龙彦》，《新编 BIBLIOTHECA 涩泽龙彦 魔法神灯》所附别册，白水社，1988年。

白井健三郎：《胡闹的被告们》，《涩泽龙彦特刊 I 涩泽年代记》，幻想文学会出版局，1988年。

柄谷行人：《近代日本的批评 II》，讲谈社文艺文库，1997年。

仓林靖：《涩泽·三岛·六〇年代》，Libroport，1996年。

草鹿外吉：《〈新人评论〉的时光》，《涩泽龙彦特刊 I 涩泽年代记》，幻想文学会出版局，1988年。

柴桥伴夫：《风之王——砂泽比基的世界》，响文社，2001年。

城山三郎：《雄气堂堂》，日本历史文学馆32，讲谈社，1986年。

池田龙雄：《涩泽龙彦的磁场》，《蜻蛉的梦——记忆·作为回忆的绘画》，海鸟社，2000年。

池田满寿夫：《我的报告书》，新风舍文库，2005年。

池田满寿夫：《我和涩泽龙彦的故事》，《BIBLIOTHECA 涩泽龙彦 IV》所附别册，白水社，1980年。

池田满寿夫：《次元不同》，《涩泽龙彦论集成 V》，勉诚出版，2017年。

出口裕弘：《绮谭庭园——有涩泽龙彦的风景》，河出书房新社，1995年。

出口裕弘：《涩泽龙彦的书信》，朝日新闻社，1997年。

出口裕弘：《我们的修行时代》，《涩泽龙彦特刊Ⅰ 涩泽年代记》，幻想文学会出版局，1988年。

川本三郎：《作为思想的趣味——关于涩泽龙彦》，《Cahiers》，冬树社，1978年10月。

川本三郎：《佯作不知的时代中的"涩泽龙彦"》，《尤里卡〈涩泽龙彦 乌托邦的世界〉》，青土社，1975年9月。

川村二郎：《amor figurae——关于涩泽龙彦〈思考的纹章学〉》，《文艺》，河出书房新社，1977年9月。

大冈信：《〈来自幻想画廊〉书评》，《读书新闻》，1968年2月19日。

大冈信：《永远是少年的面影》，《现代诗手帖》，思潮社，1987年9月。

大冢让次：《〈新人评论〉的时光》，《回忆中的涩泽龙彦》，河出书房新社，1996年。

黛哲郎：《变化的时代当中……》，《新编BIBLIOTHECA 涩泽龙彦 德拉科尼亚绮谭集》所附别册，白水社，1987年。

淡谷淳一：《梦幻的涩泽版世界文学全集》，《涩泽龙彦特刊Ⅰ 涩泽年代记》，幻想文学会出版局，1988年。

稻田奈绪美：《土方巽 绝后的身体》，日本放送出版协会，2008年。

东雅夫：《解说》，《妖人奇人馆》，河出文库，2006年。

东雅夫：《恩宠》，《尤里卡〈涩泽龙彦 第二十年的航海〉》，青土社，2007年8月。

东野芳明：《停摆的时钟》，《尤里卡〈涩泽龙彦 乌托邦的世界〉》，青土社，1975年9月。

东野芳明：《涩泽龙彦其人》，《现代诗手帖》，思潮社，1987年9月。

多田智满子：《作为乌托邦的涩泽龙彦》，《BIBLIOTHECA涩泽龙彦 I》所附别册，白水社，1979年。

多田智满子：《〈未定〉以后》，《涩泽龙彦特刊 I 涩泽年代记》，幻想文学会出版局，1988年。

富士川义之：《事物的变容》，《牧神》第1号，牧神社，1975年1月。

富士川义之：《愉快的思想》，《新编BIBLIOTHECA涩泽龙彦 德拉科尼亚绮谭集》所附别册，白水社，1987年。

富士川义之：《纨绔的反近代主义者——悼念涩泽龙彦氏》，《尤里卡》，青土社，1987年9月。

高柴慎治：《〈夜窗鬼谈〉的世界》，《夜窗鬼谈》，春风社，2003年。

高桥和子：《诱惑者》，讲谈社文艺文库，1995年。

高桥和子：《高桥和巳其人——二十五年后》，河出书房新社，1997年。

高桥和子：《无法言说的故事中的，一言》，《尤里卡临时增刊号〈矢川澄子·不灭的少女〉》，青土社，2002年10月。

高桥睦郎：《交友的方法》，杂志屋，1993年。

高桥睦郎：《涩泽龙彦家暴风雨的一夜》，《周刊言论》，潮出版社，1970年6月1日。

高桥睦郎：《款待的真髓》，《文艺别册〈涩泽龙彦〉》（增补新版），河出书房新社，2013年6月。

高桥睦郎：《水晶与模型的梦》（三人谈），《文学界》文艺春秋，2017年8月。

高三启辅：《字幕名匠 秘田余四郎和法国电影》，白水社，2011年。

高山宏：《奥德拉德克的跋扈 —— 德拉科尼亚的一九六〇年代》，《尤里卡临时增刊号〈涩泽龙彦〉》，青土社，1988年6月。

高原英理：《炼金术般的记忆》，第三工作室，2015年。

高原英理：《女孩遇上涩泽》，《英理亚绮谭集》，国书刊行会，2018年。

谷川晃一：《"魔"一个字》，《新编BIBLIOTHECA涩泽龙彦 偏爱作家论》所附别册，白水社，1987年。

横山茂雄：《问卷调查回答》，《幻想文学〈涩泽龙彦1987—1997〉》第50号，OCTA工作室，1997年7月。

横尾忠则：《离开语言》，青土社，2015年。

荒俣宏：《涩泽博物馆印象记》，《水彩画》，美术出版社，1987年冬季号。

吉本隆明：《昆虫少年的热情》，《读书新闻》，1962年4月16日。

吉冈实：《土方巽颂》，筑摩书房，1987年。

吉冈实：《示影针（日晷）》，《尤里卡〈涩泽龙彦 乌托邦的世界〉》，青土社，1975年9月。

吉冈实:《郁乎断章》,《〈死婴〉这幅画》(增补版),筑摩书房,1988年。

吉行淳之介:《吉行淳之介全集 第8卷》,新潮社,1998年。

吉行淳之介:《昭和二十三年的涩泽龙彦》,《尤里卡》,1987年9月。

吉行淳之介:《〈摩登日本〉记者涩泽龙雄》,《回忆中的涩泽龙彦》,河出书房新社,1996年。

加藤郁乎:《后方见闻录》,学研M文库,2001年。

加藤郁乎:《加藤郁乎作品选集III》,书肆ARS,2016年。

加藤郁乎:《〈偏爱作家论〉书评》,《图书新闻》,1972年8月5日。

加藤郁乎:《天使》,《涩泽龙彦事典》,平凡社,1996年。

加藤郁乎:《裸体的道德家》,《坐着工作的读书人》,美篶书房,2006年。

菅野昭正:《给明天的回忆》,筑摩书房,2009年。

菅野昭正:《玩物的思想》,《尤里卡临时增刊号〈涩泽龙彦〉》,青土社,1988年6月。

江原顺:《〈萨德复活〉书评》,《读书人》,1959年12月14日。

金井久美子:《和涩泽先生看相扑》,《新编BIBLIOTHECA 涩泽龙彦 思考的纹章学》所附别册,白水社,1988年。

金井美惠子:《与吉冈实相遇》,《现代的诗人I 吉冈实》,中央公论社,1984年。

金井美惠子:《涩泽其人》,《生诞八十年 涩泽龙彦回顾展》,神奈川近代文学馆,2008年。

金子国义:《美貌帖》,河出书房新社,2015年。

金子国义:《行路》,《涩泽龙彦画廊》,日动出版,1995年。

臼井正明:《KIDS ARE ALLRIGHT!》,《涩泽龙彦特刊 I 涩泽年代记》,幻想文学会出版局,1988年。

臼井正明:《中学时代的事》,《回忆中的涩泽龙彦》,河出书房新社,1996年。

堀内诚一:《父亲的时代、我的时代——我的编辑设计史》,杂志屋,2007年。

堀内路子:《一同去欧洲旅行》,《涩泽龙彦特刊 I 涩泽年代记》,幻想文学会出版局,1988年。

堀内路子:《"涩泽君"其人》,《涩泽龙彦论集成 V》,勉诚出版,2017年。

堀切直人:《与书相遇,与人邂逅》,右文书院,2007年。

岚山光太郎:《听见口哨曲》,新潮文库,1988年。

岚山光太郎:《泥之王宫》,《小说新潮》,新潮社,1990年5月。

笠井睿:《涩泽龙彦氏的回忆》,《尤里卡临时增刊号〈涩泽龙彦〉》,青土社,1988年6月。

栗田勇:《到底发生了什么》,《早稻田大学新闻》,1962年10月29日。

栗田勇:《反叛的情念》,《涩泽龙彦特刊 I 涩泽年代记》,

幻想文学会出版局，1988年。

鹿岛茂：《关于名为涩泽龙彦的精神》，《产经新闻》，1993年8月5日。

鹿岛茂：《终将到来的傅立叶的世界》，《文艺别册〈涩泽龙彦〉》(增补新版)，河出书房新社，2013年6月。

马场骏吉：《时间的晶相》，水声社，2004年。

马场礼子：《观念的爱欲之梦》，《尤里卡〈涩泽龙彦 乌托邦的世界〉》，青土社，1975年9月。

麿赤儿：《1969咕嘟咕嘟的坩埚》(对谈)，《月光》第5卷，KAMARU 社，2017年。

木木高太郎：《〈黑魔法手帖〉书评》，《周刊朝日》，1961年11月3日。

南伸坊：《我听过的名讲义》，一季出版，1991年。

内藤三津子：《蔷薇十字社与它的轨迹》，论创社，2013年。

内藤三津子：《华丽的宴会的日子》，《涩泽龙彦特刊 I 涩泽年代记》，幻想文学会出版局，1988年。

内藤三津子：《〈血与蔷薇〉那时》，《回忆中的涩泽龙彦》，河出书房新社，1996年。

内藤宪吾：《将德拉科尼亚放入口袋！》，《涩泽龙彦特刊 I 涩泽年代记》，幻想文学会出版局，1988年。

片山正树：《涩泽龙彦的真面目》，《涩泽龙彦特刊 I 涩泽年代记》，幻想文学会出版局，1988年

平出隆：《悠然讲述自己》，《涩泽龙彦特刊 I 涩泽年代

记》，幻想文学会出版局，1988年

平出隆：《在火口》，《海燕》，福武书店，1987年10月。

平出隆：《外出的涩泽龙彦》，《新潮日本文学相簿54 涩泽龙彦》，新潮社，1993年。

平出隆：《胡桃的内与外》，《涩泽龙彦论集成V》，勉诚出版，2017年。

平冈正明：《涩泽龙彦的侠气——杂志〈血与蔷薇〉及其后》，《尤里卡临时增刊号〈涩泽龙彦〉》，青土社，1988年6月。

浅川泰：《砂泽比基——听风》，北海道近代美术馆编，博物馆新书，2004年。

千代忠央：《BIBLIOTHECA的回忆》，《涩泽龙彦特刊I 涩泽年代记》，幻想文学会出版局，1988年。

浅田彰、岛田雅彦：《天使通过》，新潮社，1988年。

浅羽通明：《涩泽龙彦的时代——幼年皇帝与昭和的精神史》，青弓社，1993年。

桥口守人：《多田智满子与矢川澄子》，《未定》IX号，2003。

青柳泉子：《厌倦了肖邦，就去读推理》，国书刊行会，1996年

若桑绿：《关于没有注释的文章》，《尤里卡临时增刊号〈涩泽龙彦〉》，青土社，1988年6月。

三岛由纪夫：《三岛由纪夫评论全集 第一卷》，新潮社，1989年。

三岛由纪夫：《决定版 三岛由纪夫全集38 书简》，新潮社，2004年。

三木多闻：《少年时的周边》，《涩泽龙彦特刊 I 涩泽年代记》，幻想文学会出版局，1988年。

三浦雅士：《现代批评的主流在何处——从小林秀雄到涩泽龙彦》，《涩泽龙彦 日本作家论集成（下）》，河出文库，2009年。

三浦雅士：《直线的人"SHIBUTATSU"》，《涩泽龙彦论集成 V》，勉诚出版，2017年。

三桥一夫：《小学时代的事》，《回忆中的涩泽龙彦》，河出书房新社，1996年。

桑田茂夫：《〈涩泽龙彦 泉镜花选集〉诞生秘话》，《涩泽龙彦 泉镜花选集 I》，国书刊行会，2019年。

涩泽华子：《德川庆喜最后的宠臣 涩泽荣一——以及他们一族的人们》，国书刊行会，1997年。

涩泽节子：《幼年少年期的故事》，《回忆中的涩泽龙彦》，河出书房新社，1996年。

涩泽龙子：《与涩泽龙彦在一起的日子》，白水社，2005年。

涩泽龙子：《与涩泽龙彦的旅行》，白水社，2012年。

涩泽龙子：《与"眠者"的日常》，《涩泽龙彦特刊 I 涩泽年代记》，幻想文学会出版局，1988年。

涩泽龙子：《〈滞欧日记〉的真相》，《涩泽龙彦论集成 III》，勉诚出版，2018年。

涩泽龙子：《死的预感》，《涩泽龙彦绮谭集 II》，日本文艺社，1991 年。

涩泽幸子：《涩泽龙彦的少年世界》，集英社，1997 年。

涩泽幸子：《妹妹看到的哥哥龙彦》，《回忆中的涩泽龙彦》，河出书房新社，1996 年。

森泉笙子：《新宿的夜是伽罗色》，三一书房，1986 年。

山口猛：《红帐篷青春录》，立风书房，1993 年。

山崎万里：《愉快的涩泽》，《文艺别册〈再度涩泽龙彦〉》，河出书房新社，2017 年。

山下武：《分身文学考第 十二回 涩泽龙彦》，《幻想文学》第 48 号，OCTA 工作室，1996 年。

神谷光信：《评传 鸳巢繁男》，小泽书店，1998 年。

矢川澄子：《静谧的结局》，筑摩书房，1977 年。

矢川澄子：《哥哥——回忆中的涩泽龙彦》，筑摩书房，1995 年。

矢川澄子：《矢川澄子作品集成》，书肆山田，1998 年。

矢川澄子：《架空的庭院的哥哥——死后 10 年·涩泽龙彦的真正面孔》(三人谈)，《正论》，产经新闻社，1997 年 2 月。

矢川澄子：《遇见稻垣足穗那时》(对谈)，《筑摩》，筑摩书房，2000 年 10 月。

矢贵升司（八木升）：《一同走过六〇年代》，《涩泽龙彦特刊 I 涩泽年代记》，幻想文学会出版局，1988 年。

矢贵升司：《桃源社与涩泽龙彦》，《回忆中的涩泽龙彦》，河出书房新社，1996 年。

矢贵升司：《涩泽龙彦译于斯曼〈逆流〉的时候》，《螺旋器》第3号，2019年。

四谷西蒙：《人偶制作师》，讲谈社现代新书，2001年。

四谷西蒙：《四谷西蒙前篇》，学习研究社，2006年。

四谷西蒙：《镰仓的一寸法师》，《尤里卡〈涩泽龙彦 乌托邦的世界〉》，青土社，1975年9月。

四谷西蒙：《关于兄之力》，《涩泽龙彦论集成V》，勉诚出版，2017年。

寺山修司：《涩泽龙彦最近的工作》，《读书人》，1977年11月28日。

生田耕作：《童心的硕学》，《涩泽龙彦集成V》所附别册，桃源社，1970年。

生田耕作：《〈偏爱作家论〉〈恶魔出没的文学史〉书评》，《海》，中央公论社，1973年3月。

生田耕作：《双莲书屋日历》，《缅怀文人 生田耕作评论集成II》，奢灞都馆，1992年。

生田耕作：《我选出的"最佳法国小说……"》，《异端的群像 生田耕作评论集成III》，奢灞都馆，1993年。

石井恭二：《"萨德审判"前后》，《回忆中的涩泽龙彦》，河出书房新社，1996年。

石井恭二：《现代思潮社与它的时代》，《Editorship》创刊准备号，日本编辑学会，2010年4月。

石原慎太郎：《土方巽的怪奇光辉》，《土方巽的舞踏》，庆应义塾大学出版会，2004年。

松井健儿：《旧制浦和高校时代》，《回忆中的涩泽龙彦》，河出书房新社，1996年。

松山俊太郎：《绮想礼赞》，国书刊行会，2010年。

松山俊太郎：《尽是谜团的人——不是像天才，而是天才》，《石棉馆通信》第9号，石棉馆，1988年。

松山俊太郎：《竭尽一生开放的伤之花》(三人谈)，《尤里卡临时增刊号〈矢川澄子、不灭的少女〉》，青土社，2002年10月。

松山俊太郎：《他们，即足穗与他的眷属》(三人谈)，《尤里卡临时增刊号〈稻垣足穗〉》，青土社，2006年9月。

堂本正树：《〈血与蔷薇〉的时代》，《涩泽龙彦特刊 I 涩泽年代记》，幻想文学会出版局，1988年。

唐十郎：《涩泽先生的观剧体验》，《涩泽龙彦文学馆11》所附别册，筑摩书房，1991年。

陶山几朗：《〈现代思潮社〉的闪光》，现代思潮新社，2014年。

田边贞之助：《〈萨德侯爵选集〉书评》，《图书新闻》，1957年3月23日。

田村敦子：《"在女性杂志上登场"的时候》，《回忆中的涩泽龙彦》，河出书房新社，1996年。

田中美代子：《神与玩具》，《尤里卡〈涩泽龙彦 乌托邦的世界〉》，青土社，1975年9月。

土方巽：《土方巽全集》新装版全二卷，河出书房新社，2016年。

武井宏:《半个世纪的吾友涩泽龙彦》,《BIBLIOTHECA 涩泽龙彦 III》所附别册,白水社,1979年。

武井宏:《小小贵公子》,《涩泽龙彦特刊 I 涩泽年代记》,幻想文学会出版局,1988年。

武井宏:《小学时代的事》,《回忆中的涩泽龙彦》,河出书房新社,1996年。

小笠原丰树(岩田宏):《"萨德侯爵主义"者》,《读书新闻》,1964年4月11日。

小笠原丰树:《很久很久以前……》,《新编 BIBLIO-THECA 涩泽龙彦 思考的纹章学》所附别册,白水社,1988年。

小笠原贤二:《涩泽龙彦"螺旋运动"与"东洋的虚无"》,《读书人》,1984年1月16日。

新井慎一:《生养涩泽荣一的"东之家"的故事》,博字堂,2002年。

幸田露伴:《涩泽荣一传》,《幸田露伴全集 第十七卷》,岩波书店,1949年。

岩谷国士:《涩泽龙彦论集成》全五卷,勉诚出版,2017—2018年。

岩崎美弥子:《泷口修造 致加纳光於书简2》,《美篇》,美篇书房,2005年11月。

岩田宏:《适我愿兮》,草思社,1987年。

野坂昭如:《新宿海沟》,文春文库,1983年。

野泽协:《乌托邦主义在现代的可能性与不可能性》,

《图书新闻》，1997年3月22日。

野中友理：《兄之力》，《涩泽龙彦特刊 I 涩泽年代记》，幻想文学会出版局，1988年。

有田和夫：《直到梦之馆建成》，《涩泽龙彦特刊 I 涩泽年代记》，幻想文学会出版局，1988年。

元藤烨子：《与土方巽共同度过》，筑摩书房，1990年。

远藤周作：《〈萨德复活〉书评》，《读书新闻》，1959年10月26日。

远藤周作：《〈恶德的荣光〉不是淫秽文章》，《日本》，1961年11月。

云野良平：《自〈梦的宇宙志〉》，《涩泽龙彦论集成 V》，勉诚出版，2017年。

云野良平：《做书的愉悦——关于涩泽龙彦的三册书》，《涩泽龙彦 德拉科尼亚的地平线》，平凡社，2017年。

斋藤矶雄：《日记》，《斋藤矶雄著作集 第 IV 卷》，东京创元社，1993年。

斋藤慎尔：《少女流谪》，《尤里卡临时增刊号〈矢川澄子·不灭的少女〉》，青土社，2002年10月。

足立正生：《作为运动（者）的涩泽思想 从60年代的地下》，《文艺别册〈涩泽龙彦〉》(增补新版)，河出书房新社，2013年6月。

埴谷雄高：《〈黑魔法手帖〉书评》，《读书新闻》，1961年10月23日。

埴谷雄高：《〈神圣受胎〉〈犬狼都市〉书评》，《图书新闻》，1962年4月21日。

埴谷雄高：《〈萨德侯爵的生涯〉书评》，《北国新闻》，1964年10月21日。

埴谷雄高：《文学的正道》，《回忆中的涩泽龙彦》，河出书房新社，1996年。

冢本青史：《我的父亲冢本邦雄》，白水社，2014年。

中川右介：《江户川乱步与横沟正史》，集英社，2017年。

种村季弘：《到土方那边去——肉体的六〇年代》，河出书房新社，2001年。

种村季弘：《午后五时在涩泽先生家喝茶》，学研M文库，2003年。

种村季弘：《绝对的探求》，《食物漫游记》，筑摩书房，1981年。

中村稔：《我的昭和史·完结篇（上）》，青土社，2012年。

中村稔：《涩泽龙彦氏与萨德审判》，《尤里卡临时增刊号〈涩泽龙彦〉》，青土社，1988年6月。

中村稔：《〈恶德的荣光〉事件的回忆》，《法学教室》，有斐阁，1988年11月。

中井英夫：《双子星的终焉》，《尤里卡》，青土社，1987年9月。

中田耕治：《〈萨德复活〉书评》，《图书新闻》，1959年10月10日。

中田耕治：《毒药》，《涩泽龙彦事典》，平凡社，1996年。

中田耕治：《关于涩泽龙彦》，《AZ》35号，新人物往来社，1995年。

《萨德审判》（上、下），现代思潮社，1963年。

《回想 野泽协》，法政大学出版局，2018年。

* 致矶田光一书简（第354页）和致埴谷雄高书简（第513页和第517页）为神奈川近代文学馆所藏。

涩泽龙彦简明年表

1928年

5月8日出生于东京。

1941年

升入东京府立第五中学校。

1945年

4月，家宅在东京大空袭中被烧毁。

7月，进入旧制浦和高等学校，遇见出口裕弘（法语文学研究家、作家）。

1946年

迁居镰仓。

1948 年

在出版社新太阳社打工。与久生十兰相识。

1950 年

第三次参加东京大学人文学部法文科考试，考取入学。

1951 年

热衷于超现实主义。得知萨德的存在。

1953 年

从东大法文科毕业。

1954 年

8 月，出版科克托《劈叉》的译作。

结识矢川澄子、松山俊太郎（印度文学研究家）。

1956 年

《萨德侯爵选集》（全三卷）刊行。结识三岛由纪夫。

1957 年

6 月，遇见生田耕作（法语文学研究家）。

1959 年

1 月，与矢川澄子结婚。

首部评论集《萨德复活》刊行。

1960年

4月，译作萨德《恶德的荣光》受到禁止发行的处罚；次年1月，因"以贩卖目的持有淫秽书刊"被起诉。

7月，首次观看土方巽的暗黑舞踏。

11月，遇见稻垣足穗。

1961年

《黑魔法手帖》刊行。

1962年

8月，译作于斯曼《逆流》出版。

10月，萨德审判第一审下达无罪判决。

1963年

结识池田满寿夫（画家）、岩谷国士（法语文学研究家）。

11月，萨德审判控诉审判决，有罪。

1964年

《梦的宇宙志》刊行。

结识种村季弘（德语文学研究家）。

1965年

结识高桥睦郎（诗人）、金子国义（画家）。

1966年

6月，首次观看唐十郎的剧作。

8月，北镰仓的新居竣工。

1967年

与四谷西蒙（人偶制作师）相识。

5月，《异端的肖像》刊行。

1968年

3月，与矢川澄子离婚。

担任《血与蔷薇》的责任编辑，刊行至第三号。

1969年

10月，萨德审判下达最高判决，有罪。

11月，与前川龙子结婚。

1970年

最初的著作集《涩泽龙彦集成》（全七卷）刊行。

8月至11月，第一次欧洲旅行。

11月，三岛由纪夫切腹自杀。

1974年

5月至6月，意大利旅行。

《胡桃中的世界》刊行。

1977年

5月，《思考的纹章学》刊行。

6月至7月，法国、西班牙旅行。

1979年

第二本著作集《BIBLIOTHECA 涩泽龙彦》（全六卷）出版。

1981年

6月至7月，希腊、意大利旅行。

10月，7月刊行的《唐草物语》荣获泉镜花奖。

1982年

6月，《东西不思议物语》文库出版。此后，许多著作文库化。

12月，《德拉科尼亚绮谭集》刊行。

1983年

11月，《睡美人》刊行。

1984年

《涩泽龙彦典藏》（全三卷）开始刊行。

1986年

6月，《虚舟》刊行。

9月，因咽癌住院。

1987年

8月5日，逝世。

10月，《高丘亲王航海记》刊行。

译后记

　　《龙彦亲王航海记：涩泽龙彦传》于2019年11月由白水社出版，是涩泽龙彦的首部传记。而作者礒崎纯一先生，则是涩泽龙彦过去的责任编辑。本书虽以传记的形式问世，却令人不由想起昭和时代初期的少年冒险小说，仿佛在邀请涩泽的新老读者们同涩泽的文章、书信以及未公开过的资料一起踏上"已知"与"未知"交织的旅途，去追寻一位昭和之子的文学与人生。

　　童年与少年时代的记忆，青年时在岩波书店的校对室遇见第一任妻子矢川澄子，首部评论集出版，萨德审判，遇见第二任妻子龙子，还有那些如今已成故人、曾与涩泽一同谈天饮酒的友人。诚如评论家川本三郎所说："文学家的传记不容易写。作品与现实生活这两个方面都不能不涉及。为此，作者不仅要阅读涩泽的作品，还要阅读相关人士留下的大量论涩泽的文字，并如实地引用，来讲述这位精神贵族的魅力。即该书是由引用构成的传记，而引用正是涩泽文学的方法本身。"

作者从构思到成稿用了一年时间。关于涩泽传的成书过程，礒崎先生在《涩泽龙彦的记忆》一文中写道：

撰写涩泽龙彦的传记——对于身为编辑的我来说，这项工作原本想邀畏友东雅夫先生来执笔。这是三十多年前的计划。虽在一点点推进，可惜未能完成。我在脑海的一隅记挂着此事，却也在偷懒，回避彻底地重新制定计划。

临近退休，我开始思考还有哪些没做完的工作。细细想来，果然涩泽传这件事最令我在意。因为东先生和我都与涩泽龙彦见过面，是有着这种无可比拟的体验的最后几位编辑。我想，那就由我来写吧。

从我家可以走到北镰仓的涩泽府邸，凭着我有这一"地利"（我和出生在镰仓的龙子夫人念过同一所小学），我和晚年的涩泽见过许多次面，说过许多话。这一体验就如同一枚勋章，每当我向年轻的同行自诩"我和涩泽龙彦说过话"，大家都打心底感到惊讶，一脸艳羡。

我和日本的大多数幻想文学嗜好者一样，认得在杂志《幻想文学》中出没的濑高道助，却不知道这原来是礒崎先生的笔名。而得知礒崎先生竟是国书刊行会的施沃布全集、久生十兰全集、梦野久作全集、日本幻想文学集成的策划者，已是读过这部传记两年以后的事了。无意中，我读到礒崎先生写的《真说·十兰全集缘起》，才知道全集类丛书一般在其第一本书出版后，便可以大致推测出整个系列的销量，而一旦被打上失败的烙印，编辑便会过上十余年地狱般的生活。我顿时对这位将《偏爱作家论》中提及的作家的作品一一出版成全集的编辑肃然起敬。

我和礒崎先生见过两次面。第一次是在2021年岁末一同去净智寺扫墓，而后到涩泽家小坐。这对我而言，无疑是生命中最幸福的时光。我从礒崎先生口中听到，在编纂《书的宇宙志 涩泽龙彦藏书目录》期间，他每个周末都泡在涩泽的书斋里调查藏书、手动录入条目。而藏书目录得以成书不仅依靠他的"地利"，也多亏了对每周都登门造访的编辑笑脸相迎的开朗的龙子夫人。

在仿佛呼吸着"永恒"的涩泽家里，我看到笑容可掬的龙子夫人，看到《梦的宇宙志》的原稿静静地躺在点心盒子里。我拿起书桌上小巧的眼镜试着戴了戴，临走前还碰上活泼可爱的大型犬红叶散步归来。涩泽家的风貌，或许是筱山纪信的摄影作品里的样子要更为人所熟知，但在这里，我想引用作家山尾悠子如素描一般的文字——《东京站旅馆，镰仓山内涩泽龙彦宅邸》：

陡坡上的白房子。和照片里一样的书斋和沙龙，四谷西蒙制作著名的少女人偶和纯白的天使人偶，头盖骨、贝壳、矿石收音机、绘画、发条小鸟八音盒、挂在墙上的陶器镶边圆形凸面镜——充满秘密房间氛围的狭长书库里，旧书气味弥漫，还有原封不动地保存的资料书山。这个通过照片早已熟悉的庭院，有稍经修葺的壁泉和石阶，以及盛开的紫阳花、百子莲、玉簪花等许多蓝色的花。海崖众多的镰仓的，湿润空气的颜色。

龙子夫人说，来这里的客人都一定会去找自己的书被摆在哪个书架上，国书刊行会的I主编从书桌的书稿中翻出"法国世纪末文学丛书"的策划书，我在书斋的架上一隅发现了自己的文库本。我也看到二楼书库里放着一整套《别册新评》——即便如此，到了要开灯的黄昏时分，便再没有比这潮湿而令人眷恋的书斋更舒服的地方了。镶有花边的厚重窗帘背后，仿佛是被书籍埋没的地窖。书桌的主人什么时候回来？

树木簌簌作响，夜里，又是一阵激烈的雷雨。"王子在城堡的厨房里炒青椒吃了。""最后的故事便是这样写到了最后。"——在被雨声环绕、铺了榻榻米的房间里，细细听着叙说那样的故事，就如同在聆听镰仓的土地精灵所说的话。雷落在了近得出乎意外的地方。

二〇〇〇年七月四日。东京涨水，电车停运的一天。

那位"国书刊行会的I主编"自然就是本书的作者。

2022年，在看过了镰仓文学馆的涩泽去世三十五周年纪念展"涩泽龙彦 高丘亲王航海记"以后，一个小型聚会上，我与礒崎先生第二次见面。

两次会面，我都与涩泽龙彦研究者迹上史郎先生同行，也因此有机会一听前辈学人谈论涩泽。我还记得，礒崎先生说了一个新的发现。在悼念三岛的《欲窥见绝对……》一文中，涩泽写道："十八世纪末的诺瓦利斯曾说，'真正的哲学行为是自杀'，一百五十年后，阿尔贝·加缪在《西西弗的神话》中明快地指出，'真正的哲学问题只有一个。那便是自杀'。"这段文字一向被认为是受到挚友之死这一强烈冲击后的真情流露，而事实上，这几乎是一字不漏地搬用法国作家罗米的《激情、历史、离奇、文学的自杀》中的句子。时至今日，无数"尤里卡"的一瞬还深藏在书海里，我们仍可以从中寻觅到书斋那位幻影之人作案的蛛丝马迹。我想，这也是阅读涩泽的乐趣之一。

　　在我搁笔之前的此刻，引进到中文世界的涩泽龙彦作品，有二十一部了，而《高丘亲王航海记》的意大利文版和法文版也在近年先后面世。他的作家生涯的最后一叶轻舟已经漂过天竺。

　　翻译本书的过程中，得到礒崎纯一先生、恩师仓方健作先生和迹上史郎先生许多帮助；初稿完成之后，蒙编辑曾威智先生、王晓彤小姐细致指点、修正。在这里，我向上述各位致以深深的感谢。

2023 年 8 月 5 日